창의적 농촌경제의 성공 모델

집필자

전택수(한국학중앙연구원 명예교수, 경제학 박사)
구문모(한라대 교수, 경제학 박사)
김홍상(한국농촌경제연구원 선임연구위원)
황재희(서울대 강사, 한국조달연구원 부연구위원)
이성우(서울대 농경제사회학부 교수)
남정숙(지역문화 컨설턴트, 경영학 박사)
서우석(서울시립대 교수, 사회학 박사)
정상철(한국전통문화대 문화재관리학과 교수, 경제학 박사)
신두섭(한국지방행정연구원 연구위원, 경제학 박사)
원윤선(네덜란드 에라스무스대 Research Associate)
David Throsby(호주 맥쿼리대 석좌교수, 경제학 박사)
Gregory M. Spencer(캐나다 토론토대 Research Associate, 지리학 박사)
Frances Rowe(영국 뉴캐슬대 농촌경제센터 연구원)
Arjo Klamer(네덜란드 에라스무스대 교수, 경제학 박사)

창의적 농촌경제의 성공 모델
창의적 농촌경제 활성화를 위한 정책 모형 개발

2017년 3월 20일 초판 인쇄
2017년 3월 25일 초판 발행

지은이 전택수·구문모·김홍상·황재희·이성우·남정숙·서우석·정상철·
신두섭·원윤선·Throsby·Spencer·Rowe·Klamer
교정교열 정난진 | **펴낸이** 이찬규 | **펴낸곳** 북코리아
등록번호 제03-01240호 | **전화** 02-704-7840 | **팩스** 02-704-7848
이메일 sunhaksa@korea.com | **홈페이지** www.북코리아.kr
주소 13209 경기도 성남시 중원구 사기막골로 45번길 14
우림라이온스밸리2차 A동 1007호
ISBN 978-89-6324-527-0 (93300)

값 25,000원

창의적 농촌경제의 성공 모델

– 창의적 농촌경제 활성화를 위한 정책 모형 개발 –

구문모 외 공저

북코리아

머리말

"오늘날 우리의 농촌마을은 날로 쇠락해가고 있습니다. 마을에는 젊은이들이 도시로 떠난 지 오래여서 점차 기력이 빠져갑니다. 함안의 강주마을을 포함한 인근 4개 마을 주민은 힘을 모아 창조적 마을 만들기가 진행 중입니다. 강주마을에는 해바라기 문화센터와 가공공장이 들어서고 있습니다. 떠나가는 마을에서 돌아오는 마을을 꿈꾸고자 합니다."

"인구 2만여 명의 전통적인 농업 공동체인 캐나다의 프린스에드워드 카운티는 와인산업과 로컬푸드 운동을 기반으로 활기 넘치는 창의경제를 확립하는 데 성공했다. 강력한 관광업 덕분에 예술과 문화 활동도 강화되어 숙련된 노동자들이 찾는 장소가 되었다."

이 두 사례는 지역의 공유 향토자원이 어떻게 새롭게 지역발전에 활용되어 실용적인 창의적 농촌마을로 탈바꿈할 수 있는지를 쉽게 알려준다.

이 책은 집필 목적은 한국학의 주요 연구 대상인 지역의 고유 향토자원을 지역발전에 활용할 수 있는 방안을 마련하여 창의경제의 장기적인 구상을 마련하는 것이다. 따라서 이 책은 우리나라의 중소도시와 농촌지역 정책 입안자들의 창의적 지역경제 발전에 대한 인식을 정립시키고, 스스로 아이디어를 내어 현재 상황을 개선하는 데 필요한 정책 매뉴얼로 활용될 수 있을 것이다.

현재 창의경제는 경제발전 정책의 새로운 패러다임으로서 세계 100여 개 국가와 도시, 농촌 등에서 채택되어 운영이 시도되고 있다. 여기서의 발전 패러다임은 인문지식과 문화예술이 포함된 창의산업에서 표출된 창의성이 경제발전의 새로운 원동력이라는 역사상 초유의 인식을 의미한다. 이 책이 지향하는 내용의 근원은 유엔 산하의 경제개발협력기구(OECD)가 2006년에 발간한 「Reinventing Rural Policy」다. 이 보고서는 지금까지 농촌발전정책의 목표인 도농 간의 소득 균등화, 농업소득 증대, 농업경쟁력 강화 등에서 탈피할 것을 강력히 요구했다. 그 대안으로 모두가 창의적일 수 있고, 창의성이 모든 산업에 중시되는 창의시대에는 지역자산의 가치화, 미사용 자원의 활용 등을 통해 전 농촌지역의 경쟁력을 강화할 것을 제안했다. 즉, 농촌경제를 농업만으로 보아서는 안 된다는 것이다.

이 책의 주요 내용은 다음과 같은 농촌경제의 발전 논리에 근거하여 구성되었다. 논리의 주된 모형은 Greg Baeker(2008)가 캐나다의 프린스에드워드 카운티를 위해 연구한 창의적 농촌경제 모형(Creative Rural Economy)이다. 이 모형은 농촌의 보유자원을 농업(임업, 어업 등), 관광업, 상업(또는 일반 산업), 문화예술로 분류했는데, 이에 더해 우리나라의 장점인 IT자원을 포함해서 다섯 개 영역으로 확대했다.

농촌의 경제발전과 관련된 기존의 연구들이 외생적 또는 내생적 발전, 복합산업 활성화를 통한 경제적 다각화 등에 집중되었다면, 이 책의 특징은 그러한 수단들을 포함하되, 다음과 같은 창의적 농촌경제의 발전 논리에 근거를 두었다. 첫째, 주민의 삶의 질 향상을 도모하는 내생적 농촌개발에 중점을 두지만, 창의경제의 핵심 요소인 창의인재가 지역발전에 기여할 수 있는 종합적인 방안을 마련했다. 여기서의 창의인재는 "모든 사람은 창의적이다"라는 창의경제 모토를 근거로 한 역내외 창의인재를 의미한다. 둘째, 농촌지역의 자율과 창의적 역량 강화에 관심을 두었다. 정책의 중심이 중앙정부가 아닌 지방자치단체와 지역주민의 자발적인 창의역량을 강화하는 방안을 찾는다. 셋째, 지역발전을 위한 주체 간 연대와 부문 간 융합이 촉진되어야 한다. 창의적 농촌경제 기반의 성장전략은 농촌이 보유한 현장의 자원과 과학기술, 특히 IT와의 융복합화를 통해 새로운 일자리와 부가가치를 창출함으로써 농촌이 직면한 현안을 해결하고, 새로운 성장과 도약을 할 수 있는 수단이 될 것이다.

이 책의 저술에 앞서 한국학중앙연구원과 한국문화경제학회는 '창의적 농촌경제 활성화를 위한 정책 모형 개발'이라는 제목으로 2015년 10월 세계문화경제학회 소속 학자 4명과 국내 학자들이 국제학술세미나를 개최했고 여기서 발표된 논문들이 이 책에 반영되었다. 특히 이 책에 인용된 해외 사례에서는 창의경제이론가로 유명한 D. Throsby(전 세계문화경제학회 회장)와 A. Klamer(현 세계문화경제학회 회장) 그리고 영국과 캐나다 농촌의 성공사례를 실천하고 연구한 F. Rowe와 G. Spencer 등의 생생한 연구 기록을 담았다. 호주 맥쿼리대학의 석좌교수인 Throsby 교수는 이 책에서 자신의 전문분야인 경제발전에서 문화의 역할, 특히 한국 농촌사회에서 문화산업의 역할은 무엇인지를 조명했다. 네덜란드 에라스무스대학의 Klamer 교수는 그간 뛰어난 성과를 보인 네덜란드의 정책개발 과제를 극복한 요인을 분석하고, 단순한 시장논리가 아닌 종합적인 가치론에 입각한 개발 논리를 제안했다. 캐나다 사례를 제시한 Spencer는 농촌의 정책 개발에 직접 관여한 실무 전문가이자 토론토대학의 연구원으로서 농촌의 성장을 위해 창의적인 아이디어가 어떻게 농촌의 부흥에 활용되었는지를 보여주었다.

이 책은 크게 1부는 농촌경제의 혁신 방안을, 2부는 선진국 농촌 사례로 나누었다. 1부에서는 창의적 농촌경제 모형, 창의인재, IT, 농업, 관광, 기업가정신, 지역문화, 자원조사 등을 다뤘고, 2부는 호주, 캐나다, 영국, 네덜란드 등 선진국 사례를 다뤘다. 오랜 연구와 저술기간에 정성껏 원고를 제출해주신 국내외 각계 연구자들에게 깊은 감사를 드린다. 특히 이 연구와 저술의 동기를 제공해주시고 집필 마감까지 제언과 함께 대가 없이 원고를 써주신 전택수 교수님께 감사를 드린다. 아울러 이 책의 집필에 재정적으로 지원해준 한국학중앙연구원에 감사드리며, 정성스레 편집을 해주신 북코리아 사장님과 관계자에게 고마움을 전한다.

2017년 3월

집필진을 대표하여 구문모

차례

제4장 OECD 국가들의 농촌정책과 우리나라 농촌정책에 대한 함의 | 황재희 · 이성우

제5장 농촌 창조관광의 성공을 위한 내적 요소
- '평창효석문화제'의 축제 거버넌스 네트워크 운영사례 | 남정숙

제6장 라이프스타일 기업가와 관광자원 기반 지역발전
- 강릉 커피관광 사례를 중심으로 | 서우석

제7장 문화자원을 활용한 지역발전
- 〈월봉서원〉과 〈빛의 채석장〉 사례 분석 | 정상철

제11장 농촌이 가진 창의성의 약점 극복하기
- 캐나다 프린스에드워드 카운티(Prince Edward County) 사례 | Spencer

제12장 잉글랜드의 신내생적 농촌개발
- 농촌창의경제의 잠재력은 무엇인가? | Rowe

제13장 창의적 농촌지역 진흥을 위한 가치기반 접근법 | Klamer

제1부

농촌경제의 혁신 방안

제1장

향토자원에 기반한 농촌창의경제 모형

1. 서론

1962년부터 제조업 중심의 경제개발 5개년 계획의 전면적 실시와 1995년에 시작된 WTO체제의 확립 등으로 한국의 농촌은 침체에 빠지게 되었다. 대부분의 제조업이 대도시에 위치하게 됨에 따라 농촌 인력은 도시와 그 인근으로 몰리게 되었고, WTO의 출범 및 미국, 중국 등과의 FTA 협약 등에 의한 시장개방은 농산물의 가격경쟁력을 더욱 약화시켰다. 이에 한국 농촌은 급격한 인구감소와 고령화, 도농 간의 소득 격차 심화, 복지 및 교육 여건의 저하, 기초 생활여건 취약 등을 겪게 되었다.[1]

그뿐만 아니라 농촌의 주요 수입원 중 하나인 쌀의 초과 생산도 심각한 문제로 등장하였다. 2016년 현재 쌀 소비는 감소하는데도 생산은 줄지 않아 쌀값은 지난 21년 만에 오히려 하락했다. 이마저도 정부의 쌀 수매와 오래된 정부 비축미의 비정상적인 처분에 의해 유지된 것이다. 정부는 2013년 및 2014년 1㎏당 약 1,400원에 구입한 정부의 비축미 52만 톤을 1㎏당 약 208원에 가축 사료용으로 헐값에 처분하기로 했다. 이러함에도 불구하고 2016년의 쌀 생산 초과량은 약 30만 톤에 이를 것이라고 한다.[2]

한국 농촌이 겪고 있는 이상의 문제들은 한국의 국내 사정에 의해서만 발생한 것은 아니다. 우루과이 라운드와 FTA 등의 국제협약 같은 세계화 현상과 소득 증대 등으로 인한 세계인의 가치관 및 라이프스타일의 변화 등의 영향을 받았다고 볼 수 있다. 따라서 시간이 흐를수록 각종 농촌

1 농림부, '제1차 농림어업인 삶의 질 향상 및 농산어촌 지역개발 5개년 기본계획' 요약(2005. 6), p. 1.

2 조선일보(2016. 12. 14).

문제들은 더욱 악화될 것이라고 예측할 수 있다. 그래서 21세기 문제들을 자원, 노력(勞力), 시간 등의 투입으로 해결할 수 있다는 20세기의 사고방식으로 개선할 수 없음은 자명하다고 하겠다. 최근 21세기 문제들을 해결할 수 있는 21세기형 사고방식은 일반 개인의 창의적 잠재력을 활용하는 것이라는 주장이 대두되고 있다(DCMS, 1998; J. Howkins, 2001; R. Florida, 2002 등). 이 사고방식은 ① 남들 따라 하면 앞서갈 수 없다는 것, ② 나도 창의적일 수 있다는 것, ③ 창의적이기 위해서는 남다른 체험을 해야 한다는 것, ④ 남들이 당연하다고 생각하는 현상을 새롭게 인식하려고 노력하는 것 등으로 구성된다. 이 사고방식을 활용한 대표적 사례로는 노동자계급 및 자본가계급에 대응하여 창의계층(creative class)의 개념을 개발하여 지역발전 전략을 정립한 리처드 플로리다의 연구를 들 수 있겠다. 그는 모든 개인의 창의적 용광로에 불을 붙이고 활활 타오르게 하는 것이 우리 시대가 당면한 최대의 과제이라고 했다.[3] 1997년에 새로이 집권한 영국의 토니 블레어 수상은 개인의 창의성을 중요한 투입요소로 삼는 창의산업을 국가경제 발전을 위한 원동력으로 삼고자 했다. 존 호킨스(John Howkins)는 2001년에 모든 국가들이 개인의 아이디어를 돈이 되게 하는 경제, 즉 창의경제를 채택할 것을 주장했다. 이도 21세기형 사고방식의 선구자적 사례라고 할 수 있다.

이 장은 21세기 사고방식에 기반을 둔 창의경제를 한국의 농촌에 적용하는 정책모형을 개발하는 것을 주요 목적으로 삼는다. 그것을 '농촌창의경제(Rural Creative Economy)'라 부르기로 한다. 이론상 가장 선진적인 창의경제 모형을 개인의 창의성에 가장 적대적인 루틴과 관성에 젖어 있는 농촌에 적용하는 것은 지난한 일임은 분명하다. 그럼에도 불구하고 이 연구

3 R. Florida (2005), p. 4 참조.

는 지역민이 농촌을 둘러싼 자연과 농촌이 오랜 기간 동안 축적해온 전통문화로부터 아이디어를 얻을 수 있고, 이들 향토자원의 활용이 누구에게나 아이디어를 줄 수 있음을 보임으로써 지자체장과 지역의 정책입안자들이 향토자원을 활용하는 정책을 적극적으로 수립하도록 장려하고자 한다. 이를 위해 본 연구는 제2절에서 농업 · 농촌의 현황과 새로운 농촌 개념을 다룰 것이다. 제3절에서는 국가와 대도시 중심으로 개발된 창의경제의 개념을 설명하고 이를 농촌과 결합한 모형인 농촌창의경제를 제시할 것이다. 제4절에서는 성공적인 국내외 정책 사례를 제시하며, 마지막 결론에서는 농촌의 재생을 위해 지역의 고유한 향토자원과 지역민의 창의성 결합이 중요함을 다시 한 번 강조할 것이다.

2. 한국 농업 · 농촌의 현황과 새로운 농촌 개념

1) 한국 농업 · 농촌의 현황과 기존 정책의 문제점

농촌의 지방자치단체가 추진해야 할 정책 모형을 연구하려는 이 과제와 관련하여 한국의 농업 · 농촌이 겪고 있는 문제점을 다음과 같이 크게 3가지로 요약하고자 한다.[4]

첫째, 가장 심각한 것으로서 농촌인구의 과소화와 고령화의 진전을 들 수 있다.[5] 제조업 중심의 경제발전 정책은 도시 중심의 일자리를 만들

4 이하의 통계는 통계청 참조.

5 이하 통계는 통계청(2016. 9. 26)의 『2015년 농림어업총조사』 참고.

어내어 농촌인구의 이농 현상을 초래했다. 이는 지난 50여 년간 지속되었으며, 그 정도는 최근에 와서 다소 완화되고 있다. 그 결과 청년들은 농촌을 떠나는 대신 도시로부터 유입되지 않아 농촌의 인구 감소와 노령화가 지속되고 있다. 2015년 12월 기준 농림어가는 약 123만 7,000가구로 2010년보다 약 10만 6,000가구(7.9%) 줄었고, 인구수는 2010년보다 약 57만 4,000명(16.4%) 감소한 292만 4,000명으로 집계됐다. 그래서 2015년 현재 우리나라 국민의 8.2%가 전 국토의 83.4%인 농산어촌에 거주하고 있다.[6] 농어촌 노령화의 정도도 갈수록 심해지고 있다. 65세 이상의 농어촌 고령인구 비중은 2010년의 31.1%에서 2015년의 37.8%로 6.7%포인트 높아졌다. 전체 인구에서 고령인구의 비중은 2010년 11.3%에서 지난해 13.2%로 1.9%포인트 상승한 것과 비교하면 농어촌의 고령화 진행속도가 3배 이상 빠른 것이다.

둘째, 농업경쟁력의 저하 및 농가소득의 정체다. 농산물시장의 개방으로 가격경쟁력 저하, 농업인의 고령화로 인한 노동생산성의 저하, 농업경영 규모의 영세성으로 인한 규모의 불경제 등으로 한국 농업은 전반적으로 경쟁력이 취약하다. 그뿐만 아니라 한국 농업은 국제경쟁력이 없는 쌀을 중심으로 한 농작물 재배가 중심이어서 더욱 취약한 경쟁력을 보인다. 이 때문에 정부의 다양한 형식의 농업소득 보전에도 불구하고 농업소득, 농외소득, 이전소득을 포함한 기타소득 등으로 구성된 농가소득이 정체되어 있고, 급등하는 농가부채와 일기불순 때문에 농업소득이 특히 불안정하다. 농가소득에서 차지하는 농업소득의 비중이 전반적으로 하락하면서 농외소득의 비중은 1995년의 32%에서 2013년의 45%로 계속 상승하고 있다. 반면 농업소득은 1995년의 48%에서 2013년의 29%로 꾸준히

6 국토교통부 보도자료(2016. 8. 25), 숫자로 보는 2015 도시계획 현황 통계 발표 참조.

감소해왔다. 이는 농촌의 주생산품인 쌀의 소비 감소에서도 잘 나타난다.[7] 그리고 도농 간의 소득격차도 심화되고 있다. 도시가구소득에 대한 농가소득의 비율은 1995년의 96.0%에서 2005년의 76.9%로, 2015년에는 64.4%로 급속히 하락하고 있다.

마지막으로 보건 · 문화 · 교육의 취약한 생활 인프라다. 열악한 상하수도 시설 때문에 농촌의 발병률이 높으나, 병 · 의원 등 의료 부문의 인력과 시설이 부족하며, 서비스에서도 도농 간의 격차가 여전히 심하다. 그리하여 대부분의 농어촌 주민은 읍과 면의 경계를 벗어난 지역의 병원을 이용한다. 그리고 농어촌 교육여건도 심각하다. 농어촌 학생 수의 감소와 교육투자의 감소 등으로 농어촌 학교의 소규모화가 가속화되고 있다. 마지막으로 문화 및 체육 인프라도 열악하기 이를 데 없으며, 도농 간의 격차도 좁혀지지 않고 있는 실정이다. 여기에 교통의 불편 때문에 그 접근성이 아직도 취약하다.[8]

이상의 문제는 오래전부터 현재까지 지속되고 있다. 그 해결을 위해 농업 담당 정부 부처인 농림축산식품부(이하 농식품부)는 위의 둘째 문제를 해결하는 것을 지금까지 중심 과제로 삼아왔다. 특히 2014~15년의 농식품부 예산을 보면 농업 · 농촌에 90% 이상이 투입되는데, 이 중 약 80%가 농업소득 증진에 투입되고 있다. 〈표 1-1〉에서 농업체질 개선, 농가소득 및 경영 안정, 양곡관리 및 농산물 유통, 농업생산 기반조성 사업이 이에 해당한다. 전체 예산의 25%를 상회하는 양곡관리 및 농산물유통 사업이 농업정책의 한 단면을 보여준다. 이 사업 예산 때문에 국내 쌀값이 국제

---

7 통계청(2017. 1. 24)의 보도자료인 "2016년 양곡소비량조사 결과"에 의하면 우리나라 국민의 1인당 쌀 소비량은 30년 전인 1986년의 127.7*kg*에서 2016년의 61.9*kg*으로 약 절반으로 감소했다.

8 '제3차 농어업인 삶의 질 향상 및 농어촌 지역개발 5개년 기본계획' 참조.

시세보다 4~5배 비싸게 유지되고, 연간 30만 톤의 초과생산이 이뤄지며, 쌀값 하락을 막기 위해 정부 비축미를 1㎏당 1,400원에 사서 208원에 가축 사료용으로 팔 수 있게 되는 것이다.

〈표 1-1〉 2014~15년 농식품부 예산

(단위: 억 원)

구분		'14예산 (A)	비중 (%)	'15예산 (B)	비중 (%)	전년 대비	
						(B-A)	%
총 지출		**136,371**	**100.0**	**140,431**	**100.0**	**4,060**	**3.0**
부문별	사업비	132,881	97.4	136,860	97.3	3,979	3.0
	• 농업 · 농촌	124,528	91.3	127,451	90.2	2,924	2.3
	농업체질강화	31,059	22.8	29,844	21.7	△1,215	△3.9
	농가소득 · 경영안정	23,230	17.0	24,663	19.5	1,432	6.2
	복지증진	4,277	3.1	4,565	3.2	288	6.7
	농촌개발	12,172	8.9	12,664	7.6	492	4.0
	양곡관리 · 농산물유통	33,656	24.7	34,031	25.1	375	1.1
	농업생산기반조성	20,133	14.8	21,685	13.0	1,552	7.7
	• 식품산업	7,723	5.7	8,401	6.4	678	8.8
	• 기타사업비	631	0.5	1,008	0.7	377	59.8
	기본적경비	3,490	2.6	3,571	2.7	81	2.3

2000년대 초에 들어와서 정부는 농촌정책의 큰 변화를 모색하기 시작했다. 정부는 2004년에 「농어업인 삶의 질 향상 특별법」을 제정한 후 매 5년마다 법정으로 5개년 계획을 수립하여 집행하기로 했다. 2005~2009년에 삶의 휴양과 산업이 조화된 복합 정주공간으로서의 농산어촌을 비전으로 하는 '제1차 농업어업인 삶의 질 향상 및 농어촌 지역개발 5개년 기본계획'을 실시하여 총 22조 8,000억 원을 투융자로 투입했다. 이 계획의 특성은 지금까지 농촌을 농업생산지로만 보던 시각에서 탈피하여 농촌을

지속 가능한 생명산업으로서의 농업, 도시근로자에 상응하는 농가소득, 삶의 공간으로서의 농촌으로 보았다는 점에서 진일보했다.[9]

2010~14년에는 삶터, 일터, 쉼터가 조화된 행복한 농어촌 구현을 비전으로 하는 '제2차 계획'이 수립 및 집행되어 동 기간 중 총 34조 5,000억 원의 투융자가 투입되었다. 이 계획에서는 삶의 질 관련 정책 패러다임이 급속히 변했다. 정책 고객을 지역주민, 도시민 등으로 확대하고 주민의 참여와 적극적 소통을 통한 정책추진을 도모했으며, 농촌다움과 생태문화자원을 농촌 경쟁력의 원천으로 삼았다. 이러한 정책 패러다임 변화는 2006년에 OECD가 제안한 '농촌정책의 재편(Reinventing Rural Policy)'의 영향을 받았던 것으로 보인다.

이어 2015~19년에는 활력 있는 공동체를 기반으로 누구나 살고 싶은 행복한 농어촌 구현을 비전으로 하는 '제3차 계획'에 총 46조 5,000억 원의 투융자를 투입할 계획이다.[10] 기본 방향은 농어촌 맞춤형 정책의 수립 및 집행을 통해 공공서비스의 사각지대를 해소하고 정주체계별 기능 강화 및 농어촌 자원의 활용을 통해 농촌경제의 활성화를 촉진한다는 것이다. 이러한 맞춤형 정책은 지역공동체를 중심으로 현장과의 소통을 중시하기로 했다.

그동안 농가소득의 증대를 농림부의 주요 정책으로 삼아왔음에도 불구하고 농가소득은 도시가구의 소득과 더 큰 격차를 보이고 있다. 그리고 농촌 삶의 질 향상을 위해 두 차례의 5개년 계획이 실시되었지만, 제3차

9 이미 구미 선진국들에서는 농업에서의 혁신을 통한 가치 창조(Marshall, Bush and Hayes, 2005)와 농촌을 삶의 공간으로 보는 농촌정책(OECD, 2006)에 관한 보고서가 많이 나오고 있었다.

10 이 계획에 투입된 예산 증가세는 2005년의 200조 원에서 2017년의 400조 5,000억 원으로 증가한 정부 예산의 증가세와 비슷하다고 볼 수 있다.

계획이 수립된 시점인 2014년에도 한국의 농촌은 여전히 인구의 과소화 심화와 도시민의 회피 대상으로 인식되고 있는 실정이다. 그나마 다행인 것은 일부 농촌 지역으로의 청년 유입이 늘어나고, 일부 귀촌인이 농촌지역의 경제 활성화를 추진하는 지도자 역할을 하고 있다는 점이다. 이러한 현상은 선진국의 농촌에서는 이미 널리 나타났으며, 현재 한국에서는 이 연구가 제시하려는 농촌창의경제의 맥아이라고 볼 수 있다.

2) 변화하는 농촌의 역할과 지역적 자산의 중요성

20세기 마지막 30여 년간 미국을 비롯한 구미 선진국들의 농촌경제는 큰 변화를 겪었다. 자연자원을 이용하는 산업, 즉 임업, 농업, 광업, 수산업 등에 종사하는 인구는 급속히 감소했다. 그 이유는 이들 산업의 생산물의 상대적 가격이 하락하여 타 산업에 비해 상대소득을 감소시켰기 때문이다. OECD 국가들의 1인당 GDP로 볼 때 농가소득이 국민 평균의 83%에 불과하고, 자료가 있는 13개 국가의 경우 1995년에 비해 2000년의 농가소득은 오히려 감소했다. 농업생산에 집착하는 농촌은 다음과 같은 악순환에 빠져 헤어날 수 없게 되었다. '저소득 ⇒ 낮은 고용기회 ⇒ 이농+고령화 ⇒ 저밀도 ⇒ 인구과소화 ⇒ 빈약한 기업활동 ⇒ 저소득'

그러나 OECD 회원국 중에서는 오히려 일부 농촌에서 높은 일자리 창출이 발생하기도 한다(OECD, 2006). 그 이유는 20세기 말에 급속한 소득 증대를 경험한 도시인이 삶의 질을 제공하는 농촌의 자원들에 관심을 갖기 시작했기 때문이다. 실제로 자연유산과 각종 어메니티 등을 보유하는 농촌지역에 도시인의 투자가 증대하고 인구의 순유입이 발생했다. 이러한 현상은 1990년대 미국에서도 발생했다(Gary Green, 2001). 맥그라나한(David McGranahan, 1999)의 조사에 의하면 해변, 호수, 강, 산 등에 위치한 농촌에서는 다른 농촌지역보다 더 높은 경제성장률을 경험했다. 이처럼 높은 어메니티를 보유한 지역에서의 성장을 가능하게 한 요인은 정년퇴직자의 이주와 관광산업의 발전이었음이 밝혀졌다. 또한 높은 소득을 가진 도시인은 경쟁적으로 어메니티가 높은 농촌에 여가용 주택인 제2의 집을 보유했다.

그리하여 선진국들은 지속 가능하고도 미래지향적인 정책을 수립하기 위해 자연적 및 문화적 어메니티를 고려하는 정책 패러다임으로의 인식변화를 모색하고 있다(Pezzini and Wojan, 2001). 그 인식변화를 다음과 같이 정리할 수 있다.

- 그동안 농촌지역을 생산 장소로만 인식하던 것을 소비 장소라는 인식 전환
- 농촌경관을 형성하면서도 여전히 농촌경제의 가장 중요한 요소인 농업을 여러 농촌산업 중 하나라는 인식 전환
- 농촌의 쇠퇴를 치유하기 위한 정책으로 그동안 전통적인 활동에 대한 보조금 지원 방식보다는 기업역량과 농촌사회 제도의 발전을 강화할 투자 증대를 중시하는 인식 전환
- 그동안 농촌 문제의 해결을 위한 주체는 중앙정부와 농업생산자였으나 이제는 농촌정책의 목표를 지역발전으로 설정하고 정책주체를 지방정부를 포함한 각급 정부와 개인, 공공단체 및 시민사회가 적극적으로 참여하는 파트너십으로 인식 전환

이러한 정책 변화는 2006년에 OECD가 발간한 「농촌정책의 재편(Reinventing Rural Policy)」에 실린 다음 표에 잘 정리되어 있다.

〈표 1-2〉 새로운 농촌정책 패러다임

구분	구 접근법	신 접근법
정책 목표	평등화, 농업소득, 농업경쟁력	농촌지역의 경쟁력, 지역자산의 가치화, 유휴자원의 활용
목표 산업 영역	농업	지역경제의 다양한 산업(농촌관광, 제조업, ICT 등)
주요 정책 수단	보조금	투자
중심 주체	중앙정부, 농부	모든 단위의 정부, 모든 이해관계자
농촌에 대한 인식	농산물 생산지	안락한 주거지

자료: OECD(2006)의 Table 1의 수정

농촌에 대한 새로운 개념을 촉진시킨 요인은 농촌 어메니티에 대한 도시인의 관심 증대라고 볼 수 있다. 농촌 어메니티는 농촌이 오래전부터 지역에 존재해온 자산이라는 점에서 향토자원이고, 지역발전을 위한 중요한 요소라는 점에서 플로리다의 성장원동력 4T 중의 하나인 지역자산(Territorial Asset)이다. 새로운 농촌 개념과 농촌정책에서는 전통적인 농업경제활동을 보완하면서 지역발전에 이바지할 수 있는 어메니티의 중요성이 매우 높다고 볼 수 있으므로 어메니티에 대한 정확한 이해가 필요하다고 판단된다.

어메니티는 어떤 장소를 살기 좋고 일하기 좋은 매력적인 장소로 만들어주는 장소의 비시장적 성질이다.[11] 어메니티는 지리적 특성, 자연자원 혹은 인간의 경제활동에 대한 직접적인 소비를 통해 소비자에게 만족감, 쾌락, 새로운 아이디어 등의 편익을 제공한다. 이 편익은 당연히 특정 지역에만 연결되며 타 지역으로 이동할 수 없는 것이다. 어메니티의 사례로는 야생동물, 식물군, 유원지, 문화적 자연경관, 문화 전통 등이 있다.

오늘날 어메니티가 가치 있게 평가받는 이유는 일차적으로 전 세계적으로 개인소득이 급속히 증가했기 때문이다. 소득 증대는 소비자 기호의 다양성을 구현시키면서 장려하고, 기능적 편의보다는 정신적 만족을 추구하도록 한다. 그뿐만 아니라 창의인재는 창의성이 중시되는 21세기에 와서 창의성의 원천인 심미적 체험을 어메니티의 소비에서 얻고자 하기 때문이다. 창의시대라 불리는 오늘날의 심미적 체험은 소비를 통해서만 축적된다는 점 때문에 도시인은 농촌관광을 선호하고 농촌이주를 꿈꾸고 있다(전택수 외, 2014, 57-66).

새로운 농촌정책의 수립과 관련해서 농촌 어메니티의 특성에 대한 이해가 필수적이다. 첫째 특성은 생산 불가능성(non-productibility)이다. 어메니티는 특정 지역에 한정되어 있으므로 다른 지역에서는 소비될 수 없다는 점에서 지역 정체성을 규정짓는 요인이 된다. 둘째 특성은 불가역성(irreversibility)이다. 특정 어메니티에 대한 소비자의 가치 부여는 시간의 흐름에 매우 민감하므로 그 가치가 훼손되면 원상회복시키기가 매우 곤란할 것이다. 셋째 특성은 높은 소득 탄력적이라는 점이다. 소득이 높은 사람들은 높은 수준의 어메니티를 수요하거나 어메니티가 높은 지역에서 거주하기를 원한다. 마지막 특성은 일반적으로 비대체적이라는 점이다. 특정 어메니티는 다른 어메니티 혹은 다른 지역의 어메니티와 대체되지 않는 성질을 가지고 있다.[12]

어메니티가 갖는 이러한 특성을 소비자의 실제 소비로 연결하기 위해서는 창의성에 기반을 둔 기업가적 마인드가 필요하다고 하겠다. 농촌에서 요구되는 기업가적 마인드는 전통적인 제조업에서 통용되는 것이 아니라 라이프스타일에 기반을 둔 것이면서 창의성에 바탕을 둔 것이어야 한다. 즉, 도시민이나 구매력을 가진 고소득자 혹은 심미적 체험을 원하는 소비자의 기호에 부응해야 한다.

---

11 Gary Green (2001), pp. 65-67 참조.

12 Gary Green (2001), pp. 65-67 참조.

3. 새로운 농촌발전 정책으로서의 농촌창의경제

1) 창의성의 실천적 개념

먼저 일관된 정책 수립을 위해 일상적으로 혼용되는 용어 몇 가지를 실천적인 관점에서 정리할 필요가 있다.[13] 상상력, 창의성, 혁신 그리고 창조는 오늘날 대단히 자주 사용되고 있으며 언론뿐만 아니라 전문가들에 의해서도 서로 동격으로 혼용되고 있는 실정이다.

- 상상력(imagination)은 실제로 존재하지 않는 것을 마치 존재하는 것처럼 생각하는 것
- 창의성(creativity)은 사회에 도움이 되는 새로운 것을 생각해내는 것
- 혁신(innovation)은 새로운 것을 실생활에 적용해서 행하는 것
- 창조(creation)는 혁신의 과정을 거쳐 새로운 것을 만들어내는 것

이러한 개념 정의에 따르면 신상품의 개발 혹은 새로운 문제 해결과정은 상상력 ⇒ 창의성 ⇒ 혁신 ⇒ 창조의 순서로 발생한다고 볼 수 있다.

이 중에서 전문가들이 자주 혼용하는 것은 창의와 혁신이다. 양자에 대한 이상의 개념 정리는 1983년에 세계화(globalization) 개념을 세계적으로 확산시킨 하버드대학 경제학 교수인 레빗(Theodore Levitt)에 의한 것이다. 혁신을 논의하면서 상상력과 창의성을 논의하지 않으면 혁신이 하늘에서 떨어진 것처럼 오해를 불러일으킬 수 있다. 그리고 창조와 창의는 현재

13 관련 문헌은 전택수 외(2014), pp. 66-81에 잘 정리되어 있음.

우리나라와 일본에서 널리 혼용되고 있다. 필자(2013)는 영미문화권의 사전과 연구문헌 그리고 한자문화권의 사전과 우리나라의 역사서적을 조사한 결과 위와 같이 정의하는 것이 역사적 사실에 부합되는 것임을 발견했다.

농업 · 농촌 발전 및 농촌 어메니티의 활용에 적용할 수 있는 창의성 개념을 정립해보자. 창의성은 2000년대에 들어와서 경제정책 수립에서 가장 널리 쓰이는 단어이자 많은 연구자들의 연구주제가 되었다. 따라서 그 개념도 연구자 수만큼이나 많다고 볼 수 있다.[14] 그중에서도 고트(Berys Gaut, 2003)의 정의를 활용하기로 한다. 상상력과 창의성의 인과관계를 논증한 그는 창의성을 참신성 혹은 독창성(originality), 가치성(value) 그리고 놀라운 직관력(flair)을 가진 아이디어라고 정의했다. 보던(Margaret Boden, 1990)은 새로운 아이디어의 참신성 정도에 따라 심리학적 창의성(P-creativity)과 역사적 창의성(H-creativity)으로 구분했다. 전자의 개념에 의하면 어떤 아이디어가 그 창안자에게 참신하기만 하면 창의성이 되는 것으로, '일반적 창의성(everyday creativity, little-c creativity)'으로 부를 수 있다. 후자의 개념에 의하면 어떤 새로운 아이디어가 지금까지 그 누구에 의해서도 제안되지 않아야 창의성이 된다는 것으로, '전문적 창의성(eminent creativity, big-C Creativity)'이다. 후자의 개념이 지금까지 일반적으로 통용된 창의성 개념이다. 그래서 우리는 지금까지 창의성이라 하면 아인슈타인, 피카소, 베토벤 등의 업적같이 세계적인 영향을 미치는 정도의 아이디어를 떠올리곤 했다.

그러나 최근에 와서는 창의성에 대한 전자의 개념에 대한 연구가 활발하다. 가장 대표적인 학자이면서 지역개발정책의 세계적인 자문가는 리처드 플로리다라고 하겠다. 그는 개인의 창의성과 혁신이 미래의 경제

---

14 창의성의 다양한 개념은 전택수 외(2014), pp. 46-54에 정리되어 있음.

발전을 이끌어갈 가장 중요한 원동력이라고 하면서 "모두가 창의적이다(Every single human being is creative)"라는 전제를 모든 연구의 중심에 두고 있다(2002, Chpt. 18). 그러나 일상적인 창의성 개념은 1988년에 루스 리처즈(Ruth Richards)를 비롯한 하버드대학 의과대학 교수팀에 의해 정의되어 정립되었다. 그들은 창의성을 "참신하고도 중요한 표현(expressions of originality and meaningfulness)"이라고 하면서 우리의 일상생활 어디서나 발견될 수 있다고 했다.[15] 우리 모두는 인간으로 태어나면서부터 창의적 잠재력 혹은 창의적 역량을 갖췄으며, 자신도 모르는 사이에 일상생활에 적용하고 있다는 것이 그들의 주장이다. 새로운 식재료를 가지고 맛있는 음식을 만들려고 하는 주부의 고민, 여행에서 찍은 사진을 디지털 앨범에 잘 배열하려는 여행자의 노력, 여행자의 흥미를 유발하기 위해 유머를 생각해내려는 문화해설사의 노력 등이 이에 해당한다.[16]

그러나 일상적인 창의성 개념의 철학적 연원은 실용주의 철학자인 존 듀이(John Dewey)가 1934년에 저술한 『경험으로서의 예술(Arts as Experience)』에서 찾을 수 있겠다. 그는 일상생활에서도 창의성의 원천인 심미적 체험을 축적할 수 있다고 했다. 단, 예술의 감상을 통해 더 수준 높은 심미적 체험을 얻을 수 있음도 강조했다. 창의성의 보편성을 실증적으로 논증한 오스본(F. Osborn, 1957), 창의성을 자아실현(self-actualization)의 한 과정이라는 매슬로(A. Maslow, 1971) 등에 의해 발전되었다. 이후 명칭은 다르지만 비슷

---

15 Richards, Ruth, Kinney, Dennis K., Benet, Maria, Merzel, Ann P., "Assessing everyday creativity: Characteristics of the Lifetime Creativity Scales and validation with three large samples." *Journal of Personality and Social Psychology,* Vol. 54(3), Mar 1988, 476-485.

16 Wiki Home, "Everyday Creativity," https://creativitytheories.wikispaces.com/Everyday+Creativity와 Psychology Today, "Everyday Creativity," https://www.psychologytoday.com/articles/200911/everyday-creativity 참조.

한 개념으로 소개한 리플(Ripple, 1989, ordinary creativity), 가드너(Gardner, 1993, little-c creativity), 룬코(Runco, 1996, personal creativity), 에던서(Tim Edensor, 2010, vernacular creativity) 등이 있다.[17]

도시에서 농촌으로 이주하는 귀농인, 농촌에서 전통적으로 지내온 농민들이 일상적 창의성을 함양하기 위해서는 다음과 같은 자세를 가져야 할 것으로 보인다. 창의성을 함양하기 위한 첫 번째 단계는 '나도 할 수 있다'는 믿음, 즉 열린 마음으로 긍정의 마인드를 갖는 것이다. 비록 타인이나 시장이 나의 성과 혹은 업적을 인정해주지 않는다 해도 그 업적에는 나의 새로운 생각을 투입했다고 믿어야 한다. 외부의 부정적인 지적에 대해 무에서 유를 창조하겠다고 고집을 부리거나 나의 최고의 능력을 짜내겠다고 생각해서도 안 된다. 이는 일상적 창의성의 범위를 벗어나는 것이면서 농촌에서 지속될 수 없을 것이다. 그 대신 새로운 마음가짐으로 접근하면 더 잘 해결할 수 있다고 스스로 인정하는 것이 일상적 창의성을 활성화시킬 수 있는 방법이라고 볼 수 있다.

2) 창의경제의 의미

창의경제(creative economy)라는 용어는 오래전에 이용되었지만 현대적 의미로 사용되기는 20세기 말 혹은 21세기 초에 와서야 시작되었다고 볼 수 있다. 연구자들에 의해 널리 이용되고 있는 창의경제 개념은 "성장과 발전의 동력으로서 창의자산에 기반을 두고 계속 진화해가는 것"이라는

17 Tim Edensor et al., eds., "Introduction" in Spaces of Vernacular Creativity: Re-Thinking the Cultural Economy (London: Routledge, 2010).

유엔무역개발회의(UNCTAD, 2008)의 개념이다. 여기서 창의자산은 스토리텔링, 문화예술, 창의인재의 창의적 잠재력, 사회적 네트워크, 브랜드, 웹사이트 등과 같이 창의성의 원천이 되는 지적재산의 형태를 취하는 소프트 자산을 의미한다. 창의자산에 기반을 둔 창의경제는 개인의 창의성, 문화, 경제 그리고 기술의 융합을 통해 소득증대, 일자리 창출, 무역증대 등과 같이 전통적 경제로서의 역할뿐만 아니라 사회통합, 문화다양성, 인간개발 등을 촉진하는 역할도 수행한다. 물론 창의경제라는 용어는 개인의 창의성이 중요하다는 뜻에서 유래된 것이면서, 창의경제는 창의성을 가장 중요한 생산요소로 갖는 창의산업을 발전의 원동력으로 삼는다는 점에서 그동안의 각종 경제모형과 구별된다.

지금과 같은 의미를 갖는 창의경제는 크게 두 가지 흐름에서 발전되었다. 첫째는 경제발전의 새로운 원동력을 창의산업에서 찾는 것이다. 1997년에 새로이 설립된 영국의 문화부(DCMS)는 창의산업을 "개인의 창의성, 솜씨 그리고 재능에 기원을 두면서 지적재산의 생성과 활용을 통해 부와 일자리를 창조할 잠재력을 가진 산업"으로 정의했다.[18] 창의산업은 문화산업에서 유래되었으며, 문화산업의 확대된 개념이다. 또한 영국 정부는 문화산업이 당시 노동당정부 내에서도 이데올로기 논쟁에 휩싸인 점을 고려하여 창의성은 모든 인간의 잠재력이므로 이데올로기 논쟁에 자유롭다는 점에서 문화산업 대신에 창의산업을 새로운 명칭으로 채택했다. 정부는 창의산업의 통계를 작성하기 위해 광고, 건축, 예술 및 골동품 시장, 공예, 디자인, 패션, 영화 및 비디오, 음악, 공연예술, 출판, 여가용 소프트웨어, 소프트웨어 및 컴퓨터 서비스, TV 및 라디오 등 13개 산업으로 정의했다.

---

18 DCMS (1998, 2001) 참조.

이 정의는 호킨스를 포함한 많은 전문가로부터 너무 문화예술에 치우쳐 있다는 비판을 받고 있다. 호킨스(J. Howkins, 2001)는 영국 문화부의 정의에 R&D산업을 포함시켰다. 그는 창의산업이 생산하는 창의상품의 교환이 이뤄지는 경제를 창의경제라 하면서 창의상품의 내적 특성에 주목했다. 창의산업은 상품을 생산함에 있어서 기본적으로 창의성을 가장 중요한 생산요소로 인정한다는 점에서 기존의 타 산업과 구별된다. 창의산업은 여러 창의성 중에서도 문화예술적 창의성을 그 바탕에 둔다.[19] 창의상품은 국민의 소비과정에서 창의성을 전달하는 매개체 역할을 수행한다. 즉, 일반인이 창의상품을 감상하면서 새로운 창의성을 함양할 수 있는 체험을 하게 되므로 창의상품은 일반 감상자들에게 창의성의 새로운 원천이 된다는 것이 호킨스가 주목하는 창의경제의 특징이다.

창의산업에 대한 정의는 연구자에 따라 정책으로 채택하는 국가별로도 차이를 보인다. 프랑스는 문화산업에 중점을 두고서 출판업, 시청각 관련 다양한 활동, 기타 언론기관, 멀티미디어, 광고 등을 포함하고 있다. 그리고 북유럽의 노르딕 국가군은 체험경제에 중점을 두고서 영국의 창의산업 개념에 스포츠산업, 교육적 유희산업, 축제, 관광, 장난감산업 등을 포함시키고 있다. 이에 유엔무역개발회의는 창의산업의 개념이 다양함을 지적하면서 국제적인 표준 개념으로서 크게 유산(문화유적지, 전통적·문화적 표현물), 예술(시각예술, 공연예술), 미디어(출판 및 인쇄 미디어, 시청각산업), 그리고 기능적 창조물(디자인, 뉴미디어, 창의서비스)의 네 분야로 정리했다.

두 번째 흐름은 창의경제를 창의성이 발휘되는 직업의 관점에서 접근

19 문화예술적 창의성을 투입요소로 하여 생산한 창의상품은 소비에서도 새로운 창의성의 원천이 된다는 점에서 과학기술적 창의성으로 생산되는 제조상품의 특성과 다르다.

하는 것으로, 창의계층의 규모로 측정되는 것이다. 리처드 플로리다는 2002년에 발간한 『창의계층의 부상(The Rise of the Creative Class)』에서 오늘날의 탈산업사회에서 경제발전의 원동력으로 창의계층의 부상을 들고 있다. 그는 창의적 활동을 통해 경제적 이윤을 창출하는 과학자나 건축가, 디자이너, 작가, 예술가, 교수, 엔터테인먼트 종사자 등을 창의계층으로 정의했다. 또한 비즈니스나 금융, 법률, 의료, 교육 분야 등과 같이 개인의 창의성을 업무의 핵심요소로 활용하는 직업군의 종사자들을 여기에 포함시켰다.

플로리다는 경제적 성과의 차이를 보이는 도시들을 비교분석하면서 경제적으로 역동적인 지역에서는 기술(technology), 인재(talent), 관용(tolerance)의 3가지 요소가 존재함을 실증적으로 발견했다. 달리 말하면 창의계층의 구성원은 이 3가지 중요한 요소를 모두 가진 도시로 몰린다는 것이다. 플로리다는 기술, 인재 그리고 관용을 경제발전의 필수요소라 하고, 이 세 요소를 경제발전의 3T 모델이라고 명명했다(R. Florida, 2002).

또한 플로리다(Florida, 2008)는 창의계급이 어떤 장소의 지역적 특성 때문에 특정 장소로 이주하는 현상을 발견했다. 그는 이 특성을 '장소의 질(quality of place)'이라고 불렀다. 장소의 질은 지금까지 일상적으로 널리 사용하던 '생활의 질(quality of life)'에 비견되는 것으로서 장소의 정체성을 규정하면서 창의계층을 유혹하는 특성을 가지고 있다. 그는 이를 '지역자산'이라 부르면서 경제발전을 위한 네 번째 T라 부르고 기존의 경제발전 3T 모형을 경제발전 4T 모형으로 확장시켰다. 창의계층을 유혹하는 지역자산의 특성은 다음의 3가지로 요약할 수 있다. 첫째는 거기에 무엇이 있는가를 알려준다. 지역마다 자연환경과 인공환경의 결합 정도가 다른데, 이는 창의적인 생활을 추구하려는 사람에게는 유혹적인 환경으로 작용한다. 둘째는 누가 거기에 있는가를 알려준다. 인종, 국적, 종교, 성별 등의 차별 없이 다양한 사람이 살 수 있는 공간으로서 누구든지 쉽게 정착해서 자신의 삶을 영위할 수 있는 공동체임을 의미한다. 마지막으로 무엇이 일어나고 있는가를 알려준다. 도시 거리가 카페문화, 예술, 미술, 음악 등 활기찬 생활로 가득 차 있다. 많은 사람이 적극적이고 흥미진진하며 창의적인 다양한 형식의 야외 활동에 참여한다.

이렇게 발전된 창의경제는 지금까지 실현된 각종 경제정책과 어떻게 다른가? 가장 중요한 것은 경제활동을 하는 모든 구성원이 창의적인 잠재력을 가지고 있다는 전제에서 경제정책을 수립한다는 점이다(J. Howkins, 2001; R. Florida, 2002). 플로리다는 인간은 누구나 창의적이라는 사실을 강조하면서 "창의성은 상속되거나 소유될 수 없다는 점에서 창의경제가 역사상 가장 위대한 평등 기제"임을 강조한다. 이렇게 되면 창의경제는 지금까지의 각종 경제모형 중에서 평등주의 철학을 가장 잘 실현할 수 있는 모형이 될 수 있다. 다음으로는 문화예술적 창의성이 전통적인 경제활동뿐만 아니라 기술혁신과 지역 마케팅 등과 같은 광범한 의미의 경제활동을 활성화시킨다는 것이다. 플로리다는 소수의 창의력을 촉진시키는 것 못지않게 대다수의 잠재적 창의 역량을 함양하여 서비스업과 제조업 일자리를 더욱 창의적으로 만들 수 있도록 해야 한다고 역설한다.

그러나 이상의 두 과정을 거쳐 진화한 창의경제는 그 특성상 대도시에서 실현될 수 있는 모형임을 다음에서 알 수 있다. 우선 창의도시의 개념을 처음으로 제안한 도시경제학자인 제이콥스(Jane Jacobs)에 의하면 창의성은 주로 도시에서 발생한다.[20] 도시는 농촌과 달리 복잡한 도로에는 서로 인생을 달리 살아가는 사람들로 북적대는 특징을 가지고 있다. 도시에는 면대면의 접촉 대상인 예술가, 문화적 제도 인프라, 상담을 해줄 수 있

20 Jane Jacobs (1969), p. 50 참조.

는 전문가집단, 재정지원자 등이 몰려 있다. 이러한 환경은 벌떼가 몰려 윙윙거리는 모습과 같다 하여 '버즈(buzz; 부산스러움)'로 불리기도 한다. 그래서 도시인은 현관문을 나서기만 하면 다른 사람을 만나 이야기를 할 수 있게 된다. 서로 모르는 사람들 사이에 교환되는 노변 대화를 통해 사람들은 정보와 지식을 교환하고, 그 교환을 통해 각자 새로운 아이디어를 형성하게 된다는 것이 제이콥스의 주장이다. 그뿐만 아니라 현실적으로 창의인재는 대도시에 몰려 있고, 창의산업의 핵심인 문화예술 및 문화산업도 대도시에서 번성하고 있다. 그리고 창의성 함양의 원천인 각종 문화시설도 대도시에 편중되어 있다.

3) 농촌의 특수성과 창의경제의 결합

선진국이든 후진국이든 농촌은 창의경제를 채택할 환경이 조성되어 있지 못하다. 수전 크리스토퍼슨(Susan Christopherson, 2004)은 뉴욕 주의 중소도시 및 농촌의 창의경제 전략을 분석하면서 농촌이 직면한 문제점을 4가지로 정리했다. 첫째는 농촌에는 창의경제를 지원하는 대규모 문화시설이 부족하다는 것이다. 둘째는 지역적 문화 활동의 빈발로 지역 간의 협조가 잘 안 된다는 것이다. 이는 창의경제의 성공에 필요한 외래방문객과 청년 창의인재를 유치할 적정규모의 경제단위를 형성하지 못하게 된다는 뜻이다. 셋째는 농촌이 대도시에서 나타나는 문화적 다양성을 갖지 못한다는 점이다. 이는 외부로부터의 이주민이 발생하지 않아 지역주민이 단일한 문화 속에서 살아왔기 때문이다. 마지막은 자생적인 리더십과 자원봉사자의 결여다. 이외에도 앞의 창의경제 설명에서 밝혔지만 농촌에는 전통적인 의미의 창의산업이 빈약하고 창의계급도 부족하다는 점이 농촌창의경제의 수립에 큰 제약이 된다.

농촌이 가진 이러한 불리한 여건에도 불구하고 영국, 미국, 호주, 캐나다 등은 일찍부터 농촌만이 가지고 있는 자산을 활용하는 농촌창의경제 정책을 실행해왔다. 영국이 이 분야에서 가장 먼저 출발했다. 비영리 예술신탁기관인 리토럴 예술신탁(Littoral Arts Trust)은 농촌문화포럼(Rural Cultural Forum)과 공동으로 2000년에 영국예술위원회(Arts Council England)의 재정지원을 받아 3년간 농촌사회를 위한 문화전략을 연구했다.[21] 영국예술위원회에 제출된 보고서는 「농촌창의성에 대한 투자 증대(Investing in Rural Creativity-New Rural Arts Strategy)」다. 이를 바탕으로 리토럴과 농촌문화포럼은 2005년부터 4년간 연구하여 2010년과 2011년에 『창의농촌공동체 I 및 II(The Creative Rural Communities I, II)』 두 권의 보고서를 제출했다. 이 보고서들은 농촌의 창의적 잠재력에 대한 완전한 그림을 제시하는 것을 주요 목적으로 제시했는데, 크게 두 가지로 나눌 수 있다. 첫째는 중앙정부의 농촌문화전략에 대한 논의를 활성화하는 것이다. 여기서는 농촌에서 거주하는 전문적인 예술가, 공예작가, 디자이너 등의 역할이 강조되었다. 다음으로는 농촌문화포럼이 농촌문화전략의 실천에 관해 농촌 관련 정부기구인 문화부(DCMS), 환경식품농촌부(DEFRA), 영국예술위원회(Arts Council England) 등과 협의하여 농촌 재생을 위한 다양한 기구, 즉 예술가단체, 문화유산, 디자인, 관광, 학계, 과학, 보건, 환경 등 전문기관들의 활동을 지원할 수 있는 근거를 제공하는 것이다. 이 과정에서 2006년에는 예술이 농촌의 발전에 어떤 역할을 수행할지에 관해 랭커스터대학교에서 농촌창의경제 세미나가 개최되었다. 이를 계기로 각국에서도 농촌창의경제 모형을 정립하기 위해 많은 학문적 노력을 기울이고 있다. 캐나다에서는 2008년에 퀸즈

---

21 Littoral Arts Trust 참조.

대학에서 온타리오지역의 농촌 재생을 위한 전문 학술 세미나가 개최되었다.

이상의 연구결과가 제안한 것과 플로리다가 제시한 경제발전모형의 네 번째 T인 지역자산(territorial assets)의 내용을 결합하면 창의시대에 한국의 농촌이 추구해야 할 정책 방향을 설정할 수 있다. 즉, 국가 단위 및 대도시에 적용하는 모형이라는 기존의 창의경제모형을 농촌경제에 적용할 수 있는 방안을 찾는 것이다. 그것은 바로 모든 농촌이 지금까지 지역의 경제발전에 잘 활용하지 않았거나 과소평가했던 지역적 특수 요소들을 발굴하고 이를 창의성 함양을 위한 자원으로 발전시키는 것이다. 이러한 지역적 특성은 도시가 갖지 않은 것이면서 일부 도시인이 동경하는 생활양식(lifestyle)을 담고 있다. 이에 대한 구체적인 내용은 이 장의 제2절 2항에서 설명했다. 이를 잘 활용한 사례는 캐나다의 프린스에드워드 카운티(Prince Edward County; PEC)의 농촌창의경제모형이다. 이 모형은 장소의 질(quality of place)을 경제발전전략의 핵심에 놓고 지역이 보유한 지역자산을 4개의 분야로 나누어 상호 연관효과를 극대화시키는 전략으로 짜여졌다. 이 지역의 경제발전 자문관이었던 그렉 베이커(Greg Baeker, 2008)는 이를 농업, 관광, 상공업 그리고 향토문화로 구성된 네 기둥 농촌창의경제(Four-Pillar Creative Economy) 모형으로 명명했다. 본 연구는 이를 개인의 창의성 중시와 ICT 기술이 발달한 한국 사정에 맞게 다섯 기둥 농촌창의경제(Five-Pillar Rural Creative Economy) 모형으로 확장하고, 이를 본 과제의 기본 모형으로 삼겠다. 이는 농촌창의경제를 운영하는 데 있어서 창의인재와 ICT기술을 공통적인 기반으로 하고, 농촌의 자원은 농림어업, 관광산업, 영세상공업 그리고 향토문화역사로 구성되는 모형이다. 이 모형은 다섯 기둥이 어떻게 상호 유기적으로 작용하여 농촌재생을 가능하게 하는지를 보여줄 수 있다.

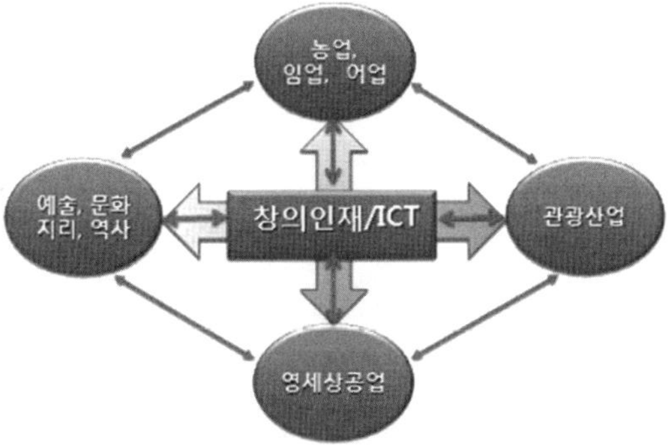

〈그림 1-1〉 다섯 기둥 농촌창의경제 모형
출처: Greg Baeker (2008)의 수정

첫째 기둥은 농촌창의경제의 핵심이면서 다른 4개 기둥에 공통적인 기반이 되는 창의인재 및 ICT이다. 먼저 농촌 모든 분야의 활성화를 위해 도시로부터의 인재 유입도 중요하고 이들에 의한 주민의 창의성 함양도 중요하다. 도시로부터의 인재유입은 선진국에서는 지난 30여 년 전부터 나타난 역도시화(counter-urbanization)에 의해 발생했다. 역도시화란 대도시에서 나타나는 인구과잉, 교통정체, 공기오염, 범죄증가 등의 문제를 피하고 삶의 질을 추구하기 위해 중산층 이상의 고급인력이 직장은 도시에 그대로 가지고 있으면서 주거지를 농촌으로 옮기는 현상이다. 이에 더하여 이제는 중소기업과 R&D기업 및 수출 기업들은 아예 농촌으로 이전함으로써 직장도 농촌으로 이동한다. 이를 가능하게 한 것은 디지털기술의 발달로 인한 저렴한 원거리통신 비용, 인터넷망의 확산, 편리한 소규모 항공시스템 발달, 그리고 저렴한 생활비 등이다. 예를 들면 미국에서는 1970년대 말부터 예술가들이 역도시화의 바람을 타고 농촌으로 이주하여 지역발전에 크게 이바지하기 시작했다.

예술가는 물론이거니와 일반 도시인도 도시에서 농업 이외의 분야에서 직업을 가졌기 때문에 농촌에 가면 상대적으로 창의적인 일자리를 만들 수 있게 된다. 미국의 농촌지역에 대한 조사에 의하면 창의계층이 많은 지역이 그렇지 않은 지역보다 지역경제성장률이 두 배나 높은 것으로 나타났다. 영국의 농촌에 대한 조사에서는 농촌으로 이주하는 자영업자 1명이 2.4개의 전임 일자리를 만들어내는 것으로 나타났다.[22] 그리고 영국의 비영리연구단체인 국립과학기술예술기금(NESTA, 2007)의 연구에 의하면 농촌으로 이주하는 도시인의 다수는 기업가 정신을 가지고 있어 상대적으로 새로운 지식을 가져와 농촌에 적용하려는 경향을 보인다. 이들은 도시에서 문화예술을 포함하여 디자인, 사진, 음식료, 카페, 농산물의 활용 등과 같이 광범한 분야의 서비스업에 종사하던 사람들이었다. 이들은 지식의 스필오버 효과를 발휘하여 기존 농촌거주자들로 하여금 그동안의 관행을 떨쳐버리도록 유도한다. 농촌거주자들은 농업생산에서는 과거의 경험을 답습해온 영농전문가들이어서 도시 귀촌인들이 가져온 새로운 지식이나 정보를 영농에 활용할 수 있으면 현재보다 훨씬 큰 성과를 이룩할 수 있을 것이다. 따라서 지방정부는 지역적 특성에 관한 정보를 체계적으로 발굴하고, 이에 대한 접근성을 높임으로써 도시인을 유치하여 창의적인 활동을 발휘하도록 해야 한다. 또한 지방정부는 귀촌인들의 창의적 활동을 통해 농촌거주자들의 창의성을 함양하도록 귀촌인들과 농촌 거주자들 사이의 원활한 소통을 지원하는 정책을 마련해야 한다.

다음으로는 농촌에서 ICT 기반의 확립이 농촌창의경제의 초석임을 밝히겠다. 창의경제는 원리상 ICT 기술의 지원에 의해서만 가능한데, 이는 농촌창의경제의 경우도 마찬가지다. 농촌은 넓은 공간에다 각 공간마다 특정한 의미나 상징을 가진 데 비해 인구는 적어 사람과 사람 사이에는 물리적인 소통이, 그리고 사람과 자연 사이에는 정서적 소통이 잘 이

22 Catarina Selada, Ines Cunha and Elisabete Tomaz (2011), p. 88 참조.

뤄지지 않는다. 농촌에는 문화 인프라나 각종 공연 등이 부족하고 번잡한 거리문화가 존재하지 않는다. 그러나 디지털기술에 기반을 둔 ICT 기술은 모든 종류의 소통을 저비용으로 쉽게 가능하게 한다. 공간에 담긴 상징은 지역적 특수성을 나타내므로 디지털 콘텐츠로 발전되면 외부의 창의인재를 유치할 수 있다. 디지털기술은 창의성 함양에 이바지하는 각종 도시적 특성을 사이버 형식으로 만들 수 있다. 즉, 도시형 특성인 면대면의 다양한 접촉을 의미하는 버즈(buzz)를 농촌을 위해 사이버 공간에서 가상버즈(virtual buzz)을 만들 수 있다는 것이다. 농촌에 거주하는 창의인재는 많은 경우 가내 작업을 하므로 대외적 소통을 위해 광역대역 인터넷을 통해 도시에서만 일어날 수밖에 없는 고급문화, 영감의 원천, 고객, 시장 그리고 동료 등에 쉽게 접근할 수 있게 된다.[23]

둘째 기둥은 농림어업의 역할이다. 농업이 농촌경제에서 차지하는 비중이 하락하고 있지만 아직도 가장 중요하다. 농업은 경제적인 관점에서는 하나의 산업으로서 농산물을 생산하는 역할을 한다. 동시에 농업은 역사적으로 오랫동안 지속되어온 하나의 문화적 활동이기도 하다. 농업은 새로운 가치증대의 분야일 뿐만 아니라 심미적 체험을 제공할 문화영역이기도 하다. 혁신을 통한 새로운 가치 창조의 추구는 기업농의 형성을 통해 경제적인 관점에서 추구되어야 할 것이다. 반면 문화로서의 농업은 소비자의 체험을 증진시킬 방향으로 품목을 개발하고 생산방법을 개선하며 활용방안을 발굴하는 것이다. 이는 도시로부터 이주해온 창의인재의 아이디어와 ICT의 힘을 빌려 농업의 다변화 및 농업생산의 우회도 증대와 문화콘텐츠 제작이라는 형식으로 나타난다. 영농조합의 공동생산, 생태적 경영, 직접 판매, 유기농 생산법, 종의 다양성 유지 등의 활동이 여기

23 Elisabeth Roberts and Leanne Townsend (2016), p. 200 참조.

에 해당한다. 이 모두는 농촌거주자들의 창의성을 절실히 필요로 한다. 이상의 경제활동은 결국 소비자 및 관광객의 다양한 형태의 욕구를 충족시키게 된다.

셋째 기둥으로는 오늘날 농촌재생의 중핵적인 역할자로 떠오르는 관광을 생각할 수 있다. 선진국의 대부분 농촌은 도시의 발전에 요구되는 창업이나 모험회사의 설립을 위한 자원을 보유하지 못하므로 관광을 농촌지역의 경제발전을 위한 중요한 툴로 간주해왔다.[24] 농촌관광은 농촌만이 보유하고 있는 자원인 자연환경, 문화 활동, 문화유산보존 등에 의존할 수밖에 없다고 하겠다. 오늘날 도시인은 자신만의 고유한 체험을 쌓는 것을 새로운 여행 동기로 삼는다. 소비자는 상품의 소비로부터도 만족감을 얻는데, 과거에는 신체적 편의성에 의존했으나 이제는 심미적이나 진정성 있는 체험에 더 많이 의존한다. 그들은 심미적 체험으로부터 창의성을 함양할 수 있다는 점을 점차 인식하고 있다. 이러한 현상은 여가 및 관광 분야에서 더 명확히 나타난다. 즉, 관광객은 여행 중에 새로운 체험을 즐기면서도 무엇인가를 배우고자 한다. 그래서 그들은 대규모의 흥행적 행사보다는 예술, 문화유산, 오락 활동, 자연경관 등의 표현행위를 통해 자신만의 체험을 추구하고자 하고, 궁극적으로는 이러한 체험을 창의성 함양으로 연결하고자 한다. 이러한 관광모형은 '창의관광(creative tourism)'이라 불리면서 최근에 선진국에서 널리 유행하고 있다.

그러면 지방정부는 농촌지역의 관광자원에서 중핵이 되면서 농촌지역만이 보유하는 어메니티를 어떻게 활용할 것인가? 그 대표적인 활용방안으로 지역의 이미지를 제고하는 장소기반(place-based) 마케팅을 생각할 수 있다. 장소는 단순한 공간이 아니다. 공간에 가치와 의미를 부여하면

---

24 Kevin Stolarick et. al. (2010), pp. 242-243 참조.

장소가 된다.[25] 농촌은 각각 고유의 자연적 경관, 역사적 사실, 문화적 환경, 개인적 기억 등을 가지고 있어 방문하는 사람에게 고유한 장소 이미지 혹은 장소감(sense of place)을 제공한다. 지역 공동체는 여러 가지 형태의 이미지를 가지고 있을 것인데, 어떤 이미지를 내세울 것인가는 장소의 질(quality of place)을 함양할 수 있는 지역적 특성을 전달하기 위한 방향으로 선택되어야 할 것이다. 지역발전을 위한 농촌 어메니티의 다른 활용방안은 관광코스 혹은 관광루트의 개발이다. 영국은 문화관광루트(Cultural Tourism Route)라는 이름으로, 미국은 문화유적트레일(Heritage Trail)이라는 이름으로 인접한 지역의 유사한 성격의 문화 볼거리를 연결시키는 전략을 실천하고 있다. 이는 농촌관광에서 규모의 경제를 이루게 하여 관광객에게 다양하고도 풍부한 볼거리를 제공할뿐더러 인접 지역의 유사한 문화자원을 연결시키도록 유도함으로써 지역 네트워크를 결성하게 하는 동기로 작용할 수 있다.

넷째 기둥은 상공업의 역할이다. 농촌경제에 이바지할 상공업은 크게 3가지로 나누어볼 수 있다. 첫째는 농촌에서는 허약하지만 그래도 무시할 수 없는 영세상공업이다. 농촌의 영세상공업은 특산물 생산 및 판매업, 음식료업, 농산물가공업, 영세 제조업 등을 생각할 수 있다. 이들 대부분은 자영업 혹은 영세 규모이며 전통적으로 내려오는 방식으로 운영되고 있다. 여기에 조그마한 변화, 즉 일상적 창의성이 결합된다면 현재의 영업실적보다는 훨씬 높은 성과를 거둘 수 있을 것이다. 사장 혹은 자영업자는 이에 필요한 아이디어를 도시 귀촌인으로부터 얻을 수 있으며, 인터넷 등을 통해 스스로 습득할 수도 있을 것이다. 예를 들면 지역 특산의 과일가게를 생각해보자. 지역 내의 모든 과일가게에서 판매하는 과일의 성질

---

25 임학순 외(2015), p. 38 참조.

은 기본적으로 동일하다. 어떤 가게가 과일의 배치, 가게의 분위기 혹은 판매 방식 등을 조금만 바꾸어도 큰 차이를 만들어낼 수 있다. 소비자가 원하는 분위기, 기분, 체험 등을 과일에 결합시키면 소비자는 다시 찾게 될 것이다. 변화를 원하는 가게는 향토사 전문가나 이주한 예술가 등으로부터 지역적 특성이나 인물, 사건, 지역 전래의 스토리 등을 반영하는 아이디어를 얻을 수 있다는 것이다. 동일한 과일에 사랑, 감성, 열정 등이 담기면 소비자의 체험은 표시된 가격을 훨씬 능가하게 된다. 둘째는 도시 귀촌인의 창업이다. 이들의 창업은 도시생활에 지친 중년, 은퇴인 등이 도시의 경험을 살려 농촌의 환경에 맞게 개업하는 것이다. 은퇴한 고급호텔의 요리사가 농촌에 이주하여 소규모 레스토랑을 개업하는 것을 생각할 수 있다. 농촌의 어메니티를 활용한 라이프스타일 분야가 일부 농촌에서 활성화되고 있는 점이 이를 말해주고 있다. 마지막으로 도시형 창의산업의 창업이다. ICT 기술의 도움으로 어메니티를 찾아 이주하는 창의인재에 의해 소규모 연구소, 디자인센터, 실험품의 제작소 등이 농촌에서 설립되고 있다. 이는 ICT 기술의 개발, 글로벌 네트워킹, 창의인재의 이동 증대 등에 의해 지난 20여 년 사이에 선진국에서 괄목할 만하게 나타나고 있다.

그래서 지방정부는 창의계층 및 귀촌인의 유치, 귀촌인과 기존 상공업자의 소통 증대, 기존 거주인의 창의성 함양 방안 등을 구상해야 한다. 이는 창의인재를 유인할 수 있는 환경, 즉 생활 분위기(people climate)의 조성으로 나타난다.[26] 생활 분위기는 저렴한 생활비, 야외 어메니티, 시골풍의 라이프스타일(느긋한 라이프스타일, 청정한 공기, 조용한 생활, 손쉬운 출퇴근 등), 장소정체성 등을 포함한다. 지방정부는 이러한 장점을 체계적으로 발굴하여 인

26 Andrew Bishop and Sun Sheng Han (2013), pp. 7-8 참조.

터넷을 통해 외부인이 쉽게 접근할 수 있도록 유도해야 한다. 그리고 ICT 기반의 홍보망 및 판매망 확립을 통해 국내 판매 및 해외 수출의 증대를 지원할 수 있다.

마지막 다섯째 기둥은 향토문화 자원 및 지역사의 역할이다. UNCTAD(2008)는 창의산업을 크게 문화유산, 예술, 미디어 그리고 기능적 창조물의 네 분야로 나누었다. 여기서 문화유산은 문화유적지와 전통문화적 표현으로 구성되며 세분류하면 유적 건조물, 유물, 기록유산, 무형유산, 자연유산 등으로 나눌 수 있다. 전택수(2001, p. 13)는 지역의 문화자원을 체계적으로 발굴하기 위해 한국향토문화전자대백과사전 분류체계를 삶의 터전(자연과 지리), 삶의 내력(지방의 역사), 삶의 자취(문화유산), 삶의 주체(성씨와 인물), 삶의 틀 I (정치와 행정), 삶의 틀 II (경제와 산업), 삶의 내용(종교와 문화), 삶의 방식(생활과 민속), 삶의 이야기(구비전승과 어문학)로 나눌 것을 제안했다.[27] 한국학중앙연구원은 2004년부터 전국의 시군 단위로 공모를 받아 향토문화자원을 조사하여 디지털백과사전을 만들어 제공했다. 한국학중앙연구원은 2003년에 경기도 성남시를 시범사업으로 시작했으며, 전국의 시군구를 대상으로 공모하여 선발하고, 해당 지역의 향토문화자원을 전수조사하여 텍스트, 오디오, 비디오 형식의 결과물을 디지털로 전환하여 서비스하고 있다. 본 사업의 1단계가 완료된 2013년 현재 전국 66개 지역의 향토문화전자대전이 완료되어 서비스되고 있다.

전택수(2007)는 이렇게 조사된 지역고유의 향토문화자원을 바탕으로 시군이 창의고을(Creative Town) 전략을 추구할 수 있고, 농촌마을은 창의마을(Creative Village) 전략을 추진할 수 있음을 밝혔다. 그 과정은 다음과 같이

27 이상의 9개 분류에서 삶의 틀 I(정치와 행정), 삶의 틀 II(경제와 산업)는 제외되어야 할 것이다.

설명될 수 있다. 다섯째 기둥이 첫 번째 기둥인 창의인재/ICT와 결합하여 두 번째 기둥인 농업의 특성화를 강화시켜줄 것이다. 농업의 특성화는 일반적인 농산물이 아니라 지역적 의미와 상징이 담긴 농산물의 생산 혹은 지역 특산물의 생산이라는 형태로 나타난다. 그리고 이는 다시 농촌을 방문하는 도시인에게 재미를 제공하는 농촌오락(agritainment)을 가능하게 함으로써 세 번째 기둥인 농촌관광의 경쟁력을 높인다. 그뿐만 아니라 네 번째 기둥인 영세상공업의 생산성을 높일 것이다. 이상의 과정에서 나타날 관련 경제활동 분야로는 축제, 캠프, 예술캠프, 과수원 투어, 과일 따기, 농가숙식, 특용작물 직판장, 동물사육 참여, 세미나장, 트레일, 농촌박물관, 사냥, 문화해설, 테마여행 조직 등을 생각할 수 있다.[28]

4. 선진국의 농촌창의경제 수립의 성공사례

1) 캐나다의 프린스에드워드 카운티[29]

캐나다의 작은 농촌인 프린스에드워드 카운티(Prince Edward County; PEC)는 약 1,000㎢의 면적을 가지고 있으며, 오타와로부터 남쪽으로 270㎞, 토론토로부터 북동쪽으로 약 200㎞, 그리고 온타리오 호수 근방에 위치해 있다. 사우스뱅크(Southbank) 호변이 있어 여름에는 인근 도시로부터 수영과 휴양을 위해 많은 관광객이 찾고 있다. 이 지역의 주요 산업은 농업

28 전택수(2007), pp. 166-167 참조.

29 전택수(2014), pp. 214-217을 요약하고 보완한 것임.

이고 전통적으로 수제 치즈산업이 발달했으나, 소규모인 까닭에 경쟁력 부족으로 1980년대부터 침체했다. 이후 PEC는 인구유출, 노령화, 경제 침체 등의 어려움을 겪게 되었다.

PEC 정부는 1990년대 중반부터 외부로부터 투자를 유치하기 위해 적극적으로 노력했다. 2000년대에 들어오면서 지금까지의 농업 중심 정책에서 벗어나 농촌창의경제 정책을 추진했다. 특히 외부 관광객이 편히 쉬고 즐길 수 있는 분야의 개발에 역점을 두었다. 보헤미안과 예술가들이 이 지역으로 모여들면서 농촌창의경제가 본격적으로 시작되었다. 이들이 몰려든 이유는 PEC의 저렴한 생활비와 다양한 예술 활동 공간 때문이기도 했다. 그뿐만 아니라 개방적인 사회 분위기도 이들을 유치하는 데 큰 역할을 했다. PEC 정부의 경제개발국은 〈그림 1-1〉의 원형인 네 기둥 농촌창의경제 모형에 따라 다양한 지역개발 및 경제개발 전략을 전개했다. 장소의 질(quality of place)을 정책의 중심에 놓고 와인산업과 음식산업을 중점적으로 발전시키기로 했다. 그리고 환경보호에 유의하면서 도로, 상하수도 등의 인프라에도 투자를 늘리기로 했다. 이후 2005년부터 2008년까지 문화전략, 관광지 개발, 음식관광 개발 등의 정책을 연속적으로 집행했다.

이러한 정책에 부응하여 많은 농촌기업이 성공했는데, 그중에서 몇 가지 사례를 들 수 있다. 먼저 수공업적 치즈 공장인 피프스타운 공예치즈회사(Fifth Town Artistic Cheese Co.)의 사례를 보자.[30] 쿠퍼(Petra Cooper)는 토론토에서 18년간 출판업에 종사하다가 2007년 시골의 풍경과 심미성을 찾아 이 지역에 와서 전통산업인 치즈생산을 색다른 방식으로 하기로 했다. 그는 이 지역에서 생산되는 염소와 양의 젖만 사용해서 수공업적으로 명품

---

30 http://www.fifthtown.ca 참조.

치즈를 만들어 큰 성공을 거두어 많은 연구에서 성공사례로 인용되고 있다. 다음은 TV 프로그램 제작회사인 휘슬스톱 프로덕션(WhistleStop Production)의 사례를 보자.[31] 이 회사의 설립자인 해치(David Hatch)는 토론토에 있는 한 TV방송사의 프로그램을 제작하는 기술직으로 일하다가 1989년에 '휘슬스톱(WhistleStop)'이라는 스포츠 전문 독립회사를 차렸다. 이 회사는 2000년에 PEC로 이전하게 된다. 과거에는 캐나다에서 HD비디오 생산에서 가장 앞서갔고, 최근에는 3D비디오 생산에서 선두주자다. 이 회사는 현재 농촌형 신규 멀티미디어 창업회사를 지원하는 인큐베이터 역할을 수행하고 있다. 이러한 역할은 기술의 발전을 도모하는 동시에 청년들의 농촌 이탈도 억제하고 있다. 마지막 사례로는 유기농 채소를 생산하는 비키(Vikis Veggies)다.[32] 이곳에서는 20에이커 크기의 농장에 토마토를 비롯하여 약 30여 종의 다양한 채소를 생산한다. 토지형질과 채소 씨앗의 성질, 그리고 성장과정을 면밀히 연구하여 농약이나 비료를 사용하는 대신 잎의 상태를 면밀히 관찰한 후 필요한 영양요소를 잎에 뿌리는 생산방식을 추구한다. 그와 동시에 상호 호혜적인 종과 상호 적대적인 종을 과학적으로 연구하여 선별적으로 다양한 채소를 심는다. 이러한 생산방식이 200㎞ 떨어진 대도시의 파인 레스토랑에 알려져 고정적인 고급 수요층을 확보하고 있다. 냉장보관소를 운영하면서 1년 내내 신선한 농산물을 공급한다. 정규직원 8명을 항시 고용하며 여름 성수기에 다수의 비정규직을 고용한다. 이 회사가 오늘날 스토리텔링을 담은 고가의 음식, 즉 '파인 다이닝(fine dining)'을 찾는 도시의 창의계층 때문에 성업하고 있다는 점은 우리의 농촌에도 큰 교훈이 될 수 있을 것이다.

---

31 http://www.whistlestoptv.com/ 참조.

32 http://www.vickisveggies.com 참조.

그런데 이러한 성공을 거둔 데는 PEC 정부가 2001년에 공모로 선발한 경제개발과 책임자인 댄 테일러(Dan Taylor)의 창의성에 힘입은 바 크다고 하겠다.[33] 그는 나이아가라 와인 관광회사에서 마케팅을 담당하고 있었는데, PEC 정부로부터 전권을 위임받아 인근 퀸스대학(Queens University)의 창의경제연구소인 모니슨센터(Monieson Center)의 전문가들과 지역주민의 지속적인 토론을 유도했다. 그 결과가 2004년에 수립된 전략적 경제개발계획이다. 이를 바탕으로 성장촉진과 변화관리(2005), 픽턴 다운타운 재생계획(2005), 관광개발전략(2006), 조지 모리스센터의 부가가치 농업 생산에 관한 연구(2006), 음식관광서베이(2006), 농업시장 서베이(2007) 등의 하부전략을 수립하여 집행했다. 창의경제정책 집행 후 7년 만에 와인산업에 대한 투자액이 4,500만 달러 발생했고, 12개의 와이너리, 농업부문 GDP 두 배 증대, 관광객 74%와 지출액 168%의 증대를 거뒀다. 앞에서 살펴본 각종 도시형 산업이 이 지역으로 이주 및 창업했다. 농촌창의경제가 성공하기 위해서는 지역발전에 헌신적인 경제개발 책임자가 있어 지역 관료, 지역 주민, 인근 대학 전문가들의 소통을 증진해나가는 것이 중요하다고 하겠다.

2) 호주 켄티시 카운티의 셰필드

켄티시(Kentish)는 남극에 가까운 태즈메이니아(Tasmania) 섬 북부의 산지에 위치한 조그만 카운티다. 켄티시 인구는 1986년에 4,572명에서 2011년에 6,312명으로 늘어나는 추세를 보이고 있다. 셰필드(Sheffield)는 군청이

33 Dan Taylor and Greg Baeker (2008) 참조.

있는 타운으로 1,538명의 인구를 가지고 있다.[34] 이 지역은 목재를 생산하는 임업이 중심산업이었으나 1980년대 인도네시아, 베트남 등에게 시장을 빼앗겼다. 셰필드는 지역경제를 살리는 데 요구되는 관광객을 유치하기 위해서는 거대한 시설이 필요한 것이 아님을 깨닫고 관광조합을 만들어 그 임원을 벽화로 명성을 얻고 있는 캐나다 밴쿠버 근처의 쉐마이누스(Chemainus) 타운에 파견하여 관련 아이디어를 수집해왔다. 셰필드는 1986년에 벽화축제를 개최했다. 이 축제가 국제적인 벽화 페스티벌(International Mural Fest)로 발전한 것은 2003년이다. 특징은 벽화의 내용이 이 지역의 생활사, 과거 개척시대의 이야기 등에 국한했으며 우수작은 주민의 투표와 전문가의 심사로 결정하게 함으로써 지역주민의 참여를 유도했다는 점이다. 그리고 타운 전체가 거대한 야외 전시관이 되고 있다. 현재 호주 본토 및 전 세계에서 매년 20만 명의 관광객을 유치하고 있으며, '벽화의 도시(Town of Murals)'로 세계적인 명성을 얻고 있다. 참여 예술분야는 사진, 미술, 목공예, 도예, 세라믹, 특수 공예 등이다. 셰필드는 국제 페스티벌을 시작하기 전에 미국 캘리포니아 램폭(Lampoc) 시의 램폭벽화협회(Lampoc Mural Association)의 규정을 면밀히 검토하여 예술가, 집주인, 협회 등 이해당사자 간의 이익 상충 문제, 참여 예술가의 권리 보장 등을 면밀히 검토했다는 점이 놀랍다고 하겠다.

현재 켄티시 정부는 전략계획 2009~2014(Strategic Plan 2009~2014)를 성공적으로 수행한 후 다시 장기계획인 켄티시 전략계획 2014~2024(Kentish Strategic Plan 2014~2024)를 수립했다. 이는 공동체가 추구할 가치와 비전을 포함하고 있다. 작성 과정에는 시의회의원, 의회관료 그리고 일반 주민의 자발적 의견 개진 및 수렴이 중심적인 역할을 했다. 이러한 장기계획을 바

---

34 www.muralfest.com.au 참조.

탕으로 켄티시 정부는 5개년 계획으로 농업발전전략, 소매업발전전략, 관광발전전략, 로리나지역 발전전략, 레일턴지역 발전전략, 윌튼지역 발전전략 등 7개 세부계획을 작성하여 집행하고 있다. 시정부는 지역경제가 관광에 크게 의존함을 인식하고 고산지대의 멋진 풍경을 관광자원으로 활용하기 위해 산악자전거 트레일에 대한 마스터플랜을 작성하여 공포했다. 이 모든 것은 외부전문가의 자문을 얻어 지역 내부 관계자들의 열정에 의해 수립되었다는 특성을 갖는다.

3) 일본의 가미야마와 나오시마[35]

가미야마와 나오시마는 이 지역 출신 기업인들이 지역의 특성을 살린 예술 프로그램 혹은 예술자원을 개발함으로써 각 지역의 경제재생을 성공시킨 사례다. 먼저 도쿠시마 현 가미야마정의 사례를 살펴본다. 가미야마는 83%의 면적이 삼림이며, 2013년 12월 현재 거주민 6,132명 중 46%가 고령이다. 1950년대부터 일본의 목재산업이 침체하면서 이 지역의 경제도 쇠퇴했다. 그러나 2011년부터 인구증가를 보이고 있는데, 그 성공요인은 오미나미 신야가 이사장으로 있는 비영리법인 그린밸리의 역할 때문이다. 오미나미는 미국의 스탠포드대학을 졸업한 후 귀향해서 건설업체를 경영했다. 그는 모교 초등학교의 사친회 임원으로 활동하면서 학교에서 인형 하나를 발견했다. 이것은 미일 교류차원에서 오래전에 미국인이 보낸 인형이었다. 그는 인형을 보낸 미국인을 찾아내어 그가 살고 있는 지역과의 교류를 시작했고, 이 교류를 통해 '아티스트 인 레지던스

35 한국농촌건축학회 역(2015), 11장 및 12장 참조.

(artist in residence)' 프로그램으로 발전시켰다.

이 프로그램은 예술가의 이주를 돕기 위해 처음에는 교통비, 생활비, 재료비 등의 경비를 지원했으며, 나중에는 숙박 장소와 아틀리에를 무료로 제공하는 형식으로 발전했다. 오미나미는 아티스트 인 레지던스 프로그램을 더욱 발전시켜 예술가뿐만 아니라 폭넓은 분야의 창의인재를 유치하는 이주프로그램인 '워크 인 레지던스(work in residence)'로 발전시켰다. 현재는 ICT 비즈니스, 디자이너, 장인, 카페 경영인 등이 운영하는 중소 창의산업 유치 및 창업으로 연결되었다. 오미나미는 건설업이라는 전공을 살려 그린밸리로 하여금 지역정부의 협조 하에 지역의 빈집을 개조하여 이주민에게 저렴하게 제공하도록 했다. 그리고 가미야마 인터넷사이트에는 민가정보, 상공업 정보 등이 담겨 있어 이주 희망자들에게 거주 및 영업 정보를 제공하고 있다. 그리하여 2012년 10월부터 2013년 7월까지 도쿄에 본사를 둔 ICT기업 10개 회사가 이 지역에 지사를 개설했다. 이상은 이 지역 출신의 한 창의인재가 미국인이 보낸 조그만 인형에서 아이디어를 얻어 궁극적으로는 다양한 분야의 창의산업을 유치하는 성과를 거둔 것을 보여준다.

가가와 현 나오시마정는 인구 3,000명에 불과한 조그마한 섬 지역이다. 나오시마는 인근에 있는 미쓰비시광업회사의 철광 폐기물과 그로 인한 공해로 어려움을 겪고 있었다. 1988년부터 (주)후쿠다케서점의 후쿠다케 사장이 고향에 인접한 나오시마에 나오시마문화촌 구상의 일환으로 국제캠프장을 개설하던 중 갑자기 사망했다. 그의 아들인 후쿠다케 쇼이치는 동경 지사에서 근무하다가 고향으로 내려와 서점경영을 물려받았다. 그는 국제캠프장 건설이라는 선친의 유업을 더욱 확장하여 "예술, 건축물 그리고 자연환경이 조화를 이루어 관광객의 정신을 깨치우도록 해야 한다"는 철학으로 나오시마 전체를 예술섬으로 바꾸기로 결심했다. 그는 1992년 섬 남부에 숙박, 레스토랑, 상점 등의 기능과 미술관을 겸한 베네세하우스 건설에 이어 1998년부터 2006년에 걸쳐 인근 지구에 오래된 민가 등의 개수와 아트 제작이 일체화된 '이에(家, 집)프로젝트'를 실시했다. 그는 1995년 회사명을 (주)베네세홀딩스로 개명하고, 문화사업을 관장하기 위해 2007년에는 베네세재단을 설립했다. 회사명인 '베네세'는 라틴어 Bene(잘)와 Esse(살다)의 합성어로서 '잘 살다'를 의미하며 경영자의 철학을 반영해주고 있다.

2012년 말 현재 43만 명 이상의 관광객을 유치했으며, 그중 40만 명이 문화예술 관련 프로그램 때문에 방문한다. 3년마다 열리는 세토나이 국제예술제가 개최된 2013년에는 107만 명이 나오시마를 다녀갔다. 이러한 성공은 인근 오카야마 현 출신의 사업가인 후쿠다케 쇼이치로와 그의 회사 때문이라고 볼 수 있다. 그는 안도 다다오라는 세계적인 건축가에게 의뢰해 산업폐기물과 공해로 버려진 외딴 섬의 땅속에 미술관을 지어 서양 거장의 작품들을 전시하겠다는 발상(地中미술관), 일본 미술의 모노하(物派) 철학 이론을 확립한 한국인 작가 이우환을 초대해 동서의 균형을 이루겠다는 발상(이우환미술관), 별로 손님이 올 것 같지 않은 곳에 미술관과 숙박시설이 함께 들어 있는 건물을 짓겠다는 발상(베네세하우스), 평범한 사람들이 살고 있는 집을 현대미술의 최첨단 작업실로 바꿔보겠다는 발상(이에 프로젝트) 등을 창안했다.[36] 그는 이상의 사업을 수행하는 과정에서 지역민과의 마찰을 겪었지만 지역의 여론주도층을 만나 설득하고 지역민과의 진솔한 대화를 통해 문제를 해결했다. 그는 충분한 시간을 두고 철저한 계획 하에 단계적으로 사업을 추진했다. 그는 이러한 문화사업에 10년 넘게 투자만 하다가 2014년 전후해서 흑자를 이룩했다고 한다. 이상의 성과

---

36 심규선(2016. 6. 29), "나오시마에서 조선통신사를 만나다", 동아일보.

는 성공한 출향 기업인이 문화사업을 유치하거나 시도할 때 벤치마킹할 만한 좋은 사례라고 하겠다.

5. 결론

본 연구는 농촌의 재생을 위해 그동안 잘 활용되지 않았던 농촌의 고유한 자원을 창의적으로 활용할 수 있는 방안을 제시하는 것을 주요 목적으로 삼는다. 현재 한국의 농촌은 급속한 인구감소와 고령화, 도시와 농촌 간의 소득 격차 심화, 복지 및 교육 여건의 저하, 기초 생활여건 취약 등의 어려움을 겪고 있다. 이러한 문제를 해결하기 위해 정부는 농업의 경쟁력 강화를 통한 농업소득의 증대를 중심 정책으로 실시해왔다. 그러나 한국의 농촌은 이러한 문제들로부터 벗어나기는커녕 오히려 더욱 비관적인 상황에 빠져들고 있는 실정이다.

본 논문은 20세기의 문제를 21세기의 사고방식으로 해결할 것을 제안했다. 즉, 모두가 창의적일 수 있다는 철학을 바탕으로 하여 그동안 잘 활용되지 않은 농촌지역의 고유한 자원을 창의적으로 활용할 뿐만 아니라 창의성의 원천이 되도록 하자는 것이다. 이를 위해 캐나다 프린스에드워드 카운티에 적용된 네 기둥 농촌창의경제(Four-Pillar Rural Creative Economy) 모형을 확장하여 다섯 기둥 농촌창의경제 모형(Five-Pillar Model)을 정립했다.

이 모형이 갖는 의미를 간단히 요약하면 다음과 같다. 첫째 기둥은 창의인재와 ICT다. 이는 농촌창의경제를 가능하게 하는 기본 요소로서 다른 모든 기둥에 공통적인 기반이 된다. 둘째 기둥은 농업이다. 농업은 농촌의 유일한 산업이 아니지만 아직도 가장 중요한 산업이다. 농업의 경쟁력은 ICT를 기반으로 하여 농업에 농민의 창의성을 결합함으로써 강화될 수 있을 것이다. 셋째 기둥은 관광으로서 농촌재생의 새로운 요소로 등장하고 있다. 농촌관광은 도시인이 새로운 체험을 얻기 위해 농촌만이 보유하고 있는 어메니티를 찾는 현상을 반영하는 것이다. 넷째 기둥은 영세상공업이다. 공예 및 특산물을 생산하는 기존의 산업, 음식점 등에도 기업가 정신의 역할이 중요하다. 특히 선진국에서는 농촌의 어메니티를 찾아오는 도시의 창의산업 유치가 농촌재생의 새롭고도 중요한 방법이 되고 있다. 마지막 기둥은 향토문화 및 지역사다. 이는 도시의 창의산업에 해당하는 것으로, 첫째 기둥을 기반으로 하여 다른 세 기둥의 발전을 위한 창의성을 제공하는 역할을 할 것이다.

이 모형은 농촌이 보유하고 있는 모든 자원을 체계적으로 조사하고 각 기둥 상호 간의 융합 방안을 제공해준다. 이 과정은 지역민의 이해관계에 직결되므로 지역민의 적극적인 참여를 유도할 수 있으며, 또한 이들의 적극적인 참여를 통해서만 성공할 수 있을 것이다. 그뿐만 아니라 캐나다, 호주 그리고 일본의 성공사례에서 보듯이 주민의 참여가 성공에 이르도록 하는 중요한 촉진자에 해당하는 소수의 리더가 있어야 한다는 점도 중요하다. 그리고 이 모형은 농촌정책 입안자 및 군수들에게 경제정책을 수립하도록 도와주고 농촌에 이주하고자 하는 도시인에게도 창의적인 농촌생활을 구상하도록 지원하게 될 것이다.

| 참고문헌 |

관계부처 합동 편(2014), 제3차 농어업인 삶의 질 향상 및 농어촌 지역개발 5개년 기본계획: 2015~2019.

국토교통부(2016), 숫자로 보이는 2015 도시계획현황 통계 발표, 보도자료.

기획재정부 외 편(2009), 제2차 농림어업인 삶의 질 향상 및 농산어촌 지역개발 5개년 기본계획: 2010~2014.

농림축산식품부(2004), 『농림어업인 삶의 질 향상 및 농산어촌 지역개발촉진에 관한 특별법』

농림축산식품부(2005), 제1차 농림어업인 삶의 질 향상 및 농산어촌지역개발 5개년 기본계획('05~'09)과 2005년도 시행계획.

사사키 마사유키 외(2015), 『창조농촌을 디자인하라: 농촌을 되살리는 창조전략』, 한국농촌건축학회 옮김, 서울: 한국농촌건축학회.

심규선(2016), 「나오시마에서 조선통신사를 만나다」, 『동아일보』(2016. 06. 29) http://news.donga.com/3/all/20160629/78925053/1

임학순 외(2015), 『문화농촌 · 창조농촌: 농촌의 가치와 문화전략』, 성남: 북코리아.

전택수(2001), 「지식정보시대의 문화강국 건설을 위한 <한국향토문화전자대전> 편찬 기초조사 연구」, 한국정신문화연구원; 전국문화원연합회(공편).

전택수(2007), 「향토문화의 디지털화에 기반을 둔 지역발전 전략으로서의 창의도시 모형 연구」, 『정신문화연구』, 제30권 제3호(통권108호), pp.143-171.

전택수(2013), 「창조와 창의, 그 맥락적 의미의 변천에 관한 소고」, 『정신문화연구』, 제36권 제3호, pp. 333-368.

전택수 외(2014), 『창의경제와 문화예술의 역할』, 성남: 한국학중앙연구원.

『조선일보』(2016. 12. 14), 「정부, 1,400원대에 산 쌀을 208원 '헐값 떨이'」

통계청(2016), 2015년 농림어업총조사 최종 집계 결과, 보도자료.

통계청(2017), 2016년 양곡소비량조사 결과: 가구 · 사업체 부분, 보도자료.

한국향토문화전자대전. http://www.grandculture.net/

Baeker, Greg (2008), "Building a Creative Rural Economy," *Municipal World*, pp. 9-11.

Bishop, Andrew and Han, Sun Sheng (2013), "Growth of the Creative Economy in Small Regional Cities: A Case Study of Bendigo," *State of Australian Cities Conference*.

Boden, A. Margaret (1990), *The Creative Mind: Myths and Mechanisms*. London: Weidenfeld & Nicolson.

Christopherson, Susan (2004), "Creative Economy Strategies For Small and Medium Size Cities: Options for New York State," Ithaca, NY: Department of City and Regional Planning, Cornell University, July 20, pp. 1-21.

DCMS (1998), *Creative Industries Mapping Document*, London: DCMS.

DCMS (2001), *Creative Industries Mapping Document*, London: DMCS.

Dewey, John (1934), *Art as Experience.* NY: Minton Balch & Co.

Edensor, Tim et al. (ed.) (2010), *Spaces of Vernacular Creativity: Re-Thinking the Cultural Economy,* London: Routledge.

Fifth Town Artisan Cheese Co. http://www.fifthtown.ca

Florida, Richard (2002), *The Rise of the Creative Class: And How It's Transforming Work, Leasure, Community and Everyday Life,* New York: Basic Books.

Florida, Richard (2005), *Cities and the Creative Class,* New York: Routledge.

Florida, Richard (2008), *Who's Your City?* New York: Basic Books.

Gardner, H. (1993), *Creating Minds,* New York: Basic Books.

Gaut, Berys (2003), "Creativity and Imagination," *The Creation of Art: New Essays in Philosophical Aesthetics,* Cambridge University Press, pp. 148-173.

Green, P. Gary (2001), "Amenities and Community Economic Development: Strategies for Sustainability," *Journal of Regional Analysis and Policy*, Vol. 31, Issue 2, pp. 61-76.

Howkins, John (2001), *The Creative Economy: How People Make Money From Ide-*

as, London: Penguin Press.

Jacobs, Jane (1969), *The Economy of Cities*, New York: Vintage Books.

Levitt, Theodore (1983), "The Globalization of Markets," *Harvard Business Review*, pp. 92-102.

Littoral Arts Trust, Available at: http://www.littoral.org.uk/HTML01/conferences

Littoral Arts Trust (2005), Investing in Rural Creativity: New Rural Arts Strategy. *A Proposed Arts and Cultural Sector Response to the New Rural Strategy* (DEFRA 2004).

Littoral Arts Trust, Rural Cultural Forum (2010), *Creative Rural Communities, Proposal for a Rural Cultural Strategy*, Available at: http://www.ruralculture.org.uk/wp-content/uploads/2010/07/RCS_web.pdf

Marshall, M. I., Bush, D. and Hayes, K. (2005), "Extension programming for food entrepreneurs: An Indiana needs assessment," *Journal of Extension* [On-line], 43(5). Article 5RIB8, Available at: http://www.joe.org/joe/2005october/rb9.shtml

Maslow, A. (1971), *The Farther Reaches of Human Nature,* New York: Viking Press.

McGranahan, A. David (1999), "Natural Amenities Drive Rural Population Change," *Agricultural Economic Report No. AER-781*, pp. 1-24.

NESTA (2007), *Creative Industries and Rural Innovation*, London: Nesta.

OECD (2006), *Reinventing Rural Policy,* OECD Publications, Paris.

Osborn, F. Alex (1957), *Applied Imagination: Principles and Procedures of Creative Thinking*, New York: Charles Scribner's Sons.

Pezzini, Mario and Wojan, R. Timothy (2001), "Leveraging Amenities for Rural Development: Direction, Dialogue, and Negotiation," *Proceedings: Rural and Agricultural Conferences*, pp. 121-138.

Richards, Ruth, Kinney, K. Dennis, Benet, Maria and Merzel, P. Ann (1988), "Assessing Everyday Creativity: Characteristics of the Lifetime Creativity Scales and Validation with Three Large Samples," *Journal of Personality and Social Psychology*, Vol. 54(3), pp. 476-485.

Ripple, R. E. (1989), "Ordinary Creativity," *Contemporary Education Psychology* 14(3), pp. 189-202.

Roberts, Elisabeth and Townsend, Leanne (2016), "The Contribution of the Creative Economy to the Resilience of Rural Communities: Exploring Cultural and Digital Capital," *Sociologia Ruralis*, Vol. 56, No. 2, pp. 197–219.

Runco, M. A. (1996), "Personal Creativity: Definition and Developmental Issues," *New Directions for Child Development*, Issue 72, pp. 3–30.

Selada, Catarina, Inês Vilhena da Cunha and Elisabete Tomaz (2011), "Creative-Based Strategies in Small Cities: A Case-Study Approach," *REDIGE*, Vol. 2, No. 4, pp. 79–111.

Sheffield International Mural Festival, Available at: http://muralfest.com.au/

Stolarick, Kevin, Denstedt, Mark, Donald, Betsy and Spencer, M. Gregory (2010), "Creativity, Tourism and Economic Development in a Rural Context: the Case Study of Prince Edward County," *Journal of Rural and Community Development*, Vol. 5, No. 1, pp. 238–254.

Taylor, Dan and Baeker, Greg (2008), "Economic Restructuring through Culture in Small Towns and Rural Areas: Building Creative Rural Economies, A Case Study of Prince Edward County, Ontario," *Paper for the International Forum on the Creative Economy*, pp. 1–11.

UNCTAD (2008), *Creative Economy Report 2008*, UNCTAD.

Vikis Veggies, http://www.vickisveggies.com/

Whistlestop Productions, http://www.whistlestoptv.com/

Wiki Home, "Everyday Creativity: Exploring How We Are Creative Every Day," https://creativitytheories.wikispaces.com/Everyday+Creativity

제2장

창의계층론의 국내 농촌마을 적용 사례

— 귀농 · 귀촌인을 중심으로

1. 서론

새마을운동은 우리나라 농촌에서 정부 주도 경제 활성화를 목적으로 수행된 지역개발 정책의 효시라고 할 수 있다. 이 운동은 공업화 우선 정책으로 벌어진 농촌의 낙후 현상을 개선하는 데 상당한 효과를 거둔 것으로 평가되었다. 그러나 1960년대 이후 경제개발 과정에서 급속한 산업화와 인구의 도시권 집중화로 인해 도시와 농촌 간 경제력 차이는 심화되어 왔다. 2010년 이후에는 수도권 거주인구가 우리나라 인구의 절반을 넘어서면서 농촌을 몰락시키는 중요한 요인으로 작용했다(국가균형발전위원회, 2007, p. 14). 그나마 다행스러운 것은 최근 들어 베이비부머 세대의 은퇴가 시작되고 이들이 농촌으로 유입되면서 인구감소의 완화와 더불어 이들 인력에 의한 경제 활성화 모범 사례도 등장하고 있다. 새마을운동이 구성원의 의식개혁으로 농촌 변화에 새로운 계기가 되었다면 최근에 나타난 귀농·귀촌 현상은 혈연과 농업 중심이라는 농촌사회에 새로운 변화와 발전을 가져올 수 있는 또 다른 계기가 될 것으로 예상되고 있다.

블레이클리와 브래드셔(E. Blakely and T. Bradshaw, 2002)는 지역의 경제발전을 도모하는 다양한 전략이 있을 수 있지만, 결국은 경제, 사회, 기술 및 정책적 역량을 어떻게 동원하여 지역이 갖고 있는 자원, 즉 자연자원, 지리적 여건, 노동력과 자본력, 창업 환경과 인프라, 산업적 입지 여건 등에 잘 적용하느냐에 달려 있다고 했다. 이렇게 볼 때 우리나라를 비롯한 세계 유수의 모든 나라는 대도시를 기반으로 성장전략을 발전시키고 커다란 성과와 나름대로의 역량을 갖고 있다. 그러나 이러한 성장 전략들을 농촌에 적용하기에는 여러 가지 면에서 대도시와는 현격한 역량 차이를 갖고 있다. 현대 농촌을 경제적으로 활성화하는 방안으로 장소(또는 어메니티)를 활용하는 방법(J. Hopkins, 1998; T. Marsden, 1999), 지역의 경제활동을 장려하는 방법(M. Gertler, D. Wolfe and D. Garkut, 2000; P. Maskell and A. Malmberg, 1999), 그리고 창의성과 재능을 활용하는 방법(D. McGranahan and T. Wojan, 2007; J. Morgan, W. Lambe and A. Freyer, 2009)의 3가지로 요약된다. 이 가운데서 세 번째 방안은 '창의경제론'을 제안한 플로리다의 연구(R. Florida, 2002)로부터 발전되었는데, 모건, 램, 프레이어(2009)는 미국의 소규모 농촌이 예술인을 유치하고 이들의 활동을 지원함으로써 지역의 경제성장에 기여할 수 있었음을 제시했다. 플로리다, 맥그라나한, 워얀(R. Florida, 2002; D. McGranahan and T. Wojan, 2007) 등의 연구는 지식과 창의적 아이디어가 혁신의 필수 자원이 된 후기 산업사회에서 농촌의 창의인재가 어떤 새로운 역할이 필요한지를 역설했다.

미래 우리나라 농촌의 가장 큰 문제 중 하나는 빠른 고령화로 인한 지역 리더십의 고갈로 성장 동력의 급격한 약화가 예상되는 농촌경제의 쇠퇴다. 이에 본 연구는 농촌의 지속 가능한 발전을 위한 정책 수단의 일환으로 농촌개발의 리더로서 도시에서 농촌으로 이주하는 귀농·귀촌인의 특성을 창의인력의 관점에서 분석하고 이를 토대로 창의적 농촌경제 활성화 방안을 제시하는 데 목적이 있다.

2. 창의경제와 창의인력

1) 경제발전과 창의계층론

(1) 창의계층론의 등장배경과 개념

2000년대에 들어서면서 경제성장론에서 새롭게 제기된 논의는 경제성장의 주된 원천으로서 물리적 환경이나 자산보다 인적자본과 인간의 창의성이 지역과 한 나라의 경제발전에 가장 우선시되어야 한다는 것이다. 전통적으로 경제성장론은 크게 두 가지 학문적 논의로 분류되는데, 하나는 산업과 기업의 집적화가 성장의 원동력이라고 주장하는 부류와 다른 하나는 사람과 다양성의 중요성을 강조하는 부류다. 인적자원의 중요성을 강조하는 후자의 부류는 다시 루카스(R. Lucas, 1988)와 글래서(E. Glaeser, 1998) 등과 여기에서 언급할 플로리다(R. Florida, 2002)와 펙(J. Peck, 2005) 등으로 구분된다. 전자가 높은 수준의 인적자본(human capital)이 혁신을 가져오고 경제를 성장시킨다는 논리를 폈다면, 후자는 창의자본(creative capital) 또는 창의인력(creative class)을 많이 유치하거나 확보할 수 있는 역량이 혁신과 성장을 가져올 수 있다는 논리다.

창의계층론을 주장하는 학자들은 "21세기에 들어와서 경제활동의 가치창출이 점차 무형의 자산에 의존하는 경향이 높아지는 이유는 과거로부터 발전의 제약요인으로 작용했던 풍부한 에너지자원의 확보나 우수한 유통환경이 그다지 중요시되지 않기 때문"으로 이해한다. 이는 무형의 자산을 가진 재능 있는 '사람'이 궁극적으로 첨단산업을 발전시키고, 따라서 이들이 정주하는 곳은 높은 소득을 창출하는 전략적인 자원이 된다는 것을 말한다. 그런데 이러한 사람들은 모든 지역이나 국가에 골고루 분포되어 있는 것이 아니라 특정한 도시와 지역에 집중하는 성향을 갖고 있고, 그렇기 때문에 그런 인력들이 선호하는 환경이 구비되어 있거나 그러한 환경을 제공하는 정책이 경제성장을 촉진한다는 것이다.

플로리다(R. Florida, 2002)는 창의계층 인력을 자율성과 유동성을 기반으로 창의적인 활동을 하여 소득을 획득하는 부류의 직종 인력으로 이해하고, 이를 핵심 창의계층 인력(Super-Creative Core)과 창의적 전문가(Creative Professional)로 구분했다(그림 2-1 참조). 그가 의미하는 핵심 창의계층 직종 인력은 과학자, 엔지니어, 대학교수, 시인, 소설가, 예술가, 연예인, 배우, 디자이너, 건축가 등이며, 창의적 전문가는 첨단기술업종, 금융서비스, 법률과 보건의료, 경영 분야 등에 종사하는 주로 지식서비스 분야의 직종 인력을 말한다.

그는 창의계층 인력의 업무적 특징을 4가지로 지적하고 있다(R. Florida, 2005). 첫째, 이들은 일에 대해 금전적인 보수보다는 보람을 추구하는 경향이 있다는 것이다. 즉, 돈보다는 자아실현에서 일의 보람을 찾는다. 둘째, 이들은 자아실현을 위해 움직이기 때문에 강요에 의해 일하지 않으며, 그렇다고 게으름을 피우지는 않는다. 즉 업무 수행에 있어서 자기관리, 동료의 평가, 자발적인 동기 등을 중시한다. 셋째, 이들은 업무 수행에서 제복이나 정해진 작업복보다는 간편 복장을 선호한다. 근무형태도 자율근무제를 선호하며, 일상생활에 있어서는 아웃도어 라이프(옥외활동)를 좋아하는 것도 특징이다. 넷째, 가장 중요한 특징으로 이들은 일자리를 먼저 정하는 것이 아니라, 먼저 일할 장소 또는 정주할 장소를 정한 후에 일을 정하는 경향이 많다. 일단 자신이 거주할 장소를 정하고 나면 그 장소를 좋게 만들고 싶다는 욕구를 잠재적으로 가지고 있다는 것이다. 이렇게 그는 창의계층 인력의 가치관과 라이프스타일을 이해하고, 이들이 선호하는 지역에 대한 환경을 구비함으로써 이들로 하여금 첨단산업을 유치하여 일자리와 소득 증대를 꾀하는 것이 지역정책의 목표가 된다고 설명한다.

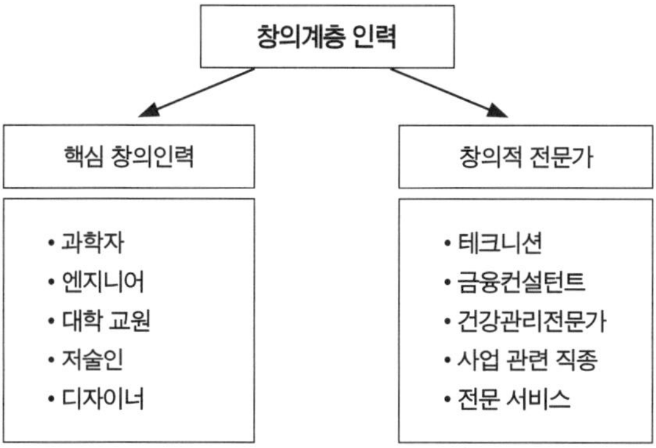

〈그림 2-1〉 창의계층 인력의 분류
출처: R. Florida (2002)

(2) 창의인력이 선호하는 장소

경제학자들을 포함해 지역의 성장에 관심 있는 학자들은 전통적으로 창의인력이나 경제활동 인력보다는 지역의 활성화에 직접적인 경제 관계를 갖고 인력을 고용하는 기업과 기업들의 입지에 초점을 두어왔다. 하지만 플로리다를 비롯한 창의경제론를 주장하는 학자들은 창의인력이 다른 어떤 지역보다 특별히 선호하는 장소가 있다고 주장했다. 그는 창의인력이 선호하는 장소를 '장소의 질(quality of place)'이라고 표현하고, 다음의 6가지 구성요소가 장소의 질을 결정한다고 주장했다. 첫째, 이들은 자신의 창의적 재능과 경제적 기회를 수월하게 연결시킬 수 있는 폭넓은 노동시장이 존재하는 곳을 선호한다. 이러한 지역은 대체로 사람, 기업, 자원이 결집해 있는 대도시에 많이 분포한다. 둘째, 창의인력은 정주지역을 결정할 때 흔히 일자리보다는 라이프스타일을 우선시한다. 이들이 하는 창의적 일의 속성은 '삶의 질'을 요구하고, 이로 인해 여가 및 문화생활이 갖춰진 곳을 선호한다. 셋째, 창의인력은 사회적 교류가 용이한 지역을 선호한다. 이는 사람들 간의 상호 교류와 활발한 대화 그리고 활력을 제공하기 때문이며, 또한 비교적 고립된 장소에서 창의적인 일을 하기 때문에 재충전을 위해 인적 교류가 편한 곳을 필요로 한다. 넷째, 이들은 다양한 사상과 편견 없는 사고방식이 통하는 지역을 선호한다. 다른 집단이나 이민족, 다른 연령과 취향, 습관 등에 대해 관대하고 개방적인 지역은 이들이 정주 장소를 선택하는 데 유리하다. 다섯째, 이들은 독특하고 독창적인 체험이 제공될 수 있는 진정성(authenticity) 있는 곳을 선호한다. 가령 역사적인 건축물이 있는 곳이나 지역민의 특성, 문화적 특성이 있는 곳은 다른 지역에서 경험할 수 없는 독특한 공동체를 형성한다. 여섯째, 이들은 공동체에 참여하려는 욕구를 지니고 있기 때문에 지역에서 자신의 정체성을 내세우고, 실현할 수 있는 정체성이 뚜렷한 지역공동체를 찾는다(R. Florida, 2002, pp. 223-234).

이상에서 알 수 있듯이 플로리다의 핵심 논제는 두 가지로 요약되는데, 하나는 창의인력이 지역발전의 주된 원천이라는 점과 다른 하나는 장소의 질이 우수한 대도시 지역에 그러한 인력이 위치할 성향이 높다는 것이다. 특히 창의인력의 대도시 선호는 이 지역이 우수한 인적자원과 다양성을 갖춘 분위기, 풍부한 라이프스타일을 갖춘 사회문화 환경과 다양한 인프라 등에서 비교우위를 갖고 있기 때문에 이해가 가능하다. 그러나 본 연구가 논의하려는 농촌을 대상으로 그의 논제를 적용할 때 농촌은 자연자원에 의존할 수밖에 없는 산업구조와 지속적인 인구 감소와 고령화, 젊은 층의 유실 등으로 대도시에 비해 창의인력이 정주하는 데 매우 불리하다. 이에 대해 맥그라나한과 워얀(D. McGranahan and T. Wojan, 2007)은 창의인력이 반드시 도시를 선호하는 것은 아니라는 연구결과를 제시했다. 이들은 미국 농촌을 대상으로 창의계층론을 연구한 결과 돈보다는 정서적인 안정감을 선호하고 정주지의 기후와 자연환경, 그리고 그 지역의 진정성 등 비경제적인 면에서 우수한 정주환경을 갖춘 농촌들도 창의인력에게 매력적인 요소가 된다고 주장했다. 더욱이 현대사회는 지리적인 장소에 국한하지 않고 정보와 커뮤니케이션 환경이 잘 갖춰져 있을 수 있는데, 특히 이러한 환경이 잘 구비된 농촌은 도시에 비해 반드시 불리하지 않다는 것이다. 가령, 정보통신 인프라가 잘 갖춰진 농촌 사회에도 도시처럼 경제활동이 가능해지고 있어 과거에 비해 물리적 거리가 경제적 교류와 활동에 실질적인 장벽이 되는 경우는 점차 사라지고 있다는 것이다. 그보다 이동성이 높은 창의인력은 독립적으로 창의적인 사고를 갖고 유연하게 활동하게 하는 환경을 선호하기 때문에 이들을 유치하기 위해서는 농촌의 어메니티(amenity) 환경이 더 중요하다는 것을 강조한다.

한편, 지역을 대변하는 고유의 특징들을 구성하는 어메니티 유형을 분류하면 자연, 문화, 상징, 인공의 4가지로 구분할 수 있다(INTELI, 2011, pp. 50-51). 맥그라나한과 워얀(D. McGranahan and T. Wojan, 2007)은 미국의 소도시와 농촌에 정주한 창의인력은 산림자원이 풍부한 곳과 겨울에 온화한 곳, 자전거도로가 많은 곳, 스포츠 등 여가와 관련된 일자리가 있는 곳을 선호하는 것으로 분석했다. 루이스와 도널드(N. Lewis and B. Donald, 2009)는 농촌의 창의인력은 공해가 적고, 교통이 편리하며, 토지 사용이 자유롭고, 작지만 짜임새가 있는 작은 규모의 지역을 선호하는 것으로 보았다. 농촌과 대도시 간의 비경제적 요소로서 가장 큰 차이는 환경의 크기보다는 사회적 유대관계에서 찾을 수 있다. 농촌이나 소도시는 도시에 비해 구성원 간 협력과 커뮤니티 참여가 특징적으로 나타나는데, 이것도 농촌에 창의인력을 유치하는 데 중요한 역할을 한다(Duxbury and Campbell, 2009; INTELI, 2011, p. 52). 예를 들면, 농촌에서 벌어지는 축제와 시민의 문화활동은 지역 구성원들에게 고유의 커뮤니티 형성과 구축에 중요한 역할을 한다. 맥그라나한과 워얀(D. McGranahan and T. Wojan, 2007)은 창의인력의 연령과 라이프 스타일의 단계도 지역에 따라 다르게 나타난다고 했다. 소규모 도시지역은 재능 있는 젊은 세대 가정이나 중년층 가운데 직업을 전환한 사람 혹은 은퇴한 활동적인 사람들이 선호하는 반면, 연령대가 상대적으로 높고, 웰빙을 선호하며, 환경보호나 건강한 음식과 레저, 그리고 지역사회의 정체성에 대한 감각을 가진 사람들은 농촌에 거주하려는 성향을 가진다.

〈표 2-1〉 어메니티의 유형

유형	사례
자연 어메니티	온화한 날씨와 다양하고 우수한 자연적 경관을 지닌 장소
문화 어메니티	건축물과 기타 고고학적인 문화유산과 전통, 신화 등 무형의 문화유산
상징 어메니티	지역 고유의 결속, 지역사회 구성원 간 신뢰관계, 지역사회 참여 및 사회적 유대관계, 사회적 자본, 민간 협의체 등
인공 어메니티	건강 및 사회복지서비스, 우수한 교육시설, 호텔, 레스토랑, 각종 회의장소 및 작업공간 등

출처: INTELI (2009), Creative Clusters and the Creative Place: State of the Art at EU level.

창의인력의 유형에 따라서도 서로 다른 유형의 어메니티를 선호한다. 첨단산업과 관련된 창의인력은 우수한 대학이 있는 곳을 선호하며, 미디어와 관련된 창의인력은 다양성과 문화 기관이 많이 분포된 도시를 선호한다.

(3) 창의인력과 경제발전

플로리다의 경제발전론은 일명 '창의자본모형(creative capital model)'이라 칭하는데, 그는 "창의성이 경제성과에 미치는 영향을 이해하는 열쇠는 소위 인재(talent), 관용(tolerance), 기술(technology)의 3T에 달려 있다"고 주장했다. 첫째, 기술과 경제발전과의 연관성은 슘페터(J. Schumpeter, 1962, 1982)의 연구 이래로 충분히 검증되어왔다(D. Aray and M. Peters, 2010, pp. 45-76). 그러나 플로리다는 기술이 경제성장에 영향을 미치는 논리를 인정하면서도 기술 또는 혁신 역량을 갖고 있는 창의인력에 더 초점을 두었다. 그의 연구에 따르면 창의인력이 많이 분포된 지역일수록 혁신활동이 많고 첨단산업이 발달해 있으며, 따라서 지역의 발전은 창의인력과 강한 관련성이 있다고 주장했다(리처드 플로리다, 2011, pp. 386-387).

〈표 2-2〉 창의인력 유형별 어메니티

창의인력의 유형	유인 요소
과학자, 엔지니어 등 창의적 전문가	• 대학 내 시설의 우수성 • 여가 시설 • 다양한 물리적 환경 • 교통 편의성 • 우수한 라이프스타일 환경 • 문화시설의 용이한 활용
예술, 미디어 등 문화예술 창의인력	• 사용 가능한 여유 공간 • 창의적인 물리적 환경 • 엔터테인먼트 • 창의적 공간 • 도시의 다양성
학생 등 미래 잠재적인 지식인력	• 저렴한 생활비 • 대학 주변 시설 • 라이프스타일 환경 • 저렴한 거주 비용

출처: URBACT (2011), p. 18.

이는 왜 어떤 지역은 다른 지역에 비해 더 나은 재능과 창의성을 가진 사람들이 많은지를 이해하는 데 도움이 되었다. 플로리다 이론의 특징은 경제성장이 기술이나 인적자본(예를 들면 학위, 높은 학력수준, 첨단기술 등)에 의해 영향을 받는다는 전통적인 이론과는 달리 개인의 창의적인 아이디어와 역량이 경제성장을 설명하는 데 더 강력한 설명력을 갖는다고 주장했다.

둘째, 그는 지역의 경제발전이 다양하고 관대하며, 새로운 아이디어에 개방적인 지역을 선호하는 창의인력에 의해 촉진된다고 했다. 제인 제이콥스가 오래전에 혁신과 도시발전이 기업과 사람의 다양성을 강조했다면, 플로리다는 사람의 다양성, 다시 말해 그 지역이 얼마나 외부 사람들에게 낮은 진입장벽을 허용하느냐가 경제성장에 중요하다고 했다(리처드 플로리다, pp. 384-385). 창의적 활동은 서로 다른 기술과 아이디어가 만날 때 활성화되기 때문에 특정 지역이 다양성을 더 많이 허용할수록 서로 다른 유형의 창의인력이 몰려들 가능성이 높고, 결과적으로 그 지역은 더 높은 혁신과 첨단산업이 형성되고 더불어 일자리도 많이 창출된다는 것이다. 학자들은 오랫동안 왜 사람들이 특정한 지역에 더 정주하는 성향이 높은가를 연구했고, 따라서 기업들의 입지 결정에 영향을 주는 요소들에 대해 관심을 두어왔다. 그러나 플로리다는 장소 자체의 특성에 주목했다. 어떠한 장소가 창의인력에 매력적인가를 설명하는 요소가 3T다. 초기 연구에 더해 장소의 특성으로서 새로운 T(Territorial Assets)가 추가되었는데, 그는 장소의 특성을 결정하는 요인으로 인공 및 자연환경, 커뮤니티를 구성하는 다양한 종류의 사람들, 삶을 윤택하게 하는 여가 및 문화활동 여건 등을 꼽고 있다.[1]

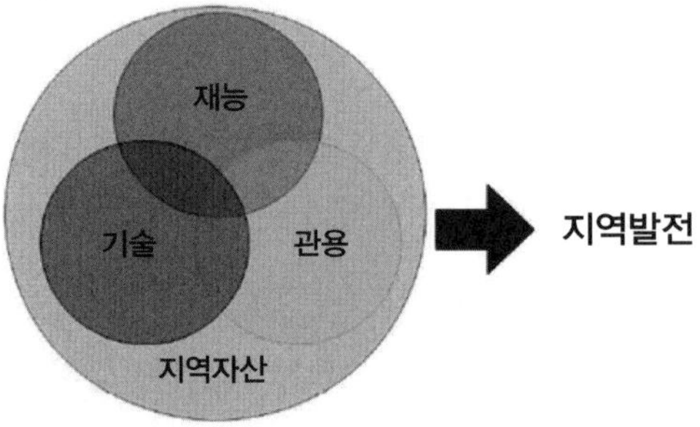

〈그림 2-2〉 플로리다의 4T와 지역발전과의 관련성

2) 창의농촌의 해외사례 분석

(1) 캐나다 사례[1]

프린스에드워드 카운티(PEC: Prince Edward County)는 캐나다에서 창의경제로서 새롭게 탈바꿈하여 활력을 찾은 대표적인 농촌 마을이다. 이곳은 토론토, 오타와, 몬트리올 등 캐나다 총 GDP의 50%를 차지하는 대도시와 인접해 있기 때문에 언제든 성장 잠재력이 열려 있었다. 그러나 농촌의 다른 도시와 마찬가지로 이곳도 전통 농업의 쇠퇴와 젊은 층 인구의 유출, 고령화 등의 어려움을 겪고 있었다. 그러다가 1990년대 중반부터 이곳의 지방자치단체는 지역경제를 활성화하려는 노력으로 창의적 농촌경제 정책을 수립하고 개발전략을 추진하게 되었다. 주요 정책으로는 장소의 질을 높여 창의인력을 외부로부터 유치할 것, 지역의 경제발전을 위해 농업 중심에서 벗어나 농업 외에도 관광업, 가공업, 문화예술 관련 활동 등 4개 분야를 중점적으로 고취할 것을 내세웠다.

첫째, PEC 정부는 우수한 '장소의 질'을 지원하고 알림으로써 10여 년간 외부로부터 지식인과 창의인력을 유치하는 데 노력을 기울였다. 창의인력을 유치하는 방안으로 PEC 정부는 지역의 어메니티를 지원하고 이를 알리는 데 주력했다. 대도시를 떠나 목가적인 농촌에서의 삶을 희망하는 도시민과 창의적인 예술활동을 선호하는 예술가들을 유치하는 데 노력했다. PEC는 경관이 우수한 인근 온타리오 호수에 사우스뱅크스(Southbanks) 주립공원이 있어 레저와 스포츠 활동에 유리하고, 겨울에도 온화한 날씨로 정주환경으로서도 매력적이다. 역사적인 문화유산도 풍부하여 방문객에게 다양한 볼거리를 제공한다. 1800년대 식민지 시대에 설립된 극

---

1 http://urbanland.uli.org/industry-sectors/what-draws-creative-people-quality-of-place/ 참조.

장과 오래된 주택타운, 교회, 숙소 등이 있다. '픽턴(Picton)'이라는 올드타운에는 시의 도움으로 5개의 박물관과 극장이 새 단장을 했고, 재즈축제, 스튜디오 투어, 어드벤처, 호박축제 등 지역 축제가 연중 치러지기 때문에 예술인 커뮤니티 형성에 기여하게 되었으며, 이와 관련한 새로운 사업기회도 제공되었다. 둘째, PEC 정부는 농업과 연관된 다른 산업을 발전시켜 지금까지와는 다른 소득원과 일자리 창출이 가능하게 되었다. PEC는 낙농과 쇠고기, 곡물이 주된 농업 활동이었으나, 수제 치즈, 포도농원과 포도주 생산, 유기농산물 재료로 만든 음식업 등과 이를 결합한 관광투어 상품을 내세움으로써 방문객에게 큰 호응을 얻었다.

PEC의 인구는 2만 1천 명 수준인데, 창의경제 전략을 추진한 10년 이래로 창의직종 인력이 5% 상승했다. 도시에서 온 대표적인 귀촌인의 예를 들면 토론토(Toronto)에서 18년간 출판업에 종사하다가 혁신적인 에너지절감 기술을 수제 치즈에 적용한 치즈업체 대표가 있다. 또 다른 예로 토론토에서 TV 프로그램 제작자로 일하다가 PEC에 스포츠 콘텐츠, 기록물, 고객 광고물 제작업체를 차린 귀촌인은 이에 관심이 높은 청년층 취업에 기여하고 있다. 과거 토론토에서 영화제작업에 종사했던 한 귀촌인은 PEC에 포도재배를 정착시키는 데 기여하여 현재는 포도농장, 포도주 생산과 판매에 종사하고 있다(전택수 외, 2014, pp. 215-216).

(2) 일본 사례

일본의 농촌은 인구감소, 저출산, 고령화, 젊은 층의 유출 등으로 쇠퇴가 진행되었다. 특히 지리적으로 취약한데다가 산업 기반도 부족한 지방의 일부 도시들은 더 심각해 도시로서의 생존 가능성도 위협받았다. 이에 대해 일본 정부는 「과소지역대책 긴급조치법(1970년)」, 「과소지역진흥 특별조치법(1980년)」, 「과소지역 활성화 특별조치법(1990년)」, 「과소지역 자립

촉진 특별조치법(2000년)」, 「과소지역자립 특별조치법의 일부를 개정하는 법률(2010년)」과 10년마다 한시법의 재정을 실시했다. 지방자치단체도 중앙정부와 함께 빈집에 대한 정보 제공, 일정 기간의 집세보조 등 귀농·귀촌정책을 추진하고 있다. 이와는 별개로 정부나 행정지원에 의존하지 않고, 자립적이고 창의적인 시도로 귀농·귀촌인을 유치하여 농촌을 되살리는 사례가 늘고 있다.

최근 농촌 지역에서도 지방의 소도시와 농산촌 마을들은 인구감소와 고령화로 인해 붕괴되고 있는 현실을 극복하고자 창의적 노력을 기울이고 있다. 여기에서는 과거와 같이 외부로부터 공장이나 자본유치 방식과는 다른 창의인력의 유치를 통해 농촌 문제를 해소하는 사례를 소개한다.

일본의 대도시 오사카에서 자동차로 약 3시간 거리에 위치한 가미야마정는 6,100명이 거주하고 있는데, 고령인구가 46%를 차지하고 있고, 1970년 이래로 매년 인구감소를 겪어왔다. 주 산업은 임업으로 번성해왔지만 목재가격의 침체로 인해 쇠퇴했고, 그 결과 젊은 사람들의 유출이 심화되었다. 이 지역이 창조농촌으로 탈바꿈하게 된 계기는 미국 유학을 마치고 귀향하여 가업인 건설업을 하던 한 귀촌인이 거주민이 마을을 점차 떠나는 공동화 현상을 목격하고 마을에 외부 인재를 영입하는 방안을 추진하면서부터다. 외부 인재 영입 방안으로 1999년에 정부 지원금으로 아티스트 인 레지던스 사업이 시작되었다. 국내의 소수 예술인을 초청하여 마을에 체류하면서 주민과 함께 미술작품을 제작하는 형식으로 진행되었다. 처음에는 예술을 중시하여 지역의 수요와는 상관없이 예술인을 초청하는 방식으로 시행되었으나, 예술인과 주민과의 갈등으로 인해 당초 목표인 외부인재 영입을 통한 지역 활성화가 보이지 않았다. 이후 주민자치위원회는 갈등 해소를 위해 예술인의 지명도와는 관계없이 지역주민과 협력이 가능한 예술인을 초청하고 마을이 이들을 지원하는 방식으로 전환했다. 이후 이 사업은 국내외로부터 주목을 받으면서 매년 응모자가 100명을 넘어서는 성과를 거두었다. 이 위원회는 장기간 체류하면서 작품활동이 가능한 장소를 마련하고, 초청된 예술가들이 거주할 수 있도록 빈집을 지원하며, 예술인들의 정주로 인해 지역 소비가 증가하는 등 경제적 효과를 거둘 수 있도록 했다.

이곳의 지역위원회는 아티스트 인 레지던스 사업을 확장하기 위해 '그린밸리'라는 비영리법인을 조직하고, 예술영역을 넘어서 마을 주민이 필요로 하는 분야의 인재를 유치하는 워크 인 레지던스 사업으로 전환시켰다. 그린밸리의 미션을 "멋있는 시골로 바꾼다"로 하고, 그 실천 방안으로 '사람'을 콘텐츠로 삼는 창의적인 시골 만들기, 다양한 사람의 지혜가 융합하는 '세계의 가미야마' 만들기, 창의적 아이디어를 통해 지속 가능한 마을 만들기의 3가지 하부 비전을 세웠다. 새로운 사업에 의해 지금까지 예술가뿐만 아니라 ICT사업, 디자이너, 장인, 신개념 카페 등에서 사업유치와 창업활동이라는 성과를 거뒀다. 예술가 중심의 사업 초기에는 예술가들에게 숙박장소와 작업장을 무료로 제공하고 여기서 완성한 작품은 떠날 때 가져가는 방식이었지만, 워크 인 레지던스 사업으로 전환한 이후부터는 이들이 지속적으로 정주할 수 있도록 지원방식을 바꾸었다. 가령, 인터넷을 통해 이주희망자에 대한 정보와 지역주민의 수요를 서로 알 수 있도록 하여 지역주민이 원하는 이주자를 초청하고 이들이 희망하는 일을 지원할 수 있도록 했다. 예를 들면, 마을에 빵집이 없으므로 개성 있는 수제 빵집을 만들기 위해 이와 관련된 직종 인재를 영입하고 정주할 장소인 빈집을 지역주민이 수리하고 임대하는 지원 방식이다. 이런 방식으로 이주해온 첫 번째 사람은 오사카에서 온 젊은이로, 매일 돌가마에 구운 수제 빵을 판매해 호평을 받고 있다. 다음으로 도쿄의 ICT업체 직원이었던 한 여성은 이곳에 이주해 폐업한 술집을 수리하여 유기농 와인을 판매하는 카페를 개업했다. 이 밖에도 명함관리 어플리케이션을 개발·판매하는 ICT벤처기업인 (주)산산, 디지털콘텐츠서비스업체인 (주)플랫이즈 등이 있다.

(3) 유럽 사례: 스웨덴 살렌

살렌(Salen)은 평범한 산촌에서 겨울철 관광지로 변모한 마을이며, 2010년 현재 652명의 거주민이 살고 있다. 이 지역은 시골 농촌이라도 창의인력과 장소의 어메니티를 어떻게 활용하느냐에 따라 발전의 정도가 달라질 수 있다는 것을 보여주는 사례라고 할 수 있다. 지역개발은 1970년대부터 시작되었는데, 초기에는 정부의 역할이 컸다. 조그만 시골마을을 겨울철 대규모 관광지로 변모시키기 위해 각종 관광시설의 40%를 지방자치단체가 운영하고 나머지를 민간이 운영했다. 현재 살렌은 스웨덴과 북유럽 최대의 겨울철 관광지로 성장했고, 특히 6개의 스키 리조트 시설을 보유하고 있는데, 이것이 지역관광을 주도하고 있다.

주 산업이 관광으로 성장한 이래 주변 마을과는 달리 인구의 질과 양에서 큰 차이가 났다. 일반적으로 스웨덴의 농촌이 고령화되고 있는 것과는 달리, 살렌의 핵심 인구층은 25~55세이고, 그중 젊은 층의 절반 이하는 외지인이다. 1995~2010년 사이에 다른 지역은 8.8%의 인구감소가 있었지만, 이곳은 인구가 24.2%나 증가했다.

튤마크(Thulemark)와 호그(Hauge)는 겨울 관광을 주 산업으로 하고 있는 살렌의 창의경제를 플로리다의 3T, 즉 재능(Talent), 기술(Technology), 관용(Tolerance)으로 분석했다.[2] 첫째, 플로리다의 이론에서 개인의 재능은 인적자본에 기초를 둔 학력과 이와 대등한 창의적인 역량을 갖춘 인력이 지역발전에 중요한 요소다. 그러나 살렌에서 제공되고 있는 관광서비스를 보

2 M. Thulemark and M. Hauge (2014), pp. 87-105 참조.

면 학식이 높지 않더라도 충분히 좋은 서비스를 제공할 수 있다. 살렌의 관광 분야는 서비스의 품질이나 손님에 대한 대우 등 실용적인 부분이 정규 교육보다 더 중요하다. 관광지에서는 개성이 각기 다른 고객으로부터 예기치 않은 요청이나 일이 수시로 일어나기 때문에 현장에서 이를 창의적으로 해결하는 대응 능력이 필요하다. 살렌에 입주한 관광업체들도 인력을 채용할 때 관광서비스에 필수적으로 요구되는 지식과 기능 외에도 사회적 친화력이 높아 직원들과 고객 서비스에 잘 대응할 수 있는 채용 시스템을 갖추고 있다. 특히 관광 종사자들에게는 살렌의 산촌관광에 관광객을 더 많이 유치하기 위해 모든 시설에 '재미'라는 소프트 프로그램을 개발하는 창의적인 노력이 강조된다.

둘째, 플로리다는 "첨단기업들은 종종 고학력의 재능 있는 인재를 채용함으로써 지역이 이들을 많이 확보할수록 발전에 도움이 된다"고 했다. 흔히 대도시에는 첨단 인재를 수용할 수 있는 대학이나 첨단산업 업종들이 많이 분포되어 있지만, 살렌 같은 산촌은 그런 대도시 환경과는 완전히 다르다. 살렌의 소득 창출 기회는 라이프스타일 분야와 관련된 관광업이므로 첨단기술보다는 새로운 시장기회를 창출하는 기업가적 혁신이 더 중요하다. 2003~2005년 사이 살렌에 입주한 이주민을 분석해보면 이주민 중 절반 이상이 자영업자인데, 사업을 하는 데 있어 반드시 대학 졸업을 필요로 하는 것은 아니며 더욱이 이들은 첨단업종에 종사하지도 않는다.

셋째, 플로리다는 "개방적이고 다양성을 존중하는 커뮤니티가 창의인력을 유치하며, 이들이 지역발전에 기여한다"고 했다. 살렌을 방문하는 사람들은 대체로 관광객, 이주민, 계절노동자 등으로 분류되는데, 이들을 어떻게 대하느냐가 지역 활성화를 좌우하는 관건이다. 관광업체의 경우 정식 직원과 계절노동자의 단합이 매우 중요하기 때문에 사회적 친화력이 좋은 직원을 채용하는 데 노력을 많이 기울인다. 관광객은 살렌이 스키 시설이 우수하고 자연환경도 좋다는 점 때문에 방문하지만, 지역사회의 일원으로 여겨주는 분위기가 이 지역을 선호하는 이유로 꼽는다.

농산촌을 대표하는 살렌의 창의경제에 필요한 4T를 플로리다 연구와 비교하면 아래와 같다.

〈표 2-3〉 플로리다의 4T와 농촌경제 모형의 4T

	플로리다의 연구	농촌지역 모형
재능(Talent)	창의성(기술, 경제, 예술) 인적자본(교육 수준)	전문지식 또는 경험(반드시 고학력일 필요 없음), 창업가정신 등 창의성
기술(Technology)	새로운 일자리를 창출하는 첨단기술과 관련된 일자리	창업 또는 혁신활동의 여건, 특수한 노하우
관용(Tolerance)	게이 지수, 보헤미안 지수, 다양성	사회적 자본(지역커뮤니티 활동에 참여시키려는 의지, 지역연대의식을 적극적으로 부여하려는 의지), 일시적 방문객이나 귀농·귀촌인에게 동등한 취업 기회 부여
지역자산 (Territorial Assets)	장소의 질적 수준: 문화적 기회 지수, 공공서비스 지수 등	라이프스타일 어메니티, 우수한 기후 및 자연생태 환경

출처: M. Thulemark and M. Hauge (2014), p. 15 참조

3. 우리나라 농촌사회의 창의인력 활동 현황

1) 우리나라 귀농·귀촌인의 정착실태와 창의인력으로서의 특성

우리나라 농촌은 1960년대 이후 경제개발 과정에서 급속한 산업화와 인구의 도시권 집중화로 인해 대도시와 농촌 간 경제력 격차가 심화되었다. 수도권은 인구집중으로 인한 과밀화가 진행되어 삶의 질 저하는 물론

이고 여러 비경제적 부작용이 심각해졌고, 농촌은 도시로의 인구 순유출과 더불어 고령화로 인해 농업경쟁력이 악화되었다. 그러나 2009년 이후 농촌은 베이비부머 세대의 은퇴로 '탈'대도시화가 가속되면서 수도권과 지방 대도시권으로부터 인구의 순유입이 일어나고 있다.[3] 대도시권에서 농촌으로의 인구유입은 인구감소와 초고령화에 직면한 농촌사회에 활력을 증진시켜주는 효과가 있다. 특히 지식과 정보, 경험을 갖춘 도시 젊은 층의 농촌사회 유입은 농업을 넘어서 광범위한 분야에서 새로운 경쟁력을 불어넣을 수 있는 창의인력으로서 매우 중요한 의미를 지니고 있다. 이하에서는 우리나라 귀농·귀촌인의 정착실태를 장기적으로 추적 조사한 연구와 일부 귀촌인과의 직접 면담을 기초로 창의인력으로서의 잠재력을 평가하고 창의적 농촌경제 활성화를 위한 정책 시사점을 도출하고자 한다.

(1) 최근의 귀농 · 귀촌 동향 분석

우리나라 농촌인구는 2013년 930만 명으로 지난 1970년에 비해 약 절반 정도 감소하여 총 인구의 18.4%를 차지하고 있다. 이는 1970년대 이후 우리 사회가 급속한 산업화와 도시화로 인해 농촌인구가 도시로 이주했기 때문이고, 최근에 들어와서는 인구의 고령화와 저출산으로 인해 농가의 자연증가도 줄어들고 있기 때문으로 분석된다. 이러한 상황에서 도시에서 농촌으로 이주하는 귀농·귀촌인은 2010년 이후 점차 증가하다가 2012년부터는 급격히 증가하는 현상을 보이고 있다.

도시민의 귀농·귀촌은 급격히 감소하는 농업인력과 고령화로 인해 농촌의 지속적인 노동생산성 저하 현상을 지연하는 한편, 농촌의 지방재

---

3 NH농협 조사월보(2015. 12), p. 27 참조.

정 악화 완화, 마을 공동체 활성화 등을 포함한 농촌경제 활성화와 농촌 사회의 역량을 높이는 데도 일조하는 것으로 분석된다(박시현·최용욱, 2014). 귀농인보다 귀촌인[4]의 수와 증가율이 크게 앞지르고 있는 것도 농촌경제 활성화를 위해 긍정적인 역할을 할 것으로 예상된다. 왜냐하면 귀농이나 귀촌 여부에 따라 직업분포의 큰 차이는 없지만, 농촌에 새로운 분야에서 새로운 일자리를 창출하는 데는 전문직 종사자나 기능 및 숙련직 직업인이 상대적으로 많은 것이 유리하기 때문이다(표 1-4 참조).[5] 귀농·귀촌인 가운데 30대 이하 젊은 세대의 귀촌이 증가하고 있는 것도 주목할 만하다. 농업인재개발원(2011)의 조사에 따르면 기존 농업인(농가경영주)의 60% 이상이 60대인 반면, 귀농·귀촌인은 60대 이상이 24% 정도에 지나지 않는다. 학력을 보더라도 기존 농업인은 대졸 이상이 1.3%인 반면, 귀농·귀촌인은 60.6%이고, 특히 귀촌인은 대졸 이상이 75%나 된다.[6] 이들은 도시에서의 취업난과 주거비 부담으로 귀촌하고 있지만, 스마트 또는 디지털 세대로서 농업과 IT기술의 접목, 새로운 형태의 유통 방식 도입 등 농촌에 혁신과 활력을 불어넣을 수 있는 인적자원으로 기대를 모으고 있다.

한편, 인구 증가율 감소와 저출산, 고령화 등으로 인구구조가 변화하고, 도시화가 정체되면서 지역 간 인구 이동 패턴에도 변화가 나타나고 있다. 교통망의 확충과 대도시권의 높은 주거비로 인해 인구가 대도시 외곽으로 분산되고 있으며, 베이비부머 세대의 은퇴 시작과 일자리 부족, 기

---

4 농림축산식품부는 귀농인을 "농촌 이외의 지역에 거주하는 비농업인이 농업인이 되기 위해 농어촌으로 이주한 사람", 귀촌인을 "자신의 주된 거주지를 도시에서 농촌으로 옮기지만 생활에 필요한 소득을 영농이 아닌 다른 분야에서 조달하는 사람"으로 구분한다(농림축산식품부 홈페이지).

5 마상진·남기천(2015), p. 92 참조.

6 마상진(2012), 귀농·귀촌자의 영농실태와 교육요구 분석, 한국농촌경제연구원 연구자료, pp. 34-56 참조.

업의 유연근무제 시행 증가 등으로 농촌인구의 순유입이 증가하고 있다. 수도권과 지방 대도시권에서 농촌으로의 인구 순유입은 2009년부터 본격화하고 있는데, 관광, 문화자산, 목가적 분위기 등 농촌의 가치에 대한 인식변화로 인해 이러한 인구유입 현상은 지속될 전망이다(김한종, 2015, pp. 27-30).

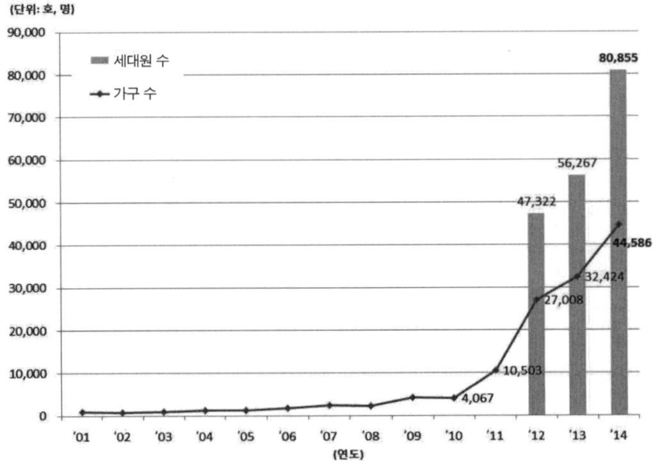

〈그림 2-3〉 연도별 귀농 · 귀촌 추이

출처: 송미령 외(2015), 귀농 · 귀촌 증가 추세와 정책 과제, p. 3.

〈표 2-4〉 귀농 · 귀촌인(가구주)의 증가 추이

(단위: 호)

		귀촌인			귀농인		
		2012년	2013년	2014년	2012년	2013년	2014년
합계		15,788 (58.5%)	21,501 (66.3%)	33,442 (75.0%)	11,220 (41.5%)	10,923 (33.7%)	11,144 (25.0%)
가구주 연령 (비중, %)	30대 이하	21.3	17.7	19.7	11.5	11.5	10.7
	40대	20.9	22.1	22.0	24.7	23.0	22.4
	50대	25.3	28.5	29.6	38.3	39.3	39.6
	60대	19.0	20.7	19.1	19.6	20.9	21.4
	70대 이상	13.4	11.0	9.7	6.0	5.3	5.9

출처: 통계청, 귀농 · 귀촌인 통계(각 연도)

(2) 귀농 · 귀촌인의 창의인력 특성과 활동 분야

우리나라의 귀농·귀촌인이 창의적 농촌경제 활성화에 기여하는 창의인력인지를 검토하려면 가장 직접적인 방법은 그들의 직종이 핵심 창의인력 또는 창의적 전문가인지를 구분하는 것이다. 다음으로 창의인력의 특성상 이들은 지역에서 경제활동을 하는 전제조건으로 자신들의 라이프스타일과 관련된 요소로서 '장소의 질' 또는 장소의 어메니티와 개방성, 문화적 분위기 등을 선택한다. 먼저 한국농촌경제연구원이 2012년부터 2014년 사이 농산촌에 정착한 귀농·귀촌인의 실태를 조사한 2014년 자료를 토대로 평가한다. 14개의 직종 인력 중 창의인력에 속한 직종은 행정경영관리자, 전문직, 예술직 등인데, 전체 직종 인력 중 18.5%를 차지했다. 이 조사에서는 자영업자의 비중이 25.8%로 가장 높게 나타났는데, 자영업자는 직종 기준이 아니기 때문에 이들 중 일부는 창의인력에 속할 가능성도 있다. 단일 직종으로는 사무직이 18.3%로 가장 높게 나타나지만, 창의적 전문가 집단인 행정·경영·관리자 직종도 꾸준히 늘고 있어 창의인력의 역할 증대가 기대된다. 다만, 핵심 창의인력으로 분류되는 전문직 인력의 비중은 2008년 이후 정체되거나 최근에는 오히려 감소하는 추세를 보이고 있다. 플로리다(Florida, 2002, p. 333)는 지역경제가 첨단기술에 의존

〈표 2-5〉 주요 개인 특성에 따른 귀농 · 귀촌 전 직업

(단위: %)

		행정·경영·관리자	전문직	사무직	판매 서비스직	기능직	자영업자	기타
귀농·귀촌 연도	2008년 이전	11.0	8.1	17.6	10.0	10.0	22.4	20.9
	2009~2010년	11.2	6.4	18.2	7.0	8.6	26.7	21.9
	2011~2012년	10.1	6.3	17.5	5.9	9.8	32.2	18.2
	2013~2014년	14.5	1.5	20.2	7.6	10.7	20.2	25.3

출처: 귀농·귀촌인의 정착실태 장기추적조사(2014), p. 12.

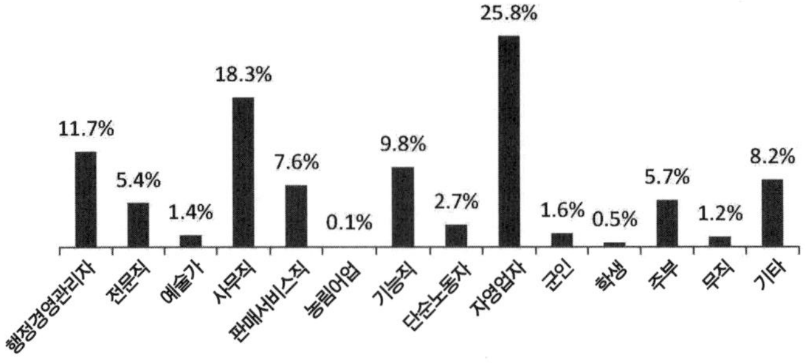

<그림 2-4> 귀농 · 귀촌 전 직업

출처: 귀농 · 귀촌인의 정착실태 장기추적조사(2014), p. 11.

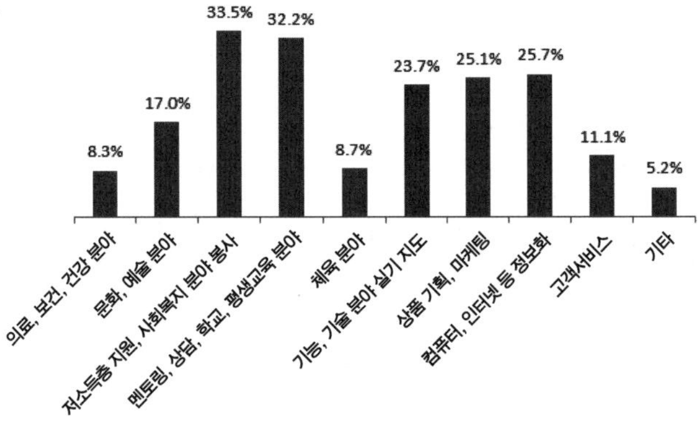

<그림 2-5> 지역발전 기여 분야(복수응답)

출처: 귀농 · 귀촌인의 정착실태 장기추적조사(2014), p. 61.

하는 경우 창의인력이 선호하는 개방성과 문화적 다양성의 간접 지표로서 예술인이 그 지역에 얼마나 존재하느냐에 따라 다른 인적자본을 유치하는 경향이 높고, 따라서 경제발전이 이뤄진다고 했다. 이런 관점에서 볼 때 귀농·귀촌인으로서 예술직종은 1.4%에 지나지 않고 있어 플로리다가 주장한 내용의 입증 여부를 떠나 아직 우리 농촌사회는 창의인력을 유치할 만한 여건에는 크게 못 미치는 것으로 판단된다. 그러나 이들이 지역

발전에 기여할 기회가 주어진다면 활동할 수 있는 분야로서 교육 분야, 상품 기획 및 마케팅 분야, 컴퓨터, 인터넷 등 정보화 분야, 문화예술 분야 등 핵심 창의인력과 창의적 전문가들이 활동할 수 있는 영역이라는 점에서는 매우 긍정적이다.

다음으로 우리나라 귀농·귀촌인의 창의인력 특성은 이들이 거주지를 선택할 때 장소의 질적 수준에 어느 정도 관심을 두고 있는지에서도 찾을 수 있을 것이다. 예를 들면 일반적으로 창의인력은 거주지의 일자리 수준보다는 삶의 질을 높여줄 수 있는 어메니티 수준을 보고 지역을 선택하는 경향이 많다고 한다. 농촌의 경우 온화한 기후와 자연환경, 여가를 즐길 수 있는 문화환경과 풍부한 문화자산 등이 이들에게 매력적인 요소로 인식된다. 물론 그 지역의 일자리 환경이 우수하면 더욱 좋은 여건이 되겠지만, 앞의 선진국 사례에서 나타났듯이 이들은 창의적인 아이디어와 활동으로 그 지역에 새로운 일자리 여건을 제공할 수 있는 능력을 보유하고 있다. 우리나라 귀농·귀촌인의 정책 실태를 보면 자연 어메니티로서 우수한 자연환경이 지역 선택의 중요한 결정 요소로 나타나고 있으나, 생활환경의 편리성(8.6%)에는 동의하지 않고 있어 인공적인 어메니티가 미흡한 것으로 추정된다. 주목할 만한 것은 현재 우리나라 귀농·귀촌인은 지역을 선택할 때 고향(26.0%)이나 지역 연고(29.0%)가 매우 중요한 결정 요소로 작용하고 있어 플로리다의 창의계층론이 제시하는 유인요소와는 아직 거리가 먼 것으로 평가된다. 더구나 장소 선택 요소로서 '농사지을 여건이 좋아서'가 26.8%로 높게 나타났다는 것은 우리나라 귀농·귀촌인이 연고가 있는 곳에서 농사짓기 위해 장소를 선택하는 전통적인 우리 농촌의 생활 모습을 대변하는 것으로 보인다.

〈표 2-6〉 귀농 · 귀촌지 선택 이유(복수응답)

(단위: %)

		자연 환경	고향 이어서	연고가 있어서	정책	농사 여건	할 일이 많을 것 같아서	주거 확보 용이	기타
귀농 · 귀촌 연도	2008년 이전	38.1	22.9	25.7	5.7	26.7	6.7	20.0	43.3
	2009~2010년	36.4	28.8	27.2	11.4	26.6	9.8	16.8	38.6
	2011~2012년	39.3	27.7	31.2	12.6	24.6	6.3	13.3	40.0
	2013~2014년	39.5	24.8	30.2	12.8	29.1	13.2	12.8	34.5

출처: 귀농·귀촌인의 정착실태 장기추적조사(2014), p. 20.

리처드 플로리다의 연구[7]에 따르면 창의인력은 다양성을 존중하는 정착지를 선호한다. 정착지에서의 라이프스타일 여건이 창의인력의 장소 선택에 중요한 결정 요소가 되는 이유는 자유로운 사고와 활동이 인정되며 여유로운 문화생활을 통해 창의적인 활동을 표출할 수 있기 때문이다. 특히 그는 예술인(혹은 보헤미안)들이 많이 모인 곳일수록 창의인력이 선호하

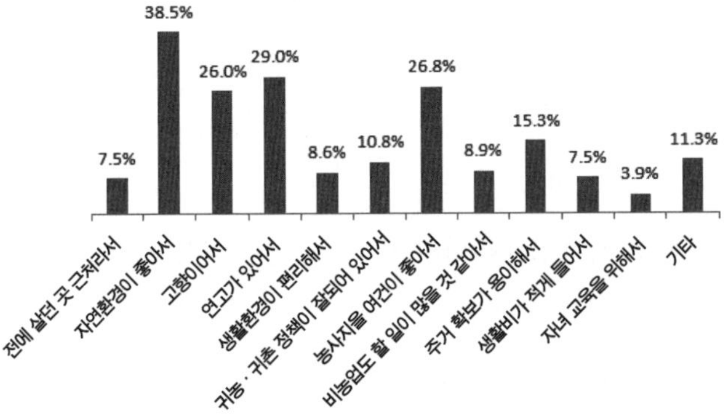

〈그림 2-6〉 귀농 · 귀촌지 선택 이유(복수응답)
출처: 귀농·귀촌인의 정착실태 장기추적조사(2014), p. 19.

7 리처드 플로리다(2011), p. 386 참조.

는 다양성과 관용이 높은 성향이 있다고 했다. 그런 측면에서 우리나라 귀농·귀촌인은 아직 우리 농촌에 대해 부정적인 인식이 높은 것으로 보인다. 〈표 2-7〉에 의하면 이들이 다시 농촌에서 도시로 이주하려는 이유 중 경제적인 문제 다음으로 병원, 문화센터 등 생활편의시설이 부족하다는 점을 들고 있다. 더구나 귀농·귀촌 시기가 오래될수록 생활편의시설이 빈약하다는 점을 매우 불편하게 느끼는 것으로 나타났다. 이러한 결과는 아직 우리나라 귀농·귀촌인을 창의인력의 특성과 비교하기에는 시기상조인 것으로 보이며, 비록 이들 중 소수가 창의인력의 특성을 갖고 있어 농촌에 정착하더라도 현지 여건이 이들의 성향을 충족시킬 만하지는 못한 것으로 판단된다.

〈표 2-7〉 우리나라 귀농 · 귀촌인의 도시 이주 원인

(단위: %)

		경제적 문제	주택 문제	자녀 교육	편의 시설 부족	주민과 불화	사업 이동 때문	환경 오염 때문	기타
귀농·귀촌 연도	2008년 이전	33.3	7.4	3.7	33.3	3.7	7.4	7.4	11.1
	2009~2010년	25.0	15.6	0.0	28.1	12.5	6.3	6.3	9.4
	2011~2012년	45.0	5.0	2.5	27.5	5.0	2.5	2.5	10.0
	2013~2014년	45.9	8.1	0.0	18.9	8.1	2.7	2.7	10.8

출처: 귀농·귀촌인의 정착실태 장기추적조사(2014), p. 72.

귀농·귀촌인의 원활한 정착과 삶의 영위는 이들을 받아들이는 지역민의 사회적 자본에 의존한다. 플로리다는 "지역의 강력한 유대는 내부자들에게는 이점을 제공하고 안정을 주는 장점이 있지만, 외부인들에게는 진입장벽으로 작용함으로써 혁신과 성장을 저해할 수 있다"고 했다. 자신의 삶을 살고, 자신의 가치를 추구하는 창의인력은 결속력이 강한 공동체보다는 느슨한 조직망과 약한 유대를 갖춘 지역을 선호한다는 것이다.[8]

귀농·귀촌인이 지역 정착 과정에서 겪는 장애요인이나 중요한 과제로 여기는 사안을 관찰해보면, 마을주민과 지도자들과의 관계, 텃세 등 주로 지역주민으로부터 발생한 요인들은 경제적 요소들보다 덜 중요시되고 있는 것으로 분석된다. 그러나 이는 정확한 해석이 아닐 수 있다. 이는 지금까지 귀농·귀촌인 중 많은 수가 지인이나 연고 등으로 지역을 선택하고 있기 때문에 지역민과의 갈등은 원천적으로 큰 문제가 아닐 수 있다. 오히려 귀농·귀촌인이 지역사회활동에 참여하는 데 장애가 되는 요인으로 관련 기회나 정보 부족을 가장 크게 꼽고 있고, 인맥(네트워크) 부족도 비교적 큰 장애로 인식하고 있다. 그간 우리 농촌은 산업화 과정에서 인구의 도시 이주에 의한 전통적인 공동체사회가 크게 훼손되었다고는 하지만, 여전히 혈연관계가 있는 동성(同姓)의 가구들이 모여서 마을을 이루는 동족마을이 많아 외부인에 대한 적극적인 수용이 보편화되어 있지 않다.

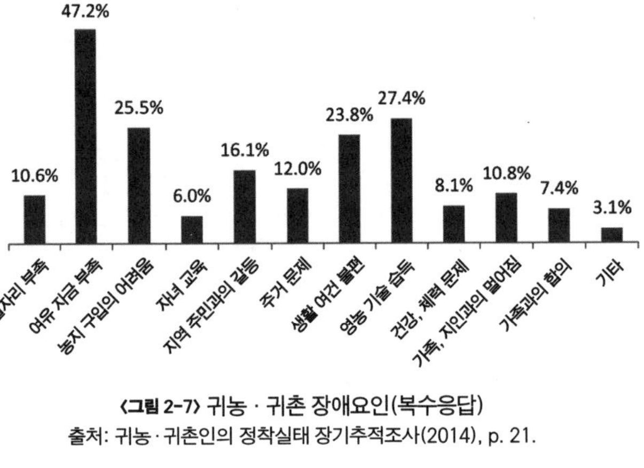

〈그림 2-7〉 귀농 · 귀촌 장애요인(복수응답)
출처: 귀농·귀촌인의 정착실태 장기추적조사(2014), p. 21.

8 리처드 플로리다(2011), pp. 411-418 참조.

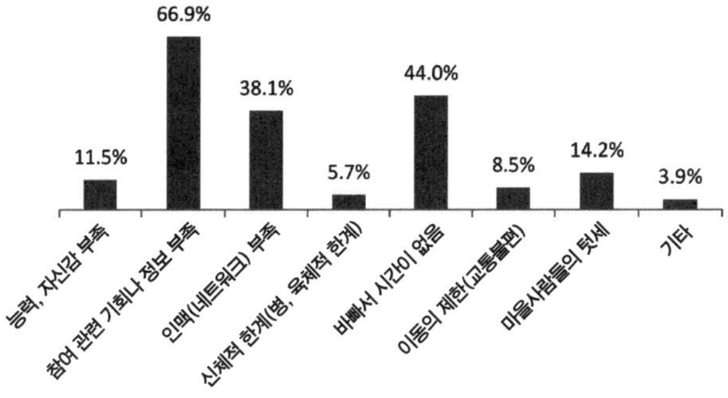

<그림 2-8> 지역사회 활동 참여 장애요인(복수응답)
출처: 귀농·귀촌인의 정착실태 장기추적조사(2014), p. 59.

이상으로 우리나라 귀농·귀촌인의 농촌사회 정착실태에 나타난 창의인력 특성을 간접적으로 분석해보았다. 간단히 요약하면 직업적인 측면에서는 비록 그 비중은 적지만, 핵심 창의인력보다는 창의적 전문가 집단이 점차 늘고 있는 것으로 나타난다. 주된 직업군은 사무직과 자영업자 등으로 나타나는데, 이들이 플로리다가 말하는 창의직종에는 속하지 않지만, 사무직의 경우 창의직종 인력과 함께 농업 분야 외에 상품 기획, 마케팅, 정보화, 교육 분야 등에 기여할 의지를 보이고 있어 농촌사회에 활력을 불어넣을 새로운 인적자원으로서의 역할이 기대된다. 특히 전직이 자영업자인 경우에는 선진국 사례에서 보여준 것처럼 지역에 새로운 사업기회를 발굴하거나 창업을 통해 일자리를 창출할 가능성이 높다. 귀농·귀촌인의 정착지 선택에서는 플로리다가 제시하는 창의인력의 유형별 요인요소에는 적용되지 않은 것으로 판단된다. 우리나라 귀농·귀촌인은 도시생활을 탈피하기 위한 수단으로 자연환경이 우수한 곳을 선택하는 경향이 높은 것으로 나타나 삶의 질을 우선시하는 창의인력의 성향과 유사한 것으로 비친다. 그러나 우리나라 귀농·귀촌인은 고향 또는 연고지라는 이유로 지역을 선택하는 경향도 높게 나타났기 때문에 창의인력의 특성과는 거리가 먼 것으로 해석될 수 있다.

2) 국내 특정 지역 사례 소개

(1) 강주마을 사례

경남 함안군에 위치한 강주마을은 매년 해바라기 축제로 사람들의 발길이 이어지는 곳이다. 축제 방문객 중 80%가 서울, 부산, 대구, 창원 등 외지 관람객으로서 '도시민 유인에 성공한 축제'로 평가받고 있는데, 도시 귀촌인이 축제를 기획하고 지역 활성화에 기여했다는 점에서 큰 의미가 있는 것으로 평가된다.

강주마을이 속한 법수면의 기본 현황을 살펴보면, 행정구역이 9개의 리와 23개의 마을 등으로 설정되어 있다. 함안군의 지형과 지세는 북쪽에 남강과 낙동강이 흐르고 있어 다수의 댐이 구축되어 우수한 경관을 갖추고 있다. 풍부한 수원으로 토지가 비옥하여 영농에 적합하다. 함안군 내부에 남해 및 중부내륙고속도로, 경전선 철도 등이 통과하고 있고, 김해공항도 인접해 있어 주변의 타 지역에 비해 교통망이 우수하여 대전, 대구, 부산 등 주요 광역시와 1시간 30분 거리다. 지리적 여건과 아울러 아라가야의 유서 깊은 역사성이 있고, 말이산 고분군은 전국 최대이며, 토기 및 철기문화 유적을 가지고 있어 관광지로 개발될 잠재력을 갖고 있다. 배후도시로 통합창원시(구 마산시, 창원시)라는 광역도시가 있어 지리적, 교통편의 우위를 바탕으로 2천여 중소 업체가 함안군에 활력소가 되고 있다.

함안군의 인구는 1960년대 후반부터 급속히 줄어들어 1990년에는 무려 52.3%나 감소한 5만 9,820명이었으나, 2005년을 기점으로 증가 추세에 있다. 함안군은 2012년부터 인구의 순유입이 지속되고 있는데, 2014년 현재 군내 가야읍과 칠원읍을 제외하고 8개 면 가운데 유일하게 많은 인구의 순유입이 이뤄졌다.

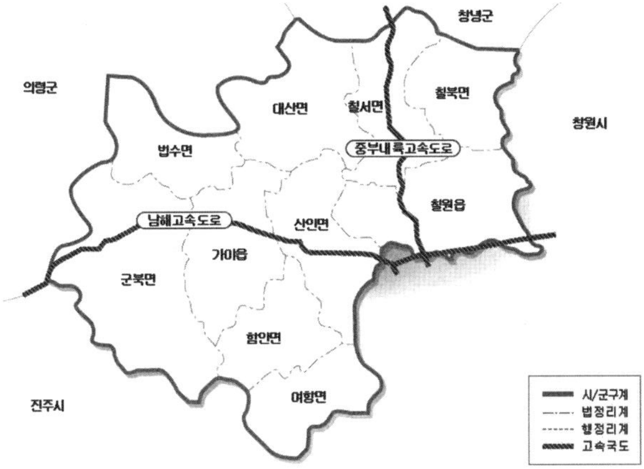

<그림 2-9> 함안군의 입지여건
출처: 함안군 홈페이지

<표 2-8> 함안군 인구 추이 및 분포

(단위: 명)

	전입 인구	전출 인구	순유입
2010년	8,977	8,979	-2
2011년	8,434	8,570	-136
2012년	8,382	7,840	542
2013년	7,623	7,336	287
2014년	9,079	7,932	1,147
가야읍	2,191	1,976	215
칠원읍	3,282	2,188	1,094
함안면	279	334	-55
군북면	710	787	-77
법수면	586	470	116
대산면	427	447	-20
칠서면	802	928	-126
칠북면	224	224	0
산인면	456	470	-14
여항면	122	108	14

출처: 함안군 통계연보(2015)

이하는 창의적인 아이디어를 기초로 강주마을에 해바라기 축제를 만들어 지역 활성화에 기여한 한 귀촌인의 경험담을 중심으로 강주마을의 3T, 즉 재능, 기술, 관용 등의 여건을 서술했다.

재능(Talent)

이 귀촌인은 강주마을 전입 전에 오랫동안 서울에서 사진활동을 해온 전문 사진작가다. 은퇴 후 농촌에서의 삶을 계획하던 중 은퇴시기를 앞당겨 50대 초에 강주마을에 거주하게 되었다. 정착 후 자신의 창의적 경험과 농촌에 기여하기 위해 인근 대학에서 농산물 유통 과정을 이수하는 등 농산물 생산과 유통에 관한 성공사례와 실패사례를 연구했다. 이를 바탕으로 함안군의 공동체 마을 사업에 관심을 기울이는 한편, 타 지역과 다른 새로운 시도로서 경쟁력을 키우는 데 고심했다. 이 과정에서 귀촌인이지만 농촌의 정서를 이해하고 마을 공동체의 일원이 되기 위해 마을의 소득과 일자리 창출을 위한 새로운 시도를 했다. 이렇게 채택된 새로운 작물이 해바라기다. 이후 강주마을에 해바라기가 적합한 환경인지에 대해 토질, 종자, 소득 창출 가능성 등을 평가했고, 특히 종자 선택을 위해 해바라기 재배로 유명한 유럽의 마을들을 방문하여 우수한 종자를 확보했다. 일반적으로 국가보조금을 받는 마을사업들은 상향식 계획 수립과 실행이 일반적이고 주민의 자주적 결정으로 된 것이 아니어서 지속적인 생존과 성장이 어렵다. 이러한 단점을 극복하기 위해 이 귀촌인은 작물 선택부터 사업에 이르기까지 모든 단계를 행정에 의존하기보다는 주민과의 협력과 소통을 시도했으며, 공동체 사업으로서 자생력과 지속성을 확보하게 되었다. 강주마을의 해바라기를 활용한 축제와 경관사업은 지역주민의 일손 부족을 보완하기 위해 협동조합 조직체와 지역 자원봉사센터를 만들었다. 협동조합을 기반으로 축제 진행의 효율성을 도모했고, 자원봉사센터를 통해 벽화 만들기, 사진전시회 개최, 해바라기 문패 만들기, 자전거와 전신주 데코 등 경관사업에 지역과 관련 기관으로부터 일손 지원을 받아 진행했다. 창의인력으로서 이 귀촌인의 활동에서 나타난 특징은 자신의 전문지식과 경험, 모방보다는 창의적 발상을 기초로 정주마을의 주민은 전혀 생각지 못했던 해바라기라는 작물의 선택과 이를 마을사업으로 실천하는 개척정신 또는 기업가정신이라고 할 수 있다.

기술(Technology)

강주마을은 우리나라 타 지역 농촌과 마찬가지로 수박, 파프리카, 흑토마토, 백자멜론 등 지역특산물을 고령화된 주민의 힘으로 힘들게 농가소득으로 확보해왔다. 함안군 내에는 산업시설이 3,000여 곳 있는데, 이곳 강주마을도 영세 제조업체들이 분포되어 있어 일자리 창출에 기여하고 있다. 그러나 수질, 토양 오염과 녹지 등으로 환경자원이 훼손되어 있고 그로 인해 주민이 환경과 관련된 질병에 노출되어 있다. 다행히 우수한 자연환경, 역사자원, 지리적인 이점을 배경으로 관광 자원화의 가능성이 있다는 점에 착안하여 다양한 창의적인 사업 제안이 적용되었다. 가령, 국내의 타 지역이 단지 해바라기 축제에 그친 반면, 강주마을은 작물적 가치가 높은 품종으로 축제와 해바라기 씨를 활용한 건강가공제품을 생산함으로써 이전에 없던 새로운 일자리와 소득을 창출하여 차별화에 성공했다. 또한 관광 활성화를 위해 지역의 청보리를 배경으로 '세미 누드 전국 사진전'을 개최하여 지역을 알리고, 저부가가치로 위기에 처해 있던 치즈생산을 체험관광과 결합한 치즈체험장을 운영하여 단체 방문객의 체험비 수익 창출을 통해 일자리를 창출했다. 각종 매체에서 인기 관광지, 인기 포토지 등으로 알려져 관광객은 2015년 해외관광객을 포함하여 약 22만 명에 달하게 되었다.

해바라기 축제 치즈 체험 프로그램

〈그림 2-10〉 강주마을의 창의적 활동 예

관용(Tolerance)

강주마을은 우리나라 다른 농촌 지역과 마찬가지로 혈연의 집성촌으로 형성되어 있어 외부인에게 보수적인 성향이 짙다. 이 귀촌인의 경우 초기부터 사업을 시작하기보다는 주민과 함께 마을 청소하기, 마을 경관 탐방을 통한 가치 알리기, 사진에 대한 지식, 감성, 기술 등을 마을 가꾸기 사업에 재능기부하기 등을 통해 지역민과의 직접적이고 적극적인 소통에 노력을 기울였다. 이를 계기로 귀촌한 지 5년 만에 함안 친환경안전농산물영농조합법인 사무국장으로 활동하게 되었다. 귀촌 초기에는 마을에서 외지인이라 하여 접촉을 피하고 교류에 소극적인 경향을 보였으나, 마을 특화를 위한 첫 단계로 담벼락 벽화 만들기가 효과를 보이자 동의를 얻게 되었다. 강주마을을 내실 있는 공동체로 만들기 위해 주민을 설득하여 해

〈그림 2-11〉 주민과 마을 청소 봉사

〈그림 2-12〉 주민과의 대화

바라기 밭도 가꾸고 축제도 만들어 2014년에는 농림부가 개최한 '행복마을만들기' 전국 콘테스트에서 국무총리상을 받았다.

기타 지역 사례와 3T

이하에서는 충남권 홍성군 홍동면, 강원권 세 곳(원주시, 평창군, 화천군)의 귀촌인과 정책 담당자들을 대상으로 3T에 대한 면담 내용을 정리했다.

첫째는 귀촌인의 창의인력 특성에 관한 것으로, 이들의 어떤 재능(Talent)이 지역 활성화에 도움이 되었는지 물었다. 4명의 응답자 모두 귀촌인의 역량이 지역에 기여하고 있다고 했다. 창의인력의 핵심 역량은 전문지식이지만, 현재 우리나라 농촌의 경우 인구 수 자체와 젊은 층 인구의 부족을 겪고 있다. 젊은 연령층은 대부분 지역민에 비해 고학력자들이기 때문에 특별히 전문분야 역량이 없다고 하더라도 기여할 영역은 많은 것으로 인식되고 있다. 강원권 평창군에 이주한 귀촌인의 전문분야를 소개하면 서양화가, 문화프로그램 운영자, 대학교수, 소설가, 서예가, 컴퓨터 기술자, 축산 전문가 등으로 이들은 지역 리더로서 혹은 전문지식과 경험을 토대로 지역민과 능동적으로 교류하면서 현안 문제를 해결하고 있는 것으로 분석되었다.

둘째는 농촌에서의 일자리 창출 기회와 관련된 요소다. 플로리다의 T는 첨단기술로서 지역에서 첨단기술 또는 혁신과 관련된 일자리가 창의인력 유치에 기여한다는 것이지만, 대도시와 달리 농촌은 일자리 창출 기회 여부에 따라 창의인력으로서의 재능이 얼마든지 활용될 수 있다. 홍동면은 우리나라에서 유기농 농사를 처음으로 시작하고 협동조합 등 중간조직체에 의한 주민자치가 활발히 이뤄지는 곳으로 유명하다. 특히 이 지역은 국내 최대 규모인 661만여 m^2(약 200만 평)의 유기농 단지가 조성돼 연간 3만여 명의 관광객이 방문하는 우리나라 유기농업의 메카로 알려져 소득창출의 기회가 많이 열려 있다. 홍성유기농영농조합은 유기농 쌀과 유기재배 혹은 무농약 재배된 채소류, 무항생제 축산 한우 등을 생산·판매하고 있다. 이 밖에 귀촌인이 활동하는 40여 개의 크고 작은 협동조합은 조직 내에 새로운 일자리도 제공하고 있다. 원주시 지정면에 위치한 돼지문화원은 축산가공업을 창업하여 70여 명의 일자리를 창출했는데, 이 중 절반이 지역주민으로 채워져 있다. 또한 강원권의 평창군은 이전에 없던 허브농원, 애견민박촌 등이 다른 문화공간과 어우러져 새로운 일자리가 창출되었다.

셋째는 농촌사회의 관용성에 관한 요소다. 우리나라 농촌의 사회적 구조에서 나타난 가장 중요한 특징은 동성동본(同姓同本)이 집단 거주하는 동족부락(同族部落)이 많다는 것이다. 이러한 특성은 최근에 많이 와해되었음에도 여전히 한국 농촌 공동체의 가장 기본적인 특징으로 남아 있고 상호 부조의 정신이 이어지고 있다. 하지만 이러한 동족부락은 개인주의가 보편화되어 있는 현대 도시사회와는 일치되지 않는 점이 많다. 홍성군 귀촌인이 지역으로부터 받은 평판은 "귀농·귀촌인은 원리원칙이 생활에 배어 있고, 지극히 개인적인 사람들이다. 공(共)적 영역에서 의무를 중요시하지 않고 대체로 간섭받기 싫어하는" 사람들로 인식되고 있다. 반면에 지역민은 "동네 어른들께 알아도 묻고 몰라도 묻는다. 여쭈어보고 실천하고 아침에 일찍 일어나고 어른 보고 인사하면 된다. 마을회의에서 나대지 않고 부역이나 청소에 빠지지 말고 묵묵히 일하다 보면 평판이 좋아진다"는 것으로 지역정서를 표현하고 있다(유상오, 2015, p. 111). 즉, 많은 수의 귀농·귀촌인이 지역 연고로 인해 정착하고 있지만, 오랫동안 도시생활의 습관에 몸에 배어 있기 때문에 지역민과의 갈등은 적지 않은 걸림돌이 될 수 있다.

4. 정책 시사점 및 결론

1) 창의적 농촌경제와 해외 정책 사례

플로리다의 이론을 농촌에 곧바로 적용하는 것은 그 이론의 타당성에도 불구하고 일부 단점을 지니고 있다는 것은 이미 언급했다. 가장 큰 취약점은 그의 이론이 하드 및 소프트 인프라가 풍부한 대도시를 기반으로 했다는 것이지만, 이를 농촌에 적용하는 경우에도 우리 농촌 고유의 특성을 고려한다면 서구와는 다른 정책적 특성을 갖고 있을 것이다.

플로리다는 지역발전의 토대를 4T에 두고 각각의 정책을 대상으로 한국적 특징을 지적한 바 있다. 그는 첫 번째 T, 즉 기술과 혁신을 경제발전의 원동력으로 인식하고, 연구결과나 아이디어, 혁신 활동 등이 경쟁력 있는 상품으로 전환되도록 하는 수단을 마련하는 정책을 권고했다. 그는 창의시대의 가장 효과적인 수단으로서 대학과 연구기관 등을 들면서 한국의 경우 높은 R&D 투자를 긍정적으로 평가했다. 두 번째 T는 재능을 가진 인력, 즉 창의인력으로서 자신의 역량이 최대로 발휘될 곳을 찾아 정착하는 특징을 갖고 있는데, 과거보다 훨씬 장소에 구애받지 않고 최적의 장소를 찾아가기 때문에 과학기술 분야 외에도 다양한 영역에서 이들을 유치하는 정책을 마련해야 한다는 것이다. 세 번째 T는 관용인데, 플로리다는 한국에 대해 특히 이 부분을 강조했다. 우리 농촌의 사례에서도 지적되었지만, 국가 전체적으로도 타 민족에 비해 정체성이 뚜렷하기 때문에 사회적 통합에 상대적으로 유리하기도 한데, 새로운 형태의 창의성과 혁신을 일으키는 인재들을 유치하는 데는 불리하게 작용할 수도 있다는 것이다. 네 번째 T는 지역자산인데, 그 지역의 자연환경이나 인공적인 건축물과 사회적 자본 등이 창의인력의 장소선택에 중요한 영향을 미칠 수 있다는 것이다(R. Florida, 2010).

플로리다 이론의 농촌 적용 사례는 유럽이 좀 더 적절할 것이다. 이는 유럽의 농촌과 소도시들이 규모 면에서나 역사문화적으로 미국보다는 우리와 유사하다. 유럽의 지방 소도시와 농촌사회의 창의경제 활성화 전략을 다룬 인텔리 보고서[9]는 "이들 소도시와 농촌들은 삶의 질과 장소의 질(어메티니)을 높이는 데 중점을 두고 있으며, 더욱 건강한 삶을 추구하는 도시민이 이런 요소들에 매력을 느껴 이주하는 성향이 있다"고 설명했다. 도시에서 이주한 창의인력들은 자신의 창의적 재능과 혁신 활동을 지역의 농업과 공예, 관광, 의류, 요식 등의 분야에서 발휘함으로써 일자리 창출과 지역발전에 기여하고 있다고 평가했다. 여기에 지방자치단체는 인프라 구축, 이주민 지원 프로그램 제공으로 창의인력의 역량을 유치하거나 확보하는 역할을 담당하고 있으며, 만일 지역에 질 높은 교육기관이 있을 경우에는 창의인력 유치나 인재육성을 통해 지역발전에 긍정적인 역할을 할 수 있는 것으로 분석했다.

실증 분석을 통해 도출된 지방자치단체나 공공기관의 주요 정책 방안을 정리하면 다음과 같다. 첫째, 지역발전의 가장 큰 원동력은 리더십 그리고 리더십의 안정성과 비전을 꼽는다. 특히 지역 리더들이 미래 지향적이고 모험을 감수하는 경우 지속 가능성에 도움이 되며, 리더십이 상향식(bottom-up) 의견 수렴과 결합되면 더욱 힘을 발휘할 수 있다. 둘째, 창의적인 변화를 실행하는 조직체로서 지역발전과 관련한 모든 사업을 조직하고 관리하기 위해서는 정책기관이나 민간기관, 비영리단체, 지역협동조합 등이 필요하다. 이 구성원들은 귀촌인 같은 외지인일 수도 있지만, 대

---

9 INTELI (2011), pp. 102-115 참조.

부분 지역 출신자들로서 지역사업에 자연스럽게 참여할 수 있는 인력들이다. 셋째, 서로 다른 분야 간에 협력하여 창의적인 활동을 이끌어낼 수 있는 훈련기관이나 이를 담당하는 전문기관이 필요하다. 농촌에는 농업 같은 전통적인 분야와 창의산업 분야, 즉 문화적 가치나 사회적 가치가 결합된 문화경제활동이 발생할 가능성이 높기 때문에 서로 다른 분야 간의 상호 교류를 통해 새로운 발전을 가져올 수 있다. 넷째, 기존 지역의 삶의 공간에 창의적인 환경을 투입하는 경우에는 여러 방면에서 갈등을 유발할 수 있다. 따라서 외부인과 지역민 간의 원활한 소통으로 여론을 수렴함으로써 갈등을 해소하는 메커니즘이 필요하다. 특히 지역의 문화 프로그램은 이러한 갈등을 다소나마 해소하는 효과적인 수단이 될 수 있다. 다섯째, 창의력을 갖춘 높은 수준의 교육 시스템은 지역에 창의인력을 유치하는 것은 물론이고, 외부에 의존하지 않고 자체적으로 창의인력을 육성할 수 있는 좋은 수단이다. 더구나 그러한 교육기관이 예술 프로그램 같은 창의적인 활동에 주도적일 경우에는 도시에 비해 낙후된 환경에 있는 청소년들에게 건전한 생활과 사회통합에 동참할 수 있게 하는 매개체 역할을 할 수 있다. 여섯째, 창의적인 실험과 분야 간 융합의 분위기는 창의적인 공간을 설립함으로써 조성될 수 있다. 특히 예술가 레지던스, 창의 인큐베이터, 실험공간 등은 일시적으로 방문하는 예술가들이나 외지인들의 활동 공간으로 필요하며 이를 통해 창의적인 아이디어가 도출될 수 있다. 유럽의 소도시에서는 최소한의 투자로 낡은 건물을 개조하여 낮은 임대료로 이러한 것을 제공하는 경우가 많다. 일곱째, 웰빙과 생활의 질 개선을 촉진시킨다. 지역의 내생적 자산은 농촌경제 활성화에 매우 긴요하다. 농촌으로 이주하는 젊은 층 가구나 중년 경력자들, 활동적인 은퇴자들은 삶의 질이 갖춰진 지역을 선택하는데, 삶의 질을 결정하는 중요한 요소들이란 스포츠 활동, 헬스·음식 등과 미적인 요소들, 지역사회 구성원의 참여를 촉진시키는 각종 행사나 이벤트 등, 에너지 소비나 친환경 등 환경의 질, 그리고 최근에는 문화활동이 이에 해당한다.

2) 국내 귀농 · 귀촌 정책과 창의인력

2000년 초부터 시작된 우리 사회의 귀농·귀촌 현상은 이제 시대를 거스를 수 없을 정도로 전국적으로 활발하게 진행되고 있다. 도시에서 농촌으로 향하는 귀농·귀촌인에게 정부가 거는 기대는 좁게는 이들이 농촌에서 경제생활을 하면서 정착에 성공함으로써 지역인구와 소득 제고에 기여하는 것이고 넓게는 축소지향적이었던 농촌이 새로운 자원투입을 토대로 지속 가능한 농촌사회를 만드는 것이다. 귀농·귀촌 현상의 결과만 두고 본다면 플로리다가 주장하는 창의계층론 역시 도시나 농촌사회에서 지속 가능한 경제활동을 통해 지역발전을 달성하는 것이라는 점에서 매우 유사하다고 할 수 있다.

하지만 귀농·귀촌과 창의인력에 의한 농촌경제 활성화는 목표를 달성하는 과정에서 명백한 차이가 있고 지속 가능성에 있어서 후자가 좀 더 효과적이다. 왜냐하면 플로리다의 창의계층론은 점차 인류사회의 경제발전 패러다임이 '개인의 창의성' 또는 '창의인력의 역량'에 의존하고 있으며, 그 성과로서 창의적 경제활동과 창의산업의 성과가 경제발전을 일으킬 수 있다는 점을 강조한다. 따라서 여기서 현재 우리나라의 귀농·귀촌 정책의 주요 내용을 정리하고 이를 평가하고자 한다. 정부는 인구사회적 흐름과 경제 여건, 농업 및 농촌가치에 대한 국민의 인식 변화로 앞으로 귀농·귀촌 증가세는 계속될 것으로 예상하고, 젊은 층의 귀농·귀촌 장려를 포함해서 귀농·귀촌인의 안정적인 농촌 정착을 위한 재정 및 법률 제도적인 지원을 하고 있다. 귀농·귀촌인의 정착을 위해 종합센터 운영 및 창업박람회를 통해 정보 지원을 하는 한편, 이들의 단계별 정착을 위한 교육 프로그램 제공, 초기 정착에서 창업자금 지원, 주택구입 및 지역주민과 융화시책 관련 법률 제정, 귀농인의 집 조성, 체류형 농업 창업지원센터 건립, 도시민 농촌유치 등에 필요한 재정지원을 하고 있다. 특히 빠른 증가세에 있는 40대 이하 젊은 귀촌인의 정착을 촉진하기 위해 다양한 주거 지원을 하고 있다.

<표 2-9> 귀농 · 귀촌 활성화 지원사업의 예산 편성 현황

	2013년	2014년	2015년
교육(귀농 · 귀촌 과정)	21억 천만 원	24억 5천만 원	29억 3천만 원
도시민 농촌 유치	35억 8천만 원 - 35개 시군	40억 9천만 원 - 40개 시군	50억 9천만 원 - 50개 시군
귀농 · 귀촌 창업박람회	5억 원	4억 원	4억 원
체류형 농업창업지원센터	80억 원 - 2개 시 · 군	80억 원 - 2개 시 · 군	40억 원 - 2개 시 · 군
귀농 · 귀촌종합센터 (상담, 정보제공)	-	-	10억 원
귀농인의 집(70개)	-	-	10억 5천만 원
귀농인 농업창업보육센터	-	10억 원	-
합계	152억 원	159억 원	145억 원

출처: 농림축산식품부(2015), 귀농귀촌포럼 발표자료 참조

정부가 시행하는 정책의 초점은 도시민의 농촌 정착이 지속되도록 정주여건과 일자리 환경을 지원하는 데 맞춰져 있다. 따라서 정책 대상이 농촌으로 향하는 도시민이라는 점에서 우리나라의 귀농·귀촌 정책은 플로리다의 창의계층론과 동일하다. 그러나 후자는 귀농·귀촌인 가운데 창의인력을 다루고 있다는 점과 이들의 창의적 활동에 관심을 두고 있다는

점에서 차별적이다. 여기서는 플로리다의 4T를 중심으로 상기에 서술된 국내 정책을 비교한다. 첫째, 창의계층론은 지역에서 창업 또는 혁신활동의 여건이 좋을수록 창의인력이 더 많이 유입되어 지역발전의 가능성을 높일 수 있다는 점을 강조한다. 최근의 정부 정책은 귀촌인의 증가추세에 맞춰 전통적인 농업보다는 다양한 분야, 가령 6차 산업화의 창업에 관심을 두고 있지만, 이 업종 간 융복합이나 창의적 경제활동을 촉진하는 데 초점을 두지는 않고 있다. 물론 6차 산업화가 농촌에 존재하는 유·무형의 모든 자원을 바탕으로 다양한 영역에서의 경제활동을 의미하고 있어 새로운 유형의 일자리가 창출될 가능성이 있지만, 창의산업과는 큰 차이가 있다. 둘째, 창의계층론은 이주민의 연령층보다는 직업군을 강조하며, 직업군 가운데서도 창의적인 경제활동이 활발한 핵심창의직종이나 전문가직종의 기여를 중시한다. 셋째, 창의계층론은 창의인력의 삶의 질을 높이는 데 필요한 어메니티 대책을 요구한다. 어메니티 대책은 농촌의 자연환경 외에도 사회적 자본이나 문화시설 및 교육, 여가 등의 인프라를 필요로 한다. 그러나 현재의 정부 정책은 이주민의 주거 지원에 머물고 있으며, 보육서비스 등 기타 주민 편의를 위한 서비스는 아직 요원한 실정이다. 마지막으로 창의계층론은 농촌사회가 창의인력에 대해 호의적인 대우나 개방적 분위기 등 관용적 태도와 법 제도적인 인프라가 필요하다는 점을 시사한다. 외지인과 지역민의 자연스런 협력과 융화는 사실상 상당한 시간과 인내가 필요하지만, 정착 과정에서 빈번하게 발생할 수 있는 구성원 간 갈등을 체계적으로 관리할 수 있는 충분한 여건이 마련되어 있지 않다.

3) 정책 시사점

우리나라의 귀농·귀촌 정책 목표는 도시민이 농촌으로 귀농과 귀촌하는 시대 흐름에 맞춰 이들의 정착을 지원함으로써 인구감소와 경제적 쇠퇴에 직면한 농촌을 새롭게 활성화하는 데 두고 있다. 앞에서 설명한 바와 같이 우리나라의 귀농·귀촌 정책은 창의계층론에서 제시하는 정책과는 큰 차이가 있다는 것이 밝혀졌다. 이하에서는 목표 산업과 직업, 전문지식, 라이프스타일과 문화, 사회자본 등에서 창의계층론이 국내 귀농·귀촌 정책에 시사하는 정책 함의점을 논의하되, 귀농·귀촌인의 유치와 정주 유지의 관점에서 제안하고자 한다.

첫째, 정부가 귀농·귀촌인에게 권장하는 6차 산업화는 그동안 농촌의 경제적 기반이었던 농업의 쇠퇴를 막고 나아가 농업의 부가가치를 높여 경제 활성화를 꾀하는 수단이다. 6차 산업화란 농촌에 존재하는 모든 유·무형의 자원을 바탕으로 농업과 2차 및 3차 산업과 연계함으로써 새로운 소득과 일자리를 창출하는 것이다. 그러나 6차 산업은 농촌 경제발전의 수단일 뿐 그 자체가 목적일 수는 없다. 6차 산업의 실행 주체는 지역의 농업인도 중요하지만, 다양한 전문분야에서 경험을 축적한 창의직종 인력이라고 할 수 있다. 예를 들면, 충남 홍성군의 홍동마을이나 강원 정선군의 개미들마을의 경우를 보면 농산물의 가공·유통, 관광 등에서 귀촌인이 커다란 성과를 거두고 있다. 이들은 정보통신기술을 갖춘 디지털마인드로 판매와 마케팅 분야에서 많은 기여를 하고 있다. 이들이 농촌 경제 활성화에 더욱 기여하도록 하기 위해서는 산업적 목표보다는 창의인력 유치를 목표로 정책을 보완할 필요가 있다. 특히 이들 창의인력은 각자 전문영역에서 인적 네트워크를 활용할 능력을 보유하고 있어 외부 인력을 지역활동에 참여하게 함으로써 인재난을 겪고 있는 농촌의 취약한 역량을 보완할 수 있을 것이다. 예를 들면, 영광 여민동락공동체, 옥천 안남면, 홍성 홍동면 등 귀촌인이 활약한 농촌 마을들은 모두 귀촌인의 리더십을 기반으로 외부와의 적극적인 인적 네트워크와 교류하거나 활용함으로써 지역 활성화를 가져온 좋은 사례로 꼽힌다(서정민, 2014, pp. 11-20). 따라서 정착한 귀농·귀촌인이 농촌발전의 지속 가능성을 지탱하기 위해서는 외부의 창의인력과 협력하는 역량강화 프로그램의 개발과 운영이 필요하다.

둘째, 창의인력의 독특한 특징은 '의미 있는 새로운 양식'을 창조하는 일에 참여하려는 성향이 높다. 이들은 반드시 금전적인 목적만으로 일하지 않기 때문에 농촌에서 일어나는 다양한 사회적 또는 경제적 활동 영역에 참여할 수 있다. 예를 들면, 홍성군 홍동마을의 '얼렁뚝딱' 집짓기 협동조합이나 풀무학교생활협동조합, 지역카페 뜰, 의료생협, 도서관 및 헌책방 등의 운영이 절대다수 귀촌인의 손에 의해 이뤄지고 있다. 특히 이들 창의인력이 농촌에 새로운 경제활동 기회를 제공할 수 있도록 장려하기 위해서는 소규모 농촌 벤처기업이나 다양한 영역에서 창업가정신을 발휘할 수 있도록 제도적 뒷받침이 필요하다. 아울러 외부로부터 창의인력을 유치하는 것도 중요하지만 자체적으로 창의인력을 육성하기 위해서는 전문교육기관이 필요하다. 예를 들면, 평창군에서 운영되고 있는 한국농촌관광대학과 홍동마을의 풀무학교 등은 농촌의 지역 리더를 양성하고 인적 네트워크 형성에 기여하고 있다. 다만, 현재 이들 기관의 인력양성 목표가 단순히 지역 리더를 배출하는 데 중점을 두고 있다는 점에서 창의인재 양성에 걸맞게 창의인큐베이터나 실험공간 등 R&D 활동을 장려하는 훈련교육도 추가할 필요가 있다.

셋째, 창의경제에서는 문화예술인의 역할이 강조된다. 앞에서 계속 반복했듯이 문화예술은 지역의 문화자원을 활용한 관광객 유치나 문화산업

개발에도 필요하지만, 지역민과 외지인 그리고 지역민 자체 간 소통의 수단으로도 매우 유익하다. 문화예술인의 활동은 지역민에게 문화적 혜택을 줄 수 있기도 하지만, 다른 분야의 창의인력을 유입하는 데도 긍정적인 역할을 한다. 특히 우리 농촌생활에 불편한 여건 중 많은 부분이 문화나 여가생활을 위한 인프라가 부족하다는 지적을 받고 있다는 점에서 문화예술 분야에서 활동했던 귀촌인을 우대할 필요가 있다. 최근에 들어와서 농촌을 대상으로 문화예술교육 시범사업, 문화예술교육지원센터 운영사업 등 중앙정부와 지방자치단체의 지원이 활발해지고 있는데, 이 활동이 외지인을 유치하거나 생활문화 공간과 나아가 일자리 창출에 기여한 사례는 아직 드문 것으로 알려져 있다. 다만, 농촌의 문화예술 활동은 그 지역의 특수한 여건과 자산을 토대로 계획하고 실행해야 성공 가능성을 높일 수 있다. 예를 들면, 함안의 해바라기 축제와 경관 살리기 활동은 지역의 날씨와 경관, 주변 공단 여건과 지역주민의 자발적 의사결정과 적절히 결합되어 자리 잡게 된 좋은 사례다.

넷째, 창의인력의 역량이 우수하고 귀농과 귀촌의 의사가 적극적이라고 하더라도 이에 대한 지역민의 협조 없이는 지역발전으로 이어지기 어렵다. 모범 사례로 꼽히고 있는 홍동마을의 홍성여성농업인센터는 각종 공모사업 수주나 운영에서 귀농·귀촌인의 역할도 활발하지만, 지역 여성과의 교류가 원활하여 갈등 해소에 큰 기여를 하는 것으로 알려져 있다. 마을의 신구 구성원 간 교류의 장이 이뤄질 수 있는 공간도 필요하지만, 의식적으로 상호 이해의 폭을 넓힐 수 있는 교육이나 훈련도 필요할 것이다.

4) 결론

이 연구는 급속한 고령화, 인구의 감소, 농업의 경쟁력 약화 등으로 성장 동력이 약화되고 있는 우리나라 농촌을 창의인력의 관점에서 분석하고 활성화 방안을 모색하는 데 있다. 최근 들어 귀농·귀촌인이 농촌으로 빠르게 유입되고 있는데, 이들이 갖고 있는 도시생활과 직장에서 축적된 지식과 정보, 경험 등은 농촌경제에 새로운 활력소로 작용할 가능성이 크다. 우리보다 앞서서 인구감소와 노령화, 농업의 쇠퇴를 겪은 구미 선진국과 일본은 농촌의 재생과 활성화를 위해 '개인의 창의성'이라는 관점에서 새로운 가능성과 성과를 찾아가고 있다.

우리나라 귀농·귀촌인의 창의인력으로서의 특성을 찾아보기 위해 2014년 한국농촌경제연구원이 발간한 「귀농·귀촌인의 정착실태 장기추적조사」 자료를 활용했다. 아울러 현실적이고 구체적인 사실을 확인하기 위해 몇몇 농촌 사례에서 나타난 귀농·귀촌인의 창의적 활약상과 어려움에 대해 면담을 실시했다.

이 연구를 통해 도출된 우리나라 귀농·귀촌인의 창의인력 특징을 살펴보면 다음과 같다. 창의직종 인력의 수는 많지 않지만, 점차 늘고 있는 것으로 관찰되었다. 그 가운데 문화예술 전문인력, 교육 분야 전문직, 정보 관련 기술직 등이 늘고 있으며 사무직이나 자영업자 등도 늘고 있는데, 이들은 조직화, 창업활동 등에서 활약하는 것으로 분석되었다. 귀농·귀촌인의 정착지 선택에서는 자연환경이 우수한 곳과 자신의 고향 또는 연고가 있는 곳을 택하는 성향이 높아 창의인력의 특성과는 거리가 먼 것으로 파악되었다. 이들이 농촌생활에서 겪는 어려움으로 호소하는 것들로는 병원과 문화시설, 편의시설 등 도시에서 익숙한 시설의 부족을 꼽고 있고, 오히려 주민과의 갈등은 크게 부각되지 않았다. 특히 전자의 경우 귀농·귀촌인이 젊을수록 더 큰 애로로 작용할 가능성이 높다. 주민과의 갈등이 증폭되지 않는 이유는 아직까지 우리나라 귀농·귀촌인은 연고가 있는 곳을 택하기 때문으로 분석되었다. 이들의 경제적 활동 분야를 보면 매우 다양하게 나타나는데, 특히 최근 들어 귀농인보다 더 많이 늘어나는 귀촌인은 지역의 농산물과 연계한 6차 산업 분야에도 기여하지만, 그렇지 않고 완전히 새로운 분야에서 창의적인 경제활동을 하는 경우도 늘고 있음을 관찰했다. 창의경제 활성화를 위한 정책 방안으로는 현재 정부가 중점을 두는 6차 산업을 목표로 한정하기보다는 어떤 분야이든 창의적인 경제활동을 장려하는 쪽으로 정책을 개선할 필요가 있다는 판단이다. 특히 직업적 관점에서 창의직종 인력을 유입하기 위한 정책적 보완이 필요하다. 다음으로 창의인력의 유입을 촉진하기 위해서는 귀농·귀촌인이 도심에서의 라이프스타일을 유사하게 즐길 수 있는 문화와 여가, 교육시설 등이 강화될 필요가 있다.

이 연구는 지금까지 창의경제의 기본 원리를 국내 도시를 대상으로 했던 기존 연구에서 벗어나 농촌사회에 적용했다는 점에서는 의의가 있다. 하지만 이 연구가 가장 많이 활용한 자료의 목적이 창의인력의 관점이 아닌 단순히 귀농·귀촌인의 정착실태를 분석한 것이기 때문에 창의인력 특성에 관한 풍부한 논의와 해석이 불가능하다는 점이 한계다.

| 참고문헌 |

김진용 외(2015), 『귀농 · 귀촌 인구 증가와 지역 농 · 축협에의 시사점』, CEO Focus 제366호, 농업협동조합중앙회.

김한종(2015), 『도시와 농촌 간 인구이동 현황과 시사점』, NH농협 조사월보 제8호, NH농협.

농림축산식품부(2015), 귀농귀촌포럼 발표자료.

리처드 플로리다(2011), 신창조계급, 북콘서트.

마상진 외(2014), 『귀농 · 귀촌인의 정착실태 장기추적조사』, 한국농촌경제연구원 연구자료, 한국농촌경제연구원.

마상진(2012), 『귀농 · 귀촌자의 영농실태와 교육요구 분석』, 한국농촌경제연구원 연구자료, 한국농촌경제연구원.

마상진 · 남기천(2015), 『귀농 · 귀촌인의 경제활동 유형별 관련 요인 분석』, 한국농촌경제연구원 연구자료, 한국농촌경제연구원.

사사키 마사유키 외(2015), 『창조농촌을 디자인하라』, 미세움.

서정민(2014), 『농촌지역역량 강화정책, 생각을 바꾸자』, '농업 · 농촌의 길 2014' 세미나 발표 자료.

송미령 외(2015), 『귀농 · 귀촌 증가 추세와 정책 과제』, 농정포커스 제103호, 한국농촌경제연구원.

유상오(2015), 『귀농귀촌 6차산업으로 성공하기』, 한스미디어.

전택수 외(2014), 『창의경제와 문화예술의 역할』, 한국학중앙연구원출판부.

함안군(2013), 2013년 함안군 균형발전사업 개발계획.

Duxbury, N. and Campbell, H. (2009), Developing and Revitalizing Rural Communities through Arts and Creativity: A Literature Review, Prepared for the Creative City Network of Canada, March 2009.

Florida, R. (2002), The Rise of the Creative Class: And How It's Transforming Work, Leisure, Community and Everyday Life, Basic Books, New York.

Florida, R. (2005), The Flight of the Creative Class - The New Global Competition for Talent, Harper Collins Publishers, New York.

Florida, R. (2010), "South Korea - Moving into the Creative Age," Korea 2020, http://can-vancouver.mofat.go.kr/.

Gertler, M. S., Wolfe, D. A. & Garkut, D. (2000), No Place like Home? The Embeddedness of Innovation in a Regional Economy, Review of International Political Economy, 7(4), 688-718.

Glaeser, E. (1998), Are cities dying? Journal of Economic Perspectives, 12: 139-160.

Hopkins, J. (1998), Signs of the Post-Rural: Marketing Myths of a Symbolic Countryside, Geografiska Annaler, 80(2), 65-81.

INTELI (2011), Creative-based Strategies in Small and Medium-sized Cities: Guidelines for Local Authorities.

Jacobs, J. (1969), The Economics of Cities, New York: Random House.

Lewis, N. and Donald, B. (2009), A New Rubric for "Creative City" Potential in Canada's Smaller Communities, Urban Studies 47(1): 29-54.

Lucas, R. (1988), On the Mechanics of Economic Development, Journal of Monetary Economics, 22, 342.

Marsden, T. (1999), Rural Futures: The Consumption Countryside and its Regulation, Sociologia Ruralis, 39(4), 501-520.

Marshall, A. (1919), Industry and Trade, London: Macmillan.

Maskell, P., Malmberg, A. (1999), Localized learning and industrial competitiveness, Cambridge Journal of Economics, 23, 167-185.

McGranahan D., Wojan T., Lambert D. (2010), The rural growth trifecta: outdoor amenities, creative class and entrepreneurial context, Journal of Economic Geography, pp. 1-29.

Morgan, J. Q., Lambe, W. & Freyer, A. (2009), Homegrown Responses to Economic Uncertainty in Rural America, Rural Realities, 3(2), 1-15.

Stolarick K., Denstedt M., Donald B., Spencer G. (2010), Creativity, Tourism and Economic Development in a Rural Context: the case of Prince Edward County, Journal of Rural and Community Development 5, 1/2: 238-254.

Thulemark M. and Hauge M. (2014), Creativity in the recreational industry, Re-conceptualization of the Creative Class theory in a tourism-dominated rural area, Scandinavian Journal of Public Adminstration 18(1): 87-105.

Peck, J. (2005), Struggling with the Creative Class, International Journal of Urban and Regional Research, 29(4): 740-770.

Schumpeter, J. (1962), Capitalism Socialism and Democracy, New York: Harper Perennial.

Schumpeter, J. (1982), The Theory of Economic Development, Somerset, NJ: Transaction.

URBACT (2011), From creative industries to the creative place: Refreshing the local development agenda in small and medium-sized towns.

제3장

ICT를 활용한 농업·농촌 발전과 과제

※ 김홍상 외(2014)의 "창조농업 실현을 위한 ICT 기술융합의 전략과 과제"(한국농촌경제연구원)의 내용을 기초로 새로운 정책 및 시장환경의 변화를 반영하여 보완·정리한 것임을 밝혀둔다.

1. 머리말

전통적인 농업과는 달리 현대 농업은 IT(정보), ICT(정보통신), BT(생명공학), ET(환경), NT(나노), ST(우주), CT(문화콘텐츠) 등 첨단기술과의 접목을 통해 고부가가치 융합산업으로 발전하고 있다(김연중 외, 2013). 최근에는 ICT 활용을 통한 농업·농촌의 변화에 대한 관심뿐만 아니라 새로운 미래성장 동력 및 일자리 창출 대상으로서의 농업에 대한 인식이 강조되고 있다.

ICT 등 첨단기술과 농업의 융합은 작물 생산비용 절감, 환경오염 최소화, 최적의 생산환경 제공, 소셜네트워크서비스(SNS)를 이용한 농산물 유통 효율화 등을 통해 생산성을 제고하고 소비를 활성화할 수 있다. 또한 교육, 의료, 복지, 문화 등의 측면에서 도시에 비해 불리한 농촌사회에서도 ICT를 활용한 온라인 원격교육 및 화상 문화 강좌, 원격 의료서비스 제공 등을 통해 양질의 서비스를 제공받고, 쾌적한 자연환경, 다양한 향토자원, 첨단농업 등을 연계한 차별화된 관광, 유통을 통해 새로운 부가가치와 일자리를 창출하고 새로운 농촌 모델을 개발하고 있다.[1]

특히 농업인구의 고령화와 과소화, 농촌사회의 공동화 및 낙후 문제의 해소와 함께 FTA(자유무역협정) 확대 추진에 따른 글로벌 경쟁시대에 대응한 농업의 경쟁력 제고를 위해 ICT를 활용한 농촌 생활환경 개선과 이른바 '스마트 팜' 육성이 중요한 과제로 제기된다.[2] 네덜란드 등 선진국을

---

1 정부에서는 농업생산·유통 및 문화, 복지 등이 통합 연계되는 이른바 '창조마을(권역)' 육성을 제시하고, 창조마을 거점 50개소를 2017년까지 조성하겠다는 이른바 'ICT 기반 행복한 농촌 확산' 정책을 추진하고 있다(농림축산식품부 창조농식품정책과, 2015).

2 정부에서는 ICT 융복합 첨단농업 육성 차원에서 ICT 융복합 확산 사업을 추진하고,

중심으로 다양한 센서 및 기후정보를 이용한 생장환경 분석 및 시설 내 환경 최적화 시스템을 상용화하고 있다. 네덜란드는 ICT 융합을 통해 세계 최고 수준의 농업 경쟁력을 확보하고 있는 것으로 알려져 있다.[3]

우리나라에서도 선진국의 변화와 국내 농업·농촌사회의 변화 속에서 농업·농촌 부문의 ICT 융합·활용 확산, ICT 융합·창의 역량 강화, 농업 분야별 ICT 융합 창조 비즈니스모델 발굴·확산, ICT를 활용한 산지유통 조직 선진경영관리 지원 등에 대한 정책적 대응 필요성이 강조되고 있다. 즉 농림축산식품산업과 ICT 융복합 기술개발을 통한 산업경쟁력 강화 및 고부가가치 첨단 산업화 전략, 농촌 활성화 모색 등이 필요하다.

농업의 성장 정체 해결, 미래성장산업화, 이른바 ICT 기반 '행복한 농촌사회' 건설 등 현 단계의 농업·농촌 관련 과제를 해결하기 위해 더욱 적극적인 농업·농촌 부문 ICT 활용에 대한 체계적인 연구와 정책 추진이 요구된다. 최근 우리나라 농업의 정체 및 지속성에 대한 위기감 증대, 농업경영비 증대와 농가소득 구조의 악화, 농촌 노동력 감소와 고령화에 따른 노동력 부족, 기상이변에 따른 생산의 불안정, 복잡한 유통구조로 인한 유통비용 증가, 급변하는 소비자 기호 변화 등의 문제를 해결하는 방안으로 ICT 융합기술 활용의 중요성이 커지고 있다(박준기 외, 2013). 실제 ICT 기반 새로운 자동 환경제어 기술의 활용으로 농장주가 농장을 떠나 여행도 할 수 있게 되었으며, 과거 "농작물은 농부의 발자국 소리를 듣고

이를 기초로 농업생산 부문에서 이른바 '한국형 스마트 팜' 보급 확대를 주요 추진 과제로 제시하고 있으며(농림축산식품부 창조농식품정책과, 2015), 또한 "'16년 스마트 팜 확산 추진 계획", "스마트 팜 확산 추진 현황 및 '16년 정책 방향" 등 정부 정책자료(내부자료)에서 나타나듯이 스마트 팜 확산 관련 정부의 다양한 노력이 나타나고 있다(농림축산식품부 창조농식품정책관실, 2016).

3 농업 부문 ICT 융합을 활용한 네덜란드의 파프리카 생산성은 300톤/*ha*으로 우리나라 선도 농가 기준 190톤/*ha*보다 훨씬 높다.

자란다"는 식의 인식도 바뀌어야 할 상황이 되었다. 또한 지리산 오지 청학동 마을에서 온라인 원격 교육 서비스를 받을 수 있고, 그들의 천자문, 논어, 삼경 등의 교육과정을 도시에서도 경험할 수 있게 되어 농촌사회에 대한 인식도 달라지고 있다. 그리고 산간오지 마을에서 생산되는 다양한 농산물을 도시에서도 쉽게 접하게 되는 등 농촌과 도시 간의 교류가 새로운 형태로 나타나게 되었다.

이와 같이 ICT 활용으로 인한 농업·농촌사회의 변화와 새로운 미래 건설 전망에도 불구하고 현재 농업·농촌 부문 ICT 활용은 농업·농촌의 특수성뿐만 아니라 농가의 수용성, 농업 부문 ICT업체의 영세성, 농업 부문 ICT 융합 생태계 기반 미흡, 농촌사회의 ICT 인프라 미흡, 기업의 농업생산 참여에 대한 농업계의 거부감 등 여러 요소로 인해 원활히 진척되지 못하고 있다. 따라서 현재 다양한 농업·농촌 자연자원과 향토자원 등을 새롭게 활용하고 농업·농촌 문제를 해결하는 방법으로서 농업·농촌 부문 ICT 활용 촉진을 위해 현재 농업·농촌 부문 ICT 활용의 실태를 정확히 파악하고, 각 관련 주체의 역할별 실천 전략을 제시하는 등 ICT 활용 농업·농촌 발전을 위한 종합적인 전략과 실천 과제가 제시되어야 한다.

2. 농업 · 농촌 부문 ICT 활용 현황

1) 농업 · 농촌 부문 ICT 활용의 유형과 현황

자동환경제어장치를 이용한 영농관리 등 ICT 활용은 농업·농촌 부문 전반에 걸쳐 최근 빠른 속도로 확산되고 있으며, 농업·농촌 사회구조 및 인식을 근본적으로 변화시키고 있다. 농업·농촌 부문 ICT 활용을 이해하기 위해 농촌의 핵심 산업인 농업 부문의 다양한 형태의 ICT 활용 현황을 중심으로 ICT 활용의 유형과 특성을 구체적으로 살펴보고자 하며, 최근 6차 산업화와 농촌관광 등과 연계된 농촌 지역 개발 부문의 영역을 포함시켜 ICT 활용의 유형과 현황을 검토하고자 한다.

농업 부문 ICT 융합은 기존 농업에 인공광원, 무선인식전자태그(RFID), 유비쿼터스센서네트워크(USN), 자동화 같은 기반 기술과 생육 제어 지식, 유통, 이력, 인증 등의 소프트웨어 기술, 신재생에너지, 스마트그리드, 탄소 교환 등 다양한 ICT 기술을 융합하여 농업의 생산·유통·소비 전 과정에서 생산성과 효율성 향상, 품질 향상 등 고부가가치를 창출하는 것으로 이해된다(최선화, 2013: 4-5).

농업 부문 ICT 융합은 매우 다양한 유형 또는 형태로 나타나는데, 일반적으로 그 형태(유형)를 농업유형, 농업단계, 분야, 성과실현 대상 등을 기준으로 분류한다. 일반 경종농업과 시설원예농업, 축산업 등 농업유형에 따른 농업 부문 ICT 융합은 노지형, 시설형(온실형), 식물공장형, 축산형 등으로 분류할 수 있다.[4] 농업단계별로는 전통농업을 중심으로 농업의 생산·가공·유통·소비 등 농식품산업의 가치사슬(value-chain) 단계를 고려하여 농업 부문 ICT 융합 유형을 구분할 수 있다. 또한 최근 농업·농촌관광 같은 문화콘텐츠기술(CT)을 결합한 사례, 마을 단위 ICT 융합을 통한 새로운 경영체의 등장, 이른바 '6차 산업화' 사례,[5] 산간오지 청학동의 관광,

---

4 농업 부문 ICT 활용사례에 대해서는 뒤에서 다시 다룬다. 시설원예(비닐하우스 단동형, 연동형, 유리온실), 노지과수, 축산, 유통개선, 지역개발 등에 대한 사례를 별도로 소개한다.

5 6차 산업은 1차, 2차, 3차 산업을 모두 더하거나 곱한 결과로 이해되는데, 농산물을 생산(1차 산업)만 하던 농가가 가공(2차 산업)하고, 향토 자원을 이용한 체험프로그

문화 등에 ICT 융복합으로 원격 문화 강좌, IT 교육 등이 결합된 이른바 '청학동 창조마을' 사례 등에서 보듯이 전통적인 농업 부문에 대응하여 농촌개발 분야를 별도로 구분하여 농업 부문과 농촌개발 분야로 농업 부문 ICT 융합 유형을 분류할 수 있다. 그리고 정윤용(2013), 임팩트(2013) 등에서 강조하듯이 성과 중심 분류로서 제품혁신(품질 제고, 안전성 제고, 출현율 제고), 공정혁신(정밀농법, 인공광원 활용, 공급망관리 등), 사람혁신(합리적 영농의사결정, 선진경영관리 등) 등으로 구분할 수 있다.

정부 및 정책 영역의 경우 이미 농림수산식품부 정보통계담당관실(2012)에서 농업 부문 ICT 융합의 유형을 생산, 가공/처리, 유통, 판매, 농어촌, R&D, 조직규모화 등의 분야로 구분하여 접근하고 있으며, 각 분야별 핵심 기술 내용을 제시하고 있다. 그리고 이러한 분야별 ICT 융합 유형 구분을 전제로 ICT 융합을 통해 도모하고자 하는 5대 핵심 정책 분야를 생산정밀화, 유통지능화, 경영효율화, 소비안전화, 농어촌활력으로 분류하여 제시한다. 박근혜정부의 농업 부문 ICT 융합정책의 내용을 담고 있는 농림축산식품부 정보화담당관실(2013)에서는 농업 부문 창조경제 구현의 핵심으로 농업·농촌 부문 ICT 융합의 중요성을 강조하면서 농식품 산업과 ICT 기술융합을 생산(시설원예 환경제어, 지능형 축산관리), 유통(산지유통센터 ERP), 소비(식재료 안심유통), 농촌(u-농촌관광)으로 분류하여 주요 유형과 사례 및 적용 기술을 제시한다(표 3-1).

램 운영 등 서비스업(3차 산업)으로 확대하여 높은 부가가치를 발생시키는 산업으로 해석된다.

〈표 3-1〉 농업 · 농촌 부문 ICT 융합의 주요 유형

분야	주요 유형	사례 및 적용 기술
생산	 시설원예 환경제어	• 센싱 기반 시설물 제어 및 생장환경 관리 – 환경센서: 온 · 습도, CO_2, pH, LED, IR(적외선) – 시설센서: 정전센서, 창문, 차양, 송풍기
생산	 지능형 축사관리	• 센싱 기반 축사환경제어 및 사양 · 질병관리 – 환경 및 시설센서: 온 · 습도, 암모니아, CCTV 등 – 웹 기반 클라우드 서비스
유통	 산지유통센터 ERP	• 유통센터 경영 및 생산 · 가공 · 유통 관리 • POS-Mall 및 가상스토어를 통한 농산물 전자거래 – ERP(입고-선별-가공-포장-저장-출하), SCM (공급망관리, 수주 · 발주), POS(판매시점관리, 단말기) 등
소비	 식재료 안심유통	• 학교급식 등 식재료 안전 · 안심 정보 모니터링 • 생산/가공/유통 이력 · 인증정보 제공 – RFID 기반 이력추적관리(Farm2Table)
농촌	 u-농촌관광	• 농촌관광(체험정보, 주말농장, 문화, 축제 등) – GIS/GPS 기반 위치정보 서비스 – 문화재, 관광지 등 화재센서 서비스

출처: 농림축산식품부 정보화담당관실(2013: 2).

"농식품산업의 미래성장산업화를 위한 농식품 ICT 융복합 확산대책(안)[농림축산식품부 정보화담당관실 2013. 8]" 수립 이후 기술개발과 사업화가 상대적으로 쉬운 시설원예, 과수, 축산을 중심으로 성공모델을 확산시키고, 농산물 직거래 및 농축산물 이력정보 제공 등 유통과 소비 분야까지 다양

한 모델을 개발하여 보급하고자 2014년부터 본격적으로 '농식품 ICT 융복합 확산 대책'을 추진했다. 시설현대화 사업과 연계하여 스마트 팜 확산 가속화 현상이 나타났다. 스마트 온실/축사가 2014년 60*ha*/30호에서 2015년 364*ha*/156호로 크게 증가 및 확대되고, 우수 사례가 인근 농가로 확산되고 있다. 성주 참외 주산지의 경우 2014년 1호 1.2*ha*에서 2015년 79호 44*ha*로 확대되고, 부여군 우듬지영농조합법인의 경우 2014년 1호 1.4*ha*에서 2015년 5호 5.3*ha*로 확대되었다(농림축산식품부 창조농식품정책관실 2016).

그리고 농림축산식품부 창조농식품정책과(2015)[6]에 의하면, 과학적 영농을 위한 스마트 팜 운용 기술개발이 농촌진흥청, KIST(한국과학기술연구원), ETRI(한국전자통신연구원) 등을 통해 품목별 최적 생육환경관리기술 S/W 연구개발, 스마트 식품공장 시스템 개발, 지능형 그린하우스 연구개발 등이 추진되어 우리나라 스마트 팜 기술 수준은 간편형(비닐하우스 운용 편의성 제고)과 복합환경제어형이 혼재되어 있는 1.5세대에 머물고 있는 것으로 평가되고 있다. 1세대 스마트 팜은 편리성 증진(일본 추격형), 2세대 스마트 팜은 생산성 향상(네덜란드 추격형), 3세대 스마트 팜은 한국형 모델 개발(글로벌 산업화, 플랜트 수출형)로 이해할 수 있다. 현재 한국은 1.5세대 수준에 머물고 있지만, 일부 분야에 대해서는 최근 대기업의 참여 등으로 3세대 한국형 모델 개발도 추진하고 있다고 볼 수 있다.[7]

---

6 2014년까지는 농림축산식품부 정보화담당관실 차원에서 농식품부 내 ICT 융합 관련 정책 및 사업을 기획 관리하는 한편 농촌정책국, 유통정책관실, 식량정책관실, 소비과학정책관실 등 관련 농업·농촌 정책부서의 정책 및 정책사업과 연계되어 ICT 융합기술을 활용하거나 개발하는 정책사업을 추진했다. 2015년 창조농업식품정책관실이 신설되어 농식품부 내 ICT 융복합 업무를 총괄 기획하는 방식으로 업무 조정이 이뤄졌다. 이를 통해 ICT 융복합은 더 구체적으로 다양한 정책 사업과의 연계 가능성이 높아지고 있다.

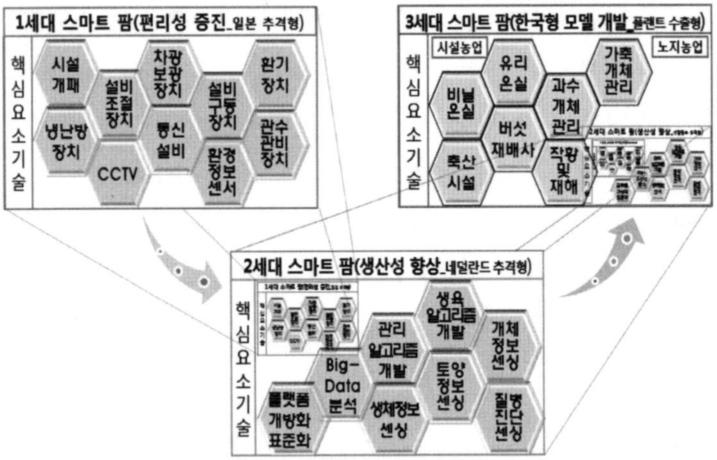

〈그림 3-1〉 스마트 팜 발전단계
출처: 농림축산식품부 창조농식품정책과(2015: 3)

전반적으로 농업·농촌 부문 ICT 활용의 현황과 수준 및 특징을 개략적으로 살펴보면 〈그림 3-2〉와 같다. 시설원예를 중심으로 하는 농업생산 관련 부문의 ICT 활용 수준은 상대적으로 높은 편이며, 유통·소비·농촌개발 등의 분야는 다양한 시도가 이뤄지고 있지만, 아직 현장 활용도가 낮은 상황이라고 할 수 있다.

한편 농업 부문 ICT 융합의 유형 구분과 별도로 최영찬(2014) 등은 농업과 ICT 융복합의 결과로 생산되는 데이터분석, 특히 빅데이터 분석방법

---

7 스마트 팜 육성과 관련하여 중장기적으로 한국형 모델 개발이 매우 중요한 과제로 등장하고 있으며, 일부 기업에서 한국형 모델 개발을 기반으로 해외수출을 모색하고 있다. 국내 시장의 제약 등을 고려할 경우 한국형 모델 개발이 안정적으로 발전하기 위해서도 수출시장 개발이 중요한 의미를 지닌다. 수출을 포함한 안정적 한국형 모델 개발은 스마트 팜 농가의 입장에서도 안정적 기술 활용 및 사후관리 서비스를 받을 수 있어 이른바 '산업생태계의 선순환 구조' 구축 차원에서 중요한 의미를 지닌다.

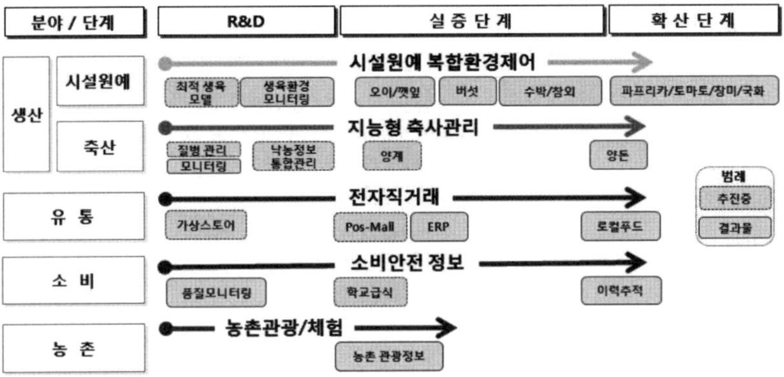

<그림 3-2> ICT 융복합 추진 현황
출처: 농림축산식품부 창조농식품정책과(2015: 3)

활용을 통해 주산지 수급 예측 정보 서비스, 가축 질병 발생 및 확산 예측, 기상에 따른 농축산물 구매 패턴 분석 및 서비스, 맞춤형 농업정보서비스(농업경영체 DB 활용), 정책의사결정 과학화 등 다양한 ICT 융합 활용 분야를 제시한다. 그리고 최근에는 농업 · 농촌 분야에서 ICT, BT의 융복합이 활발하게 적용되고 있어 새로운 농업혁명 가능성이 높아지고 있으며, 이에 따라 ICT 기반 농업재해 예측 · 대응 기술개발, ICT를 활용한 산지 APC-소상공인 농수산물 직거래 · 직배송 시스템 기술개발, 고품질 종자개발을 위한 ICT 기반 작물 품종 선발 · 분석 기술개발, IoT 기반 스마트 축사 통합관리 플랫폼 개발 등 이른바 'ICT를 활용한 창조비타민 프로젝트'[8] 관련 과제를 다양하게 추진 중이다.

---

8 '창조비타민 프로젝트'란 부처·산업계 협업 기반 위에 우리나라의 강점인 과학·ICT의 사회 접목·확산을 지원하는 "일련의 사업들을 통칭하는 정책 브랜드"로서, 각 부처 애로 분야에 과학·ICT 전담부처의 전문적 지원(기술·재정)을 통해 사회현안 문제 해결 및 해당 산업의 고도화를 위한 사업이다.

〈표 3-2〉 창조비타민 프로젝트 중 주요 농업 분야

프로젝트명	주요 내용	사업 기간	주관 기관
ICT 기반 농업재해 예측 · 대응 기술개발	기상재해 등에 따른 과수 · 작물의 피해량 등을 스마트기기를 활용하여 예측할 수 있는 과수 피해평가 기술개발	'14. 6~ '15. 3	농어촌 연구원
영상분석 기반의 농업재해 손해평가 기술개발	드론 기반의 영상분석을 통한 벼 피해면적 자동산출 기술의 고도화 및 기상재해에 의한 농업기반시설물의 피해평가 기술개발	'15. 8~ '16. 3	
ICT를 활용한 산지 APC -소상공인 농수산물 직거래 · 직배송 시스템 기술개발	산지의 농산물유통센터(APC)와 중소상인들 간의 직거래를 위한 온라인 중개 서비스 기술개발 및 거래 · 배송 시스템 구축	'14. 6~ '15. 3	한국농촌 경제연구원
고품질 종자개발을 위한 ICT 기반 작물 품종 선발 · 분석 기술개발	기존 사람의 경험과 판단을 통한 품종 선발 · 분석 방식을 ICT 기술이 접목된 데이터 기반의 작물 품종 선발 · 분석 기술로 전환	'14. 8~ '15. 3	한국과학 기술연구원
농산물유통 효율화를 위한 이미지경매 기술개발 및 실증연구	농산물 공영 도매시장에 ICT 기반 이미지경매 방식을 도입하여 물류 · 경매 효율의 극대화 및 시 · 공간 제약 없는 신경매 서비스 개발	'15. 4~ '16. 3	한국농촌 경제연구원
IoT 기반 스마트 축사 통합관리 플랫폼 개발	원격 감시 및 제어를 통해 농장 운영의 편이성을 증가시키고 과학적 사양관리에 따른 양돈 생산성 증가와 질병 발견 시 신속한 대응에 따른 농가 재산 손실 절감을 위한 개발	'15. 4~ '16. 3	농림수산 식품교육 문화정보원
작물 생육특성 정보 획득 및 분석을 통한 처방농업 기술개발	관수 및 시비 조건에 따른 작물 생육특성정보를 분석, 데이터화하여 농작물 생산성 및 품질 증대를 위한 처방농업 기술개발	'15. 8~ '16. 3	한국과학 기술연구원
재난형 동물 질병 확산 대응체계 구축	빅데이터 기반의 동물 질병(구제역, 고병원성 조류인플루엔자) 방역 조치 의사결정 지원 시스템 구축	'16~	농림수산 식품교육 문화정보원
지능형 농산물 수출 유통환경 관리기술개발	농산물 수출물류 환경 관리를 통해 수출농산물의 신선도를 유지하고 손실을 줄일 수 있는 신선도 연장기술 및 지능형 컨테이너 기술개발	'14. 4~ '15. 3	농업기술 실용화재단

2) 농업 · 농촌 부문 ICT 활용 관련 기업 참여 현황

ICT 활용 관련 기업의 참여는 ICT 분야 기술 및 기자재 생산 활용 영역과 미래 성장산업으로서 첨단농업 육성 및 농촌 생활환경 개선 차원의 기업 참여로 구분하여 살펴볼 수 있다.

(1) ICT 분야 기술 및 기자재 생산 분야

농업 부문 ICT 융합 초기 원천 기술개발은 비농업 부문에서 이뤄졌지만, 농업 부문도 IT 기술 활용이 늘어나는 시장 변화에 대응하고, 정부의 시범사업 및 모델화사업의 추진 등으로 다양한 관련 업체들이 참여하여 농업 분야 ICT 융합 확산을 도모하고 있다. 1995년 「정보화촉진법」 제정 및 1996년 시행 이후 농업 부문에서도 ICT 융합 확대 전망이 현실화됨에 따라 우성하이텍(1999년), 이지팜(2000년), 동우(2001년), 에피넷(2002년), 그린씨에스(2005년), 삼일엔지니어링(2005년), 미푸코그린(2012년) 등 다양한 농산업 ICT 활용 민간기업들이 설립 및 확대되었다.

뒤에서 다시 다루겠지만, 농업경영체의 ICT에 대한 인식 부족과 규모의 영세성, 농업 부문 IT 업체의 영세성 등으로 기술개발 미흡과 이에 따른 농업경영체의 수용 저조, 설치 후 사후관리 미흡 등의 문제가 발생하고 있다. 또한 농업 부문 ICT 업체의 대부분은 자본금 규모 5억 원 미만, 종업원 수 10인 미만이어서 영세업체의 기술로 첨단 시설 농업을 주도하기는 힘든 상태다. 농업 부문, 특히 시설원예 부문 ICT 업체의 영세성으로 인한 산업적 취약성을 해결하고, 원활한 사후관리와 컨설팅 등을 위해 '시설원예 ICT 융복합협동조합' 설립 등의 변화가 나타나고 있다.

물론 시설원예 ICT 융복합협동조합의 경우에도 자체적인 기술개발이 곤란하고, 영세한 ICT 업체들 간의 협력을 통해 전국망 구축, 사후관리 보완 등을 추구하는 수준에 머물고 있다. 한편 미푸코그린 등은 네덜란드 ICT 기반 시설원예 시설 및 환경제어 전문업체인 프리바(PRIVA)의 시설과 환경제어 기자재를 수입하여 보급하지만, 자체 기술개발은 거의 없으며, 해외 선진 기술과 기자재를 수입하여 보급하는 데 머물러 있는 실정이다.

농업 부문의 생산체계 혁신, 농산물 소비 패턴의 변화, 기능성 식품에 대한 수요 확대 등에 따라 소규모 민간 기업뿐만 아니라 LG CNS, SKT, KT, 동부하이텍(동부그린바이오), 포스코, CJ, (주)노루기반 등 대기업의 참여 확대로 농업 부문 ICT 융합의 기술적 한계 또는 업체들의 영세성 문제 등이 극복될 가능성이 높아지고 있다. 하지만 대기업 농업 참여에 대한 농업계의 반발 등으로 여전히 농업 부문 ICT 융합 수요가 가시화되지 않고 확산사업의 부진으로 민간의 참여 확대가 크게 늘어나지 않는 실정이다. 농업 부문 ICT 융합 관련 시설의 현대화·자동화 등과 관련하여 대기업의 기술개발과 첨단 시설 모델 구축 등 참여 방안을 적극 모색할 필요가 있다. 이와 관련하여 농업계의 인식 전환과 기업의 획기적인 참여 확대 여건 조성이 중요한 현안으로 제기된다.

(2) 첨단농업(스마트 팜) 육성 및 농촌 생활환경 개선 분야

농업이라는 산업이 미래 성장산업의 하나로 이해되어가면서 대기업의 농업 참여가 확대되고 있다. 일본, 미국 등에서는 식물공장 형태로 기업의 농업생산 활동 참여가 확대되고 있으며 나아가 첨단시설원예 농업 부문에 대한 기술 및 기자재 공급을 넘어서 생산 분야에 대한 기업의 참여도 나타나고 있다. 물론 동부팜한농의 자회사인 동부팜화옹 사례에서 보듯이 우리나라 기업의 농업생산활동 참여는 아직 사회적 저항이 커서 어려운 점이 많다. 그러나 LG CNS, SKT, KT, (주)노루기반, 그린플러스 등 스마트 팜 수출기업의 적극적인 플랜트 수출 및 해외에서의 첨단농업 시설원예 참여 현상이 나타나고 있다. 이들은 첨단시설원예를 통한 농산물 수출 기반 구축만이 아니라 앞서 언급한 3세대 스마트 팜에 해당하는 한국형 모델, 글로벌 산업화 및 플랜트수출형 단계로 발전을 도모하고 있다.

또한 앞서 지적했듯이 세종시 창조마을, 청학동 창조마을 등 새로운 형태의 ICT 활용 농촌 구조개선 사례가 나타나고 있다. 청학동 마을 사례 등에 대해서는 뒤에서 다시 다룬다.

3. 농업 · 농촌 부문 ICT 활용의 한계와 문제점

1) 농업경영체 관련 한계와 문제점

ICT 활용의 주체인 농업경영체 관점에서 농업 부문 ICT 융합 확산이 원활히 추진되지 않는 이유를 살펴보면, 수요자(농업인)의 ICT 활용 관련 인식 부족과 낮은 기술 수준 문제가 우선적으로 지적된다. 다양한 형태의 ICT 활용사례가 나타나지만 여전히 일부 선도농가만이 ICT 활용에 참여하고 있다. 그리고 현 단계의 농업 부문 ICT 기술이 농가들이 쉽게 수용할 수 있는 수준의 기술로 구성되어 있는 것이 아니라 일부 선도농가만이 수용할 수 있는 첨단기술 중심으로 소개되고 있다는 문제가 있다. 이러한 문제는 ICT 기술 자체의 특성과도 관련되지만, 우리나라 농업구조 및 농업성장의 특성, 경영의 영세성과 농업경영주 및 노동력의 노령화 등과도 관련이 있다.[9]

또한 현실적으로 ICT 기술을 활용하기 위해서는 일정 규모의 시설을 갖추거나 대규모 영농 체계를 갖추는 것이 필요하지만 우리나라의 영농 구조는 여전히 영세한 형편이다. 2012년 기준 우리나라 총 온실면적은 50,598*ha*로 네덜란드 온실면적의 약 5배로 매우 많지만, 온실면적의 99%가 ICT 기술 활용이 어려운 비닐온실이고, ICT 활용이 가능한 유리온실은 총 온실면적의 0.7%에 불과한 상태로 첨단 환경제어 기술을 활용할 수 있는 여건이 취약한 상태다. 네덜란드의 경우 농업경영이 규모화된 전업농가 중심으로 농업구조가 재편되어 시설원예의 99%가 유리온실로서 첨단환경제어시스템을 갖추기 유리하고, 실제 대부분의 유리온실이 첨단 환경제어시스템을 갖추고 있다. 온실재배 농가의 호당 경영규모가 1*ha* 이상으로 한국 0.3*ha*의 3배 이상이며, 생산성의 차이도 매우 크다.

농산물 꾸러미 사업, RFID 활용 사업 등과 같이 대규모 자본이 필요하지 않은 ICT 활용도 있지만, 양돈 사양관리, 시설원예 복합환경제어, 생장환경 자동조절 등 첨단기술에 속하는 ICT 융합기술의 경우 대규모 자본이 요구되는 경향이 있다. 김홍상 외(2014)가 실시한 농업인에 대한 설문조사에 의하면, 농업 부문 ICT 도입을 어렵게 하는 주요 요인으로 '투자 및 관리 비용 부담', '투자 대비 성과의 불확실성' 등이 강조되었다. 특히 비용 부담과 관련하여 'ICT 시설 설치 시 높은 초기 투자비용'이 지목되었다.

---

9 농산물시장 개방의 확대에 대응하여 우리 농업의 국제경쟁력을 제고하기 위해 많은 재정투융자를 확대해왔으나 여전히 국제경쟁력 수준은 낮으며, 1995년 이후 농업성장은 정체 상태에 놓여 있다. 식량작물 생산과 노지채소 등의 실질 생산은 감소하고 있으나, 생산자본 투입이 많은 축산 부문과 시설채소 부문의 성장이 농업성장을 그나마 뒷받침하고 있는 실정이다. 이러한 변화는 농산물시장 개방의 확대에 대응하여 첨단시설원예의 확대 지원과 관련된다. 낮은 수준의 ICT 활용에서 점진적으로 확산된 것이 아니라 첨단시설원예에서 우선적으로 ICT 활용이 이뤄진 결과로 이해된다.

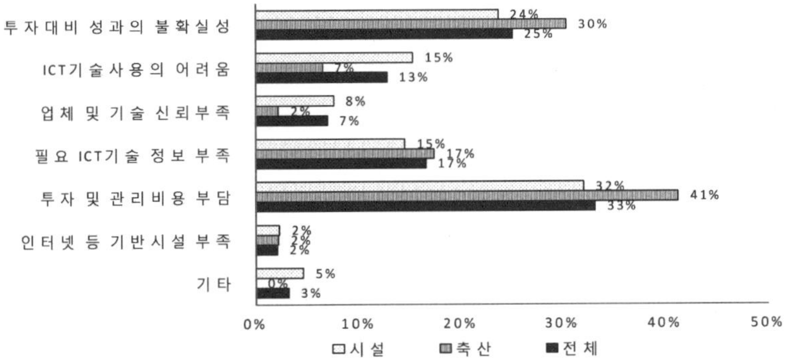

〈그림 3-3〉 영농 형태별 농업 부문 ICT 도입 장애요인
출처: 김홍상 외(2014)

2) 농업 부문 ICT 관련 기업의 한계와 문제점

2014년 농식품 ICT 확산사업 참여를 희망하는 ICT 업체 조사에 의하면, 농식품 ICT 업체의 한계와 문제점이 뚜렷하게 나타난다. 통신 분야 대기업인 LG유플러스와 KT를 제외한 농식품 ICT 확산사업에 참여한 44개 ICT 등록 업체는 평균적으로 자본금 규모 약 3억 8천만 원, 연간 매출액 약 40억 원, 고용규모 20.5명, 기업활동 연수 9년으로 타 분야 일반 기업에 비해 사업규모가 매우 영세하여 자체 기술개발 능력을 갖추기 힘든 실

〈표 3-3〉 2013년도 기준 농업 부문 ICT 업체 일반 현황

항목	기업 수	평균	표준편차	최소	최대
자본금(100만 원)	44	379.1	666.3	10	3,254
매출액(100만 원)	43	3,981.0	7,806.3	80	45,544
고용규모(명)	44	20.5	27.2	1	119
업계연수	44	9.0	6.7	0	36

주: 2014년도에 설립된 1개 업체의 경우 매출액 계산에서 제외됨.
출처: 농림수산식품교육문화정보원 농식품 ICT 융복합 정보공동활용시스템(http://it.okdab.com)
김홍상 외(2014) 재인용.

정이다.

자본금 규모 분포를 보면 5억 원 미만이 77.3%나 되고, 5억 원 이상 10개 업체를 제외하면 34개 업체의 평균이 2억 원도 되지 않는 영세한 규모다. 매출액 기준으로 보아도 30억 원 이상 12개 업체를 제외하면, 72.1%인 31개 업체가 30억 원 미만으로 농업 부문 ICT 업체의 평균 매출액 규모가 20억 원에 불과한 실정이다. 고용규모를 살펴보면 72.7%인 32개의 업체가 20인 미만이며, 50%의 농업 부문 ICT 업체의 평균 고용규모가 10인 남짓에 불과하며 고용규모가 50인 이상인 농업 부문 ICT 업체는 전체의 13.7%로 나타났다.

한편 농업인 인식조사, 농식품 IT 융합 모델화사업 참여 농업경영체에 대한 의견 조사, ICT 업체 면담 조사 등에서 'ICT 업체의 잦은 도산과 사후관리 미흡', '농산업 ICT 업체의 영세성과 사후관리 능력 부족' 문제가 중요한 과제로 제기되었다. 중견 농업 부문 ICT 업체 CEO와의 면담에서 지적된 것처럼 "일부 ICT 업체의 '정부 사업에 입찰한 후 시공하면 끝이다'라는 잘못된 인식에 대한 반성과 극복 노력이 없고, 영세한 ICT 업체들 간의 협력 및 조직화를 통해 전국적인 사후관리서비스 체계를 구축하지 않는 한 농업 부문 ICT 융합 확산이 불가능하다"라는 내용은 현실을 잘 보여준다.

마지막으로 농업 부문 ICT 융합기술 활용 시장 규모의 영세성으로 ICT 업체의 영세성 극복이 어려워지는 악순환의 문제가 발생하고 있다. 즉, 농업 부문 ICT 업체의 영세성과 시장 규모의 영세성 등으로 인해 산업적 취약성을 극복하기 힘든 상태라고 볼 수 있다. 특히 다른 제조업에 비해 농업 부문의 투입재산업(농기계, ICT 기자재 등)은 안정적인 발전이 힘든 상태로 농업만이 아니라 농업 투입재산업의 수출시장 개척을 통한 안정적 시장 수요 개발이 주요 과제로 제기된다.

3) 기술개발 및 활용 관련 한계와 문제점

농업 부문 ICT 융합 기술개발 및 활용 관련 한계와 문제점은 기술의 개발·보급·활용 측면으로 구분하여 살펴볼 수 있으며, 또한 ICT 기술 활용과 관련하여 외국산 기술 및 제품 사용과 이에 따른 정보의 해외 유출 문제를 동시에 살펴볼 필요가 있다.

첫째, 기술 개발 측면에서는 기술개발과 정책 간의 연계 부족과 개발 기술의 사업화 애로 문제가 중요하다. 농업인 및 ICT 업체에 대한 조사 등에서 기술의 현장 확산 미흡과 관련하여 'ICT 시설 설치 시 높은 초기 투자비용'과 '개발된 기술의 사업화 애로' 문제가 중요한 것으로 지적되었다.

둘째, 기술 보급 측면에서는 기술 표준화 미흡 문제, 경영체 단위에서 일괄 기술 활용 체계 미구축 문제가 지적된다. 많은 영세한 ICT 업체가 난립하여 제각각 부분·일부 기술을 개발 및 활용하고 있어서 전국적인 표준화가 곤란하고, 지역마다 동일한 분야에 대한 기술이 다른 경우도 발생하고 있다. 기술 표준화와 더불어 시설 표준화도 중요한데, 현재 온실 구조 및 규모가 농장마다 상이하여 같은 종류의 기술이라 해도 사용되는 시설 및 자재가 달라지는 문제가 발생한다.

셋째, 기술 활용 측면에서는 농업인이 수용하기 힘든 첨단기술 활용과 외국산 기술 및 제품 사용과 이에 따른 정보의 해외 유출 문제가 있다. 첨단기술일수록 부분적인 고장 발생 시 농업인의 현장 대응 능력이 저하되는 문제가 있다. 사소한 기술 이해 부족으로 전체 시설과 시스템의 활용이 곤란해지는 문제가 발생하여 정부 정책사업의 신뢰성이 낮아지는 문제가 발생한다.

넷째, 전반적인 농업 부문 ICT 융합 부문이 확산되는 과정에서 외국산 기술과 제품을 활용한 ICT 융합기술 활용이 확대되고 있는데, 외국산

기술과 제품의 활용으로 국내 농업경영이 혁신되는 측면은 긍정적이지만, 중요한 농업경영정보 등이 외국으로 유출되는 부정적인 문제도 발생한다. 정작 우리나라 주요 품목의 중장기 생산 전망과 시장 환경 정보를 외국계 기업이 알고 있는 반면 우리나라 관련 기업이나 정부 등 관련 기관은 알 수 없는 위험한 상황이 초래될 수도 있다.

4. 농업 · 농촌 부문 ICT 활용의 사례와 시사점

앞서 살펴보았듯이 농업·농촌 부문에서 다양한 형태의 ICT 활용 현상이 나타나고 있으며, 2014년 이후 정부의 적극적인 스마트 팜 확산 대책 등의 추진으로 최근에는 스마트 팜의 확산, 이른바 '창조마을' 조성 사례 확산[10] 등 농업·농촌 부문 ICT 활용이 확대되고 있다.

우리나라 농업·농촌 부문 ICT 활용 사례를 농림축산식품부(2015), 농림축산식품부(2016) 등의 내용을 기초로 다양한 유형을 소개하고자 한다. 이는 주로 2015년 농림축산식품부가 주관이 되어 시설원예, 노지, 축산, 농촌개발 등으로 분류하여 조사·정리한 농업생산에 초점을 둔 스마프 팜

10 창조마을은 농업·농촌에 ICT를 활용하여 농업 경쟁력 및 소득 수준을 높이고 교육, 의료 등 농촌 생활환경도 획기적으로 개선되는 마을을 의미하며, 대기업인 SKT가 세종시 창조마을 조성 지원, KT가 사회공헌사업과 연계하여 지리산 오지 청학동 창조마을 조성 지원 사례 등이 나타나고 있다. 그리고 일반농산어촌개발사업지구, 정보화마을 등 기존 농어촌 개발 사업을 통해 기반시설이 구축된 지역을 대상지로 추가적인 창조마을 조성사업이 추진되고, 또한 보건복지부의 원격의료 시범사업, 행정자치부의 희망마을만들기 사업 등과 연계하여 부처 간 협업을 통해 시너지 효과를 창출하는 노력도 나타나고 있다.

관련 자료이지만, ICT 활용 농업·농촌의 변화를 이해하는 데 도움이 될 것으로 판단된다. 그리고 유통 관련 ICT 활용 유형과 사례에 대해서는 김성우 외(2016)의 내용을 소개한다.

1) 농업생산 부문 사례

(1) 비닐하우스 단동형 시설원예 사례

비닐하우스 단동형 시설원예 사례로는 담양군 딸기 재배 농업회사법인 원스베리 사례(7.9*ha*, 21농가 참가), 화순군의 토마토 재배 삼천리농장 사례(0.6*ha*)를 소개한다. 두 가지 사례 모두 ICT 활용으로 재배환경 관리, 원격 관리 등으로 고품질 생산과 생산지 절감으로 소득 증대, 여유로운 생활, 위험 요소 예측 등의 효과를 얻고 있다.

딸기 재배 농업회사법인 원스베리 사례의 경우 ICT 활용으로 대부분 ICT 활용 농가들에게 적용되는 생산량 증대, 고품질 생산 등의 효과만이 아니라 ICT 활용을 통해 고품질, 균일 품질 딸기 재배, 생산·유통 전 과정 이력 추적 등이 가능해져 소비자 신뢰 향상을 가져와 국·내외 소비자를 만족시킬 수 있게 되었다. 원스베리 연구원들이 21개 스마트 팜 농가의 온도와 습도, 일조량을 실시간으로 모니터링하고 각 농가의 ICT 시스템에 접속해 원격으로 재배환경을 지원하여 농가에 최적의 딸기 생장환경을 제공함으로써 균일한 상태의 고품질 딸기 생산이 가능하여 생산량은 19% 증가했으며, 정품 생산 비율은 65%에서 80%까지 늘어난 것으로 조사되었다. 그리고 딸기 포장의 겉면에 QR코드(Quick Response Code)와 전자태그를 달아 딸기 출하부터 생산, 유통까지 전 과정의 이력을 확인할 수 있도록 해 소비자의 신뢰를 확보하여 원스베리의 딸기는 백화점이나 식자재 등 고급 마켓에 생과로 납품하여 농가의 소득향상에 기여하고 있다. 일본 농식품 박람회에서도 큰 호평을 받는가 하면, 홍콩 등 동남아 지역으로는 내수보다 5%나 높은 가격으로 수출되고 있다. 비결은 ICT 활용을 통한 '균일한 상품성'에 있는데, 정품 비율이 80%에 달하는 원스베리에서는 다른 업체와 달리 가공용으로도 고품질 정품 딸기를 냉동딸기의 원료로 사용했기 때문이다.

토마토 재배 삼천리농장 사례의 경우 경영규모는 작지만, 24시간 늘 신경 써야 하는 영농 특성으로 시간적 여유를 갖지 못하는 생활을 개선하게 되어, 예컨대 자동 제어 및 원격 제어를 통해 여유로운 생활을 하게 되어 삶의 질이 제고되고 있다. 또한 토마토 재배에 대한 전문 지식이 부족한 상태이지만, 토마토 생육 단계에 따른 적절한 온도, 습도 조절 등을 자동환경제어시스템을 통해 해결하여 영농 전문성이 제고됨으로써 상품성과 생산성이 제고되는 효과가 나타나는 것으로 조사되었다. ICT 활용으로 토마토가 가장 잘 자랄 수 있는 온도와 습도, 바람 등 최적의 환경을 제공해줌으로써 시설 도입 전과 비교해서 토마토의 크기와 무게가 증가했고, 색택이 더욱 선명해지는 효과를 얻을 수 있었다. 그 결과 특품의 비율이 15%가 증가했고, 특품 생산 비중이 높아짐에 따라 순수익도 전년 대비 29.7%나 상승하는 성과를 내게 되었다. 이를 통해 농장주는 "저는 토마토를 재배한 지 3년밖에 안 됩니다. 그러니까 아직은 초보단계죠. 토마토 재배 경험은 없지만, 수치를 입력하면 자동으로 실내 환경 조건을 맞춰주는 스마트 팜만 있으면 '실패하진 않겠다'는 확신이 들더라고요"라는 반응을 보였다. 그리고 과거에는 농장에서 하루에 적어도 7시간을 보내던 것과 달리 ICT 도입 이후 노동량이 3시간으로 줄어들어 도입 이전보다 여유로운 생활을 즐길 수 있게 되었다며, "이제 스마트 팜은 시대의 흐름과도 같은 거죠. 이거 없으면 농사짓기 몇 배는 더 힘들 겁니다. 아울러 농사를 처음 시작하는 귀농인이나 젊은 영농인에겐 꼭 필요한 시설이라고 생각합니다"라고 말했다. 또한 ICT 활용은 위험요소까지 예측하고 대비할 수 있게 해준 것으로 조사되었다. 스마트 팜으로 매년 자료가 데이터화되므로 이상 기후가 발생했을 때 '예측'하고 '대비'하는 데 탁월하고, 문제가 발생할 때는 전년 데이터를 보고 비교하면서 양액이나 온도 변화를 보고 문제를 진단할 수 있으며, 하우스 내부 환경이 설정해놓은 오차범위 밖으로 벗어나면 스마트폰으로 문자 알림이 오도록 해두어 더욱 안심된다고 한다.

〈그림 3-4〉 토마토 재배 삼천리농장 모습

(2) 비닐하우스 연동형 시설원예 사례

비닐하우스 연동형 시설원예 사례로는 무안군 화훼 재배 승달영농조합법인 사례(0.8*ha*), 화순군의 토마토 재배 한울농장 사례(1.3*ha*)를 소개한다. 두 가지 사례 모두 비닐하우스 단동형과 유사하게 ICT 활용으로 재배 환경 관리, 원격 관리 등으로 고품질 생산과 생산지 절감으로 소득 증대, 여유로운 생활, 위험 요소 예측 등의 효과를 얻고 있으며, 시설 수준이 단동형보다 더 높아 환경제어 등이 더 완벽하게 이뤄져 그 성과가 더 큰 것으로 조사되었다. 생산성 증대효과가 단동형보다 더 클 뿐만 아니라 경영

규모가 커서 작업 부담 등이 크게 줄어든 것으로 조사되었다.

위와 같은 변화는 화훼 재배 승달영농조합법인의 다음과 같은 조사 내용에서 잘 나타난다. "하우스 안에 온도와 환기를 조절하는 컨트롤박스 다섯 개가 있습니다. 하우스가 4천 평이 넘다 보니 한 바퀴 돌면서 컨트롤 박스를 확인하는 데만 1시간 반이 걸려요. 이렇게 하루에 서너 번 돈다고 생각해보세요. 하루가 후딱 지나가버립니다. 그야말로 감옥이 따로 없는 생활이었다니까요. 이젠 ICT 기술 없으면 하우스농사 못 할 것 같아요"라며, ICT 활용으로 '감옥 같은 농장'이 즐거운 일터로 변하게 되었다고 강조한다. 또한 이 농장은 전남에서 최초로 파프리카를 들여와 재배했으나 환경이 맞지 않아 실패한 경험이 있다. 그 과정을 통해 예민한 작물에겐 무엇보다 환경이 중요하다는 교훈을 깨닫게 되었으며, 온도, 습도, 이산화탄소를 자동으로 관리하며 작물의 생육에 적합한 환경조성을 만들어주는 ICT 활용 스마트 팜이야말로 좌절의 경험을 뛰어넘을 수 있는 고마운 기술이었다고 이해한다. 국내뿐 아니라 해외 수출까지 성공하는 등 고소득 농가로 성장할 수 있었던 것은 ICT 활용 덕분이라고 말한다. 작물 생장에 필요한 최적의 조건을 설정할 수 있게 되었고, 정밀관리로 꽃의 품질은 물론 생산성도 크게 높아졌으며, 지금은 처음 시작한 면적을 두 배로 넓힐 수 있게 되었고 소득은 3배나 증가했다고 조사되었다.

토마토 재배 한울농장 사례의 경우 토마토 농사를 23년이나 한 전문 농가이면서 단동형에 비해 더 높은 수준의 환경제어 기술을 적용할 수 있는 비닐하우스 연동형 시설의 장점을 살려 ICT 활용으로 생산성을 50% 이상 제고하고 주변 농가에 컨설팅까지 하는 성과를 보였다. 특히 적극적으로 과학적 영농 의지를 보이며, ICT 활용으로 가능해진 축적된 생육 정보를 체계적으로 분석 및 이용하여 전문가 컨설팅과 결합하여 획기적인 생산성 향상, 에너지 절감, 편이성 확보 효과를 보였다. 과학적 영농과 관련하여 "농사라는 건 구체적인 데이터가 있는 게 아니잖아요. 농부가 오랜 시간 동안 터득한 노하우와 감으로 짓는 거거든요. 지금껏 저도 그렇게 농사를 지어왔고 다른 분들도 마찬가지 사정이죠"라면서 단순한 노하우와 감만으로는 생산성 증대가 어려울 것으로 판단하고, 스마트 팜을 도입했다. 스마트 팜을 도입한 후 해마다 쌓여가는 데이터를 바탕으로 온실 내 조건이 토마토 생육에 어떤 영향을 미치는지를 분석하는 등 과학적 영농 체계를 구축하려고 노력했다. 또한 생육·환경 데이터 분석과 더불어 개인적인 노력만으로는 최적의 생육환경을 알지 못하는 한계를 극복하기 위해 농촌진흥청·농업기술원의 전문가로부터 온도·습도 등 스마트 팜에서 축적된 데이터를 활용한 최적생육관리 방법을 컨설팅 받았고, 이러한 노력의 성과로서 생산량 55% 향상, 관리시간 절반 단축 등의 성과를 가져왔다. 그리고 이렇게 생산된 토마토는 품질이 좋아져 신세계푸드 등과 계약재배를 통해 판로를 확보하여 가격 하락 시기에도 소득을 안정적으로 유지하고 있다. 또한 최근에는 주변의 토마토 재배 농가들과 학습동아리를 운영하여 ICT 활용 스마트 팜 재배 노하우를 공유하고 있으며, 인근 시군의 농가까지 재배기술을 지도하고 스마트 팜을 적극 권유하는 등 메신저로서의 역할도 하고 있다.

<그림 3-5> 토마토 재배 한울농장 모습

(3) 유리온실 시설원예 사례

유리온실은 비닐하우스 연동형보다 더 완벽하게 환경제어 기술 적용이 가능하여 고부가가치 농산물 생산이 가능하다. 유리온실 시설원예 사례로는 김제시 파프리카 재배 유연영농조합법인(2.3*ha*) 사례를 소개한다. 파프리카는 국내 소비도 많지만, 원래 수출 중심 고부가가치 농산물로 출발하여 생육환경 관리에 매우 엄격한 기준이 적용된다.

파프리카 재배 유연영농조합법인의 경우 ICT 활용으로 상대적으로 대규모 농장을 큰 부담 없이 경영하게 되고, 까다로운 파프리카 생육환경 관리를 효율적으로 할 수 있게 되어 생산성 향상과 수출 경쟁력 확보 성과를 가져왔다. 이 농장 관련자는 ICT 활용 저비용·고효율 영농 성과에 대해 "ICT 활용 스마트 팜을 도입 후에 자동으로 축적되는 정보를 활용하여 파프리카 생육에 최적 조건으로 온·습도, 영양분 공급 등을 유지관리하여 상품성과 생산량을 늘릴 수 있었습니다. 그 결과 엔저로 대일본 수출이 어려웠음에도 불구하고 소득이 크게 향상되었습니다", "파프리카 온실 재배는 비가 오나 눈이 오나 사철 내내 온도 16~20℃, 습도 70~80%, CO_2(이산화탄소) 농도 500이라는 환경을 정확하게 맞춰줘야 하지만, 이런 까다로운 일을 직원이 아닌 ICT 환경제어 기술이 담당하고 있습니다. 온실 온도가 16℃ 이하로 내려가려고 하면 자동으로 보일러가 가동되고, 20℃ 이상으로 높아지려고 하면 천창이 열리고 냉방기능이 작동하는 ICT 시스템은 대규모 온실농장을 자동으로 완벽하게 제어하고 있습니다. 게다가 컴퓨터로 전체 환경을 제어하기 때문에 사람이 직접 하는 것보다 오차가 적어 ICT 도입 후 에너지 사용량이 무려 46.7%가 절감되는 효과도 누릴 수 있었습니다"라고 말했다. 또한 ICT 활용으로 영농 전문성이 크게 보완되어 영농 전문성이 적은 경우라도 영농 후계 인력이 될 수 있게 된 점에 대해 "최근 동반 경영을 시작한 친척은 몇 년 전까지만 해도 농사일이라고는 해본 적도 없지만 ICT 프로그램을 익히는 데 한 달, 완전히 적용할 수 있게 되는 데 단 6개월이 걸렸습니다. 농사가 더욱 쉬워지고, 도전이 희망이 되는 것은 바로 ICT 기술이 있기 때문입니다"라고 설명했다.

〈그림 3-6〉 파프리카 재배 유연영농조합법인 모습

(4) 노지 과수 사례

농업생산 분야에서 ICT 기술 활용은 주로 시설원예 등에 적용되지만, 최근 노지 과수에도 확대 적용되고 있다. ICT 활용 노지 과수 사례로 영주군 사과 재배 소백산사과오미자농원(3*ha*) 사례를 소개한다. 소백산사과오미자농원은 ICT 활용으로 사과밭의 온도, 습도, 토양의 수분상태 등의 상황을 알게 되어 자동으로 관개 등을 실시하고, 병충해 예방 및 적기 방제로 생산성 향상과 농약 살포량 감소 효과를 가져왔다. 조사 과정에서 "컴퓨터를 통해 사과밭의 상황을 모두 알 수 있는데 온도와 습도, 토양의 수분상태 등을 알 수 있습니다. 토양수분량이 15% 이하나 20% 이상일 때 자동으로 관수 시스템이 작동함에 따라 최적의 환경조건을 지속적으로 유지할 수 있는 것이 가장 큰 장점입니다", "농장 내에 설치된 유인제를 넣은 페로몬트랩이 1시간마다 표시되는데, 이것을 기간별로 조회하면

병해충 발생 추이를 예측할 수 있어 병해충 발생 시기의 사전 예측이 가능해져 적기에 방제할 수 있게 되었습니다" 등의 말로 ICT 활용으로 밭의 상황 파악, 병충해 예찰 등을 설명하고 있다.

"사과밭에 ICT 활용 스마트 팜을 설치하고 나서 온도와 습도, 토양의 수분 등을 한눈에 확인할 수 있어 사과 재배의 최적 환경을 유지할 수 있게 되었으며, 사과 결실률이 기존의 70%에서 80~90%로 늘어나고, 병해충이 줄어들어 농약 살포량 감소라는 일석이조 효과를 얻을 수 있었습니다. 농장에 설치된 CCTV를 통해 농장의 실제 상황을 컴퓨터로 직접 확인할 수 있어 사과도난 등의 사고도 방지하고 과수원에 직접 나가봐야 하는 번거로움도 줄어 훨씬 편해졌습니다"라고 대변하듯이 ICT 활용으로 생산량 증대, 농약 살포량 감소, 생활 개선 등의 성과가 나타났다.

(5) 축산(양돈) 사례

축산 분야 ICT 활용은 주로 양돈농장에서 이뤄지며, 재배업과는 큰 차이가 있다. 축산(양돈) 분야 사례로는 규모별로 구분하여 5천 두 이상 안성시 고바우농장(9,400두, 월 1,600두 출하) 사례, 2~3천 두 천안시 풍일농장(2,200두, 월 300두 출하) 사례를 소개한다. 대부분 ICT 활용으로 사육 환경 개선, 적기 출하, 생산성 향상, 모돈 생산능력 증가, 관리시간과 비용 절감 등의 효과가 있는 것으로 나타났다.

고바우농장 사례의 경우 ICT 활용을 통한 성장단계별 과학적 사료 급이 및 영양관리로 사료량 절감, 생산성 향상, 노동력 절감 효과를 가져온 것으로 조사되었다. "일정 시간에 사료를 급여하고 특정 돼지에게만 급여할 수 있습니다. 돼지의 성장 시기별로 정확하게 필요한 양만큼만 자동으로 급이되니 낭비되는 것이 없어 사료비가 15%나 감소했습니다", "자동 급이되는 사료의 형태는 다른 농장과는 다르게 물과 사료를 배합한 액상으로 급이되는데, 액상사료는 건식사료에 비해 먼지가 없고 먹을 때 다툼이 없으므로 돼지에게도 스트레스가 없어 생장과 품질이 좋아져 연간 1두의 모돈이 이유 및 출하하는 자돈의 수(MSY)가 20두에서 24두로 높아졌습니다"라고 자동사료급이시스템 도입의 성과를 강조했다. 또한 고바우농장은 지하 1층에서 지상 4층의 건물로 이뤄져 있으며, 농장에서 사육되는 돼지의 수만 9,400두인데 농장에서 일하는 직원 수는 13명뿐이다. ICT 기술로 각 돈사마다 설치된 컨트롤타워에서 온·습도 관리만 해주면 사료는 자동으로 급이되기 때문에 노동력을 절감할 수 있었다. 인터넷이 되는 곳이면 어디든 스마트폰으로 원격 제어가 가능하기 때문에 농장주 역시 자유롭게 시간을 활용하고 있으며, 생산성 향상과 인건비 절감을 위해 ICT 같은 환경제어시스템은 양돈농가가 반드시 설치해야 하는 필수 사항이라고 강조했다.

〈그림 3-7〉 돼지 사육 고바우농장 모습

풍일농장 사례도 고바우농장과 유사하게 ICT 활용으로 사료 효율 향상, 모돈 생산능력 증가, 생산성 제고, 돈사 관리 비용 절감 등의 효과가 나타나는 것으로 조사되었다. 풍일농장주는 "18년간 전기전자회사에서 일하다가 2007년에 목축업을 하는 형의 권유로 귀농하여 양돈을 시작했습니다. 농장을 운영하던 초기에는 질병 등으로 40~50%나 폐사되는 아픔을 겪다가 2012년부터 3년 동안 1억 5천만 원을 투자하여 축사 환기시설부터 하나씩 개선시켜 지금의 스마트 축사를 갖췄고 축사 내의 온도, 습도 등 환경을 실시간 모니터링하고 최적의 상태로 관리하고 있습니다" 라고 말했다. 부족한 영농 지식을 ICT 활용으로 극복하고, 스마트폰으로 돼지를 키우는 IT로 무장한 최첨단 양돈인이 된 경우다. 스마트 팜을 도입하여 돈사 내 온도·습도, 화재 발생 여부, 사료 급이량 등을 스마트폰을 통해 원격으로 모니터링하고 적절하게 관리하고 있으며, 그 결과 돼지 농가의 생산성 지표로 사용되는 MSY(어미돼지 1두당 출하 돼지 수)가 20.4두에서 23두로 높아졌다. 이 농장에서는 수시로 돼지의 체중을 자동으로 측정하여 성장단계에 맞게 사료를 공급하고 있고, 최적의 시기에 돼지를 출하하여 사료 급이량과 경영비를 줄일 수 있게 되었다. 분만·출하·폐사·항생제 투여 실적과 축사 내부 온·습도 수치, 사료 소모량 등의 데이터를 축적·분석함으로써 가축폐사나 사료 소비량이 증가한 경우에 원인을 신속히 파악하고 해결책을 찾을 수 있게 되었다. 앞으로 선진국의 생산성 수준인 MSY를 25두까지 끌어올리는 것이 목표다.

2) 농촌 개발

앞서 농업생산 분야와 달리 농업생산과 농촌 생활환경 개선을 결합한 ICT 활용사례로서 박근혜정부에서 강조하고 있는 이른바 '창조마을' 사례를 소개한다. 창조마을 사례로 SK가 주도적으로 참여한 세종시 창조마을 사례와 KT가 사회적 기업활동 일환으로 추진한 지리산 청학동 창조마을 사례를 소개한다.

(1) 세종시 창조마을 사례

세종시 창조마을 사례의 경우 세종시 연동면(1,884세대)에 스마트 팜(100호)의 집중 보급 및 로컬푸드, 교육, 태양광 발전 등으로 농가소득 향상 및 만족도 증가 사례다. ICT 활용 첨단농업 중심의 창조마을로 시설원예 농가의 생산성 향상 및 노동력 절감, 스마트 로컬푸드에 의한 안정적 판로 확보로 세종 시내 184개 농가가 참여, 한 달 만에 11억 2천만 원 매출 달성 효과를 가져왔다. 스마트 팜 생산성 22.7% 증가, 노동력 38.8% 절감, 지능형 영상보안을 통한 도난방지·안전강화 등의 효과도 나타났다. 스마트 팜의 집중보급 및 로컬푸드시스템을 통한 안정적 판로 확보와 관련하여 지역 내 100개 농가에 스마트 팜을 설치(2014. 12)하여 인건비를 줄이고, 생산량은 늘어나 농가의 경영효율이 높아진 것으로 조사되었다. 스마트 팜 운영농가에 대해 영농기술 및 스마트 팜 운용 교육도 뒷받침하여 농가의 생산성은 23% 증가하고, 노동력은 39% 줄어들었으며, 운영비는 27% 절감하는 성과를 거두었다. 농가 조사에서 "스마트 팜을 설치하고 많은 것이 달라졌어요. 예전엔 새벽에 일어나서 하우스로 달려가기 바빴는데 요즘은 일어나면 커피부터 한잔 하지요. 스마트폰으로 하우스 창문을 열어주고 작물의 상태를 확인한 다음 여유롭게 농장으로 출근하죠. 지난달엔 동남아 여행도 다녀왔답니다"라며 성과를 설명했다. 그리고 최근 들어 세종 창조마을의 스마트 팜, 지능형 영상보안시스템 등을 견학하기 위해 외국인, 지자체 및 일반인의 발걸음이 늘어나고 있으며 특히, 스마트 팜을 갖춰서 귀농·귀촌하고자 하는 사람들의 방문이 부쩍 증가하고 있다.

(2) 청학동 창조마을 사례

청학동 창조마을의 경우 해발 800m 고지로 의료 등 복지수준이 열악한 지리산 청학동(840세대 1,750명)의 관광, 문화 등에 ICT를 융복합하여 원격 문화강좌, IT 교육 등을 제공, 주민 만족도 증가 효과를 보인 사례다. '청학동' 앱(App)과 비콘(Beacon)을 통해 주요 위치에서 자동으로 스마트폰으로 정보를 전송하여 관광 편의성이 증대되어 전년 대비 관광객 수 20% 증가, 비콘 다운로드 10배 이상 증가 효과가 나타나고, IT 활용 기가서당 조성으로 원격 문화강좌, 마을영화관, IT 교육이 가능해져 주민 만족도 증대 효과가 있었다. 마을 조사에서 "청학동으로 출발하는 길에 기사를 보고 설치한 '청학동 앱'. 청학동 근처에 도착하자 알림이 울렸습니다. 궁금한 마음에 앱을 보니 근처 식당 소개와 사진까지 첨부된 메뉴, 연락처를 알려주더군요. 마침 식사시간이었는데, 마음에 드는 식당을 골라 예약까지 해서 편하게 식사를 할 수 있었습니다", "중국에서는 한국을 찾을 때면 여행 가이드에 의존할 수밖에 없는 상황인데 마을에 들어서면서부터 앱을 통해 폭포, 조각에 대한 유래를 알 수 있고 마을 주민이 작성한 식당 소개 등을 볼 수 있어서 편리하게 여행할 수 있었습니다. 특히 폭포 근처나 풀숲에 가면 수심이 깊다거나 뱀이 나온다고 알려줘서 더 안전한 기분이 들었습니다"와 같이 ICT 활용으로 청학동의 변신을 나타내고 있다. 또한 "청학동이 산속에 있다 보니 외부 교육 기회가 많지 않아 마을에서 하는 서예강좌가 유일한 취미생활이었습니다. 가까운 도시에라도 한 번 나가려면 2시간은 걸리는데, 여기서 마산에 사는 선생님에게 공예를 배우니

〈그림 3-8〉 청학동 창조마을 모습

너무 좋습니다. 마을 사람들과 함께하니 배우는 게 더 즐겁습니다"라고 하며 첨단 IT 기술과 전통이 어우러지는 새로운 모습을 보여주고 있다. 이를 통해 한적한 산골마을이 활기 넘치는 기가창조마을로 재탄생하게 되었다. 청학동 주민은 기가서당에서 원격 화상회의 솔루션을 통해 다른 지역에서 진행되는 다양한 교양강좌도 들을 수 있고, 마을 영화관에서 초고화질(UHD)로 다양한 콘텐츠도 시청할 수 있다. 또한 노인들의 건강을 위해 10여 가지 질병을 간편하게 검사할 수 있는 모바일 건강검진 솔루션 '요닥(Yodoc)' 서비스도 제공하고 있다.

3) 유통개선

김성우 외(2016)에 의하면, 농산물 유통구조 개선 대책 중 직거래 등 대안유통 확대는 로컬푸드 직매장, 직거래 장터, 꾸러미 사업, 사이버 직거래 확대로 이어지고 있다. 농산물 유통단계에서 ICT를 이용한 온라인 거래는 인터넷 기반의 온라인 쇼핑몰에 의한 B2C(사업자와 소비자 간의 거래)가 주도하고 있으나, 최근에는 B2B(사업자와 사업자 간의 거래) 산지 APC-소상공인 직거래가 증가하고 있다. 온라인 직거래(사이버거래)는 일반 공산품의 온라인거래 실적이 급증하는 데 비해 상대적으로 부진한 편이나, 최근에는 꾸준히 증가하고 있다.

(1) ICT를 활용한 온라인 직거래 유통 개선[11]

한국농수산식품유통공사(aT)의 직거래 현황 조사에 따르면, 전체 온라

11 김성우 외(2016)의 내용을 정리한 것이다.

인 직거래 중 B2C가 94.1%, B2B는 3.8%, 기타 2.1%로 나타났다.

B2C의 대표적인 예로 헬로네이처(www.hellonature.net), 푸르니푸드(www.pulunifood.com), 농산물직거래장터(www.guidecrops.com) 등 다수의 전문 쇼핑몰과 대형마트/SSM이 운영하는 쇼핑몰 등이 있다. B2B는 2009년에 오픈한 aT 사이버거래소로, 단체급식 식재료 전자조달 공급확대 등으로 최근 급격하게 증가하여 2014년에는 2조 원의 거래실적을 보이고 있다.

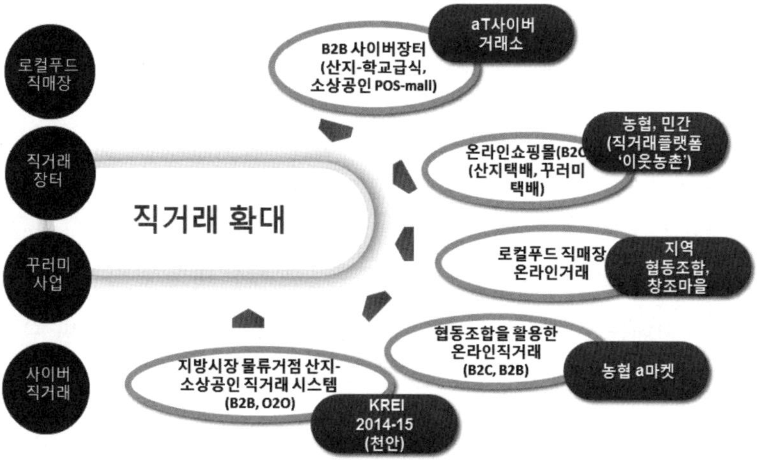

〈그림 3-9〉 ICT를 활용한 직거래 확대

물류 측면에서만 보면, 한국농수산식품유통공사(aT)의 사이버거래소보다 효율적인 시스템을 구축한 것이 2014년 1월에 개장한 농협a마켓이다. 농협a마켓은 기본적으로 기존에 농협이 보유하고 있는 전국적 오프라인 물류기반(하나로마트, 하나로클럽 등)을 토대로 온·오프라인을 통합하는 새로운 유통경로를 구축하고자 하며, 택배배송과 권역배송의 두 가지 물류방식을 혼용하고 있다. 소비자가 온라인으로 주문하면 산지농협(RPC, APC, 가공공장), 안성농식품물류센터 등 현지에서 택배로 배송하거나 소비자 주문에 의거하여 가장 가까운 하나로클럽이나 마트에서 권역별 배송도 이뤄진다.

(2) ICT를 활용한 도매시장 운영 효율화[12]

과거에는 대형마트, 백화점, 소상공인(전통시장, 슈퍼마켓, 외식업체) 등이 도매시장에 출하된 농산물을 오프라인으로 주문하고 배송하는 경우가 많았으나, 최근에는 산지와 온라인상으로 간편하게 주문하여 상품을 확인한 뒤 직배송하거나, 공동구매나 공동물류 추세로 변화하고 있다. 이에 따라 지방도매시장을 물류거점으로 산지 APC-소상공인 간의 직거래 시스템을 구축했으며, 천안농수산물도매시장에서 시범 사업 중에 있다. ICT를 활용한 도매시장 운영 효율화(정가수의거래 확대와 지방도매시장 활성화)는 aT에서의 예약출하시스템 구축을 통한 정가수의거래 지원이 있으며, 서울 가락시장의 온라인도매시스템 등이 있다.

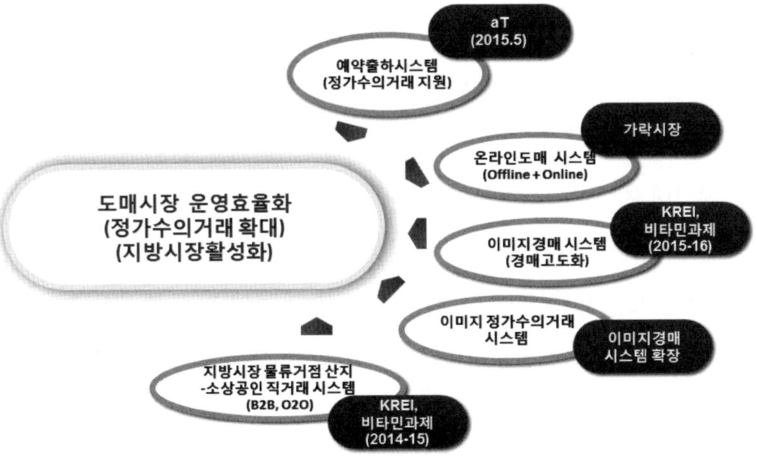

〈그림 3-10〉 ICT를 활용한 도매시장 운영 효율화

12 김성우 외(2016)의 내용을 정리한 것이다.

ICT를 활용한 도매유통은 현재의 오프라인 경매를 단순히 온라인으로 경매하는 것과 경매방식을 첨단화하여 네덜란드 화훼경매(Flora Holland) 같은 이미지경매방식, 원격동시경매(Synchronized Auction), 온라인 정가수의 거래 등 다양한 온라인 경매방식으로 구분할 수 있다. 현재 도매시장 효율화를 위해 이미지경매시스템을 개발 중에 있는데, 이미지경매시스템이란 기존의 도매시장 경매방식에 ICT 기술을 접목하여 출하자 정보, 상품정보, 화상정보를 제공하여 중도매인이 편리하게 경매에 참여할 수 있게 하는 시스템이다.

한편 농산물 유통은 산지에서 최종 소비지까지 다단계 유통구조를 가지고 있어 유통비용이 높고 소량 다품목 구매로 공동구매시스템이 아니고는 산지와 직거래로 농산물을 공급받기 어렵다. 또한 산지와 소비지 간 선별-구색 맞춤 차이(sorting-assorting devide)를 해소할 수 있는 소비지 중계물류연계시스템 개발이 필요하다. 이를 위해 중계물류연계시스템으로 지방도매시장을 물류기반으로 한 산지와 소비지 소상공인 간의 직거래시스템을 개발하여 효율적인 유통경로 확산, 로컬푸드 확대, 지역경제 활성화, 유통비용 절감, 기존 물류시스템과 연계 등을 통해 물류비용을 최소화할 수 있다.

예컨대 지방도매시장 물류기반의 산지-소상공인 농산물 온라인시스템 구축 목적을 원활하게 추진하기 위해 산지출하조직 및 소비지 소상공인의 유통비용 절감 효과와 기존 도매시장 유통인 및 도매시장 활성화에 미치는 효과도 고려해야 한다. 이를 위해서는 지방도매시장의 관리주체 및 유통인의 적극적인 참여가 필요하며, 효율적 유통경로를 창출하는 모델을 도출해야 한다. 지방도매시장을 물류기반으로 한 온라인 사이버장터 모델은 기존 도매시장 유통경로와 ICT 기반 직거래시스템을 유기적으로 결합하여 3개의 장터를 구성했다. 아래 그림은 산지-소비지 간 '온라인 직거래 장터', '온라인 로컬푸드 장터', 도매시장 유통인의 '온라인 도매장터'다.

온라인 직거래 장터는 산지 APC에서 소상공인에게 직거래로 판매하기 위한 농산물을 온라인 사이트에 올리면 소상공인이 구매할 수 있고, 소상공인이 구매를 원하는 품목을 조건에 따라 올리면 조건에 맞는 산지 APC가 판매할 수 있게 된다. 온라인 로컬푸드 장터는 해당 지역의 로컬푸드를 원하는 소상공인이 사이트에 조건을 올리면, 조건에 맞는 로컬푸드 담당자가 판매할 수 있고, 로컬푸드 담당자가 판매를 원하는 상품을 사이트에 올리면 소상공인은 구매할 수 있다. 온라인 로컬푸드 장터는 온라인 직거래 장터와 비슷한 시스템이다. 온라인 도매장터는 도매시장 유통주체인 중도매인이 오프라인으로 경매를 통해 낙찰받은 농산물을 온라인으로 판매할 수 있게 하는 시스템이다. 중도매인이 온라인 사이트에 상품을 올리면 소상공인이 조건에 맞는 농산물을 구입하게 되며, 소상공인도 필요한 농산물을 사이트에 올리면 중도매인이 판매할 수 있다.

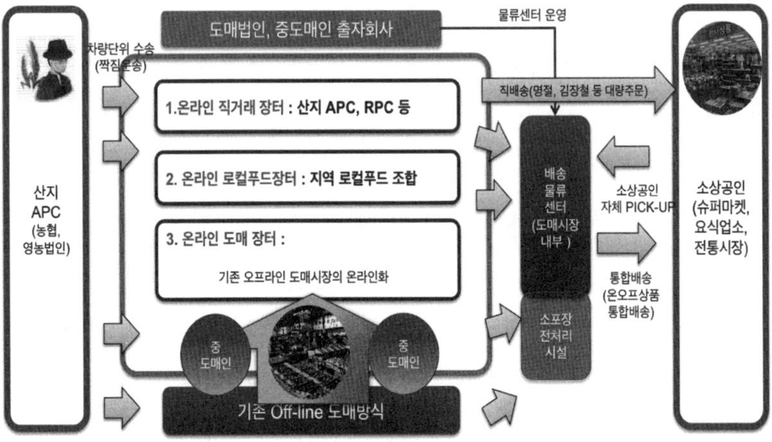

〈그림 3-11〉 사업모델(Business Model)

구매한 상품은 도매시장 내부에 마련된 물류센터를 통해 직접 가져가거나 온·오프라인 상품 통합배송이 가능하다. 소상공인의 경우 도매시장 이용 비율이 높고 그중에서도 도매시장에 직접 방문하여 구매하는 비중이 더 많다. 온라인 직거래 장터에서 구매한 상품을 해당 도매시장으로 출하하는 물류에 '짝짐형태'로 실어 보낸다. 소상공인이 온라인 직거래로 구매한 상품과 도매장터에서 구매한 상품을 도매시장 물류센터에서 픽업할 수 있게 된다. 로컬푸드의 경우, 온라인으로 거래가 이뤄지면 1일 1회 로컬푸드 직판장에서 트럭으로 해당 지역의 소상공인에게 배달한다.

(3) 시사점

농업·농촌 부문 ICT 활용사례에서 보았듯이 농업생산 부문만이 아니라 농촌 지역개발 및 유통개선 등 다양한 영역에서 매우 구체적인 ICT 활용 형태와 다양한 모습의 성과가 나타나고 있다. ICT 활용을 통해 다양한 농업·농촌 관련 현안을 해결할 수 있으며, 농업·농촌의 자연자원과 향토자원 등의 활용도를 높이고 농업·농촌 발전의 새로운 미래 모습을 보여줄 수 있게 되었다.

앞서 머리말에서 지적했듯이 우리나라 농업의 정체 및 지속성에 대한 위기감 증대, 농업경영비 증가와 농가소득 구조의 악화, 농촌 노동력 감소와 고령화, 기상이변에 따른 생산의 불안정, 복잡한 유통구조로 인한 유통비용 증가 등 다양한 농업·농촌 관련 주요 현안이 제기되고(박준기 외 2013), 급변하는 소비자 기호 변화, 미래성장산업화, 이른바 ICT 기반 '행복한 농촌사회' 건설 등의 과제를 안고 있으며, 이와 관련하여 더욱 적극적인 농업·농촌 부문 ICT 활용에 대한 체계적인 연구가 요구된다. 즉 ICT 활용을 통해 농업의 성장 정체, 농업인력의 부족과 경영주의 노령화, 농작업의 어려움, 낮은 농업생산성과 경쟁력, 비효율적인 유통구조 등을 극복하고, 새로운 농업·농촌 패러다임 전환 등을 모색해야 한다.

앞서 살펴본 ICT 활용사례에서 잘 나타나듯이 농업생산 부문에서의 ICT의 활용, 특히 스마트 팜 확산과 관련하여 생산성 향상,[13] 고품질화 및 브랜드 가치 증진, 수출시장 맞춤형 생산 및 안정적 판로 확보, 농작업의 편리화로 인한 '감옥 같은 농장'에서의 탈출 및 즐거운 일터 조성,[14] 에너지 이용 효율성 제고, 새로운 영농후계 인력군의 확장에 따른 후계인력 확보 등의 성과가 중요하다.

ICT 도입에 따른 생산성 향상, 영농편리성 증대, 품질 향상 등에 대한 농가의 의견도 김홍상 외(2014)의 조사에서 다음과 같이 나타난다.

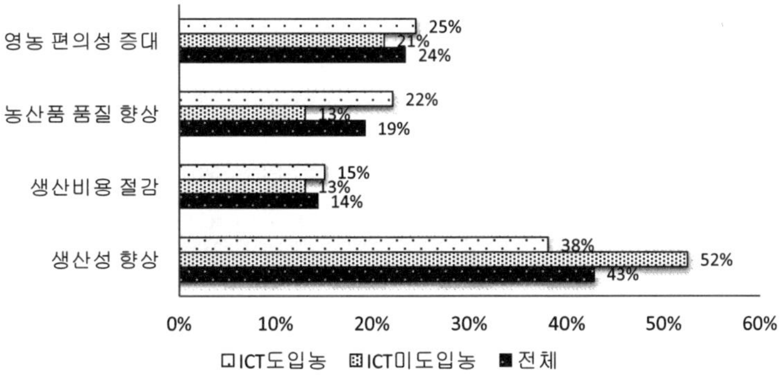

〈그림 3-12〉 ICT 도입 목적(1순위)-도입 유무별
출처: 김홍상 외(2014)

---

13 서울대학교 산학협력단(2015)에 의하면, 경제적 효과 관련 생산량 증가(25.2%) 및 품질 향상(상품출하 물량 비율 증가 11.7%), 고용 노동 인건비 절감(8.6%, 시설면적당 고용노동비 절감은 9.5%), 농가총수입 증대(조수입에서 경영비를 뺀 조수익 증가 31.6%) 등 효과가 나타나는 것으로 조사·분석되었다.

14 최근 언론 보도 등에서 스마트 팜으로 인해 '농장 감옥'으로부터의 탈출을 강조하고 있다. 농사일이 힘들고 소득이 불안정하여 영농 참여 기피 현상이 만연하고, 농촌 총각이 장가가기도 힘든 상태인데, ICT 활용으로 농업이 새로운 매력 산업으로 인식되

그리고 ICT 활용을 통해 거시적·정책적 차원의 성과도 고려할 수 있다. 농산물시장 개방 확대에 따라 농업 부문 성장 정체 등의 문제가 심각한 상황에서 축산, 시설채소 부문의 생산량 증가 현상을 고려할 경우, 미래의 농업성장 부문의 핵심으로 자본집약적 시설원예 투자 확대가 거시적 경제운용과 정책적 차원에서 중요하다. 스마트 팜 보급 확대는 이러한 농업구조 변화를 반영한 미래 대비형 투자로 이해되어야 하며, 기후변화에 대응한 안정적인 먹을거리 생산·공급체계로서의 의의도 지니고 있다.

한편 농업 부문의 ICT 활용, 스마트 팜의 확산에 따른 농업경영 혁신, 새로운 농업경영인력 육성 등의 성과도 고려할 수 있다. 다수의 스마트 팜 보급 확대로 인해 새로운 형태의 후계 경영 인력육성과 일자리 창출 효과가 나타나는 것으로 이해된다. 즉, 스마트 팜 육성 정책을 단순한 생산성 제고 차원을 넘어서는 농업경영 혁신과 새로운 농업 패러다임 도모로 이해할 수 있다. 만약 약 100여 개의 스마트 팜 시설원예 또는 축산(양돈) 농장이 생길 경우 원예 부문의 양액관리, 작물 생육관리 등과 축산(양돈) 부문의 사료 급이, 질병관리 등 관련 전문가가 새로운 직업군으로 등장할 수 있다. 양액관리, 작물 생육관리, 사료전문가, 질병관리 전문가 같은 새로운 일자리가 창출될 뿐만 아니라 전 사회적으로 질병관리나 사료효율성이 제고될 수 있다. 즉, 스마트 팜 확산을 통해 농업경영에 있어 개인 농가의 능력만이 아니라 집단지성(지식)의 활용이 가능해짐에 따라 중장기적으로 전반적인 생산성 제고와 혁신 체계 구축이 가능해질 것이다. 100여 개 파프리카 시설 재배 농가 또는 양돈농장이 가칭 '파프리카 스마트 팜 연구회', 'ICT양돈연구회' 등을 구성하고, 다양한 전문가들과 결합

는 기회가 생긴다는 측면을 적극 고려할 필요가 있다. 이는 다산 정약용의 인식에서 '돈 버는 농업(후농)', '대접받는 농업(상농)'보다 우선 강조되는 것이 '편리하고 편한 농업(편농)'이라는 점을 실천하는 것으로 이해된다.

하여 새로운 경영모델을 구축하며, 경쟁력 제고만이 아니라 새로운 일자리를 창출하며 미래형 농업 모델 창출의 의의를 지니는 것이라 할 수 있다. 나아가 농과대학 졸업생만이 아니라 공과대학(IT 전문) 졸업생도 농업 경영 후계 인력군으로 편입될 수 있어 농업후계인력 부족 문제 해결 능력이 증대되는 것으로 볼 수 있다.

5. ICT를 활용한 농업 · 농촌 혁신과 발전 방향

1) 농업 · 농촌 및 자원에 대한 인식의 전환

앞서 농업 · 농촌 부문 ICT 활용의 사례와 시사점 검토에서 지적했듯이 농업 · 농촌 부문 ICT 활용은 농업이라는 산업과 농촌 공간 및 농업 · 농촌의 자연자원과 향토자원 등에 대한 인식의 전환을 요구한다. ICT 활용을 통해 첨단 환경제어만이 아니라 오지 농촌의 영세 노령 농가가 생산한 소량 농산물의 정보도 도시 소비자와 공유되어 중요한 시장 상품으로 전환되고, 지리산 청학동 오지 마을의 천자문 교육 등 교육 프로그램이 온라인을 통해 도시 거주자에게도 공유되는 등 완전히 다른 자원 활용 시스템을 구축하게 된다. 이러한 변화는 농업 · 농촌 및 농업 · 농촌의 자연자원과 향토자원에 대한 인식의 전환, 더 나아가 농업 · 농촌 문제 해결의 패러다임 전환도 요구한다.

특히 농촌은 도시와 달리 자원 집적의 이익을 누리기 힘들어 도시에 비해 상대적으로 낙후된 공간으로 이해되었지만, ICT 활용을 통해 분산된 자연자원과 향토자원이 더욱 효율적으로 활용될 수 있고, 도시의 다양한 교육 서비스 등을 온라인을 통해 받을 수 있게 된다. 물론 도시 소비자에게 전달되기 위한 추가적인 물류비용과 방문비용이 발생하는 등 농촌 공간의 한계는 있지만, 과거와는 완전히 다른 양상을 띠게 된다.

이러한 인식의 전환은 뒤에서 살펴볼 농업경영 및 시스템 혁신, 농업산업과 ICT 업체 간의 산업생태계 조성 및 선순환 구조 구축, 새로운 영농후계인력군의 확장, 자연환경 관리 능력의 제고 등의 변화를 가져오게 된다.

2) 농업경영 및 시스템 혁신

ICT 융합 또는 ICT 활용이라는 기술진보에 따른 효과 및 성과와 관련하여 생산성 향상, 브랜드 가치 증진, 영농편리성 제고 등의 성과만이 아니라 산업의 혁신, 경영의 혁신, 기술개발 및 ICT 융합 관련 거버넌스의 혁신을 동시에 고려할 필요가 있다.

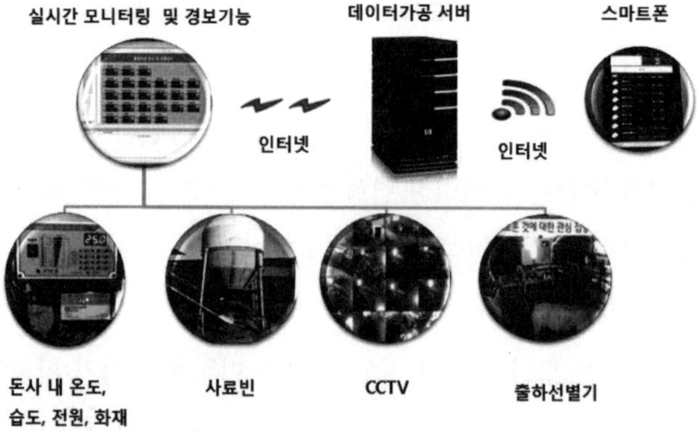

〈그림 3-13〉 풍일농장 사례-풍일농장 시스템 구성도
출처: 정창용(2014: 294)

앞서 농업생산 부문(축산) 사례로 제시된 풍일농장의 경우 18년간 IT 관련 업계에 종사하다가 아버지의 양돈농장을 인수 경영한 사례로서 ICT 융합 기술을 활용하여 영농의 편의성 제고만이 아니라 경영혁신, 농업생산 시스템의 전환을 도모한 사례로 이해될 수 있다.

풍일농장은 농작업 관리를 위해 ICT 활용 데이터 분석 및 활용 틀을 이용하여 사양관리, 질병, 사료 급이 등 분야별 전문가의 도움을 받아 전문 경영체계를 구축하고 있다. 이 농장에서는 〈그림 3-13〉처럼 CCTV 등 ICT 관련 기자재를 통해 돈사 내 온도, 습도, 사료공급, 증체량 등이 실시간으로 모니터링되고 문제점이 보고되며, 데이터 가공 서버에 전달되어 경영자의 스마트폰뿐만 아니라 다양한 전문가들에게 전달되어 매우 체계적이고 편리한 돈사 관리가 가능하다. 특히 〈그림 3-14〉처럼 실시간 수집되는 데이터를 활용하여 양돈농장뿐만 아니라 양돈조합, 사료회사, 컨설팅전문회사, 제약회사 등 전문가 집단의 실시간 지원을 받을 수 있게 되는 시스템을 구축하고 종합적 컨설팅을 받을 수 있게 된다. 구체적으로

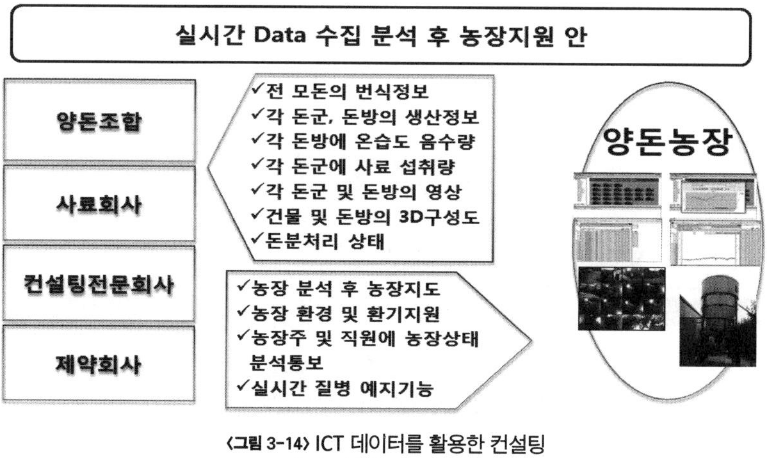

〈그림 3-14〉 ICT 데이터를 활용한 컨설팅
출처: 정창용(2014: 300)

〈그림 3-15〉처럼 수많은 농장 관련 정보가 사료, 사양관리, 질병관리 등 다양한 분야의 전문가에게 동시에 전달되어 농장 방문 없이 데이터 기반 개선사항을 농업경영인에게 알려줄 수 있다.

이러한 풍일농장의 사례에서 보듯이 다양한 전문가가 직접 농장을 방문하지 않아 질병 확산 방지에도 도움이 되지만, 수많은 전문가의 도움을 받아 더욱 과학적이고 효율적인 농장 경영을 할 수 있는 사회적 기반이 구축될 수 있다. 이제까지 양돈농장 경영인은 돼지 사육과 관련된 모든 지식을 종합적으로 알아야 했지만, ICT 융합기술 도입을 통해 전문가의 도움으로 더 많은 전문 지식이 결합될 수 있게 되었다. 즉, 개별 농장주의 지식에 한정되지 않고 많은 전문가의 지식이 활용되는 집단지성에 기반을 둔 경영으로 경영의 전문화를 도모할 수 있다. 이러한 변화는 농과대학 출신만이 아니라 공과대학 출신도 농업경영 인력으로 포함될 수 있는 새로운 변화를 유발할 뿐만 아니라 농업 부문이 질병관리, 사료 급이 관리 등 다양한 전문가의 안정적 일자리를 창출할 수 있게 된다. 나아가 ICT 업체, 사료회사, 제약회사 등은 관련 데이터의 축적으로 더 나은 프로그램의 개발 등을 통해 글로벌 경쟁력을 제고하여 수출시장을 개척할

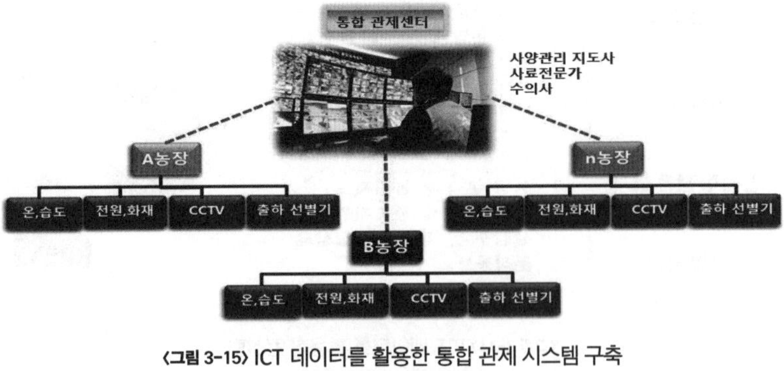

〈그림 3-15〉 ICT 데이터를 활용한 통합 관제 시스템 구축
출처: 정창용(2014: 301)

수도 있게 되고, 국내 농업경영인도 안정적 서비스를 제공받는 선순환 구조가 생길 수 있게 된다. 또한 농업경영인은 농업경영의 혁신으로 노동력 절감, 생산비 절감에 의한 농가소득 증대와 더불어 다양한 형태의 생산성 제고[예컨대 어미돼지 한 마리당 새끼돼지 출하 수(MSY) 증가] 효과를 유도할 수 있다.[15]

이처럼 ICT 활용에 기반을 둔 농업경영 혁신, 농업경영 후계 인력군 확대, 새로운 일자리 창출 등의 성과를 창출하고 산업의 혁신, 경영의 혁신, 기술개발 및 ICT 융합 관련 거버넌스의 혁신을 이룰 수 있다.

3) 유통 혁신과 자원 활용 시스템 개선

농산물 유통 관련 ICT 융합의 경우 앞서 사례 소개에서 보았듯이 ICT를 활용한 직거래 확대, ICT를 활용한 도매시장 운영 효율화 등 기존의 유통 채널 속에 ICT의 결합을 통한 유통의 효율화 차원을 넘어서서 새로운 사업 모델 등장 가능성 등 새로운 생산과 유통의 결합 형태를 창출하고, 신규 일자리 창출, 지역사회 발전, 농가소득 안정 효과를 도모하는 농업 시스템 및 자원 활용 시스템 혁신의 관점에서 이해할 필요가 있다.

기존의 유통은 대면 접촉을 통해서만 거래할 수 있었기 때문에 다수의 소비자와 직거래가 불가능했으며, 이로 인해 중간 유통인이 필요할 수밖에 없었다. 또한 소비자는 정보의 한계로 인해 원하는 농식품을 시장에

15 풍일농장의 경우 2009년 MSY 18두에서 2011년 ICT 도입 이후 2012년 20두, 2013년 21두, 2015년 23두로 생산성이 향상되었고, 곧 선진국 수준인 25두로 향상될 것으로 조사되었다.

가야만 구매할 수 있었다. 그러나 정보통신의 발달로 생산자나 소비자가 원하는 거래 상대자를 온라인을 통해 찾을 수 있으며, 직접 거래할 수 있다. ICT 및 교통의 발달, 소득 증대, 선호의 다양성, 안전 농산물에 대한 수요 증가 등으로 인해 온라인을 통한 직거래 등은 앞으로도 증가할 것이다. '언니네텃밭' 등의 꾸러미 농산물 유통은 이러한 예 중 하나이며, 농산물 유통뿐만 아니라 지역공동체 살리기, 도농교류 등이 결합되어 다양한 일자리를 창출하고 있는 형태다. 실제 산간오지 농촌 지역 영세 고령 노동력이 생산한 소규모 생산 농산물은 일반적인 시장 거래가 힘들었는데, 온라인 꾸러미 농산물 유통에 결합되어 주요 거래 농산물로 전환될 수 있어 산간오지의 친환경 농산물 생산이 활성화되고 고령 영세 농업인이 중요한 농산물 생산자로서 지위를 확보하게 된다. 즉 ICT 활용을 통해 농업 생산 및 농산물 유통의 혁신, 나아가 농업·농촌 자원 활용 시스템의 혁신이 가능해진다.

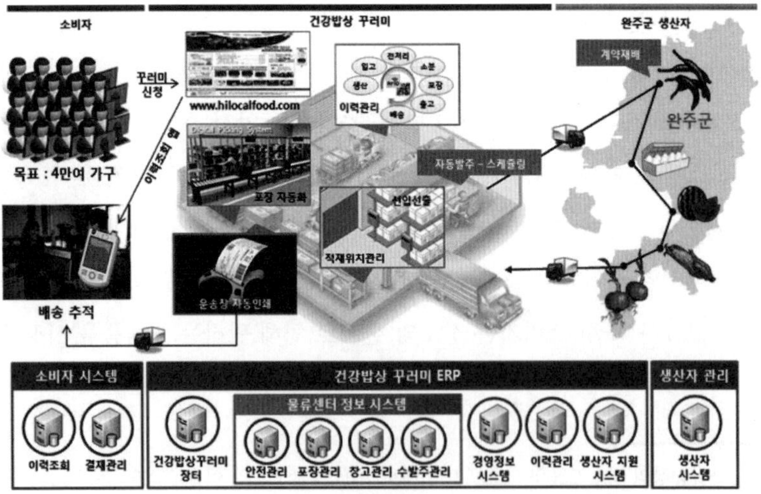

<그림 3-16> 공동체 지원 공급망 관리(SCM) 구성도
출처: 정윤용(2013: 23)

〈그림 3-16〉처럼 ICT를 활용하여 소비자에게는 '꾸러미', '직매장' 운영 정보 및 가입을 지원하고, 생산자에게는 생산량·출하량·정산 정보를 지원하며, 운영주체에게는 물류관리, 자원관리 등을 지원할 공동체 지원 공급망관리(SCM)를 구축하는 등(박준기 외, 2013) 유통의 변화와 노령 노동력의 활용, 농가소득 안정, 지역사회 발전 등을 도모하는 관점이 필요하다.

정윤용(2013)은 ICT를 "농축산물 생산·유통·소비의 전 과정에 창조적으로 결합하여 농산업의 도전과 애로사항을 극복하기 위한 제품의 혁신과 공정의 혁신 및 사람의 혁신 활동을 통해 새로운 상품, 서비스, 시스템을 만들어내는 능력과 과정"으로 이해한다. 이미 스마트 사회로의 진전에 따라 우리 농산업에도 ICT가 전 과정에 결합하면서 창조와 혁신이 공진화되어 내재된 여러 문제를 해결하고 새로운 가치를 창출하는 기반이자 핵심인자로 부각된 것으로 이해하고, 제품의 혁신, 공정의 혁신, 사람의 혁신 등을 제시한다(정윤용, 2013: 8).

4) 산업생태계 조성 및 선순환구조 구축

농업·농촌 부문 ICT 활용은 결국 농산업 및 농촌 부문과 ICT 기자재 생산업 간의 산업 융합으로 이해될 수 있으며, ICT 기자재 관련 업체 및 산업의 발전이 농산업의 안정적 발전의 기반이라는 인식이 창조농업의 핵심 축으로 이해될 필요가 있다. 즉, "ICT 기술개발 ⇒ ICT 업체의 사업화 ⇒ 농업에 적용(설비 판매, 기술접목 등) ⇒ 농산물 품질 및 생산성 향상, 경영비 절감, 신제품 개발 ⇒ 농업부가가치 증대, 농가소득 증대 ⇒ 농업의 질적·양적 성장 ⇒ ICT 기술 및 시설 수요 증가 ⇒ ICT 업체 및 산업 동시 발전(ICT 산업 일자리 창출과 부가가치 창출)"의 선순환구조를 'ICT 기반 창조농업'의 모습으로 이해할 필요가 있다. 농업이라는 산업은 점점 위축되고 비교우위가 없는 부문으로 이해되는 것이 아니라 농업이라는 모태산업을 기반으로 투입재 산업, 가공·유통산업 등 관련 산업의 발전을 가능하게 하는 기초산업이라는 인식이 필요하다.

ICT에 기반을 둔 새로운 농정 틀이 안착되기 위해서는 ICT 관련 산업 및 업체가 안정적으로 발전해야 한다. 영세한 국내 농업시장 규모만으로는 시장 창출의 한계로 곤란하기 때문에 수출시장 개척이 중요한 과제로 등장하게 된다. 또한 기술 및 연구개발 투자의 지속적인 확대와 효율적 추진으로 한국형 스마트 팜 기술을 정착시키고, 이를 기반으로 스마트 팜 해외 수출 확대를 도모하여 새로운 성장동력과 일자리 창출을 유도할 필요가 있다.

5) 영농 편의성 제고와 새로운 인력 유입 여건 조성

앞에서 언급한 바와 같이 ICT 활용에 따라 새로운 형태의 농업경영 시스템이 구축됨으로써, 즉 개별 경영자의 농업 관련 전문지식 부족 문제를 다양한 전문가 집단의 집단지성을 통해 보완할 수 있게 됨으로써 농업 후계인력으로 농과대학 출신만이 아니라 공과대학 등 비농업 분야 출신들도 포함될 수 있는 기회가 발생한다. 이러한 변화는 현재 미래 농업 발전전략 수립과 관련하여 가장 중요한 과제인 후계 경영인력 부족과 농업경영의 고령화 문제를 해결할 수 있는 대안으로 등장하게 되며, 결국 새로운 농업 발전전략 수립과 관련된다.

일자리 창출, 고부가가치화, 생산비 절감, 생산성 향상 등 산업적 이해뿐만 아니라 농업인의 영농 편의성 제고 등을 통해 농작업 환경을 개선하고 나아가 농사일을 선호하는 직업 및 직장으로 이해하도록 하는 계기를 마련하는 관점, 우수한 신규 인력을 적극 유입하도록 하는 관점에서 접근할 필요가 있다. 즉, ICT 융합을 통한 노동력 절감 등의 차원을 넘어서서 농작업의 구속으로부터 자유 및 농업인의 삶의 질 제고 차원에서 이해하여 농업을 미래의 선망 직업으로 육성할 수 있는 인식의 전환이 요구된다.

한국의 농업은 1995년 이후 성장 정체 현상에 빠져 있는데, 이는 노동투입의 한계 등과도 관련된다. 농업 후계 경영인력의 부족과 노동피크 시 인력 확보 곤란 등이 중요한 과제로 등장한다. 이러한 문제는 농업 노동 여건의 열악함 등과도 관련되어 젊은 인력의 농업 참여가 부진한 결과다. ICT를 활용한 새로운 농업 형태는 영농작업의 편리성을 보장해주어 이른바 '감옥 같은 농장'을 즐거운 일터로 전환할 수 있으며, 농업인이 작업장을 벗어나 활동할 수 있게 해준다.[16] 앞서 농림축산식품부(2015), 농림축산식품부(2016) 등에 근거한 다양한 ICT 활용사례에서도 소개된 것처럼 영농 편리성 증대, 농장을 벗어나 자유시간을 가질 수 있게 된 점을 중요한 성과로 이해하고 있다.

6) 환경제어를 통한 자연환경 관리 능력 제고

고투입 농업에 의존하던 네덜란드의 농업은 ICT 융합기술을 활용한 환경제어를 통해 우수농산물(GAP) 기준에 맞는 농산물을 생산하고, 유럽

---

16 최근 연중 16~20℃ 수준을 유지하는 일부 시설원예작업장에 대한 여성 노동 취업 수요가 높은 것으로 조사되었다. 영농의 편리성 증대가 농업의 새로운 발전전략 수립에 중요한 의미를 지니게 된다.

시장을 대상으로 하는 수출 농업 기반을 조성했다. GAP 농산물 거래 및 수출 조건을 고려할 경우 우리나라도 환경제어 관리, 물 관리, 토양 관리 등 자연환경 관리 능력 제고가 중요하다. 데이터에 기반을 둔 정확한 생산요소 투입 및 제어, 자원을 고려한 정확한 수확을 통해 지속 가능한 농업을 실현하는 노력이 필요하다. 기후 및 기상, 토양, 질병, 품종 등에 관한 광범위한 데이터에 기반을 두어 정확한 생산요소를 투입하고 제어하는 시스템을 구축하거나 수확량을 조절함으로써 지속 가능한 농업을 실현할 필요가 있다.

네덜란드, 뉴질랜드 등 최근 농업의 지속성이 강조되는 선진국의 경우 물 공급 절약, 물 손실 감소, 에너지 절약, 질산염 침출 감소를 위한 정밀 관개 등을 위해 민간기업, 농업경영체와 협력하여 정부가 투자를 확대하고 있다. 더불어 농업의 지속성 확보에 있어 환경제어 등을 통해 지구환경 보호에도 기여할 수 있다.

6. ICT 활용도 제고를 위한 과제

1) 농업 · 농촌 부문 ICT 활용의 전략 수립

(1) 종합적 · 체계적 ICT 활용 확산 전략 수립

농업·농촌 부문 ICT 활용 관련 기술개발 및 실용화 기반 확충은 궁극적으로 기술개발, 응용, 검증, 실용화, 사업화, 농가 활용도 제고, 농업생산성 제고 등 전반적인 산업생태계의 형성을 의미하므로 종합적이고 체계적인 전략 수립이 요구된다.

우선 국내 농업 부문 ICT 업체의 산업적 취약성을 극복하는 환경 조성 등의 차원을 포함한 종합적 접근이 필요하다. 단순히 '농식품 ICT 융복합 확산 대책'만이 아니라 ICT 업체의 육성, 산업적 취약성 극복 및 안정적 발전 등을 동시에 고려하는 접근이 필요하다. 농업경영체와 ICT 업체의 영세성 및 시장의 제약 문제가 중요한 과제인 현 상황에서 산업에 대한 체계적 지원만이 아니라 기술개발 및 실용화 초기 단계에서 시장 창출을 위한 정부 차원의 지원이 필요하다. 농가 단위의 농기계 보급 등에 대한 정부의 보조는 지양해야 하지만, 초기의 취약한 시장 여건을 보완하는 차원에서 정부의 시장 창출 지원 노력, 농기계 수요 창출 차원의 농가 지원 등은 중요한 의미를 지닌다.

둘째, 농업·농촌 부문 ICT 활용을 확산하기 위해 정부, 관련 연구소, 관련 기관, 기업(ICT 산업, 기기산업), 농업경영체 등의 협력적 거버넌스 구축이 필요하다. 농업 부문 ICT 융합기술 활용 및 확산은 궁극적으로 관련 기술개발, 응용, 검증, 실용화, 사업화, 농가 활용도 제고, 농업생산성 제고 등 전 과정에서 다양한 주체의 적절한 역할과 관련 주체들 간의 협력 속에서 가능하다. 각 주체의 합리적 역할 분담체계(기업생태계, 창조농업생태계) 구축은 궁극적으로 농산업 발전뿐만 아니라 투입재산업으로서 ICT 업체의 발전과 수출시장 개척 등과 같은 새로운 부가가치와 일자리 창출로 이어질 것이다. 이와 관련하여 정부(농촌진흥청 포함), 대학, 관련 업계의 협력적 네트워크 구축 노력도 중요하지만, ICT 활용이 비농업 ICT 산업과 농산업 간 융합이라는 점을 고려한다면, 농림축산식품부뿐만 아니라 ICT 산업 영역을 다루는 산업통상자원부, 미래창조과학부의 적극적인 참여 또한 중요하며, 농업인과 산업체의 역할 제고를 위한 조직화·규모화 등의 노력이 중요하다.

셋째, 농업 부문 기술개발 및 ICT 융합 비즈니스모델 확산 정책이 추진될 필요가 있다. 요소기술은 우수하나 기술 간의 융합·분석 능력이 미흡한 문제를 해소하기 위한 기반을 마련하고, 다양한 분야별 모델 정립 및 확산을 위한 지원체계를 구축하며, 생산자 조직화, 성공사례 홍보, 교육·컨설팅 등 다양한 확대 추진 전략이 모색되어야 한다. 아무리 한국이 ICT 첨단기술 수준이 높다고 하더라도 농산업의 구조가 영세하고 농업인의 경영 기반이 취약할 경우 이러한 첨단기술을 활용하기 힘들며, 관련된 농업 부문 ICT 업체의 안정적 발전도 곤란하다. 좀 더 구체적인 ICT 융합 성공 모델을 개발하고, 이러한 성공적인 ICT 융합 비즈니스모델을 통해 일반 농업인이 ICT 융합기술의 활용 욕구를 증대시키면서 정부의 ICT 융복합 확산 대책을 추진할 필요가 있다.

넷째, 농업 부문 기술개발 및 ICT 융합 관련 투융자 확대 및 인프라 개선이 필요하다. ICT 융합기술 활용을 위한 기반을 개별 농가 차원에서 구축하기에는 너무나 많은 비용이 소요된다. ICT 융합기술의 활용을 통한 새로운 자료 생산, 경영혁신 등은 개별 농가만의 혜택이 아니라 사회적 자본으로 중요한 의미를 지니므로 농업 부문 기술개발 및 ICT 융합 관련 투융자 확대 및 인프라 개선에 대한 정부의 지원 확대가 요구된다. 이를 위해 정부의 안정적 예산 확보 및 체계적 투융자 확대가 필요하다. 그러나 ICT 융합기술의 확대를 위해서는 정부 부문의 투융자 확대뿐만 아니라 이를 실용화하는 차원에서 민간 ICT 관련 R&D 투자 활성화도 중요하다. 이러한 노력을 통해 수입대체 기반 조성, 농촌지역 통신 인프라 확충, 기초통계 조사·활용 기반 조성 등이 필요하다.

다섯째, 기술 융합과 R&D가 연계한 합리적 지원체계 구축이 중요하다. R&D와 정책 사업 간의 연계성 강화로 개발 기술의 실용화(사업화)를 활성화하고, 농업 부문 기술개발 및 ICT 융합기업인증, 세제 혜택 등 지원체계를 새롭게 구축하는 등 사업화 지원 확대 및 민간 자본 역할 제고 방안을 강구할 필요가 있다. 다른 기술개발도 마찬가지이지만, 특히 ICT 융합기술 관련 R&D는 민간자본의 참여가 매우 중요하다. 민간자본의 참여 확대 자체가 개발 기술의 사업화 방안이 될 수 있다. 이와 관련하여 정부 주도의 맞춤형 지원보다는 정부가 제도 정비, 정책 지원 프로그램 설정 등을 통해 농가의 특성별 발전전략을 스스로 수립하여 발전의 길을 모색할 수 있도록 하고, 민간 기업의 활동 범위를 넓혀주는 방식으로 역할을 재편할 필요가 있다. 즉 다양한 민간 부문의 자구적인 노력 속에서 협력 네트워크를 구축하는 것으로, 정부는 기술개발과 실증 연구, 실용화·사업화 지원, 교육농장 지원, 정부 모니터링 등에 초점을 두고, ICT 관련 민간 부문은 스스로의 사업화와 시장 확대 역할을 강화하는 것이 중요하다.

(2) 단계별 실천 전략 수립

농업 부문 ICT 융합 확산을 위한 중장기 로드맵 작성 등 단계별 실천 전략을 수립해야 한다. 기존의 마스터플랜, 기본계획, 모델화사업, 확산사업 등의 체계적 추진과 더불어 주요 분야별 기술 발달 수준을 고려하여 R&D 단계, 검증(실증)단계, 확산 단계 등 체계적으로 접근해야 한다. 또한 구체적인 재원 투입과 밀접한 관련이 있는 R&D, 인프라 확충, IT 융합 모델화 및 확산사업의 합리적 재원 배분 계획 수립도 요구된다. 현 단계인 농업경영체 중심의 ICT 융복합 확산사업을 생산 부문 위주에서 산지 가공, 유통 등으로 정책 대상 범위를 확대할 필요가 있으며, 이러한 과정에서 중장기 로드맵 수립이 요구된다.

정책사업 및 시장 조성이 정부로부터 시작됨에 따라 업계나 농민은 준비되어 있지 않으며, 갑작스런 시장 확대 분위기 속에서 무엇보다도 중장기적인 준비와 로드맵 제시가 중요하다. 농식품 ICT 융합 확산사업 등 정책사업을 확대·시행하는 과정에서 복합환경제어 관련 업계 등 ICT 업계는 충분한 준비가 미흡한 상태에서 단기적인 이윤을 위해 정책사업에 참여하게 된다. 이러한 ICT 업계의 단기 이윤추구 행위는 농식품 ICT 융합에 대한 신뢰 기반을 약화시켜 중장기적으로 관련 시장을 위축시킬 우려가 있다. 현재 농업 부문에 ICT 융합기술을 어느 정도 접목할 수 있을지에 대한 시장 분석이 전혀 되어 있지 않은 상태에서 정부 주도로 사업이 진행되고 있는데, 이는 사업의 중장기적 확대, 업계 및 산업의 성장 측면에서 부정적으로 작용할 수 있다. 즉 시장의 크기, 농가의 수용성, 업계와 농가의 이윤 창출 가능성을 종합적으로 검토한 후 ICT 융복합 확산사업 등 정책사업을 확대 추진해야 농가와 ICT 업계 모두 이익을 볼 수 있으며 관련 산업의 안정적 발전에도 도움이 될 수 있다. 농가와 ICT 업체 모두에게 불확실성을 최소화한 상태에서 ICT 융합기술을 농업에 적용할 수 있을 것이며, 업계 역시 불확실성이 낮은 산업에 지속적으로 투자할 수 있을 것이다.

(3) 다양한 정책 과제 발굴과 우선순위 설정

농림축산식품부(2014)의 "농림축산식품부 2014년 업무계획"에서 농산업 분야 ICT 융복합 및 확산을 위해 높은 투자비용에 대한 부담 완화 정책 지원 강화, 농업경영체의 현장 활용도 제고를 위한 시설 컨설팅 및 실습형 ICT 교육농장 지정 · 운영, 고비용이 소요되는 스마트 온실 등 시설 현대화 추진 시 농업인의 자금 대출 부담 완화를 위한 농신보(농림수산업자 신용보증기금) 보증한도 확대 등을 제시했다. 정부가 정책과제로 제시한 것 모두 중요한 실천과제로 이해되지만, 현 단계에서 농산업 분야 ICT 융복합 및 확산과 관련하여 핵심적인 문제점과 우선적으로 추진해야 할 과제, 그리고 정책성과를 제고하기 위한 정책 간의 연계성 확보 방안 등을 구분하여 차별적으로 접근할 필요가 있다.

농업인의 인식조사 등을 통해 ICT 도입 촉진 방안 관련 기술 및 시설 도입 자금 지원 강화, 기술 사후지원서비스 및 사용자 교육 강화 등이 우선순위가 높은 정책 과제로 제기되어 이와 관련해 다양한 자금 대출 부담 완화 대책 강구, 성공 모델 발굴 및 홍보, 실습형 ICT 교육농장 지정·운영 등 구체적인 실천 전략 과제를 발굴할 필요가 있다.

2) 영세 경영의 극복과 자본 투자환경 조성

(1) 농업경영체 및 ICT 업체의 수용 능력 제고와 조직화

농업·농촌 부문 ICT 활용을 확산하여 새로운 농업·농촌 발전을 모색할 경우 우선 농업의 주요 경영 주체의 ICT 수용 능력을 제고시키고, ICT 업체가 시장 변화에 대응하여 적절한 기술개발과 안정적인 경영 기반을 구축하여 사후관리 등의 능력을 제고시켜야 한다. 이러한 능력 제고와 관련하여 중요한 과제로 등장하는 것이 영세한 경영구조 개선이다. 영세한 경영구조 개선과 관련해서는 농업경영체 관점과 ICT 산업체 관점 두 가지를 모두 고려해야 한다.

우선 농업 부문 ICT 융합에 있어 농업경영의 영세성, 자본 제약, 기술 수용 능력의 부족 등이 주요 과제로 지적된 점을 고려하여 농업생산자(농업경영체) 차원의 규모화와 조직화가 필요하다. 즉 농가 경영규모의 영세성을 극복하고, 개별 농가 차원의 한계를 극복하기 위한 차원에서 규모화와 조직화가 요구된다. 지역단위 농가 간의 조직화를 통해 공동 이용 기반을 구축하여 기회비용을 최소화하고, 농업경영에 도움을 받는 등 영농의 편리성을 도모할 필요가 있다. ICT 융합기술 활용 수준이 높고 생산성이 높은 네덜란드의 경우 지속적인 농업경영 구조 혁신과 규모화 과정을 통해 현재와 같은 첨단시설원예 등이 안착된 점을 고려해야 한다.

그리고 ICT 업체 및 시장의 영세성 극복을 통한 농업 부문 ICT 산업의 경쟁력 강화 및 사후관리서비스 기반 구축 차원에서 ICT 업체의 조직화가 필요하다. 농기계 등 관련 기술의 실용화 제고를 위해 구체적인 제조업체(산업체)가 기술개발에 참여해야 하는데, 대부분의 생산업체 등이 영세하여 자체 기술개발의 여력을 지니지 못한 상태로 결국 농업 부문 주요 투입재 관련 연구개발이 공공 부문 중심으로 이뤄져 실용화율이 낮은 상태다. 따라서 산업체의 영세성 극복과 실용적인 기술개발을 위해 생산업체들 간의 협력, 조직화, 규모화, 구조조정 등이 필요하다. 비록 영세한 업체들이지만, '시설원예 ICT 융복합협동조합' 같은 협동조합 설립 등 공동의 노력을 통해 시장에 대응한 새로운 기술개발에 참여할 여력을 키워 나갈 필요가 있다. 게다가 국내의 좁은 시장 여건을 해결하기 위해서는 해외시장 개척이 필수적으로, 이를 위해서는 영세한 개별 업체 차원의 접근이 아니라 조직화·규모화된 업체들의 역할이 중요하다.

(2) 민간투자 촉진 플랫폼 도입

김홍상 외(2014)에서 나타나듯이 ICT 활용도 제고를 위한 핵심적 과제로서 투자 및 관리 비용 부담, 투자 대비 성과의 불확실성 등을 제시하고 있다. 이러한 문제를 해결하기 위해서는 민간투자 촉진 플랫폼 도입을 적극 고려할 필요가 있다. 기존 시설에 대한 재활용을 위한 투자 플랫폼 도입, 기능성 농산물 생산 및 소비자 투입 연계한 크라우드펀딩 도입 등을 고려할 수 있다.

김홍상 외(2014)가 실시한 ICT 도입 촉진 방안 인식조사에 따르면 도입농, 미도입농 모두 농업 부문 ICT 도입의 가장 큰 장애요인이 '투자 및 관리비용 부담'이며, 기술융합 촉진을 위해 '기술 및 시설 도입 자금 지원

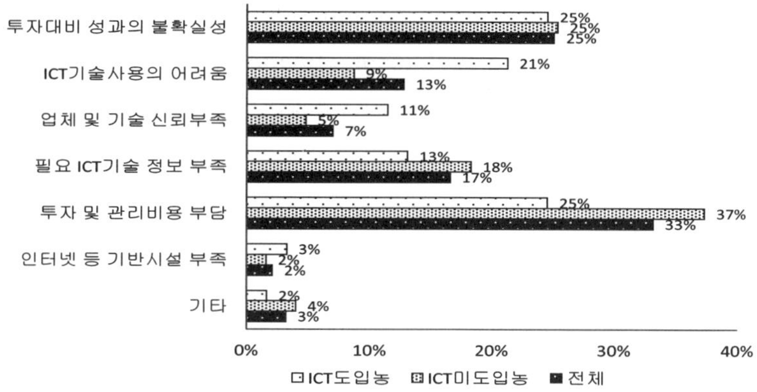

〈그림 3-17〉 ICT 도입 장애요인(1순위)-도입 유무별
출처: 김홍상 외(2014)

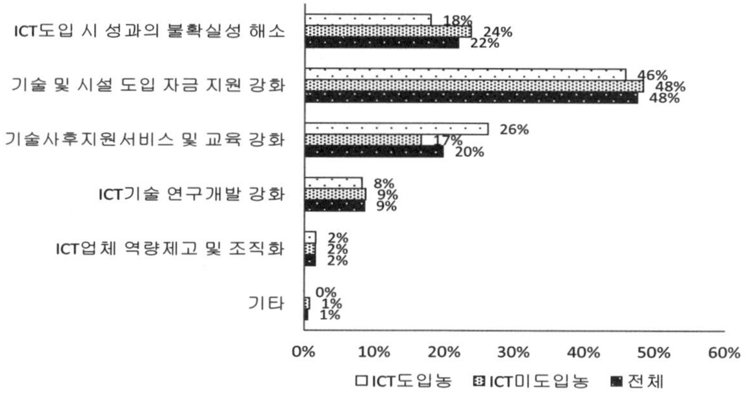

〈그림 3-18〉 ICT 도입 촉진 방안(1순위)-도입 유무별
출처: 김홍상 외(2014)

강화'가 가장 중요하다고 응답했다(그림 3-17, 그림 3-18).

앞서 언급한 ICT 활용 농업·농촌 혁신이나 발전 방향과 관련된 주요 내용의 하나인 산업생태계 선순환구조의 안정적 정착을 위해서는 ICT 활용 관련 농업경영인과 ICT 업체에 대한 안정적 자본 투자환경이 조성되어야 한다. 이를 위해서는 민간투자 촉진 플랫폼 도입이 중요하다. 농업 부문 ICT 활용과 관련하여 초기 자본투자 부담 등 투자 및 관리 비용 부담이 가장 중요한 과제로 제기되는데, 이를 극복하기 위한 투자 플랫폼 도입이 필요하다. 예컨대 ICT 활용 생산체계 구축으로 다양한 수요자의 요구에 맞춤형 농산물 생산으로 대응하여 소비자를 주요 자본 투자자로 구성하는 크라우드펀딩 체계 구축을 시도할 수 있다. 이처럼 새로운 형태의 농업 ICT 활용 투자자본 조달체계 구축이 중요한 과제로 등장한다.

(3) 투입재 산업의 육성 지원체계 보완

농업 부문 ICT 융합 확산에 있어 관련 ICT 업체의 산업적 측면의 취약성이 매우 중요한 과제인데, 이와 관련된 인식의 전환이 중요하다. 농가의 ICT 기술 수용 능력 부족, ICT 업체의 취약성, 농가와 ICT 업체 간의 기술 수준 격차 등 다양한 문제가 있지만, 앞서 강조했듯이 농업 부문 ICT 활용도 제고를 위해서는 ICT 업체의 안정적 발전이 무엇보다 중요하다.

국내 농산업이 축소되고, 농업인이 감소하는 등의 여건 속에서 투입재 산업의 발전을 위해서는 해외시장에 대한 수출을 목표로 산업을 육성하는 중장기 비전 설정이 필요하다. 그리고 국내 농업 부문 ICT 업체들은 네덜란드의 PRIVA사 같은 선진기업의 발전 과정 분석 등을 통해 자신의 중장기 발전 방안과 전략을 구체화하는 등의 벤치마킹 노력이 필요하다. 전체 농업 부문 ICT 융복합 기반 확충의 핵심으로서 ICT 업체의 안정적 발전을 위해 단순한 사후관리, AS 강화 차원을 넘어서는 ICT 업체의 성장, 성공 모델 구축에 대한 비전이 제시될 필요가 있다.

3) 기술 활용 능력 제고

(1) 농업인 및 중간 지원조직의 기술교육 강화

농업인 및 농촌주민의 ICT 융합기술 수용 능력 제고 및 중간 지원 인력의 능력 제고를 위한 인재 육성 및 교육 강화 방안을 모색해야 한다. 이와 관련하여 농업인(수요자)에 대한 ICT 융합교육 강화(고가의 기술·장비·기기 활용도 저하 문제 해소), 농업 부문 기술개발 및 ICT 융합을 주도할 창의 인재 양성, ICT 융합 확산을 위한 중간 지원조직 및 인력의 컨설팅 능력 제고 등이 필요하다.

농업인 및 농촌주민과 ICT 시설 설치업체 간의 기술격차 해소, ICT 융합 기반 조성을 위한 교육지원체계 구축 등과 관련하여 정부와 민간의 합리적 역할 분담이 필요하다. 현재 정부 차원에서 시범사업, 교육 훈련 프로그램 등을 추진 및 운영하고 있지만, 좀 더 장기적인 관점에서 시설의 효율적 이용을 위한 농업인의 역량 제고와 시설의 안정적 유지관리체계 구축을 위해 노력할 필요가 있으며(김홍상, 2014), 이와 관련하여 다양한 경험과 실습을 할 수 있는 종합 교육훈련 실습장 마련 등을 적극 검토할 필요가 있다. 정부에서 농업 부문 ICT 융합 관련 교육훈련을 위한 모델하우스를 건립하고, 이들의 운영은 민간 부문이 자신들의 비용으로 직접 담당하며, 해당 업체의 기술과 기자재를 소개하는 등의 방안이 가능하다. 또한 민간업체도 직접적 교육 및 수익모델 창출을 통해 ICT 융합 확산을 모색할 필요가 있다.

(2) 기술 표준화와 사후관리 강화

기술 표준화 과제와 사후관리 과제는 농촌지역개발 및 유통개선 분야 등에도 중요한 과제이지만, 우선 농업·농촌에서 확산되고 있는 농업 부문 ICT 융합, 스마트 팜 육성사업 과정에서 매우 중요하다. 즉, 농업 부문 ICT 융합 확산을 위해 기술 활용 과정상의 문제점 개선이 우선 중요한 과제로 등장한다. 이를 위해 우선 기술 표준화 및 기술 활용 시스템 간 호환성 제고가 요구된다. 한편 기술 및 부품 표준화만이 아니라 시설 표준화도 중요하다. 첨단시설원예 선진국인 네덜란드의 경우 온실의 99%가 유리온실이면서 50% 이상이 동일한 시설유형으로 표준화되어 있는 등 ICT 융합의 빠른 확산과 효율적인 기술관리를 위해서는 기술 표준화가 유리하다는 것을 알 수 있다. 그리고 ICT 업체의 사후관리 및 유지보수를 강화해야 한다. 시설 설치업체도 시설 설치만 하고 철수하는 식이 아니라 구체적인 경영성과 모델 정착 등을 위한 지원과 사후관리를 지속적으로 제공할 수 있는 체계 구축이 필요하다. 특히 ICT 관련 기자재 표준화 및 국산화를 위한 정부 차원의 연구개발 투자 지원이 중요하며, 사후관리 강화와 관련하여 지역별 거점지원센터 설립 등 정책적 지원과 더불어 시설원예 ICT 융복합협동조합 설립 같은 조직화 노력이 필요하다(김홍상, 2014).

(3) 정보(데이터)의 중요성 인식과 정보분석 전문인력 양성

ICT 융복합 기술 활용 제고뿐만 아니라 ICT를 통해 축적되는 데이터의 활용도 제고를 통해 간접적인 ICT 융합기술 활용도 제고를 도모할 필요가 있다. 앞서 풍일농장 사례에서 지적했듯이 데이터 활용을 통해 경영혁신을 이룰 수 있다. 특히 축산 농업인은 질병 우려 때문에 농장방문을 꺼리는 경향이 있는데, 농장의 축적된 데이터를 분석하여 컨설팅을 받을 수 있는 시스템이 구축된다면 앞으로는 현장 방문 없이 전문가의 도움을 받을 수 있다. 따라서 정부는 앞으로 수집해야 할 정보와 데이터 기준 포맷 등 데이터 관련 지침과 표준안을 마련할 필요가 있으며, 데이터를 통합하여 유용한 정보로 가공하여 제공하는 역할을 수행하는 민간기업이나 조직을 육성할 필요가 있다. 더불어 데이터 활용도 제고를 위해 데이터를 분석하고 경영컨설팅을 제공할 수 있는 전문인력을 양성해야 하며, 데이터 생산뿐만 아니라 통합된 데이터를 사용할 수 있는 정보로 가공하여 농가에게 경영컨설팅을 해주는 서비스가 필요하다. 그리고 데이터를 해석 및 활용하는 전문가 양성 및 협력 체계 구축과 더불어 농가 차원에서 데이터를 이해할 수 있는 새로운 차원의 교육이 필요하다.

한편 데이터 이용의 중요성과 관련하여 ICT 제품의 국산화 노력이 중요하다. 외국산 제품의 활용은 고비용 문제만이 아니라 우리나라의 주요 농업경영정보가 외국계 기업에 축적되어 우리나라는 데이터에 접근하기 곤란한 문제가 발생할 수 있기 때문이다.

4) 정책 지원 방식 개선

(1) 정책 대상 범위의 명확화

시설별 · 영농형태별 · 규모별 ICT 융합기술 활용에 대한 농업인의 인식 차이를 반영하여 시설원예, 축산, 노지 과수 등의 분야별 ICT 융합 범위를 차별화해야 한다. 즉 영농형태별 정책 추진 차별화, 시설유형별 사업 추진 방식 차별화, 농가 규모별, 축산 규모별 · 축종별 차이 등을 반영하여 현재 ICT 융합 확산 대상 사업 범위의 불명확 문제를 해소해야 한다.

ICT 도입 경로별로 업체들에 대한 신뢰, 정부의 자금 지원 등에 대한 인식이 다르다는 조사 결과를 고려하여 정책 대상을 차별화하고, 정책사업별 정책 대상 범위를 명확히 구분할 필요가 있다. 정책 대상 범위를 구체화하고, 정책 대상 범위에 따라 차별화된 정책을 적용할 필요가 있다. ICT 융합은 다양한 형태로 전 농업 및 농촌 생활에 확산될 전망이므로 다양한 시설별·영농형태별·규모별·사업 유형별 정책 대상 범위를 구분하여 차별적으로 접근해야 한다.

한편 농촌지역 개발 및 유통 개선 등과 관련하여 매우 다양한 ICT 활용 분야가 정책 대상이 될 수 있으며, 기존의 인식 틀을 넘어서서 새로운 농촌 자연자원과 향토자원의 활용도 제고 방안이 모색될 수 있도록 정책 대상 범위를 구체화할 필요가 있다.

(2) 소프트웨어 중심의 정책사업 추진

농촌 지역개발과 유통 개선 관련 ICT 활용은 하드웨어 측면보다 소프트웨어 측면이 더욱 중요하며, 자연스럽게 스프트웨어 중심으로 정책사업이 추진되지만, 스마트 팜 육성 등 농업 부문에서도 하드웨어 부문과 소프트웨어 부문 간의 조화를 위해 소프트웨어 중심의 정책사업 추진이 요구된다.

하드웨어적인 기반정비 없이 소프트웨어 중심의 지원은 ICT 융합기술 활용성이 떨어지는 문제가 있기 때문에 농업기반정비사업, 유통시설 현대화사업 같은 하드웨어 중심의 투융자 정비는 반드시 필요하다. 다만, 이러한 하드웨어 정비 시 반드시 ICT 융합기술 접목을 고려하여 소프트웨어 중심의 정책 지원 환경을 조성할 필요가 있다. 또한 시설 설치 투자와 더불어 시설의 활용 및 유지관리에 대한 지원 강화를 통해 ICT 융합기술 관련 소프트웨어 기술의 지속적 이용 기반을 구축하도록 해야 한다. 또한 농업인의 ICT 융합기술 수용 능력 제고, ICT 업체의 조직화·규모화를 통한 사후관리서비스 증대 등 ICT 융합기술 활용 제고를 위한 소프트웨어 중심의 정책사업을 적극 추진해야 한다.

성공모델 개발 및 시범농장(Test-bed 농장) 운영 등을 적극 추진하고, 정책자금 지원 방식도 직접적 투융자뿐만 아니라 다양한 세제 지원 등 관련 지원체계를 개선할 필요가 있다.

(3) 교육 · 홍보 강화

교육과 관련하여 농가수준별 역량을 고려한 현장체험형 교육 강화가 중요하다. ICT 기술 수준이 낮은 도입 초기 농가에 대해서는 주요 권역별로 체험농장을 확대해 농업인의 접근성을 높이고, 실습 중심의 학습 프로그램을 운영할 필요가 있다.[17] 선도농가의 경우 학습조직을 구성해 농가 간 자율적 학습을 유도하고, 농업인 간 교류를 통해 데이터를 축적하는 등 역량 강화 유도가 필요하다.

농업경영체들이 ICT 기술 도입을 꺼리는 이유로 투자에 대한 불확실성을 제시했듯이 성과 사례에 대한 객관적인 자료 제공과 홍보가 필요하다. 주요 품목별 스마트 팜 선도농가 및 다양한 모델을 발굴 및 홍보하여 스마트 팜 도입을 희망하는 농가들이 스마트 팜 선도농가의 사례를 벤치마킹할 수 있도록 품목·시설 수준·규모별로 유형화된 모델을 제시할 필요가 있다. 품목, 시설수준, 경영규모, ICT 융복합 수준 등을 고려해 유형화하고, 성공요인 및 벤치마킹 포인트를 분석하며, 투자비용 회수기간 등과 같은 통계에 기초한 객관적인 성과를 분석 · 제시하여 농가 자신의 스마트 팜을 맞춤형으로 설계하는 데 기여하도록 할 필요가 있다.

한편 농촌개발을 위한 ICT 활용은 농촌 지역 개발, 삶의 질 개선 차원에서 구체화될 수 있기 때문에 다양한 사회적 기반 구축 노력 과정에서

---

17 체험 및 시범농장 운영과 관련하여 정부에서 대규모 시설을 설치하고 ICT 제품을 생산하는 업체도 스스로 일정 기간 동안 시범농장 운영에 참여하여 ICT 기술 도입을 희망하는 농업경영체나 ICT 기술을 도입한 농업경영체가 상시 방문을 통해 기술을 배울 수 있고, 기술 활용도 제고를 위한 방안을 찾아볼 수 있는 새로운 교육훈련 방안을 모색할 필요가 있다.

ICT 활용을 위한 교육 홍보 노력이 필요하다. 다양한 ICT 활용 지역 개발 사례를 소개하고, 지역 주민 스스로 사례지역을 방문하여 학습하는 프로그램 제공이 유효할 것으로 판단된다.

7. 맺음말

농업·농촌 부문 ICT 활용은 새로운 사회경제적 트렌드로 인식되어 지속적으로 확산될 전망이다.

최근 알파고(AlphaGo)와 이세돌 간의 바둑으로 인공지능에 대한 관심이 높아지고 있는데, 이러한 경향은 특히 ICT 활용 농업생산 활동에도 나타날 것으로 전망된다. 과거 "농작물은 농부의 발자국 소리를 듣고 자란다"는 인식을 새롭게 할 가능성이 높다. 노동, 토지 등 주요 투입재의 투입 확대를 통해 생산성 향상을 도모하는 과거의 패러다임이 이제는 새롭게 이해될 수 있다. 잘 만들어진 ICT 기반 프로그램을 활용하여 농작물 생육환경제어시스템을 농작물 성장 단계에 맞춰 구축하게 되면 농부(농업경영인)는 농장을 비워두고 해외여행도 가능하다. 사실 이세돌은 알파고와 바둑을 두었지만, 한국에서 마주한 컴퓨터는 단순한 화면이고 실제는 영국에 있는 메인컴퓨터와 바둑을 둔 것처럼 한국의 농장을 외국에서 스마트폰으로 관리할 수 있다. ICT 활용을 통해 농업·농촌의 미래 모습은 지금과 완전히 다른 모습이 될 수 있음을 전제로 농업·농촌 발전을 도모할 필요가 있다. 농업 부문의 새로운 경영혁신, 새로운 형태의 생산구조, 다양한 부문에서 농업 후계인력 유입 등의 변화가 나타날 수 있다.

또한 앞서 검토했듯이 농업유통 및 지역개발 과정에서 ICT 활용으로 새로운 형태의 유통 시스템이 구축되고, 산간오지에 분산된 지역의 자연자원과 향토자원이 중요한 자원으로 활용되는 자원 활용 시스템의 혁신이 이뤄지고, 새로운 형태의 일자리가 창출될 수 있다.

요컨대, 농업·농촌공간에 흩어져 있는 다양한 향토자원이나 자연자원이 새로운 ICT 기술 및 공간을 통해 중요한 자원으로 인식되고, 농가의 고부가가치화 전략의 기반이 될 것이며, 농업·농촌의 혁신과 새로운 발전의 계기가 될 수 있을 것이다.

| 참고문헌 |

김성우 외(2016), "농산물 유통 패러다임 변화, ICT로 시작한다", 『농업전망 2016』. Vol. 1. 한국농촌경제연구원.

김연중 외(2013), 『스마트농업의 현황과 발전 방향』, 한국농촌경제연구원.

김홍상(2014), "농업 부문 ICT융합, 체계적으로 추진해야", 한국농어민신문(2014. 4. 24).

김홍상 외(2014), 창조농업 실현을 위한 ICT 기술융합의 전략과 과제, 한국농촌경제연구원.

농림수산식품교육문화정보원 농식품 ICT 융복합 정보 공동활용시스템(http://it.okdab.com).

농림수산식품부 정보통계담당관실(2012), 농림수산식품 IT융합 확산 마스터플랜(안).

농림축산식품부(2014), 농림축산식품부 2014년 업무계획(2014. 2. 24).

농림축산식품부(2015), 한국형 스마트 팜 확산 및 창조마을 조성: 우리는 어디를 바라보면서 어떻게 일하고 있는가(내부자료).

농림축산식품부(2016), 우리는 어디를 바라보면서 어떻게 일하고 있는가: 농업과 ICT의 융합, 한국형 스마트 팜 확산.

농림축산식품부 정보화담당관실(2013), 농식품산업의 미래성장산업화를 위한 농식품 ICT 융복합 확산대책(안)(2013. 8).

농림축산식품부 창조농식품정책과(2015), ICT 융복합 첨단농업 · 행복한 농촌 조성 방안(안)(내부자료).

농림축산식품부 창조농식품정책관실(2016), 스마트 팜 확산 추진 현황 및 '16년 정책 방향(2016. 2. 17. 농업 ICT 산 · 학 · 연 · 관협의회 회의 자료).

박준기 외(2013), 『창조경제 기반의 농업 · 농촌 신성장 전략』, 한국농촌경제연구원.

서울대학교 산업협력단(2015), 『스마트 팜 적용 농가 생산성 분석』, 농림수산식품교육문화정보원.

임팩트(2013), 『농업IT융합시장 사업실태와 전망-농업IT, 도시농업, 식물공장 관련 적용 · 응용사례와 사업 전략』.

정윤용(2013), 창조경제 기반의 농산업 발전방안-농산업 ICT 융합 사례를 통한 창조경제 재해석 및 추진과제, 한국농촌경제연구원 스마트농업TF토론회(2013. 4. 25).

정창용(2014), 축산 분야 ICT 융복합 성공 사례(한국농촌경제연구원 주최 "농업은 미래성장산업이다" 정책세미나 자료집).

최선화(2013), "농업 · 농촌에도 융복합시대, 농어촌연구원이 선도한다", 『RRI포커스』 제27호. 한국농어촌공사 농어촌연구원.

최영찬(2014), 농업과 ICT 융복합 유망 분야 및 정책 제언(한국농촌경제연구원 주최 "농업은 미래성장산업이다" 정책세미나 자료집).

제4장

OECD 국가들의 농촌정책과 우리나라 농촌정책에 대한 함의

1. 서언

농촌지역은 동질적으로 진화하지 않는다. 지역은 시간과 공간에 따른 이질성을 노정하고 있으며, 지역을 대상으로 한 정책에서는 이러한 이질성에 대한 이해가 필수적이다. 농촌지역을 대상으로 한 농업 · 농촌정책(이하 '농정') 또한 지역적 차별성을 고려할 필요가 있다((Sánchez-Zamora et al., 2014; Bell and Jayne, 2010). 이러한 관점이 확산됨에 따라 중앙정부가 규정하는 일률적인 농정이 자취를 감추는 반면, 개별 농촌공간의 고유성은 농정의 핵심 요인으로 부상하고 있다.

경제협력개발기구(Organization for Economic Cooperation and Development, 이하 OECD)의 주요 회원국에서도 농촌공간의 이질성을 고려한 농정 전략이 발견된다. 사업의 형태는 회원국의 정책기조에 따라 상이하나, 정책 패러다임은 농촌의 내생적 발전역량을 극대화하는 방향으로 수렴하고 있다(OECD, 2006; OECD, 2015). 이러한 변화는 생산주의(Productivism)에서 후기생산주의(Post-Productivism)로, 이어 지역과 산업의 다원적 기능(Multi-functionality)을 중시하는 정책적 흐름과 맥락을 같이한다.

한국의 농업 · 농촌정책은 OECD 주요 회원국들의 농정 변화와 유사한 궤적을 밟아왔다. 한국의 농정은 산업화 보조를 위한 식량지원책에서 나아가 1990년대 후반에 접어들며 후기생산주의 관점으로 전환되었다. 최근에는 농업과 농촌공간이 지닌 다원적 가치를 활용하는 방향으로 변모하고 있다.

산업구조 근대화에 주력하던 1970~80년대의 농정은 주작물인 쌀의 자급자족 달성을 통해 경제성장을 보조했다. 이에 따라 생산성 향상 수단으로서 녹색혁명과 백색혁명이 등장했으며, 식량증산을 통한 도시화 · 산업화 지원에 초점을 맞췄다.

반면 1990년대에는 무역시장의 변동 및 곡물시장 개방에 따라 농업의 국제경쟁력 강화에 주목하기 시작했다. 또한 농업분야 구조조정과 함께 농정 패러다임 전환의 필요성이 제기되었다. 특히, 1992년 우루과이 라운드를 전후로 장기적인 농업경쟁력 확보와 도농격차 완화가 농정의 핵심 이슈로 등장했다. 더불어 국제사회의 농산물시장 개방압력은 농촌의 경제적 · 사회적 회복탄력성에 대한 논의를 확대시켰다. 그럼에도 불구하고 농산업과 농촌지역의 지속적인 침체는 급격한 산업화의 미필적 유산으로 인지되었고, 정책 사회는 농업의 다원적 기능과 농촌지역의 어메니티[1]를 강조함으로써 농촌공간의 역할 변화를 모색하기 시작했다. 이후 생산증대로 농촌 활성화를 도모하던 시각은 점차 쇠퇴했으며(박진도, 2005; 성진근, 2004), 근래에는 적극적인 정주공간이자 소비시장으로서의 농촌이 강조되고 있다.

이 장에서는 이론과 사례를 통해 OECD 회원국의 농정 변화를 살펴보고, 해당 내용을 바탕으로 한국의 농촌정책을 이해하고자 한다. 원고의 구성은 다음과 같다. 먼저, 전 세계적 농정 패러다임의 변화과정을 이론적으로 고찰한다. 이어 OECD 주요 회원국들의 농정 기조를 조망한 후, 시장보호(Market-protected) 및 준시장지향형(Quasi Market-oriented)으로 분류하여 주요 회원국들의 농촌정책을 분석한다. 마지막으로 한국 농촌정책의 변화과정과 현행 농정 패러다임을 고찰한다.

---

1 농촌 어메니티(Amenity)는 농촌다움의 보전과 자연과의 공생을 통해 쾌적한 생활환경의 질을 창출하고 바람직한 농촌상을 정립하기 위하여 자연환경, 농업경관, 역사적 기념물 및 전통문화 등이 포함된 농촌지역의 자연적, 인공적 특징을 총칭하는 개념이라 정의할 수 있다(정남수, 2005).

2. 농업 · 농촌의 환경변화와 정책적 대응

국제사회는 생산주의에서 후기생산주의로, 그리고 농업의 다원적 기능과 농촌의 공간적 가치로 이어지는 농정의 흐름을 공유하고 있다. 물론 각국의 정치 · 경제적 환경에 따라 일부 시차가 있으나, 전후(戰後)의 농정 기조는 공통적으로 〈그림 4-1〉에 제시된 방향으로 전환해왔다. 한국의 농정 또한 국제적 농정기조와 동일한 방향으로 변화하고 있다. 이 절에서는 생산주의와 후기생산주의, 나아가 현대 농정을 구성하는 기본 가치를 이론적으로 고찰한다.

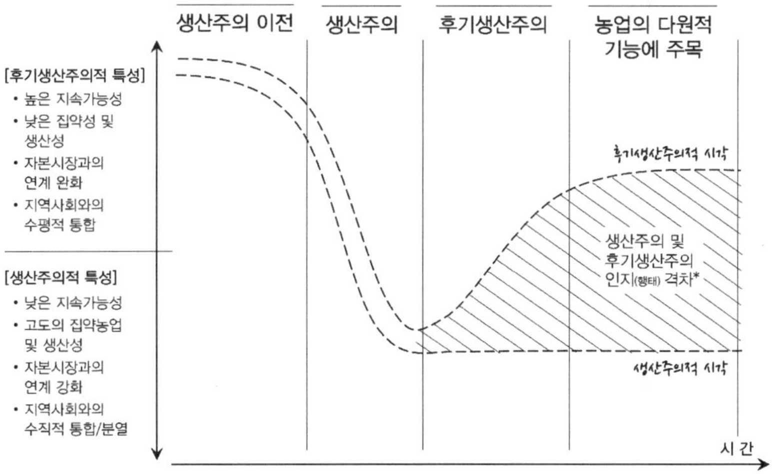

〈그림 4-1〉 농업 · 농촌정책 기조의 전환과정
자료: Wilson (2001) 재구성

먼저, 생산주의는 농업생산성 중심의 집약적 접근방식을 강조한다(Lowe et al., 1993). 생산주의적 관점의 농정은 생산성 증대를 최우선으로 하

는 팽창주의적 정책으로 구체화된다.[2] 생산주의의 초점은 농업의 기계화·현대화에 있었으며, 이는 산업구조 근대화 시기에 농정을 관통하는 핵심 가치로 자리매김했다.

생산주의 농정은 농업활동의 집약(Intensification), 집중(Concentration), 특화(Specialization)를 통해 비용효율성을 극대화하는 생산구조를 지향했다(Woods, 2004). 먼저, 집약적 농업은 기기 · 인프라 · 비료 등 물리적 투입요소 조정을 통한 생산성 제고를 의미한다. 제초제 등을 포함한 무기비료의 구매를 확대한 과거 캐나다의 농정 또는 농기계 사용 확대로 농가당 경작가능 면적을 증가시킨 미국의 경우를 사례로 들 수 있다. 이와 달리 집중형은 규모의 경제를 통해 생산의 비용효율성을 높이는 전략이다. 정부지원 마케팅을 활용하거나 식품업체와의 계약 등 안정적인 판로 확보로 규모화의 여건을 마련하는 것이 집중형 농업에 해당한다. 특화 또한 비용효율성 증대의 일환인데, 특정 산출물 유형을 한정적으로 생산하여 규모의 경제를 도모하는 생산방식을 지칭한다.

그러나 생산주의에 근거한 농정은 경제·사회·환경 측면에 부정적인 결과를 초래했다. 생산의 중심이 자족형 농가에서 집중생산 위주의 거대 농장으로 이동함에 따라 작물의 다양성이 감소했고, 소농의 경제적 자립도 또한 약화되었다. 더불어 거대 농기업을 기준으로 수직적인 가치사슬이 형성됨에 따라 소규모 가족농의 수입원이 왜곡되기 시작했다. 나아가 농업의 기계화는 농업인구의 급감을 야기했으며, 생화학 투입요소의 무분별한 사용으로 환경보전에도 취약했다.

또한 생산주의 시기의 농업분야 구조조정은 장기적인 농촌개발 및 농

2 본고의 팽창주의(Expansionist)는 거대 농업기업, 유전자 조작 등 비용 대비 산출물 극대화를 위한 생명공학, 규모의 경제를 강조하는 기업형·공장형 농업을 의미한다.

가소득에 부정적으로 작용했다(Burmeister, 1992). 당시 각국 정부는 농산물 과잉생산의 대안으로 잉여분 매입 및 수출보조금 지급 정책을 강화했다. 그러나 해당 조치들은 결과적으로 재정부담 및 국제적인 무역갈등으로 이어졌다. 더불어 농산물 수출 전략은 잉여분의 신규 시장 탐색 · 확보에 치중되어 과열경쟁 및 상품가격 하락을 가져왔다. 관련 타격은 거대 농기업보다 농업생산을 전업으로 하는 중소농에 집중되는 등 농가경제의 위기를 초래했다.

특히, 이 시기 미국은 가뭄이라는 자연재해와 금리인상 등 경제환경의 변화가 중첩되며 농가경제의 위기를 경험하게 된다. 미국 연방정부는 생산주의 농업의 호황기인 1960년대에 낮은 대출금리로 농기계 구입 및 농장규모 확대를 장려했다. 그러나 이후 농작물 가격하락 및 금리인상이 동반되어 1980년대 중반부터 10년간 아이오와, 미네소타, 위스콘신 등 중부 지역을 중심으로 최대 30만 농가가 파산하기에 이르렀다(Woods, 2004). 이에 자유시장을 기반으로 한 생산주의 농정기조에 변화가 요구되기 시작한다.

후기생산주의는 생산주의의 한계에 대응하기 위해 지속 가능한 농업과 농촌의 가치를 강조했다. 따라서 후기생산주의는 경제적으로 자립 가능한 농업 · 농촌을 지향하며, 농촌공간이 지닌 부존자원의 가치에 주목하기 시작했다

후기생산주의 농정은 유연화(Extensification),[3] 다양화(Diversification), 농촌경관보전(Countryside Stewardship), 지역 차원의 농업경쟁력 강화(Enhancing the Value)

---

3 본고는 앞서 언급한 팽창주의(Expansionist)와의 혼선을 피하기 위해 후기생산주의의 외연확장(Extensification)을 '유연화'로 지칭한다. 유연화는 생산주의의 집약화(Intensification) 모델과 상반되는 개념이다.

요소들로 구성된다. 유연화 전략은 생화학 투입요소를 통해 생산성 개선을 도모하는 내적 집약화에 대응한 것으로, 생산활동의 유연화와 농업의 환경적 요소를 고려한 개념이다. 1988년에 시작된 유럽연합(European Union, 이하 EU)의 휴경지보조금지원(Set-Aside Scheme)이 대표적인 사례다. EU는 해당 사업을 통해 경작자의 20% 이상을 휴경지로 전환할 경우 관련 소득을 농가에 보상해주었으며, 1992년 곡물생산 농민들에 한해 의무적으로 실시하여 2001년 기준 전체 농가 중 12.4%로 확대된 바 있다(Woods, 2004).

다양화는 소득원 다각화를 목적으로 농가의 농외소득 확보를 지원하는 전략이다. 대표적으로 농촌관광 등 농외소득원을 확대함으로써 농산물 가격변동에 대한 농가소득의 안정성에 기여하고 있다. 농촌경관보전은 울타리, 벽, 연못 건설 등 공공 이익에 도움이 되는 유지 · 보수비용을 제공하여 농촌지역의 환경관리를 도모하는 전략이다. 농촌의 경관유지를 농업활동의 일환으로 보고 농업인에게 관련 책임을 전가하는 생산주의 관점의 사업과 상이하다. 마지막으로 지역 차원의 농업경쟁력 강화는 지역 특산물의 브랜드화와 지역단위의 농산물 부가가치 향상을 꾀한다. 해당 전략은 현행 농정에까지 확대 · 적용되어 농촌의 지역경제 활성화에도 긍정적인 영향을 미치고 있다.

2000년대 이전의 농정은 생산주의와 후기생산주의에 의해 설명되는 부분이 많다. 경제성장에 따른 생산주의의 등장에서 출발하여 농촌 고유의 기능을 강화하는 방향으로 전환되는 접근방법은 전통적인 농정 변화를 이해하는 중요한 시각이다. 상술한 두 가지 관점은 최근의 농정기조 구성과정에도 유의미하게 언급되고 있다. 현재의 농정 담론에서도 농산물 무역의 자유화를 고려하여 생산주의에 입각한 정책을 취해야 한다는 입장과 후기생산주의적 정책으로 농업의 지속 가능성에 초점을 맞춰야 한다는 견해가 양분되어 있다.

최근의 농정은 생산주의와 후기생산주의 담론을 넘어 농업의 다원적 가치에 주목하는 정책 패러다임 변화를 경험하고 있다(Smailes et al., 2002; Bjørkhaug and Richards, 2008; Evans et al., 2002; Wilson, 2001). 근래 정책 변화는 생산성 강화에 대한 양비론을 근간으로 농업과 농촌의 장기적 발전역량 제고를 강조한다. 그러나 다원적 기능에 대한 논의는 1990년대 EU를 시작으로 OECD 농업위원회를 거쳐 전 세계적으로 확대되었음에도 불구하고 여전히 명확한 개념정립이 미흡한 실정이다. 광범위하게는 다원적 기능을 "다양한 비교역적 목표의 달성 수단으로서 농업생산을 활용하는 태도 또는 정책입장"으로 해석하기도 한다(Mullarkey et al., 2001).

WTO는 다원적 기능에 대한 정부개입의 정당화 조건을 제시함으로써 다원적 기능의 의미와 정책개입의 범위를 한정하고자 시도했다. 임형백(2013)에 따르면, 농업의 다원적 기능에 대해 농정개입이 정당화될 수 있는 조건은 3가지로 압축된다. 첫째, 시장기구를 통한 농업의 다원적 기능 공급이 불가능한 상황이어야 한다. 둘째, 농업생산활동 자체가 아닌 다원적 기능 보전을 위한 수단적 개입에 한정된다. 농업생산이 농업의 다원적 기능에 결합되어 있을 경우 이러한 형태의 개입이 가능하다. 셋째, 시장에 의한 다원적 기능의 거래비용이 정부가 공급할 수 있는 비용보다 과다하게 클 때 개입이 정당화된다는 것이다.

더불어 최근의 농정에서는 미시적 정책행위자 또는 수혜자 집단인 농가단위에 주목한 내생적 접근(Endogenous Dynamic)이 등장하고 있다. 외생적인 요소들로 농업·농촌의 변화를 설명하는 기존의 접근법과는 차별적이다. 내생적 접근은 농정체계의 행위자 또는 농가수준의 변화를 해석하거나 유인함으로써 농업·농촌의 내생적 발전역량 향상을 도모하는 것이 특징이다.

3. OECD의 농업 · 농촌정책: 시장보호인가, 준시장지향인가?

1) OECD의 농정기조 변화

OECD 주요 회원국들의 농정은 녹색혁명을 통한 생산성 증대에서 과잉생산 위기를 대처하는 방향으로 발전해왔다. 최근에는 농업의 다원적 기능에 주목하여 농촌 어메니티의 활용 가치를 극대화하는 움직임이 공통적으로 관찰된다. 생산주의에서 후기생산주의로, 이어 농업의 다원적 기능으로 이어지는 농정이론의 변화과정과 동일하다. 이러한 유사성은 각국의 농업 · 농촌환경에 무역정책과 농산물시장의 영향이 절대적인 까닭으로 풀이된다. 좀 더 극단적으로, 세계 농산물시장과 무역환경의 변화가 국별 농정기조 변화의 도화선으로 작용하기도 한다. 특히, 세계화가 동반한 농산물시장의 개방 이후 OECD 회원국들의 농정은 국제환경의 변화에 더욱 탄력적으로 반응하고 있다.

전후 1950년대부터 본격화된 생산주의 전략은 농업생산의 비용효율성 확보에 주력했으며, 1961년부터 1990년까지 주요 OECD 회원국의 농업생산성은 약 62% 향상되었다. 그러나 생산기술의 개발이 지속됨에 따라 농업자본의 투자수익률은 감소했고, 농업생산성 또한 규모수익체감에 따른 한계를 노정했다. 결과적으로 생산주의 농정은 농산물 생산 및 보조금 지출의 과잉을 야기했고, 농산물 가격의 폭락은 여타 재화의 시장가격을 왜곡하기 시작했다. 더불어 국제무역의 규모 및 자유화 논의 확대로 국제 농산물시장에 일대 변동이 이어지게 된다.

이 시기 유럽과 미국에서는 식량증산의 목표가 과잉 성취되었다는 자성의 목소리가 등장하기 시작했다. 더욱이 미국은 유럽 농산물시장의 비대화로 인해 자국 상품의 내수 및 수출시장 불안정성 문제가 제기되었다.

잉여 농산물 관리 및 처분 문제가 심화됨에 따라 미국과 EU 역내 국가 등 OECD의 주요 회원국들은 생산억제와 농산물시장의 정상화를 목표로 농정을 전개했다. 1970년대에 접어들며 생산량보다 교육 · 훈련에 주목하는 농업구조조정이 진행되었고, 대외적으로는 수출보조금과 페널티 등 자국 농산물시장을 보호하기 위한 전략이 대두되었다.

또한 해당 국가들은 직접지불제도와 보조금 지급, 잉여생산물 직접구매 등으로 생산 감축에 따르는 손해를 보전해주었다. 우즈(Woods, 2004)에 따르면 1984년 기준 EU 기금의 약 70%가 농정에 투입되었고, 그중 1/4은 과잉생산물 구매 비용으로 사용될 정도였다. 그러나 과잉생산으로 인한 반영구적 잉여의 문제는 1980년대 중반까지도 지속되었다. 그러나 보조금 지출 증가와 국제 무역환경의 불확실성은 농정예산의 효율성과 정책효과의 안정성에 의문을 제기했고, 이에 보다 근본적인 형태의 농정 변화를 도모했다.

지속 가능한 농업의 구호는 생산주의 농정이 야기한 경제 · 사회 · 환경적 한계에서 등장했다. 1980년대 중반 이후 확대되기 시작한 농업의 지속 가능성 논의는 점진적으로 후기생산주의 농정 패러다임을 구성해나갔다. 따라서 후기생산주의 농정의 핵심은 환경친화적 농업 · 농촌발전을 통한 지속 가능성 도모에 있었으며, 비농업 분야에 대한 투자를 확대함으로써 농촌지역 내 경제활동의 다양성을 지원하기 시작했다.

반면 OECD는 2000년대에 이르러 농촌 정주의 안정성 확보를 위한 새로운 농정 패러다임을 고안하기 시작했다. 그 배경에는 국제경기의 불안정성 심화와 농업 · 농촌의 경쟁력 확보가 중요하게 작용했다. 더욱이 국제 농산물시장의 급격한 가격변동은 새로운 정책적 수단 모색의 촉매제로 작용했고, 농산업에 제한된 시각을 넘어 지역적 차원에서 접근하는 농정의 필요성이 대두되었다. 생산주의 또는 후기생산주의에서 나아가 농업 · 농촌의 지속 가능성에 대한 장기적인 접근이 요구되기 시작한 것이다. 이에 따라 새로운 농정 패러다임은 사회통합과 농촌의 지역경쟁력 확보를 통해 농업과 농촌의 지속 가능성을 도모하는 방향으로 이동했다.

OECD의 새로운 농촌정책 패러다임 제시는 회원국들의 농정기조 전환을 가져왔다. 1990년대를 지나며 나타난 국제 농산물시장의 영향력 강화와 회원국 내 농업경쟁력의 약화, 더불어 사회통합 요구의 확대는 OECD의 패러다임 제안과 결부되어 회원국의 새로운 농정기조 형성에 영향을 미쳤다. 페치니(Pezzini, 2001) 또한 2000년을 전후로 OECD 회원국들의 부문별 정책 중 가장 두드러진 변화를 겪고 있는 분야가 농촌정책임을 지목하고 있다.

2006년 명문화된 OECD의 농촌정책 패러다임은 농업 · 농촌정책에 대한 지침적 성격을 지닌다(OECD, 2006). 개별 국가가 활용할 수 있는 농정 방향 및 실행주체를 제안함으로써 농정 집행의 국제적 공조와 국제 농산물시장의 안정을 도모하고자 한 것이다.

OECD는 당시 회원국들의 주요 정책목표에 농촌 관련 이슈가 공통적으로 등장하고 있음을 강조했다. 더불어 회원국들이 농촌의 경쟁력 향상, 농촌지역의 인적 · 사회적 자본 강화, 농촌 어메니티와 부산물에 대한 시장성 발굴, 농촌지역의 경제적 활동 다양화 정책을 추진하고 있는 까닭에 지역중심(Place-based)의 정책과 종합적(Multi-sectoral) 정책 추진이라는 공유지점을 바탕으로 농정의 동반 발전이 가능하다는 점을 밝혔다.

최근 OECD는 새로 제안한 농정 패러다임의 한계와 농정환경의 변화를 반영할 수 있는 정책 구체화 방안을 발표했다(OECD, 2016; OECD, 2015). 2006년 발표한 농정 패러다임의 초점이 농업생산에서 농촌의 지역경쟁력 제고로 이동했다면, 2015년 구체화된 내용은 경제 · 사회 · 환경 부문을 종합한 농촌지역의 통합적 발전(Inclusive Growth)을 강조하고 있다.

더불어 최근의 정책방향 구체화는 회원국의 농촌이 직면하고 있는 농촌지역 인구감소, 고령화, 참여주체의 다양화 이슈를 포함하고 있다. 2006년의 농정 패러다임 전환은 정책목적의 변화에 따른 대상분야, 주요 정책수단, 실행주체, 정책 우선순위 등의 수정을 가져온 반면, 회원국의 농촌이 경험하고 있는 사회 · 경제적 환경 변화를 반영하지 않았다.

이에 따라 2006년의 발표 내용은 정책 지침으로서의 활용도가 미미했고, 단순히 회원국들의 농정 변화를 사후적으로 정리한 측면이 강했다. 구체적인 농정 지침 마련의 필요성을 바탕으로, 최근 OECD(2016, 2015)는 회원국과 개발도상국을 위한 새로운 농정 패러다임의 적용방안을 연이어 발표했다. 최근의 발표자료들은 전 세계적인 농촌 환경의 변화와 각국 농촌지역의 특수성을 고려한 정책설계 방향을 제언하고 있다.

〈표 4-1〉 OECD의 농정 패러다임 변화

구분	전통적 패러다임	신패러다임 제안(2006)	신패러다임 구체화(2015)
목적	• 격차 완화 • 농업소득 및 농산업 경쟁력 향상	• 농촌지역의 경쟁력 • 농촌자원의 가치 제고 • 미활용 자원 탐색 및 활용	• 농촌지역의 종합적인 웰빙수준 제고 - 경제, 사회, 환경 등 다차원적 생활수준 개선
대상 분야	• 농업	• 다부문적(Multi-sectoral) 산업분야 • 예: 농업, 제조업, 관광업, 서비스업, ICT, 바이오 연료 등	• 저밀경제 및 농촌지역의 다양성 - 농촌 인구감소를 고려한 지역경제 - 농촌환경의 특수성 • 도시지역과의 연계
정책 수단	• 보조금	• 투자	• 상호보완적 정책 활용
실행 주체	• 중앙정부, 농업인	• 중앙정부 및 지자체 • 공공/민간 이해관계자 집단	• 정책 거버넌스 • 도시-농촌 파트너십

자료: OECD(2015, 2006); 김태연(2016); 심재헌(2016) 참고 · 재작성

2) 시장보호적 관점

EU는 회원국 간 동일한 농정 기조를 유지함으로써 역내의 농업 · 농촌을 보호하는 전략을 활용한다. 시장보호 관점은 전후 사회복구 및 식량 안보에서 출발했으나, 농정환경의 변화 속에서도 비시장적 개입을 통해 유럽의 농업과 농촌을 보호하겠다는 기본 가치를 유지하고 있다. 대표적인 사업형태는 공동농업정책(Common Agricultural Policy, 이하 CAP)과 LEADER (Liaison Entre Actions de Développement de l'Économie Rurale)[4]로 구체화된다.

EU의 회원국들은 CAP를 통해 농정 기조를 공유한다. CAP는 회원국의 농업 보조금 및 관련 프로그램들을 포괄하는 정책체계로 농업 · 환경 · 농촌개발 이슈를 다루며, EU의 농업시장 조정자 역할을 담당하고 있다. 또한 EU 전체 예산의 40% 이상(2015년 기준)을 차지하는 등 EU의 공동정책(Common Policy) 유형 중 가장 큰 규모를 보인다.

CAP는 단일시장, 역내 농산물 우선, 공동 재정부담으로 이뤄진 3가지 기본원칙 하에 집행된다. 최근의 「CAP 개혁안, 2014~2020」[5]은 소득보조와 농촌개발이 공동정책의 양대 축임을 명시하고 있다. 먼저, 소득보조 전략으로는 직접지불제 등의 비시장적 수단과 시장기반조치(Market-Based Measures)가 복합적으로 활용된다. 더불어 농촌개발은 일련의 CAP 개혁과정을 통해 주요 정책 축으로 부상한 분야이며, 중장기 농촌개발사업(Rural Development Programmes)을 통해 관련 활동을 전개하고 있다.

---

4 LEADER는 EU 공용어로 활용되고 있는 프랑스어의 준말로서 영어로는 'Links between the Rural Economy and Development Actions'를 의미하며, 농촌경제 및 지역사회 활성화를 위한 통합적 농촌정책을 지향하고 있다.

5 「CAP 개혁안, 2014~2020」(CAP Reform 2014~2020)은 2013년 이후의 CAP 발전방향을 고민하는 포스트-2013의 일환으로 발표된 EU의 농정 개혁안이다.

<그림 4-2> EU의 공동농업정책(CAP) 변화

자료: EU (2012) 참고 · 재작성

농촌공간에 대한 CAP의 관심은 포스트-2013을 거치며 정책의 형태로 구체화되었다. 농정에 대한 지역적 접근은 1990년대부터 점진적으로 확대되기 시작했으나, 2003년의 CAP 개혁과 이후의 포스트-2013을 계기로 명문화되었다. 농산업을 중심으로 국내외 환경 변화에 대응하던 기존의 전략에서 농촌공간에 대한 포괄적 접근으로 농업과 농촌지역의 장기적 발전을 도모하는 전략으로의 전환을 공식화한 것이다. CAP를 통한 EU의 농정흐름 변화는 <그림 4-2>를 통해 확인해볼 수 있다.

CAP의 기원은 1950년대 서유럽의 전후 사회복구 사업에서 찾아볼 수 있다. 제2차 세계대전이 남긴 사회체계의 붕괴와 식량 부족 문제는 농업 및 식량수급에 대한 공동의 노력을 필요로 했다. 이에 1962년 CAP가 정식으로 출범하게 되었고, 초기의 정책은 농업생산성 증대와 더불어 식품 가치사슬의 재건, 농산물시장 안정화, 식품가격 조정, 농민의 생활수준 개선에 초점을 맞췄다. 가격지지정책을 통해 농업생산에 대한 인센티브가 제공되었고, 역내 농산물시장 보호를 위해 수입장벽 및 수출보조 정책이 병행되었다. 생산주의 관점의 적용과 더불어 강력한 시장보호형 농정을 집행한 것이다.

하지만 1970~80년대 전반에 걸쳐 과잉생산으로 인한 정부지출 증대,

국제 농산물시장 왜곡, 무역마찰 등의 문제가 표면화되기 시작했다. 특히, 1984년을 기준으로 과잉생산 농산물 관련 지출액이 전체 CAP 예산의 1/4에 이르는 등 농정구조 개혁의 필요성이 제기되었다.

EU는 과잉생산이 초래한 문제들을 해결하기 위한 시도로, 생산주의 정책에서 후기생산주의 관점에 근거한 농업 · 농촌정책으로의 변화를 모색하기 시작했다. EU는 1980년대 후반에 진입하며 기능 강화를 도모했고, 회원국 간 지역불균등 해소, 조직의 사회경제적 결속을 중점과제로 다루게 되었다. 뿐만 아니라, 국제적인 무역질서 변동과 함께 회원국의 농산업 보호가 주요 화두로 부상하는 등 대내외적 환경 변화에 당면했다.

1980년대 후반부에 관찰된 농촌지역의 인구사회학적 구성 변화 또한 농촌 이슈에 대한 사회적 · 정책적 관심을 유인했다. 복합적인 환경 변화는 CAP의 개혁과 새로운 형태의 정책대안 발굴을 요청했고, EU는 회원국 내 농촌지역의 지역경쟁력을 강화하는 대안을 제시했다. 역내 농산업을 국제시장으로부터 보호하고 농업의 지속 가능성 및 낙후지역의 내생적 성장역량을 강화하는 데 주목한 것이다. 이에 농촌개발이 주요 화두로 부상했고, 새로운 개혁안에도 관련내용이 포함되기 시작한다.

먼저, 1988년 유럽 구조기금(Structural Fund) 개혁을 통해 역내 농촌개발 정책의 선발 · 집행에 대한 초안이 구상되었다. 또한 EU 집행위원회는 동년 '농촌사회의 미래(Future of Rural Society)'를 주제로 한 회의에서 유럽 공동의 농촌정책 필요성을 역설하는 등 농촌개발사업 추진에 대한 의지를 표명했다. 이를 계기로 초기 LEADER 사업이 시범적으로 추진되었으며, 1991~94년의 LEADER I 사업기간 동안 농촌지역개발에 대한 EU의 관심과 지향을 구체화하게 된다.

이어 진행된 1992년의 개혁은 후기생산주의로의 CAP 정책구조 개편을 공식화했다. 해당 정책개혁은 농업생산성 향상에서 농업경쟁력 강화 측면으로 CAP의 초점을 이동시켰고, 점진적인 농산물 잉여 감축과 보조금 지출 축소를 통해 CAP의 패러다임 변화에 접근했다. 특히, 가격지지정책에서 소득보장정책으로의 전환을 도모한 것이 1992년 개혁의 초석이었다. 더불어 사회적 · 정책적 요구를 반영하여 개혁내용에 농촌공간의 정체성 및 기능에 대한 고민을 포함했다. 하지만 세계화 및 우루과이 협정 진전 등 국제 농산물시장의 변화와 무역체계 재편은 EU의 농업경쟁력 확보에 결정적인 요인으로 작용했고, 이러한 연유로 농촌정책은 비교적 제한적으로 다뤄졌다. 농업을 둘러싼 정치경제적 환경 변화와 보조금 지출 문제 등 농업정책에 대한 구조개혁 이슈가 더욱 중요하게 다뤄진 것이다.

1994년에는 LEADER Ⅱ가 착수되는 등 농촌개발의 사업범위가 더욱 확대되었고, 어젠다 2000 발표를 기하여 CAP는 농업생산을 지지하는 정책에서 농촌개발 및 환경분야를 포괄하는 지속 가능형 정책으로 확장되었다. 이어 2008년의 개혁점검과 포스트-2013을 통한 「CAP 개혁안, 2014~2020」 발표를 거치며 공정성과 효과성에 근거한 농촌개발 사업이 강조되었다.

1988년 농촌개발 사업의 공식 등장 이후 후기생산주의 및 다원적 가치에 대한 논의를 거치며 EU가 견지한 농촌정책의 핵심은 농촌공간의 가치 활용과 지역농업 활성화에 있었다. 이는 국제 시장질서에 위배되지 않으면서도 농업시장의 변화 및 충격으로부터 역내 농촌지역을 공동으로 보호하려는 시장보호적 정책의 일환으로 판단된다. 나아가 내적 상생과 외적 배타성을 동시에 추구하는 EU의 존립 목적을 고려한다면, 농촌개발과 소득보조를 CAP의 양대 축으로 설정하는 일련의 과정은 현대식 시장보호 방안으로 해석될 수 있다. 하단에 기술한 LEADER 사업의 특징과 주요 내용에 대한 이해는 궁극적으로 보호적 관점을 지향하는 EU 농촌정책에 대한 이해를 도울 것으로 사료된다.

LEADER는 농촌지역에 대한 이해에서 출발하여 농업 · 농촌의 다양성 확대를 도모하는 종합적 농촌개발사업이다. EU가 지향하는 농촌정책은 LEADER 사업을 통해 구현되고 있으며, 주요 목표는 농촌 주민의 삶의 질 향상과 농촌지역의 소득원 다양화에 있다.

LEADER 사업은 LEADER Ⅰ, LEADER Ⅱ, LEADER+ 단계를 거치며 사업범위의 확장을 거듭하고 있고, 상향식 발전전략을 통해 지역환경에 적합한 농촌개발을 지원하는 것이 특징이다. 산업 및 경제부문을 대상으로 분산적 · 수직적 집행방식을 보이던 전통적 접근법과는 달리, 종합적 · 분권적 형태로 농촌지역의 가치 활용에 개입함으로써 농촌지역의 장기적 경쟁력을 도모하고 있다.

LEADER Ⅰ(1991~94년)과 LEADER Ⅱ(1994~99년)는 농촌개발모델에 대한 시범적 성격이 강하게 나타났다. 특히 LEADER Ⅰ은 종합적 농촌개발의 가능성을 검증하는 실험적 사업으로 진행된 까닭에 200여 개의 선발지역만을 대상으로 사업이 진행되었다. 주요 사업분야 선정은 농업 이외의 다부문(Multi-sector) 접근방식을 따랐고, ① 농촌개발 활동에 대한 기술적 지원, ② 고용을 위한 직업훈련, ③ 농촌관광, ④ 중소상공인 · 수공업 지원, ⑤ 농산물의 활용 및 마케팅 지원, ⑥ 기타(LEADER Ⅱ의 경우 환경보전)로 세분화될 수 있다(박진도, 2005). 각 사업지는 최소 2개 이상의 분야를 조합하여 사업계획을 수립했으며, 농촌관광을 적용한 사업지가 총 예산배분의 45%를 차지했다. EU는 이러한 실험적 사업을 통해 총 5,000여 개의 신규사업체와 2만 5,000개의 일자리를 창출했다. 이어 역내 1,000여 개 지역으로 사업범위를 확대한 LEADER Ⅱ 사업이 착수되었으며, 이는 EU 농촌지역의 약 50%에 해당하는 규모였다.

LEADER Ⅱ 사업의 경우 기본적으로 전신인 LEADER Ⅰ의 사업골격을 따르되, EU가 주도한 이전 사업과 달리 사업을 승인하고 자금을 지원하면 개별 국가가 주체적으로 사업을 집행 · 운영하는 방식으로 진행되었다. 나아가 사업지 간 초국적 협력사업을 실시하는 등 사업내용의 혁신성이 더욱 강조되었다는 특징이 있다.

이어 LEADER Ⅰ과 LEADER Ⅱ의 성과를 기반으로 지역적 접근법에 주목한 LEADER+가 등장했고, 2000년부터 현재까지 역내 농촌지역의 경쟁력 강화를 목적으로 사업이 진행되고 있다.

LEADER+ 사업은 LEADER를 통해 구현되는 종합적 농촌개발 전략을 EU 내 농촌지역에 광범위하게 적용함으로써 LEADER의 주류화를 꾀하고 있다. 이에 기 사업과 견주어 예산규모 및 사업대상지역을 대폭 확대했을 뿐 아니라(표 4-2 참조) 개별 회원국들이 자체 예산을 활용하여 LEADER를 모티프로 한 사업을 발굴할 수 있도록 지원하고 있다. 가령 핀란드의 경우, LEADER+ 사업 초기(2001~06년) 중 EU를 통해 사업비의 1/3에 해당하는 금액만 지원받고 나머지 비용은 국가 자체예산으로 충당하는 등 사업자원을 효율적으로 활용하고 있다. 아울러 핀란드는 LEADER 개념을 국가정책으로 정착시켜 전국단위의 사업 확대를 도모하고 있다.

<표 4-2> 단계별 LEADER 사업의 변화

사업 단계		사업 기간	사업 목표
LEADER Ⅰ		1991~94년	• 새로운 농촌개발모델 실험 • 농촌지역의 미래상 및 가능성 확인 • 농촌경제 다각화
LEADER Ⅱ		1994~99년	• 사업규모 확대: LEADER Ⅰ 접근방식을 역내 50%에 해당하는 농촌지역으로 확대 • 농촌개발사업의 점진적 통합 방안 고안
LEADER+	착수	2000~06년	• 지역에 기초한 접근방식 강화 • 유럽 농촌지역의 경쟁력 강화
	확장	2006~16년	• 사업범위 확대 및 사업방식 다양화 • LEADER 정책을 모티프로 한 개별국가의 농촌개발 정책 기획

자료: 박진도 외(2002)와 LEADER 웹페이지 참고 · 재작성

또한 LEADER는 사업지의 지역활동그룹(Local Action Group, 이하 LAG), 회원국 정부의 중간조직(Intermediary Body), EU 농업위원회로 구성되는 사업추진체계를 보이고 있다. 해당 사업추진체계는 사업지역과 내용에 따른 자율성 및 유연성을 보장하는 수평적인 구조를 따른다는 것에 주목해볼 수 있다. 수평적 사업체계는 농촌현장의 기본활동단위인 LAG이 자율적으로 사업계획을 수립하고 사업집행의 전 과정을 담당할 수 있도록 책임을 부여하고 있으며, 회원국의 중앙 · 지방정부와 EU 집행위원회의 역할은 사업승인 및 자원제공에 국한되어 있다. 더불어 각국에서 LEADER 사업을 위한 제도적 기반을 마련하고 있는 까닭에 주류 농촌정책의 영향을 최소화한 채 개별 사업지의 특성에 부합하는 창의적 사업 구성 · 집행이 가능하다.

사업선정 및 집행과정에 대한 모니터링, 집행결과에 대한 평가는 예산을 지원하는 EU 집행위원회가 진행한다. 사업선정의 경우, EU 집행위원회에서 사업지침을 공표하면 국가별 관할당국에서 해당 지침에 부합하는 국별 계획을 추가적으로 수립한 후 순차적으로 사업공모, 예비신청, 최종 선정의 단계를 따른다. 사업선정의 기본 원리는 지역별 다양성 및 분권화에 근거한 경쟁에 있으며, 사업지 특성-개발계획-LAG 파트너십 간 연계가 중요한 선정 근거로 활용된다.

반면 사업평가는 EU 집행위원회에서 제시하는 평가기준에 따라 LAG이 자체적으로 실시하고 있다. LAG은 자체평가 내용을 포함한 평가보고서를 반기별로 EU 집행위원회에 제출하며, 개별 국가 내 광역관리 당국은 각 사업지의 진행상황을 모아 중앙관리 당국에 보고한다. 연간 사업자금 배분은 중앙관리 당국에 제출된 종합평가보고서를 바탕으로 이뤄진다. 그러나 일부 집단에서는 LEADER 사업의 기본목적이 지역의 사회경제적 잠재력을 활용한 장기적인 지역경쟁력 제고에 있다는 점을 근거로,

과정중시형 평가보다 단기적 성과에 주목하는 현 평가체계의 한계를 지적하고 있다(박진도 외, 2002).

LEADER는 사업지에 따라 상이한 사업내용을 지니고 있는 바, 종합적 농촌개발의 방식 또한 사업지별로 다르게 나타난다. 본 연구에서는 LAG의 역할 및 기능이 강력하게 작용한 영국의 사례와 정부개입의 특성이 비교적 강하게 나타나는 독일의 사례를 통해 LEADER식 종합개발이 사업현장에 적용되는 방식을 이해해보고자 한다.

먼저, 영국 웨일스 남서부의 펨브룩셔(Pembrokeshire) 지역은 LEADER Ⅰ 이후 LEADER Ⅱ, LEADER+ 사업을 지속적으로 유치하고 있는 사업지다. LEADER Ⅰ 및 LEADER Ⅱ에서는 농촌관광을 중심으로, LEADER+ 단계에 진입하면서 지역의 포괄적 성장과 농촌비즈니스 개발을 주요 사업분야로 설정하고 있는 것이 특징이다.

해당 사업지의 경우 제3섹터 형태의 SPARC(South Pembrokeshire Partnership for Action with Rural Communities, 이하 SPARC)가 LAG의 기능을 담당하고 있으며, SPARC의 성공적인 사업집행으로 인해 웨일스 내 우수 LEADER 사업지로 평가받고 있다(박진도 외, 2002). SPARC은 LEADER Ⅰ 사업의 본격화 이전인 1980년대 말 지역 발전에 관심이 있는 주민이 형성한 자생적인 단체이며, LEADER 사업 진전에 따라 주민참가와 각종 관련기관을 네트워크화함으로써 지속 가능한 지역발전의 거점으로 작용하고 있다. 특히 현지주민과 지역 내 35개 전체 커뮤니티의 참여를 독려함으로써 LEADER 사업뿐만 아니라 현지에서 집행되는 농촌정책에도 상향식 전략을 적용할 수 있는 기반을 마련했다.

SPARC의 효율적인 관리 · 집행 하에 LEADER Ⅰ 및 LEADER Ⅱ 기간 중에는 도보관광을 중심으로 한 통합적 지역발전사업이 진행되었고, 지역주민의 소득 및 고용 증대에 직접적인 영향을 미쳤다. 이어 LEADER+

기간 중에는 지역 내 기업가 문화의 창출에 초점을 맞추어 커뮤니티가 지니는 자체적 비즈니스 역량 강화를 도모하고 있다.

독일에서는 농업이 차지하는 인구 · 산업적 비중이 적은 까닭에 농촌관광 또는 지산지소(地産地消; 신토불이) 측면에 LEADER 사업의 주안점을 두고 있다. 독일의 슈베비쉬할(Schwabiseh Hall) 지역 또한 농촌관광을 핵심분야로 LEADER 사업을 진행하고 있으며, 사업단계 진전에 따라 관광부문 이외의 타 업종 종사자들과도 파트너십을 구성하고 있다. 슈베비쉬할 지역의 사업에서는 군의 직원 중 내부 공모를 통해 선발된 애니메이터가 있는데, 이들은 LAG에 소속되어 파트너십 구성 및 주민홍보 활동을 주도함으로써 사업의 원활한 추진을 지원하고 있다.

그러나 독일의 경우 하향식으로 고착화된 행정시스템의 관성으로 인해 광범위한 파트너십 구성과정 중 정부의 개입이 비교적 많이 나타난 것으로 보인다. 이에 따라 수평적 추진체계를 지향하는 LEADER의 사업기조와 일부 상이한 측면이 있으며, LEADER+의 명칭 하에 진행되는 주요 사업들의 정체성 논란이 있는 상태다.

LEADER 사업의 단기적 효과 및 우수사례에도 불구하고 투입예산의 규모 및 관리의 어려움으로 인해 공공부문의 개입 확대에 대한 실효성 논의는 여전히 현재진행형이다. 포스트-2013을 거치며 농촌개발 분야는 현행 CAP 체제의 핵심 축으로 부상했으나, 시장보호적 성격의 농정은 필연적으로 공공개입의 지속성과 합리성을 요구한다. 생산주의 시대의 농정이 예산확보의 어려움을 야기했다는 점을 고려한다면, 농촌개발을 위시한 종합적 시각으로 농정에 접근한다 한들 EU의 재정건전성과 정책기조 유지가 사업 효과성에 핵심적인 요인으로 작용할 것이 자명하다. 결국 시장보호의 영속성 문제와 직면하게 되며, 외부환경 변화에 대한 면역력 증강에 취약해질 개연성이 높다. 또한 개별 사업체계는 재정확보를 목적으로 단기적 성과에 편향될 가능성이 높고, 지역활동그룹에 의한 선택적 배제의 위험이 상존한다. 이러한 단점은 LEADER가 궁극적으로 지향하는 내생적 발전역량 확보에 부정적으로 작용할 수 있다.

반면 현행 LEADER+ 사업이 구조기금에서 차지하는 실제 비중이 적고, 사업지 주민에게 주인의식을 부여하는 까닭에 저비용 · 고효율의 사업구조를 보인다는 장점이 있다. 물론, LEADER+ 사업의 더욱 근본적인 편익은 외부환경 변화로부터 역내 농업 · 농촌발전의 안전성에 기여한다는 데 있다.

4. 시장지향적 및 준시장지향적 관점

미국, 캐나다, 호주, 뉴질랜드는 대표적인 농업수출국이다. 그러나 이들 국가의 농업 · 농촌정책은 프랑스, 이탈리아, 덴마크 등 농촌지역의 경제활동이 농업을 중심으로 구성되어 있는 유럽의 주요 농업수출국과는 상이하다. 미국, 캐나다, 호주, 뉴질랜드는 농업생산이 일부 농업경영체에 집중되어 있고, 농업활동이 농촌경제에 미치는 영향 또한 제한적이기 때문이다. 따라서 이들 국가는 대규모 농기업 및 이익집단을 대상으로 한 농업정책과 낙후지역 관리 측면의 농촌개발을 분리하고 있다. 본 연구는 농촌지역의 생활환경 개선을 다루는 농촌정책에 주목하여 북미국가들의 농정 특성과 변화를 이해하고자 한다.

영미형의 해양국가들은 시장기능을 적극 활용하여 자국의 이익을 극대화하는 산업구조를 보인다. 반면 국익에 배치되는 국제적 의사결정에 있어서는 시장질서를 따르기보다 철저한 보호주의를 적용하는 이중성을 지니고 있다. 이러한 준시장주의적 성격은 농업 · 농촌 분야에서도 찾아볼 수 있는데, 자국 농산물의 국제경쟁력을 도모하는 동시에 가격지지 등 전형적인 반시장적 개입정책을 통해 자국의 농업과 농촌을 보호하는 모습을 보인다. 더불어 WTO를 통해 EU의 농촌개발정책이 농업생산에 대한 간접지원이라는 점을 비판하는 반면(박덕병 외, 2008), 특히 미국의 경우에는 자국 농업보호를 위한 노골적인 보호주의 정책들을 활용하고 있다. 본 연구에서는 시장지향형 농업정책으로 농정개혁을 성공시킨 뉴질랜드와 시장 · 반시장 기능이 혼재된 미국의 사례를 살펴본다. 두 국가의 사례를 비교함으로써 개별 국가의 농업 · 농촌 환경을 반영한 시장지향적 관점의 변주를 확인할 수 있을 것이다.

뉴질랜드의 농업 · 농촌정책은 시장지향적 농정의 대표적인 사례로 언급된다. 1950년대 이후의 과도한 보호주의적 접근으로 인해 1970~80년대에 이르러 보조금 과잉지출의 문제점이 대두되었고, 뉴질랜드 정부는 정책적 · 사회적 요구에 대응하여 1984년 급진적인 시장지향형 농업개혁을 단행했다. 해당 개혁으로 기본투입요소에 대한 가격지지 및 보조금과 세금 관련 각종 혜택들이 대폭 감축 또는 철폐되었으며, 보조금 수혜 농가의 대출 이자율을 일반산업체 수준으로 상향 조정했다.

나아가 1980년대 중반에는 수출보조금과 관련한 국제시장의 갈등이 격화됨에 따라 14개(1986년 당시, 2014년 기준 19개국) 농산물 수출국이 연합한 케언즈 그룹(Cairns Group)에 참여하게 된다. 뉴질랜드는 케언즈 그룹과 함께 유제품에 대한 쿼터를 신설하는 등 과잉생산 농산물에 대한 생산제한과 더불어 수출보조금 폐지를 통해 수출국 정부의 인위적인 조절작용을 완전 배제한 농산물교역자유화를 제안하는 데 동참했다.

상술한 급격한 변화는 뉴질랜드의 농업부문에 단기적인 경제 · 사회적 혼선을 야기했으나, 개혁지지자들은 해당 개혁이 뉴질랜드 농업의 국제경쟁력 향상에 긍정적으로 작용한다고 평가했다. 실제로 1980년대 중반의 농업개혁 이후 뉴질랜드 농업이 지니는 국제경쟁력은 상승했을 뿐만 아니라 현재까지도 세계 주요 농업수출국으로서의 입지를 유지하고 있다(Woods, 2004).

그러나 뉴질랜드 내 농정개혁의 효과는 뉴질랜드 농산업의 수출지향적 특성에 기인한다는 의견이 지배적이다(Woods, 2004). 뉴질랜드는 1950년대부터 대표적인 농업수출국의 입지를 점하고 있었다. 이에 따라 정부 및 이해관계자 집단은 농산물수출국의 입장에서 국제 교역시장 변화에 대응하는 최선의 방법이 시장기능을 적극 활용한 농업경쟁력 강화라는 인식을 공유했다.

또한 뉴질랜드 정부는 높은 수준의 농산업 국제경쟁력을 발판으로 시장개입에도 비교적 유연한 태도를 보였다. 특히, 개혁정책의 안정화 및 국제시장 대응을 목적으로 재정 지출을 확대했다. 뉴질랜드 정부는 개혁 이후 1987년에도 농업부문 구조조정에 요구되는 공적자금을 지원했으며, 이후 국제 농산물시장 변동에 따라 농업부문의 안정을 위해 지속적인 정책사업을 진행했다는 특징이 있다.

농촌지역개발사업으로 한정해보면, 이러한 시장개입형 특징들이 더욱 많이 관찰된다. 농산물 수출이 뉴질랜드 경제를 지탱하고 있는 바, 농촌지역 활성화와 농촌 부존자원의 보호를 통해 농산업을 뒷받침하는 공간적 역량 구축에 투자하고 있는 것이다. 이러한 논의는 뉴질랜드의 주요 정책들이 내포하고 있는 환경보호의 가치와도 연결된다.

반면 미국의 농업 · 농촌정책은 준시장지향성을 보인다. 농업정책의 세부전략은 시장보호적 기조를 관통하고 있다. 농촌정책의 경우 시장지향 및 보호적 성격을 복합적으로 활용한다. 또한 산업으로서의 농업과 농촌지역의 지역개발을 분리함으로써 농촌지역과 농산업을 이원적 개념으로 인식하는 것이 특징이다. 이러한 관점은 농촌지역 노동인구 중 농업종사 인구가 약 8%, 전업농이 1.7%만을 차지하는 미국 농촌환경의 속성에 기인한다(김윤성, 2013). 아울러 농업은 농촌의 지역경제를 지탱하는 중심사업이 아니며, 농촌 거주민의 개인소득 중 농업순소득이 차지하는 비중은 약 2~3%에 불과하다는 점도 농촌정책과 농업정책의 분리에 영향을 미치고 있다.

농업부문의 경우, 여타 산업부문과 달리 강력한 수준의 보호주의 전략을 견지하고 있다. WTO는 농장법(Farm Bill) 개정을 통한 미 정부의 농업보조금 확대 전략을 지속적으로 비판하고 있는 형국이다.[6] 이렇듯 과도한 보호적 특성은 농업부문의 이해관계자들이 긴밀히 개입된 정치환경에 기인하는 바가 큰데, 농업계 로비단체 등이 워싱턴 정가를 자극하여 내수시장 장악 및 해외시장 진출에 우호적인 정책 조성을 유도한다.

미국의 농업정책은 개별 농가의 소득보장에도 보호적 관점을 견지하고 있으며, 이는 소규모 가족농 보호에 대한 미국 농정의 기본철학이 투영된 결과다. 2014년의 농업법 또한 농업관련 재정의 축소 우려에도 불구하고 농가소득 안전망을 강화하는 방향으로 개정되며 강력한 시장보호의 모습을 보였다(KREI, 2014). 국제 농산물 가격과 국내 농가소득이 증가하는 상황에서도 농가소득안전망 강화를 단행한 결단이 대표적인 사례다.

반면 농촌정책은 시장지향 및 보호적 특징이 혼합된 양상을 보인다. 지역경제 활성화 측면에서는 시장형 정책이 제안되고 있으나, 정주환경 향상을 목적으로 하는 사업들은 낙후지역의 기본 생활환경을 지원하는

---

6 본고는 농장법(Farm Bill)과 농업법(Agricultural Act)을 구분하여 사용하고 있으며, WTO의 농장법 비판에 대한 내용은 로이터통신의 「Farm bill attracts criticism at WTO talks (05/26/2008)」와 WTO의 「United States–Subsidies on Upland Cotton (2014)」 보고서를 통해 확인 가능하다.

등 보호적 색채가 짙다. 미국 농무부(United States Department of Agriculture, 이하 USDA)의 비전에는 이러한 준시장적 성격이 반영되어 있다. USDA는 기관의 운영 목적이 지역주민의 생활환경과 기업의 투자환경 개선을 도모하는 주요 시설 및 서비스 제공, 고용 및 소득 증대를 위한 지역산업 계획 수립, 지역 내 환경자원의 효율적 활용계획을 통한 부가가치 확대에 있음을 명시하고 있다. 이러한 운영 목적은 농촌지역을 경제활동이 진행되는 안정적인 시장으로 성장시키는 것과 연계되어 있다. 즉, 시장 기능이 원활히 작동할 수 있도록 기본 인프라를 지원하는 방식으로 시장보호 · 지향의 복합적 성격을 반영하고 있는 것이다.

농촌지역의 기반시설 정비 및 경제활동 지원에 주목하는 미국의 농촌정책은 1930년대 대공황 시기부터 이어진 정책기조다(그림 4-3 참조). 이는 농촌을 농업활동의 현장이 아닌 물리적 인프라가 낙후된 공간이라는 관점에 근거한다. 공식적인 농촌개발정책은 1936년 농촌전화법(農村電化法; Rural Electrification Act)을 통한 전력공급사업에서 시작되었으며, 농무부를 주축으로 상하수도 · 전기 · 통신 · 주택개량 등 사회기반시설 설치에 중점을 두었다. 더불어 대공황 시기의 소규모 가족농 보호 차원에서 식량지원 및 농가소득보전 사업 또한 실시되었다. 당시 형성된 농촌정책 기조는 미국 농촌정책의 전통적인 관점으로 정착했으며, 현행 사업들에도 중요한 영향을 미치고 있다.

이어 1960년대에 이르러 농무부 농촌개발처(USDA Rural Development)의 지역사무소를 설치했고, 농촌의 빈곤수준 개선을 위한 융자 및 보조금 사업이 본격화되었다. 1970년대에는 농촌개발 관련법 제정을 통해 주요 농업개발사업들을 관리하는 구속력 있는 제도를 고안했다. 이에 더 많은 연방기관이 사업에 참여하는 제도적 기반이 마련됨으로써 사업체계 또한 구체화되었다. 아울러 1980년에는 농촌개발정책법을 추가적으로 제정하여 농촌지역에 대한 물리적 인프라 제공사업의 규모 및 범위를 확대하게 된다. 뿐만 아니라, 이 시기에는 농촌지역 내 비농업분야의 경제활동 활성화를 통해 농촌지역 거주민의 농외소득 제고를 도모했다(김홍상, 2004).

1990년부터는 농산물 무역환경의 변화에 따라 미국의 농촌정책 또한 전환기를 맞이하게 된다. 1990년 발효된 농업법은 농무부를 중심으로 운영되던 농촌개발사업의 집행주체가 주정부 및 현지 이해관계자 집단으로 다양화 · 세분화했고, 농촌지역을 대상으로 한 융자 및 보조금 지원사업의 관리기구 설치를 명문화했다. 이는 주류 농업정책과 농촌정책을 별도로 취급하던 기존의 시작에서 나아가 무역환경 자유화에 대한 농촌지역의 취약성을 보호하기 위한 조치였다. 이후 2008년 농업법(Agricultural Act of 2008)과 2014년 농업법(Agricultural Act of 2014)을 거치며 농촌개발정책의 규모를 확대해나갔으며, 사업범위 역시 다각화되었다. 기존의 기반시설 증축 측면뿐만 아니라 지역사회 활성화 또는 농업과 연계한 경제활동 지원 등으로 사업의 영역을 넓힌 것이다. 특히, 2014년의 농업법은 농촌지역을 기업유치가 원활한 지역으로 변화시키는 내용을 포함하고 있는 등 농촌지역의 시장기능을 강화에도 주력하고 있다(Cowan, 2016).

농촌개발사업은 농무부 농촌개발처 산하의 농촌주택청(Rural Housing Service), 농촌설비청(Rural Utilities Service), 농촌기업/협동조합지원청(Rural Business-Cooperative Service)을 주축으로 진행되고 있으며, 교통부(Department of Transportation) 및 주택 · 도시개발부(Department of Housing and Urban Development) 등 다양한 부처가 연합하여 농촌 인프라 건립을 지원하고 있다. 2016년을 기준으로 USDA를 포함한 총 16개의 연방기관이 88개 이상의 농촌개발 사업을 시행하고 있다.

현재 농무부가 관리하고 있는 농촌개발 사업들은 시설 · 환경지원 분

<그림 4-3> 미국의 농촌정책 변천과정
자료: 김윤성(2013), 김홍상(2004), USDA 웹사이트 참고 · 재작성

야와 사업체 지원 분야로 크게 분류할 수 있다.[7] 2016년을 기준으로 진행 · 완료된 사업 수는 약 50개 이상으로, 융자 및 보조금 형태의 재정지원 사업이 주를 이룬다. 시설 · 환경지원 사업은 지역사회기반 비영리단체, 다가구주택, 단독주택 형태로 사업 대상을 세분화하고 있으며, 사업체 지원은 농촌지역 또는 자원을 기반으로 경제활동을 진행하는 경영체를 대상으로 한 사업비 지원을 목적으로 한다.

---

7 1980년의 농촌개발정책법(Rural Development Policy Act) 이후, 농무부는 미국 내 농촌개발을 총괄하는 선임연방기관으로서 농촌개발사업 자금의 약 50%를 관장하고 있다(Cowan, 2016). 농무부가 관리하는 현행 농촌개발사업 목록은 관련 사이트(http://www.rd.usda.gov /programs-services)를 참고했다.

농촌을 물리적 인프라가 미비한 낙후지역으로 인식하는 미국의 농촌정책은 OECD 회원국들의 공통적인 농촌정책 관점과는 상이하다. OECD(2006) 내에서 새로운 농촌정책 패러다임이 제안된 이후, 대다수 회원국에서는 농업과 농촌을 분리하는 과정을 통해 농촌의 지역경쟁력 제고를 중심으로 한 농업의 다원적 기능 활용을 강조하고 있다. 반면 미국의 경우 농업은 철저히 산업적 측면에서, 농촌은 낙후지역 인프라 지원 차원에서 다뤄지며 두 개의 독립적인 정책으로 집행되고 있다.

하지만 이러한 미국의 농정에도 일부 변화의 기류가 포착되고 있다. 2000년대 이후의 농촌정책은 물리적인 시설지원에 치중하던 전통적인 범주와 더불어 개별농가의 자립을 보조하는 로컬푸드, 농촌지역의 자연환경에 주목하는 환경보전 사업들로 분야를 확대해나가고 있다(임정빈, 2014; 김윤성, 2013). 농촌지역의 농업기능과 지역개발을 통해 구체화될 수 있는 농업의 다차원적 기능 방향으로 사업영역을 확장하고 있다.

특히, 농업자원 및 환경보전 이슈에 대한 사회적 관심과 결부지어 농촌의 어메니티에 주목하는 농촌개발사업들을 고안한 것이 대표적이다. 상술한 2014년 농업법에도 이러한 변화가 반영되었으며, 상대적으로 소외되어온 농촌개발 관련 지출을 법적으로 보장함으로써 농촌개발 정책 변화에 새로운 전기를 맞이했다. 또한 환경보전 이슈를 반영한 농촌정책 방향 전환과 기능의 확대는 미국과 더불어 시장지향형 혹은 준시장지향형의 농정을 전개하는 국가에서 주로 관찰되는 특징이다. 농촌개발 및 환경 이슈가 동등한 차원에서 논의되는 것은 EU에서도 찾아볼 수 있는 경향이나, 환경 분야를 주요 명분으로 농촌 지역개발 예산을 증액하는 움직임은 준시장지향형 국가들의 정치환경을 고려한 것으로 해석된다.

5. 한국의 농업 · 농촌정책

농업생산성 제고에 집중하던 근대적 농정은 농업의 다원적 기능과 농촌 어메니티의 가치를 강조하는 최근의 정책적 흐름에 의해 대체되고 있다. 한국의 농업 · 농촌정책 또한 이러한 세계적 농정 기조의 변화와 더불어 농업과 농촌의 사회경제적 가치에 주목한 정책 전환을 꾀한다. 이에 따라 한국의 농정 방향은 중앙정부 주도의 식량 수급조절 정책에서 농산업 및 농촌공간의 활성화로 이동하고 있다. 이러한 변화는 농촌공간에 내재된 발전 잠재력을 활용하여 농업과 농촌의 지속 가능성을 높이는 전략이다. 더불어 내생적 농촌개발정책은 농업 및 농촌 분야 패러다임 전환의 이론적 토대가 될 것으로 기대되고 있다.

농촌공동화 위기로부터 등장한 새로운 농촌정책 패러다임은 식량생산기지라는 수단적 의미의 농촌공간을 생활 · 경제활동 · 경관보전의 기능을 포괄하는 활력 있는 정주공간으로 변모시키고 있다. 하지만 우루과이라운드(Uruguay Round of Multinational Trade Negotiation, 이하 UR) 이후 막대한 재정투자에도 불구하고 농촌정책의 비효율성에 대한 비판이 고조되고 있

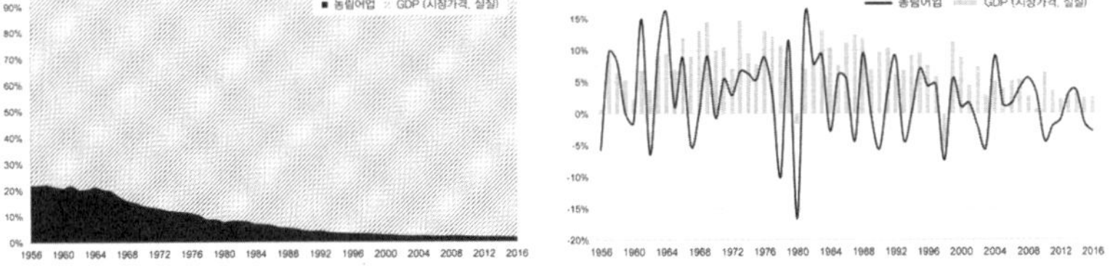

GDP 중 농림어업 비중 변화　　　전년 대비 증감률

<그림 4-4> GDP(한국) 중 농림어업 부문의 비중 및 증감률 변화
주: 실질 GDP 통계는 연쇄가중법으로 추계한 결과임
자료: 한국은행 경제통계시스템(http://ecos.bok.or.kr)

다. 더불어 〈그림 4-4〉에서 확인할 수 있듯이, 경제수준 상승에 따라 GDP(Gross Domestic Product; 국내총생산) 중 농업부문이 차지하는 비중 또한 점차 감소하고 있다. 그러나 이것이 농촌의 가치와 역할의 축소를 의미하는 것은 아니다. 오히려 안전한 식품의 안정적 공급, 농촌 지역사회 유지, 국토 및 환경 보전, 전통 및 문화의 계승 등을 통한 농촌의 역할과 기능은 점차 중요도가 높아지고 있다(박진도, 2005).

현 농정체제는 농촌의 공간적 가치를 활용하여 농촌사회 활성화를 도모하는 새로운 농정 패러다임 속에 있다(Hwang and Lee, 2015). 농촌이 지니는 공간적 가치는 농산물 생산에 수반되는 농업의 비교역적 기능[8]과 농촌 고유의 사회 · 문화적 배경에서 비롯된다. 물론, 농촌사회 활력 제고는 공간적 가치의 발현만으로 달성할 수 있는 것이 아니다. 한국의 농촌은 농업활동을 근거로 형성된 지역적 경계인 까닭에 농촌의 경제적 역량과 농촌사회 활력 제고는 긴밀한 상보적 관계에 있다. 그러나 농촌의 경제적 역량이 농산업에 절대적으로 의존하는 반면, 농촌사회 활성화는 농산업 경쟁력 향상의 선행요건으로 작용한다. 그리고 농촌사회의 활력 제고는 농촌의 부존자원을 활용한 공간적 역량 강화에서 출발한다(Brandth and Haugen, 2011; Ohe, 2007; Ohe, 2006). 이에 정주 및 소비 공간으로서 농촌의 잠재력에 주목하는 정책이 농촌사회 활성화의 근본적 방안으로 부상하고 있다(이해진, 2009; Brandth and Haugen, 2011; Woods, 2004).

이러한 환경변화는 농정 변화에 대한 시대적 요구를 유인했고, 이에 한국의 농정은 농업 중심의 전통적인 시각에서 농촌의 지역적 어메니티

8 농업의 비교역적 기능(Non-Trade Concerns, NTCs)이란 교역을 통해 성취할 수 없는 농업 고유의 기능이나 역할을 의미한다. 송유철 외(2002)에 따르면, 농촌의 쾌적성, 농촌활력, 사회안정, 환경보전, 식량안보 등의 비경제적인 역할이 농업의 비교역적 기능에 해당한다.

를 극대화할 수 있는 새로운 접근방식을 적용하고 있다. 즉 생산성의 관점에서 지역경쟁력으로, 나아가 지속 가능성으로 농촌정책의 초점을 변화시키며 농촌 지역사회의 활성화를 도모하고 있다. 이러한 전반적인 변화 양상은 OECD의 농정 패러다임 전환 과정과 유사하다.

최근 한국의 농정 기조는 농촌의 경제력과 시장기능 복원에 초점을 맞추는 등 미국형의 준시장지향적 농업 · 농촌정책과 닮아 있는 듯 보인다. 그러나 세부 사업들의 설계 내용은 오히려 CAP와 LEADER+ 류의 시장보호적 농업 · 농촌정책과 흡사하다. 이러한 접근은 정부의 개입 확대와 시장기능 강화라는 대조적 전략을 결합한 것인데, 한국적 농촌환경과 정책체계에 맞추어 변형시킨 형태다. 특히, 농촌지역개발사업에서는 EU 농정의 시장보호적 속성을 더욱 쉽게 찾아볼 수 있다(표 4-3 참조). 2002년부터 본격적으로 추진된 농촌관광 사업들과 더불어, 농촌마을종합개발사업, 산촌종합개발사업, 녹색농촌체험마을 등 종합개발사업을 표방하는 사업군이 대표적인 사례다. 이러한 농촌지역개발사업은 당초 농업인을 지원하던 농촌정책에서 마을 및 권역 등 공간단위를 중심으로 사업단위가 재편되었다는 공통점을 지닌다.

〈표 4-3〉 마을단위의 주요 농촌지역개발사업

주관부처	사업명	기간	목적 및 내용	규모 및 예산
농림축산식품부	농촌정주권 개발사업	1994~2004	• 생활기반시설 정비 및 확충 • 농촌도로 · 산업시설 · 농촌주택 정비 • 문화/복지시설 확충	면(面)별 30억 원
	농촌마을 종합개발사업	2004~	• 농촌활력 제고 • 농촌의 생활기반시설 확충 • 권역단위의 생활환경 개선	마을별 3~5년/ 40~70억 원으로 차등지원
농촌 진흥청	농촌전통테마 마을사업	2002~2009	• 농외소득 증진 • 마을경관 보존/정비 • 숙박시설 확충	170개 마을 완료, 총 340억 원
문화체육 관광부	문화 · 역사마을 가꾸기	2004~2009	• 농외소득 증진 • 역사와 문화 테마를 활용한 체험형의 전통민속마을 조성	13개 마을 완료, 총 239억 원
산림청	산촌생태마을 조성사업	1995~	• 휴양자원을 활용한 소득증대 • 산림관리의 효율성 도모	마을별 14억 원
농림축산식품부	녹색농촌 체험마을	2002~	• 농업관광기반시설 건립 • 마을경관 조성	마을별 1~3억 원
	어촌체험마을	2001~	• 체험관광을 통한 어촌경제 활성화 • 어촌의 정주환경 개선	마을별 약 2억 원
행정 자치부	아름마을 가꾸기	2001~2004	• 농촌체험프로그램 개발을 통한 소득증대 • 마을경관 정비	23개 마을 완료, 총 435억 원
	정보화마을	2001~	• 지역 간 정보격차 해소 • 직거래 등 경제활동 지원으로 소득 창출 및 지역경제 활성화	현재 9차 사업까지 386개 마을 완료

주1: 부처명은 2016년 기준 명칭으로 수정했음
주2: 김정섭 외(2011)에 따르면, 정보화마을은 당초 목적과 달리 사업 추진 중 숙박형의 관광사업으로 변형된 부분이 있으므로 농촌관광 항목에 포함시켰음
자료: 김정섭 외(2011), 송미령 외(2004) 참조 · 재작성

이후 2005년부터는 신활력지원사업이라는 명칭으로 1기와 2기 농촌활력증진사업이 진행되었다. 당초 행정자치부에서 시작한 해당 사업은

2007년을 기점으로 농림축산식품부로 이관되었으며, 산업화 과정에서 소외된 낙후지역의 장기적 자립발전기반 마련을 목적으로 했다. 주요 사업내용은 지역의 농특산물 및 관광사업 개발, 이미지 제고, 인재 육성, 보건여건 개선 등을 포함한다. 그러나 신활력지원사업은 사업내용의 모호성과 타 사업과의 중복 등이 지적되며, 2010년 2기 사업 종료 이후 농어촌자원복합화지원사업으로 재편되었다. 농어촌자원복합화지원사업은 농촌지역의 향토자원과 농공단지와 농산물 가공 · 판매 등의 기능을 결합하는 사업으로, 현행 6차 산업화의 전신이라 할 수 있다.[9]

또한 한국 농정은 2007년부터 2010년까지 향토산업육성사업, 지역농업클러스터사업의 확장판인 광역클러스터사업, 지역전략식품산업육성사업 등을 순차적으로 착수하며 특성화 전략을 활용한 지역농업 활성화를 도모하고 있다(황재희 외, 2012). 이어 2010년부터는 지방자치단체의 자율성을 보장하는 포괄보조금제도의 도입으로 농촌지역개발사업이 농촌지역의 내발적 발전역량을 지원하는 방식으로 변모하고 있다.[10]

농촌정책, 특히 한국 농촌정책의 핵심인 농촌지역개발사업 집행에는 정부의 지속적인 대규모 예산지원이 필수적이다(Esparcia, 2014). 그러나 농촌개발사업의 장기화와 지속적인 예산 투입 가능성은 불투명하다. 이는 한국의 농촌정책이 벤치마킹하고 있는 EU 농촌정책에서도 드러나는 한계다. 일부 연구에 따르면 CAP 사업이 중단될 경우 1/5가량의 농민들이 농업활동에서 이탈할 것으로 추정되며, 농외소득 또한 CAP 사업 유무에 따라 현저한 차이를 보일 것으로 전망된다(Latruffe et al., 2013; Leeuwen and Dek-

---

9 농업의 6차 산업화 정책은 황재희 · 이성우(2016)에서 소개 및 평가하고 있다.

10 유정규(2013)는 현행 농촌지역개발사업이 상향식 사업추진을 통해 지역단위 사업주체들의 역량강화를 도모하고 있으나, 하향식 사업추진 관행과 지역주민의 수용능력을 초과한 사업내용으로 인해 지속 가능성이 낮다는 점을 지적한다.

kers, 2013). 시장보호적인 EU의 농정은 준시장지향형과 견주어 사업중지의 파급효과가 높으며, 특히 대규모 예산투입이 필수적인 농촌지역개발정책에서는 이러한 영향이 강하게 나타난다.

하지만 CAP 또는 LEADER+ 등 EU의 농업 · 농촌정책을 위한 대규모 정책기금이 유지될 것으로 전망되는 바, 시장보호적인 EU의 농정이 장기화될 수 있을 것으로 보인다. 반면 한국의 농촌정책은 행정부 재편 또는 예산 상황에 따른 변동 가능성이 높다. 이러한 특성은 초국가적 기구와 달리 일국의 정책 집행이 지니는 기본적인 속성이나, 한국은 행정부의 정책 기조 변화에 따른 사업내용의 변동폭이 상대적으로 높다. 그러므로 현재와 같이 EU형의 농촌지역개발정책 기조를 차용하는 것은 예산 변경으로 인한 정책의 단절로 귀결될 개연성이 농후하다.

한국의 농촌지역개발사업은 시장보호와 준시장지향이 모호하게 결합된 현행 사업구성 방식에서 나아가 개별 농정 기조의 장점을 혼합한 독자적인 사업추진 방향 정립을 통해 사업활동의 연속성을 담보할 필요가 있다. 가령 종합개발사업을 물리적 기반시설 제공으로 안정적인 정주 환경을 지원하는 준시장지향형으로 제한하고, 가공 및 관광 · 서비스 등 및 경제활동 측면은 개별 농촌지역이 지닌 고유한 공간자원을 활용하는 방식으로 사업방향을 구체화할 것이 요구된다. 이러한 조정은 국내 농업 · 농촌환경의 변화와 더불어 OECD가 제안하는 새로운 농정패러다임 구체화 전략을 반영할 수 있다. 또한 농정을 둘러싼 정책방향 및 사업비 변동에도 좀 더 유연하게 대응할 수 있다.

타산지석(他山之石)과 사기종인(舍己從人)은 후발주자의 이점을 극대화할 수 있는 효과적인 정책수립 방식이다. 다소 진부하게 들릴지언정 전후 후발국의 압축성장에 기여해온 것은 자명한 사실이다. 한국 또한 끊임없는 타산지석과 사기종인의 과정을 통해 급속한 경제성장을 달성했다. 농업 · 농촌정책 역시 마찬가지다. 물론 녹색혁명과 백색혁명에는 자체적인 기술개발 및 농촌지도의 역할이 중요하게 작용했으나, 전체적인 농정의 흐름은 선진국이 지나온 과정과 유사하다.

하지만 이제는 선진국의 궤적에서 나아가 차별적인 농정 구축이 필요한 시점이다. 현재 한국은 전후 후발국을 지나 세계 정치 · 경제의 선도그룹에 진입할 준비를 하고 있다. 이에 국내외 환경변화와 요구를 반영할 수 있는 독자적인 형태로 체계를 정비하는 것이 필요하다. 특히, 농업 · 농촌정책은 국제 농산물시장 및 교역환경 변화, 식량안보, 자원의 효율적 활용, 사회통합 등 국가발전에 요구되는 다양한 이슈들을 내포하고 있다는 점에서 고유한 정책방향 확립이 절실하게 요구된다.

정책효과는 정책내용과 정책환경과의 정합성에서 발현된다. 따라서 효과적인 농촌정책을 위해서는 해외사례를 복제하거나 단기적인 정치구호를 남용하는 것보다 우리와 유사한 시기를 거쳐간 외국의 사례를 응용하여 국내 농촌환경에 적합한 정책방향을 도출할 필요가 있다. 이 장에서 조망한 주요 OECD 국가들의 농정 변화 내용은 한국 고유의 농정 방향 설정과 농업 · 농촌의 지속 가능한 발전에 공헌할 수 있을 것이다.

| 참고문헌 |

김윤성(2013), "미국의 농촌개발정책", 세계농업 158: 7-22.

김정섭 · 박시현 · 김영단 · 임지은(2011), "농촌 지역 활성화 정책의 평가와 발전 방안", 한국농촌경제연구원.

김홍상(2004), "미국 농촌개발정책의 주요 내용과 시사점", 농촌경제 27.1: 91-110.

박덕병 · 이민수 · 손은호(2008), "EU 국가의 농촌개발정책: 스페인 엑스트라마두라, Jerta Valley 사례", 농촌지도와 개발 15.4: 551-576.

박진도 · 박경 · 유정규 · 서정민 · 이경엽(2002), "상향식 농촌발전전략 수립에 관한 연구." 농정연구센터.

박진도(2005), "WTO체제와 농정개혁", 한울아카데미.

성진근 · 조일호 · 이태호 · 민승규(2004), "한국의 농업정책, 틀을 바꾸자", 삼성경제연구소.

송미령 · 박주영(2004), "농촌 지역개발사업의 체계화 방안", 한국농촌경제연구원.

송유철 · 박지현 · 이재옥 · 임송수(2002). "농업의 비교역적 관심사항: DDA농업협상 대응방안." 대외경제정책연구원.

심재헌(2016), "새로운 공간 구분을 통해 농촌을 바라보다: 농촌의 유형별 여건 진단과 과제", 제16차 농어촌지역정책포럼: 중장기 농촌 지역개발의 새로운 틀을 마련한다(1), 한국농촌경제연구원.

유정규(2013), "농촌지역 활성화 정책의 현황과 개선과제", 지역과 발전. 11.봄: 12-15.

이해진(2009), "농촌정책 패러다임의 변화와 농촌지역개발사업", 농촌사회 19.1: 7-47.

임정빈(2014), "2014년 미국의 新농업법의 주요 개정 내용과 정책시사점", 세계농업 172: 7-46.

임형백(2013), "한국 국토 공간구조의 형성과 변화", 경기: 한울아카데미.
정남수(2005), "농촌어메니티 자원의 평가를 위한 조사표와 항목 개발", 농촌계획, 11.4: 9-15.
황재희 · 김현중 · 이성우(2012), "특화작목과 기후변화 간 영향 분석을 통한 지역농업 활성화 전략 연구: 과수를 중심으로", 농촌계획, 18.3: 149-164.
황재희 · 이성우(2016), "농업의 6차산업화 융복합 유형과 농가소득 증대효과", 농촌경제, 39.4: 1-28.
Bell, David and Mark Jayne (2010), "The creative countryside: Policy and practice in the UK rural cultural economy," Journal of Rural Studies 26.3: 209-218.
Bjørkhaug, Hilde and Carol Ann Richards (2008), "Multifunctional agriculture in policy and practice? A comparative analysis of Norway and Australia," Journal of Rural Studies 24.1: 98-111.
Brandth, Berit and Marit S. Haugen (2011), "Farm diversification into tourism - Implications for social identity?" Journal of Rural Studies 27.1: 35-44.
Cowan, Tadlock (2016), "An Overview of USDA Rural Development Programs," Congressional Research Service 7-5700.
Esparcia, Javier (2014), "Innovation and networks in rural areas. An analysis from European innovative projects," Journal of rural studies 34: 1-14.
EU (2012), "The Impact of Europe's Agricultural Policy," Celebrating 50 years: EU-Australia. OECD Publications, Paris.
Evans, Nick, Carol Morris and Michael Winter (2002), "Conceptualizing agriculture: a critique of post-productivism as the new orthodoxy," Progress in Human Geography 26.3: 313-332.
Hwang, JaeHee and SeongWoo Lee (2015), "The effect of the rural tourism policy on non-farm income in South Korea," Tourism Management 46: 501-513.
Latruffe, Laure, Aurélia Dupuy and Yann Desjeux (2013), "What would farmers' strategies be in a no-CAP situation? An illustration from two regions in France," Journal of Rural Studies 32: 10-25.
Leeuwen, Eveline and Jasper Dekkers (2013), "Determinants of off-farm income

and its local patterns: a spatial microsimulation of Dutch farmers." Journal of Rural Studies 31: 55-66.

Lowe, Philip, Jonathan Murdoch, Terry Marsden, Richard Munton and Andrew Flynn (1993), "Regulating the new rural spaces: the uneven development of land," Journal of rural studies 9.3: 205-222.

Mullarkey, Daniel, Joseph Cooper and David Skully (2001), "Multifunctionality and agriculture: do Mixed goals distort trade?" Choices 16.1: 31-34.

OECD (2006), "The new rural paradigm: Policies and Governance," OECD Publications, Paris.

OECD (2015), "New rural policy: Linking up for growth," OECD Publications, Paris.

OECD (2016), "A new rural development paradigm for the 21st century: a toolkit for developing countries," OECD Publications, Paris.

Pezzini, Mario (2001), "Rural policy lessons from OECD countries," International Regional Science Review 24.1: 134-145.

Sánchez-Zamora, Pedro, Rosa Gallardo-Cobos and Felisa Ceña-Delgado (2014), "Rural areas face the economic crisis: Analyzing the determinants of successful territorial dynamics," Journal of Rural Studies 35: 11-25.

Smailes, Peter J., Neil Argent and Trevor L. C. Griffin (2002), "Rural population density: its impact on social and demographic aspects of rural communities," Journal of Rural Studies 18.4: 385-404.

Wilson, Geoff A. (2001), "From productivism to post-productivism··· and back again? Exploring the (un) changed natural and mental landscapes of European agriculture," Transactions of the institute of British Geographers 26.1: 77-102.

Woods, M. (2005), "Rural Geography: Processes," Responses and Experiences in Rural Restructuring. Sage Publications, London.

제5장

농촌 창조관광의 성공을 위한 내적 요소

— '평창효석문화제'의 축제 거버넌스 네트워크 운영사례

1. 농촌관광 변화의 외적 요소

1) 농촌관광에 대한 인식변화

1994년만 해도 농촌관광(Rural Tourism)은 '시골 · 지방에서 발생하는 관광(OECD, 1994)', '시골에 위치한 관광(Lane, 1994), '농촌성(rurality)을 바탕으로 농업생산이 이뤄지는 공간, 도시와는 구별되는 독특한 자연 · 생태 · 경관을 보유한 공간, 오랜 기간 전해져온 전통과 역사가 있는 공간, 농촌 주민의 생활문화 등을 중심무대로 하는 관광(박시현 외, 2012)' 등 공간개념으로 이해되거나 농업관광(Agricultural Tourism), 농장관광(Farm Tourism)이라는 용어와 혼용되어 사용되면서 농장체험, 농사체험, 농산물 가공체험, 농산물 판매, 목장체험, 목장숙박, 농축산 관련 축제 및 박람회, 박물관 견학 등 자연과 야생에 기초한 감상이나 농촌체험의 일부분으로 인식되어온 경향이 있다.

그러나 1990년대 이후부터 농촌관광은 농촌경제를 살리는 쓸모 있는 사업이라는 인식을 하기 시작했다. 닐슨(Nilsson, 2002)은 관광 소비자가 농촌을 찾는 이유(Frochot, 2004)를 경영학적으로 접근했고, 그 결과 농촌관광은 단지 농촌이라는 공간성 · 장소성뿐만 아니라 '야외생활체험, 하이킹과 사이클 등에 의한 농촌활동(Unwin, 1996)', '농촌에 대한 문화적 · 생태학적 관심, 농촌의 평화와 조용함에 대한 관심(Page & Getz, 1997; Sharpley & Sharpley, 1997)', '농촌의 자연환경, 역사적 유적지, 문화적 패턴 등에 대한 경험을 하고 싶어서(World Tourism Organization, 1994; Butler and Hall, 1998)', '도시에서의 일상성과 스트레스에서 벗어나 농촌의 조용함과 평화로움, 신선한 공기와 친환경 음식을 통해 삶을 보상받고 싶어서(Sharpley, 1996; Koscak, 1998)', '농촌에 대한 향수(Nilsson, 2002; Urry, 2002)' 등 다양한 욕구와 니즈가 있음을 발견했고, 이를 통해 농촌관광이 농업과 관련되어 수익을 창출할 수 있는 분야라는 것을 인식하기 시작했다.

이후 연구들 역시 농촌관광객의 동기에 대한 연구(Nilsson, 2002; Urry, 2002), 농촌관광의 경제적 측면에 대한 연구(박시현, 2003, 2007; 이희찬, 2004; 손은호, 2008) 등이 있으며, 김영수 외(2009)는 농촌관광을 수익형 비즈니스로 규정하고 '지속 가능한 지역사업 네트워크' 모델을 제시하는 등 경제학적 측면을 부각하는 연구들로 확장되었다.

이 시기에는 학자들의 농촌관광에 대한 정의도 '시골에 위치한 관광(Lane, 1994)'에서 '농업지역 혹은 비도시지역에 존재하는 매력적인 요소나 행위로 구성되는 전원체험(Humaira Irshad, 2010)'으로 바뀌었다. 시골이라는 장소성을 강조한 개념에서 농촌에서의 활동과 체험 등 레크리에이션을 통한 수익창출을 강조하는 개념으로 변화했다. 각국의 정부 역시 거주자에게는 체험프로그램을, 관광객에게는 체험활동을 강조함으로써 농외소득을 발생하게 하려는 전략적 노력을 기울였다.

그러나 농촌관광에 대한 인식이 변화했음에도 아직까지 농촌관광에 대한 연구는 주류관광보다는 대안관광(Alternative Tourism), 지속 가능한 관광(Sustainable Tourism), 생태관광(Eco Tourism), 녹색관광(Green Tourism), 주변지 관광(Tourism in peripheral) 혹은 레크리에이션(Page 외, 1997), 농촌을 기반으로 하는 체험활동(Frochot, 2004) 등으로 불리면서 하부관광 또는 부차적관광 개념으로 연구되어온 경향이 있다(박시현 외, 2012).

2) 한국 농촌관광의 정책변화

우리나라에서 농촌관광의 시작은 자연발생적으로 생겨났으나 곧 정부가 견인하면서 지역불균등을 해소하는 지역경제 활성화의 한 방편으로 발전되어왔다.

우리나라 농촌관광의 제1세대는 '자연발생적 관광농원 단계'인 1970년대로, 별다른 여가·위락시설이 없는 터라 시민은 봄에는 딸기밭을 방문해서 과수원에서 딸기를 따 먹거나 구매하고, 가을이면 밤농장을 방문해서 밤을 수확하고 구매하는 '주말농장식 관광'으로 시작했다. 이때 서울 근교에 있는 수원의 딸기밭, 남양주의 먹골배밭, 안양의 포도밭 등이 유명했다. 1971년 7월에는 평택어린이관광농원이 개장되면서 대단위 농원을 조성하고 입장료를 받으면서 본격적으로 관광농원을 운영하기 시작했다. 1976년에는 대규모 위락시설을 갖춘 용인자연농원이 개장되었고 이후 테마파크, 워터파크, 동물원, 숙박시설을 갖춘 대단위 리조트로 발전했다.

제2세대는 '거점개발 단계'로 지방정부에서 시작되었는데, 1982년 강원도가 강촌유원지 등 7개 지역에 관광농원을 조성하여 시범운영을 시작했다. 강원도청과 농협은 관광시즌에는 관광농원에 강원도농산물직판장을 운영하기도 했다. 1983년 강원도를 방문한 대통령은 농림부에 관광농업개발을 지시했고, 이듬해인 1984년 농림부는 전국에 12개의 농원을 대상으로 관광농업개발 시범사업을 시작하게 했다(전남지역 농촌관광 활성화 방안에 관한 연구, 2004). 2세대 농촌관광의 목적은 농외소득 증대를 통해 농촌지역을 활성화하기 위해서였다. 정부는 당시 1차 산업(농축어업)에 3차 산업(서비스업)을 결합한다는 의미로 농장, 과수원, 목장 등에 편의시설을 마련하고 도시민이 그곳을 방문하여 직접 딸기를 따거나 소젖을 짜보는 농업체험을 통해 여가를 즐기고 농축산물을 직접 구매할 수 있도록 했으며 이를 통해 농가소득을 올리고자 했다. 이후 2000년 당시 농림부는 정책사업을 통해 370개의 관광농원 개발에 1,231억 원, 9개의 휴양단지 개발에 166억 원, 266개의 민박마을 개발에 252억 원을 지원했다. 그러나 지나친 초기 시설투자, 이후 불어닥친 IMF 사태 등으로 적자경영을 면치 못하고 실패로 끝나고 말았다(한국농촌경제연구원, 2002).

제3세대는 '마을단위개발사업 단계'로, 2002년부터 본격적으로 농촌관광 마을사업을 추진하게 된다(한국농촌경제연구원, 2012). 이 시기 농촌관광은 2세대 때 일부 거점지역별로 지원한 정책과 달리 마을단위로 개발하는 것을 목표로 하고, 마을단위로 아이디어를 내고 신청하도록 했다. 신청된 마을단위 사업들은 공모를 통해 중앙에서 평가하여 지원하는 프로세스를 갖췄다. 마을만들기 사업은 '내발적 발전론'을 주창함으로써 전북 진안군과 완주군 등 일부 지역에서 성공적인 사례가 등장했다. 마을만들기 사업에 대한 성과가 보이자 농림부, 행정자치부, 농촌진흥청, 문화부, 환경부 등 각 부처가 농촌관광 정책을 경쟁적으로 입안한 농촌관광 프로젝트인 농촌관광마을만들기 사업이 녹색농촌체험마을, 전통테마마을, 어촌관광마을, 정보화마을, 팜스테이마을, 전통테마마을, 산촌종합개발사업마을, 농촌마을종합개발사업 등 이름만 다를 뿐 유사한 성격으로 우후죽순처럼 생겨났다가 사라지곤 했다(한국농촌경제연구원, 2002).

〈표 5-1〉 각종 마을만들기 사업명

번호	마을만들기 사업명	관련내용 및 관계기관
1	녹색농촌체험마을	1,300억 원으로 660개 마을 지원 - 농림부 농촌정책국 농촌진흥과
2	농촌마을종합개발	6조 원으로 1,000권역 개발 - 농림부 농촌정책국 농촌진흥과

3	전원마을	- 농림부 농촌정책국 정주지원과
4	전통테마마을	1,600억 원으로 157개 마을 지원 - 농촌진흥청 농촌지원국 농촌생활자원과
5	농촌건강장수마을	마을당 1억 5천만 원 지원 - 농촌진흥청 농촌지원국 농촌생활자원과
6	산촌종합개발사업	마을당 14억 원 지원
7	어촌체험마을	112개소에 703억 원 지원 - 해양수산부 수산정책국 어촌어항과
8	정보화마을	- 행자부 서비스정보화팀
9	문화 역사마을 가꾸기	255억 원으로 12개 마을 조성 - 문화관광부(전국문화원연합회)
10	자연생태우수마을	58개 마을 선정 - 환경부 자연보전국 자연정책과
11	소도읍 육성사업	194개 소도읍에 12조 원 지원 - 행자부 지역발전정책팀
12	살기 좋은 지역 만들기	47개 지역 - 행자부 살기좋은지역기획팀
13	오지종합개발	661개 사업에 3,600억 원 지원 - 농림부, 산자부, 복지부, 건교부, 해수부, 산림청 공동참여
14	으뜸마을 가꾸기	- 진안군 마을만들기팀
15	행복마을	- 전남도 행복마을과
16	새농어촌건설운동	- 강원도 농어업정책과
17	산촌생태마을	13개 마을에 57억 원 지원 - 강원도 농정산림국
18	농협 팜스테이	- 농협중앙회 농촌지원부

출처: 「오마이뉴스」, 2007년 7월 24일 자, 정기석 기자

19	농촌관광 거점마을 육성사업	각 지자체
20	농촌관광 활성화를 위한 모바일 스탬프 투어 사업	한국농어촌공사
21	농촌관광 활성화를 위한 우수농가 민박 인증제 도입사업	농림축산식품부
22	농촌체험관광인프라 구축사업	각 지자체

23	농촌문화관광마을 조성사업	지리산권 관광개발조합
24	농촌문화관광마을 동시화벽화사업	지리산권 관광개발조합
25	농촌관광 활성화 및 체험산업 육성을 위한 모바일 구축사업	각 지자체
26	농촌관광 마을가꾸기 사업	각 지자체
27	농촌중심지 활성화사업	한국농어촌공사
28	농소마을 창조적 마을만들기 사업	한국농어촌공사
29	농촌마을 종합개발사업	한국농어촌공사
30	농촌 체류형관광지조성사업	한국농어촌공사
31	농촌 체험마을 · 휴양마을사업	농림축산식품부 한국농어촌공사
32	농촌 어메니티관광 전략상품개발	각 지자체
33	산촌 활성화 및 역량강화사업	한국임업진흥원

출처: 나라장터 자료 재구성

마을만들기 사업은 농촌이 농업 중심 사업에서 벗어나 다원적인 수익구조를 만들어내는 계기가 되었고, 지역 주민은 마을만들기 사업을 추진하면서 자기 지역의 현안을 인식하고 해결과정을 통해 지역에 대한 애정과 자부심을 갖게 된 것, 그리고 기존의 관 주도 지원방식이 아닌 민관이 협력할 수 있는 거버넌스 구조를 가동한 것 등은 성과로 인정되었다. 그러나 마을만들기 사업은 진정한 의미의 농촌관광 사업이라기보다는 마을단위 지역개발 사업의 일환이라고 볼 수 있다.

4세대 사업으로 박근혜정부가 들어서면서 창조경제의 일환으로 시작된 농촌관광 사업은 '6차 산업'이라고 부른다. 6차 산업은 1차 산업인 농업이 2차 및 3차 산업인 관광, 체험, 유통, 축제 등과 결합하여 농가소득향상과 지역 활성화를 이루는 개념이다. 정부는 농촌체험, 관광의 등급제, 농·공·상 융합형 선도기업 육성 등의 계획을 세우고 「농촌산업 육성 및 지원에 관한 법률」을 제정했다.

아직 '6차 산업화'에 대해서는 성과가 나오지 않아서 우리나라 농촌관광 정책이 성공했는가, 실패했는가에 대해 판단하기는 이르지만 1세대부터 현재 4세대까지 농촌관광에 대한 중앙·지방정부의 대응과 지원은 아래와 같은 형태로 이뤄져왔다.

① 농촌관광 사업을 농촌관광이라는 개별적인 산업으로 접근하기보다는 마을단위 지역개발 사업의 일환 혹은 부가적 사업으로 운영해왔다.

② 농촌관광 사업명으로 지원되어도 실상은 마을 현안 문제의 해결이나 주거지 재생, 중심 시가지 재생, 기초생활 기반확충, 지역역량 강화사업 등 하드웨어에 대한 지원으로 집행된 경우가 많았다.

③ 마을만들기 사업은 마을 중심의 '내발적 발전론'을 기본 개념으로 하고 있어서 콘텐츠 생산이 무엇보다 중요함에도 중앙 및 지방정부에서는 콘텐츠 생산 및 성장에 대한 지속적이고 장기적인 지원보다는 일회성 행사, 지역축제, 체험프로그램 등 단기적 프로그램이나 경제적 효과만을 강조하게 되므로 농촌관광의 체험프로그램들이 지역마다 유사해지고 있으며, 더불어 도시민에게 농촌관광을 식상하게 인식하게 하는 결과를 낳고 있다.

④ 관광사업임에도 농촌관광에 대한 트렌드의 변화 및 소비자의 니즈와 욕구에 대한 연구가 부족했다.

⑤ 대부분의 주민이 자발적으로 참여하기보다는 주민자치위원회 회원 등 일부 주민만 참여하는 경향이 있다.

⑥ 중앙정부로부터 예산지원을 공급받다 보니 중앙정부 정책에 부합하는 지역에서는 예산을 따기가 유리하고, 지자체들은 사업비를

따내기 위해 경쟁적으로 결과 부풀리기를 하고 있으며, 또한 본질적으로 지역주민이 예산에 대한 자주권을 갖기 어려운 점이 있다.

결과적으로 1세대에서 4세대까지 우리 정부의 농촌관광에 대한 태도와 정책은 농촌을 방문하는 관광 소비자의 욕구와 니즈를 파악하려는 노력과 농촌성에 대한 깊은 이해보다는 정부 주도적이고 일방향적이며, 농촌관광을 지역개발의 도구로 사용하고자 했으며, 지역의 자생적 성장에 대한 장기적인 투자보다는 지원 위주의 단기적인 정책들로 추진되어왔다고 할 수 있다.

세계관광기구(2004)는 전 세계적으로 관광객의 3%는 농촌관광을 목적으로 하고 농촌관광은 매년 평균 6%의 성장을 이루며 다른 관광의 성장률보다 높다고 추정(한국농촌경제연구원, 2012)하고 있다. 국내에서도 1984년도부터 시작된 농촌관광의 시장규모는 2011년 2,884억 원에서 2012년에는 2,953억 원(관광지식정보시스템, 2013)으로 성장했으며, 농촌관광을 경험한 국민 역시 2003년 8.1%에서 2012년 24%로 증가하고 있다(관광지식정보시스템, 2013).

이제라도 정부는 농촌관광에 대한 인식을 새롭게 하여 농촌관광이 지역개발을 위한 하부적이거나 부수적인 전술이 아니라 개별적인 산업으로서 한국 농촌 환경에 적합한 통합적인 전략을 세워야 할 시기다.

3) 농촌관광에 대한 변화의 바람

2000년대 이전의 농촌관광이 농촌에 있는 자연·문화재 등을 '보는 관광'이었다면, 2000년대 이후에는 농촌성을 기반으로 농가 외 소득을 강조한 '체험관광'으로 변화했음을 피력한 바 있다.

이러한 변화는 왜 생기는 것일까?

'보는 관광'에서 '체험관광'으로 변화한 농촌관광의 다음 패러다임은 무엇이며, 어떻게 대처해야 할 것인가?

우선 선진국의 사례를 통해 향후 농촌관광의 발전방향을 알아보고자 한다.

(1) 해외 사례

서유럽에서는 이미 100년 전부터 농촌관광이 농업의 감소를 해소할 새로운 수입원임과 동시에 농촌을 기반으로 하는 새로운 사업으로서 받아들여졌다(Swinnerton, 1982; Commission of the European Communities, 1992). 또한 도시가 갖고 있지 못한 자연의 아름다움(Peters, 1969), 자연경관의 보존 및 지역 문화와 문화유적에 대한 관심 고조의 기회, 지역경제 활성화, 농업에서 서비스산업으로 이행하기 위한 기회 등 농촌관광을 농가 및 농업체험이 아닌 농촌사회의 변혁과 쇄신의 중요하고 효과적인 촉매로 인식하여(Robinson, 1990) 정부가 적극적으로 정책을 개발해오고 있다.

프랑스 사례

프랑스 정부는 1950년대 농촌에 거주하는 농부들에게 세제혜택 및 경제적 지원을 하며 농가를 B&B(Bed & Breakfast)로 변화시키는 'Gitex Ruraux Project'를 시작했고, 농가를 민박으로 개조하거나 민박사업에 대해 보조금을 지급했다. 1980년대 지방분권화 이후에는 지방정부에서 지원하고 있다. 1988년에는 「농업기본법(Code Rural)」을 통해 농업종사자의 관광사업과 농산물 판매에 대해서도 농업활동의 일부로 인정하여 세제우대, 저리융자 등 다양한 지원 및 장려정책을 펴고 있다. 프랑스에서는 농촌관광부가 독립되어 있어서 농촌관광을 농업과 관광업의 중간적 성격으로 간주하여 정책을 규정하고 있으며 농촌관광이 농촌의 고용증대, 국토균형개발, 환경 분야와의 연계에 가장 잘 부합되는 사업으로 인식하고 있다. 정부의 농업회의소에서는 "농가에 놀러오세요(Bienvenue a la Ferme)"라는 슬로건을 내세우며 농촌관광을 지원하고 있다(박시현 외, 2012).

프랑스에서 농촌관광은 1955년에 발족된 관광체험형 숙박 네트워크인 '지트 드 프랑스(Gite de France)'가 있다. 프랑스 전역에 5만 6천 가구가 가입해 있으며 연 매출 12억 유로(1조 8천억 원)에 이르고 있다. 5만 6천 개 지트 중에는 전통농가에서 포도주 시음, 우유 짜기, 치즈 만들기도 하지만 고성에서의 숙박과 사이클링, 승마 등 다양한 체험형 숙박이 가능하다. 프랑스 전역에 지트 종사자만 4만 4천여 명이 넘고 숙박인원의 약 25%가 외국인이 이용하고 있다. 지트 이용자들은 농촌에서의 슬로 관광을 추구하고 있으며, 한 장소에서 4일에서 일주일 정도 머물면서 지역주민과의 자연스러운 교류를 지향하고 있다. '지트 드 프랑스'에서는 유럽의 여러 언어로 출판한 프랑스 농가민박 가이드북과 민박 등급제를 실시하고, 사이트(www.gitesdefrance.com)를 오픈하여 고객이 직접 민박집 상황을 둘러보고 예약할 수 있게 함으로써 농촌관광의 품질을 관리하고 있다.

영국 사례

영국 역시 1970년대에 농가민박 사업으로 시작되었으며, 1983년에는 영국 정부에서 지원한 '농장휴가협회(Farm Holiday Bureau)'를 설립하여 본격적인 농촌관광을 지원하고 있다. '농장휴가협회'에서는 농촌관광 예약을 위한 국제적인 예약시스템(www.booking.com)과 국가가 직접 운영하는 농촌관광 사이트(www.farmstay.com)를 운영하고 있다. 영국의 농촌관광 정책은 '농가의 경영다각화, 지역 활성화, 관광진흥'의 3가지 관점에서 추진되고 있다. 이를 위해 중앙정부, 지방자치단체, 관련 단체들의 유기적인 협조 아래 '경영조언 및 평가, 직업훈련 및 교육, 자본투자 지원, 마케팅 지원'의 4가지 분야로 지원하고 있다(박시현 외, 2012).

독일 사례

독일에서는 연방정부 차원에서 농촌관광을 공간균형발전, 농업경영 다각화, 관광산업 육성 차원에서 중요한 정책으로 발전시켰다. 독일에서 농촌관광은 '연방식품농업소비자보호부(BMELV)'가 담당하고 있는데, '농가에서 휴가를(Urlaub auf dem Bauernhof)'이 대표적인 농촌관광 활성화 사업이다(박시현 외, 2012).

독일에는 다양한 농촌관광 조직이 존재하는데, 이 중에서 독일농업협회(DLG)는 비영리 농민단체로 2만여 명의 회원과 민박과 휴양지 2만 5천 개가 등록되어 있으며 이들을 품질별로 등급제로 운영하고 있다. 1991년에 설립된 '농가민박 및 농촌관광 연방협의회(Bundesarbeitsgemeinschaft fuer Urlaub aufdem Bauernhof und Landtourismus)'는 대표적인 농촌관광 네트워크로 8천여 명의 회원이 가입되어 있고 농촌관광에 대한 사이트(www.landsichten.de)를 운영하면서 독일 농촌관광에 대한 정보 및 품질인증제도를 시행하고 있다.

농촌관광을 독립된 개별산업으로 보느냐, 관광산업의 하부산업으로 보느냐에 따라 각국의 정부가 농가를 대하는 정책과 지원이 많이 달라질 것이다. 선진국의 사례를 통해 통찰해보면 향후 우리 정부의 농촌관광정책도 아래와 같은 변화를 필요로 한다.

① 농촌관광 자체를 농업과 관광업의 중간산업으로 인식하고 중앙정부 차원에서 농촌관광만으로 독립적이고 개별적인 정책을 구축

한다.

② 농촌관광이 지역개발을 위한 하부사업이 아니라 농촌관광 자체가 농촌성과 환경에 가장 잘 부합되는 사업으로 인식하고, 경제적 성과를 추구하기보다는 친환경적인 방향으로 선회하여 그에 걸맞은 정책을 수립하는 것이 농촌관광이 지속성장 발전하는 방향이다.

③ 지금처럼 농촌관광을 하는 개별농가들이 소수의 정보만 제공하는 구조가 아니라 정부 차원에서 통합 사이트, 가이드북, 민박에 대한 품질인증제 등 농촌관광을 통합적으로 운영함으로써 도시민의 접근성을 높일 수 있도록 서비스를 제공한다.

④ 농촌관광을 농업의 일환으로 인식하고 농촌관광업에 등록된 농가들에게 숙박업, 요식업, 관광업 종사자 세제혜택을 제공한다.

⑤ 관광업 종사자가 아닌 농업인들이 잘할 수 있도록 지속적이고 장기적으로 농촌관광에 대한 컨설팅, 마케팅을 지원한다.

서유럽 국가들은 일찌감치 농촌지역을 쇄신하는 정책의 하나로 농촌관광을 받아들였지만, 전 세계적으로 농촌관광을 사회·경제적으로 변화시키는 정책의 일부분으로 받아들인 것은 2000년대 들어서면서부터다.

농촌관광이 개별적인 농촌주민뿐만 아니라 농촌지역을 사회·경제적으로 변화시키고, 농촌지역의 인구감소를 막을 수 있으며, 지역환경을 활성화시킬 수 있다고 기대하게 된 이유는 관광객의 여행 트렌드가 바뀌기 시작하면서부터라고 할 수 있다.

(2) 관광 트렌드의 변화

농촌관광이 변화하는 이유는 관광객의 여행 동기와 여행 패턴이 변화했기 때문이다(Hummelbrunner 외, 1994; Aguilo 외, 2000; Yague, 2000; 곽행구 외, 2004).

농촌관광도 관광트렌드의 영향을 받는다.

해외여행과 여가생활의 증가로 인해 관광객은 더 새롭고 다양한 관광 경험을 하기를 원한다. 관광자유화가 시작되었던 시기의 관광객이 유명한 관광지나 유적지를 다녀온 것에 만족해했다면 현재는 가족단위의 관광객이 자연 속에서 캠핑이나 글램핑(glamping)을 즐기거나 카라반이나 요트를 타고 이동하면서 낚시를 하거나 해가 지는 바닷가에서 커피를 마시며 붉은 노을을 감상할 수도 있는 감성적인 체험을 하고 싶어 한다. 또한 친구들이나 동호회원들과 함께 자전거, 오토바이를 타고 경치가 좋은 길을 달리거나 나 홀로 제주도 올레길, 스페인 산티아고 길, 히말라야 트래킹 길 등 국내와 해외에서 수행하듯 오지로 여행을 떠나기를 주저하지 않는다.

여행사의 안내를 받아 다니던 관광객은 이제 모바일[1]로 예약하며 에어비앤비(airbnb)나 일본의 구라시키 마치야 트러스트[2] 같은 포쉬텔(poshtels)[3]을 이용하여 현지인의 집에서 현지인처럼 먹고, 현지문화를 즐기면서 자신의 경험들을 즉시 SNS에 올려 차별화된 경험을 자랑하는 것이 트렌드가 되었다.

이는 후기 산업사회에서 물리적·심리적으로 소모된 사람들이 정신적 스트레스를 치유하는 방법의 하나로 여행을 활용하기 때문이다. 여행사의 잘 짜인 프로그램보다는 자연과 농촌에서 여유와 힐링을 찾고 싶어 하고, 잃어버릴 것 같은 자신을 추스르고 위로받고 싶어 한다. 직접 몸을 쓰

1 2015년 미국의 관광 예약 중 약 25%가 모바일을 통해 이뤄지고 있다(키워드로 보는 2015 국내외 관광 트렌드. 한국문화관광연구원 투어고포커스 제160호).

2 마치야 트러스트는 오랫동안 주민이 살지 않은 집들을 게스트하우스로 재생시키는 일본의 NGO법인이다.

3 호스텔보다 고급스럽고 호텔보다 저렴한 숙박지를 말한다.

는 아웃도어 관광을 통해 정신적 노동과 육체적 노동 사이에서 균형을 맞추려고 하며, 산업사회에서 무시된 느림, 안전, 다양성 등 본질적 가치를 존중하게 되었고, 자신이 참여해서 그 본질적 가치들이 재생될 수 있도록 지속적인 관심을 기울이고 재방문하게 된다.

그 지역에 대한 관심이 사회적 · 교육적 · 문화적으로 확장됨에 따라 '농촌지역 주민과 관광객 사이에서 이뤄지는 관광활동'으로 혹은 '도시민이 농촌을 방문하여 그곳에 살고 있는 농촌주민과의 교류를 바탕으로 그곳의 생활과 산업, 역사와 문화, 자연과 경관 등을 폭넓게 향유하는 관광형태(박시현 외, 2012, p. 17)'로 확장된다.

이러한 관광형태의 변화에 대해 유네스코(2006)는 사람들의 관광형태는 3단계로 발전하는데 제1세대 관광은 해변관광 등 '휴식과 여가를 위한 관광'이고, 제2세대 관광은 박물관 등을 방문하는 '문화 및 투어관광', 제3세대 관광은 '창조관광'으로 "관광객이 방문자가 되어 지속적으로 지역을 방문하여 지역민과 그 지역의 지역자원과 생활문화를 상호 공유하고 학습하면서 지역민은 자신들의 지역을 새롭고 창의적으로 인식하고, 방문자들은 지역민과의 상호작용을 통해 자신을 진화시킬 수 있는 계기가 된다"고 하며 이를 제3세대 관광의 효과라고 설명하고 있다.

따라서 농촌관광의 트렌드는 자연자원을 중심으로 하는 '보는 관광'에서 농가 외 소득을 올리기 위해 농가가 마련한 다양한 농촌체험 프로그램을 경험하는 '체험관광'으로, 향후에는 의료, 환경, 헬스, 예술 등이 결합된 융복합 IT를 활용해서 소비자 자신이 주도하는 '창조관광'으로 변화하고 있다는 것을 알 수 있다(한국관광공사, 2014).

(3) 소비자 여행 혜택의 변화

관광객들이 단체관광에서 벗어나 스스로 다양한 프로그램을 기획해서 농촌을 방문하는 이유는 단체관광에서는 충분히 느낄 수 없는 혜택을 개별여행과 자유여행을 통해 흠뻑 느끼고 싶기 때문이다. 그 혜택은 자연환경, 여유로움, 웰빙, 모험, 건강, 전통 등이 살아있는 '농촌성(rurality)'을 바탕으로 하고 있다.

농촌성 혹은 농촌다움에 대한 정의는 아직 명확하지 않지만(박시현 외, 2012) 농촌에 입지해 있으며, 깨끗한 자연환경 그리고 아름다운 경관과 고유한 역사와 문화가 있으며, 느리면서 유기적인 성장을 하고 있는 공간(박시현 외, 2012)으로 야외생활체험, 하이킹과 사이클 등 야외활동이 가능한 공간(Greffe, 1994), 일상생활의 스트레스로부터 벗어나 신선한 공기, 조용함과 평화로움, 농촌에서 생산된 음식을 맛보는 전통적인 방법(Sharpley, 1996; 곽행구 외, 2004)을 경험할 수 있는 곳이어야 한다.

농촌 창조관광은 농촌관광과 창조관광을 결합한 말로 직역하자면 "소비자 자신이 스스로 자신에게 맞는 농촌관광을 기획하는 능동적인 여행형태"라고 할 수 있겠다. 그러므로 농촌관광의 형태 역시 기존에 여행사에서 다수의 여행객을 대상으로 획일화된 관광시설 및 체험프로그램을 경험하는 대중관광(Mass Tourism) 형태에서 자신들의 취향대로 자연에서 숙식과 자연활동과 캠핑, 야외스포츠 등을 하면서 장기체류 · 장기숙박을 할 수도 있으며, 자신이 좋아하고 마음에 드는 장소가 있다면 그곳이 어촌이건 산촌이건 반복방문을 함으로써 주민과 교류하는 빈도가 높아지면서 농촌생활을 향유하고 농촌에서 살아보는 체류형 · 생활형인 농촌 창조관광 형태로 변화하게 될 것이다.

4) 농촌 창조관광

(1) 농촌 창조관광의 정의

'농촌 창조관광'에 대한 명확한 정의에 대해서는 아직까지 합의에 이르지 못한 상황이다. 유네스코의 제3세대 관광론[4] 외에 Richards와 Raymond(2000, p. 18)는 "창조관광은 관광객이 방문한 관광지에서 학습과 체험활동을 통해 자신의 창조적 잠재력을 개발할 기회를 얻을 수 있는 관광"으로 정의하고 있으며, 또한 "창조관광은 창조경제의 연계산업(심원섭 외, 2013)으로서 관광의 창조성이라는 가치가 투영되어 있는 관광상품(심원섭 외, 2013)이다"라는 주장도 있다. 더 나아가 김학준(2014)은 창조관광은 '관광주체의 창조화', '관광객체의 창조화', '관광매체의 창조화'라는 3요소를 통해 관광의 창조화를 완성할 수 있다고 주장한다. 또한 심원섭(2013)은 창조관광 발전을 위해 창조적 관광인재 육성, 창조적 관광자원 및 상품 공급, 창조적 관광산업 환경 조성, 융합적 관광추진체계 구축 등을 제시하면서 모두 '창조성'을 강조하고 있다.

위의 여러 의견들을 종합해보면 농촌 창조관광은 기존의 관광이 갖지 못한 두 가지 특징이 있음을 알 수 있다. 첫째 농촌성을 경험하고 싶은 소비자인 관광객 스스로가 자신에게 적당한 관광지와 관광코스를 직접 설계하는 농촌관광의 새로운 형태라는 것이고, 둘째 자신이 설계한 관광지에 대한 매력과 애착을 느끼고 자주 방문함으로써 일시적인 방문이 아니라 그 지역주민과의 소통과 상호작용을 통해 관광객과 지역주민 모두의

---

4 '창조관광'은 관광객이 방문자가 되어 지속적으로 지역을 방문하여 지역민과 그 지역의 지역자원과 생활문화를 상호 공유하고 학습하면서 지역민은 자신들의 지역을 새롭고 창의적으로 인식하고, 방문자들은 지역민과의 상호작용을 통해 자신을 진화시킬 수 있는 계기가 되는 것이 제3세대 관광이다.

성장과 발전을 가져오는 새로운 유형의 관광형태라는 것이다.

그러므로 농촌 창조관광을 정의하면 "농촌 창조관광은 농촌성(rurality)을 기반으로 하는 관광으로, 농촌의 자연환경과 역사, 생활문화, 기술, 예술 등 내발적 콘텐츠를 개발하고 발전시키는 과정을 통해 지역활성화가 이뤄지고, 주민과 방문객은 상호 교류하고 학습하며 성장하는 선순환적인 관광이다"라고 정의할 수 있다.

(2) 농촌 창조관광을 견인하는 지역축제

관광과 체험, 숙박과 여가를 소비자 스스로 선택해야 하는 상황에서 가장 중요한 것은 선택하는 그 지역이 여타의 지역들보다 매력적이어야 한다. 농촌 창조관광에서 소비자가 선택하는 매력적인 조건이 무엇인지 아직 연구되어 있지는 않다. 그러나 몇 가지 조건들은 유추해볼 수 있다.

농촌 창조관광을 위해 소비자가 여행을 계획할 때 도시와 가장 구별되는 '농촌성'이 존재해야 할 것이다. '농촌성'이라는 개념 안에는 농촌의 자연경관, 친환경, 건강, 힐링, 오랜 기간 동안 전해져온 전통과 역사가 있는 공간(박시현, 2012), 농촌 주민의 생활문화가 살아있는 곳 등의 개념으로 받아들이는 것이 보편적이다. 따라서 농촌의 관광자원 역시 인공시설보다는 아름다운 경관, 깨끗한 환경, 농촌의 삶이 묻어 있는 생활문화, 건강한 농산물 등이 될 수도 있다. 어쩌면 농촌 창조관광에서 가장 중요한 것은 창의성보다 '농촌성'일 수도 있다. 두 번째 조건은 농촌성이 하드웨어라면 소프트웨어는 그 지역에만 있는 독창적인 콘텐츠일 것이다. 그중에서도 농촌지역의 축제는 도시민에게 농촌에 대해 관심을 갖게 하고 첫 방문을 이끌어내는 중요한 요인이다.

잘 만들어진 매력적인 축제는 농촌에 대해 관심이 없던 사람들에게조차 그 지역의 역사, 관광지, 먹을거리, 자연환경, 생활문화 등에 대한 관심을 갖게 하고, 관심은 방문을, 방문과 재방문은 장기적인 교류와 체류를 가능하게 한다.

그뿐만 아니라 성공한 축제는 중앙정부로부터 예산(SOC 등)을 지원받아 관광객의 편의를 위한 도로를 건설하고 다양한 문화시설을 확충할 수 있으므로 결국은 지역민의 삶의 질을 높이고 도시민에게는 귀촌을 유도하는 선순환적 기능을 하기도 한다.

프랑스 남부 프로방스알프코트다쥐르(Provence-Alpes-Côte d'Azur)의 작은 마을 망통(Menton)에서 열리는 '망통 레몬축제'도 특산물축제이자 문화관광축제이며, 스페인 발렌시아 지방에 있는 작은 마을 부뇰에서 열리는 '스페인 토마토축제', 영국 '에딘버러 축제', 일본 '삿포로 눈축제' 등 세계적인 축제들도 열악하고 소외된 지역을 살리기 위한 지역주민의 노력에서 시작되었다.

한국관광공사의 통계자료를 보면 충청북도의 충주세계무술축제, 충청남도의 한산모시문화제, 전라북도의 무주반딧불축제 역시 축제를 계기로 지역을 방문하는 방문객이 증가하고 있으며 축제가 지역경제에 긍정적인 효과를 미치는 것을 알 수 있다.

다음 표는 2000년과 2014년의 축제 입장객 수와 경제효과를 비교한 것이다.

〈표 5-2〉 2000년과 2014년 지역축제 입장객 수와 경제효과 비교

구분	입장객 수 (단위: 명)						경제효과 (단위: 100만 원)	
	합계		내국인		외국인		2000년	2014년
	2000년	2014년	2000년	2014년	2000년	2014년		
충주세계무술축제	544,000	622,366	540,000	612,366	4,000	10,000	8,450	33,953
한산모시문화제	350,000	290,000	349,817	286,000	183	4,000	7,400	11,979
무주반딧불축제	451,500	582,508	450,000	576,683	1,500	5,825	5,500	52,000

출처: TOUR.GO 통계

- 충청북도의 충주세계무술축제의 입장객 수는 14년간 53만 3천 명에서 62만 2,366명으로 증가했으며, 특히 외국인 방문객이 2.5배 증가했다. 경제효과는 약 4배 이상 증가했다.
- 충청남도의 한산모시문화제의 전체 입장객 수는 2000년도에 35만 명에서 2014년 29만 명으로 감소했다. 그러나 외국인은 21배 이상 증가했다. 경제효과는 2000년도에 비해 1.6배 증가했다.
- 전라북도의 무주반딧불축제의 전체 입장객 수는 45만 1,500명에서 58만 2,508명으로 증가했다. 방문객은 내국인과 외국인 모두 증가했다. 경제효과는 14년간 9.4배 증가했다.
- 그 외에도 화천산천어축제는 겨울 농한기 22일 동안 30억 1,200만 원의 수익을 가져왔고, 보령머드축제는 2001년부터 집계되었는데 2010년까지 9년간 입장객 수는 3.5배 증가했으며 특히 외국인 관광객이 40배 증가했다.

축제는 창조경제 및 농촌 창조관광을 견인하는 강력한 콘텐츠다. 그러나 현재 전국에는 벚꽃(14개), 철쭉(9개), 해맞이(9개), 얼음낚시(8개), 한우

(8개) 등 752개 이상의 유사 축제가 중복 운영되고 있으며, 대부분 농촌 창조관광 생태계 구축은 물론 이에 따른 관광수익 창출, 지역 활성화, 지역민 증가 등에 대한 성과를 불러오지 못하고 있다.

(3) 농촌 창조관광의 외적 요소

같은 농촌지역이라도 어떤 축제는 성공하고 어떤 축제는 실패하게 된다.

축제가 성공하기 위해서는 타 지역에서는 볼 수 없는 해당 지역만의 고유한 콘텐츠가 있어야 한다. 위에서 사례로 든 축제들은 처음부터 해당 지역에만 있는 고유하고 독창적인 축제 콘텐츠로 지금까지 운영되고 있다. 지역의 고유한 콘텐츠는 타 지역에서 성공한 콘텐츠를 가져온다고 되는 것이 아니라 해당 지역 내의 역사, 문화, 전통, 예술, 기술, 생활 등에서 찾아서 축제 콘텐츠로 개발한 것이어야 한다. 즉, 성공하는 축제의 가장 큰 조건은 '내발적 콘텐츠'를 가지고 있느냐는 것이다.

축제에서 '내발적 콘텐츠'가 중요하지만 이것만 가지고는 성공할 수 없다. 지역축제를 방문하는 관광객은 도시와는 다른 친환경적인 혜택을 받기 위해 농촌을 방문하는 것이므로 '내발적 콘텐츠'와 더불어 친환경적인 '농촌성', 그리고 상품과 서비스 등이 '내발적 콘텐츠'와 연계되어 있어서 통합적인 이미지와 서비스가 충족되어야 한다.

농촌관광도 마찬가지다. 같은 농촌이라고 하더라도 어떤 곳은 계속 찾아가고 싶고, 어떤 곳은 한 번 방문한 후 다시는 방문하지 않게 된다.

관광객 입장에서 보면 농촌을 재방문하기 위해서는 우선 도시와 다른 친환경적 '농촌성'이 있어야 한다. 둘째, 해당 지역에 타 지역에서는 볼 수 없는 독특하고 차별화된 '내발적 콘텐츠'가 있어야 한다. 셋째, 내발적 콘텐츠가 주제가 된 통합된 상품, 서비스, 관광, 휴게시설 등이 다양한 산업으로 제공되어야 한다. 넷째, 관광객이 흥미를 느끼는 해당 지역의 고유한 내발적 콘텐츠와 산업들에 대해 지속적으로 관심을 갖고 사용하고 구입하기 위한 창구로서의 지역주민이 있어야 한다. 이를 통해 관광객은 일시적 방문이 아니라 지역주민과 다양한 접점에서 만나 교류를 통해 농촌성에 대한 가치를 공유하고, 학습, 장기체류가 가능해진다.

따라서 농촌 창조관광이 성공하기 위한 외적 조건은 '농촌성', '내발적 콘텐츠', '내발적 콘텐츠와 연계된 지역산업', '지역주민과의 교류를 위한 창구'가 필요하다.

2. 농촌 창조관광의 성공을 위한 내적 요소

1) 농촌 창조관광 성공의 전제조건

우리는 앞에서 농촌관광의 패러다임이 변화하고 있고, 이 변화는 "소비자 자신이 스스로 자신에게 맞는 농촌관광을 기획하는 능동적인 여행 형태"인 농촌 창조관광으로 변화할 것이며, 이전에는 없었던 관광 형태들에 대응해서 농가가 수익을 창출하기 위해서는 도시와 구별되는 농촌성, 그 지역에 와야만 볼 수 있는 내발적 콘텐츠, 관광객이 소비할 수 있는 내발적 콘텐츠와 연계된 지역산업, 이것들을 함께 공유하고 학습하고 교류할 수 있는 지역주민이나 조직 등이 필요하다는 것을 알 수 있었다. 이 4가지가 농촌 창조관광을 위한 외적 요소라고 할 수 있다.

그렇다면 농촌지역 내에서 지역주민이 성공을 위해 갖춰야 할 내적 요소는 무엇일까?

이전의 농촌관광이 농촌경제의 성과에 초점이 맞춰졌기 때문에 농촌관광의 성과는 그 지역을 방문한 관광객 수, 그 지역의 문화재나 자연관광지 입장객 수입 등 양적 증가로 측정한 면이 있다. 그러나 창조관광 시대에 농촌을 방문하는 관광객은 도시와 구별되는 농촌성과 관련이 있는 친자연적이고 친환경적이며 그 지역에서만 만날 수 있는 독창적인 콘텐츠를 원하고 있다. 또한 단체(Mass)로 관광하거나 시간에 쫓기기보다는 그 지역의 문화를 즐기고, 그 지역 사람들과 대화를 나누고 교류하면서 모르던 것을 배우고 관광을 통해 성장하기를 바란다. 이런 형태의 쌍방향적 교류와 학습을 통해 그 지역 내부에서도 변화가 일어나게 된다. 지역주민은 지역의 자원들에 대해 새롭게 눈을 뜨고, 상품화할 수 있는 역량이 개발·학습·축적되면서 지역에 대한 애정과 자부심을 갖게 되며, 문화와 예술로 살기 좋은 마을이 된다면 결국은 인구가 증가할 것이며, 지역민은 농업 이외에도 지역민이 개발하고 육성한 내발적 콘텐츠와 관련된 다양한 산업들에 종사하며 살게 될 것이다. 또한 처음에 해당 지역의 매력적인 콘텐츠 등에 의해 방문했던 관광객이 그 지역을 지속적으로 방문하고 싶거나, 장기체류 더 나아가 그 지역에서 살고 싶은 마음이 들기 위해서는 지역주민과의 감성공유, 연대감, 포용성 등이 중요한 요소가 될 것이다.

2) 농촌 창조관광의 성공 모델과 내적 요소

그동안 농촌관광은 농촌체험이라는 레크리에이션으로 이해된 경향이 있다. 그러나 농촌 창조관광에 대한 소비자의 취향과 관광 트렌드가 변화함에 따라 농촌 내부에서도 농촌 창조관광 시대를 맞이할 준비와 노력이 필요하다.

관광의 새로운 패러다임인 농촌 창조관광이 성공하기 위해서는 관광객이 원하는 외적 조건이 있어야 하고, 지역 내부에서 준비해야 할 내적 조건이 있어야 한다.

우리는 소비자가 원하는 농촌 창조관광의 외적인 조건보다 실제로 변화하는 트렌드에 맞게 농촌지역 내부에서 지역주민이 준비해야 할 내적 요소들이 무엇인지 파악해보려고 했다.

위에서 제시한 여러 논의를 하나의 모형으로 설명하면 다음과 같다. 아래 그림은 농촌 창조관광의 성공 모델이다.

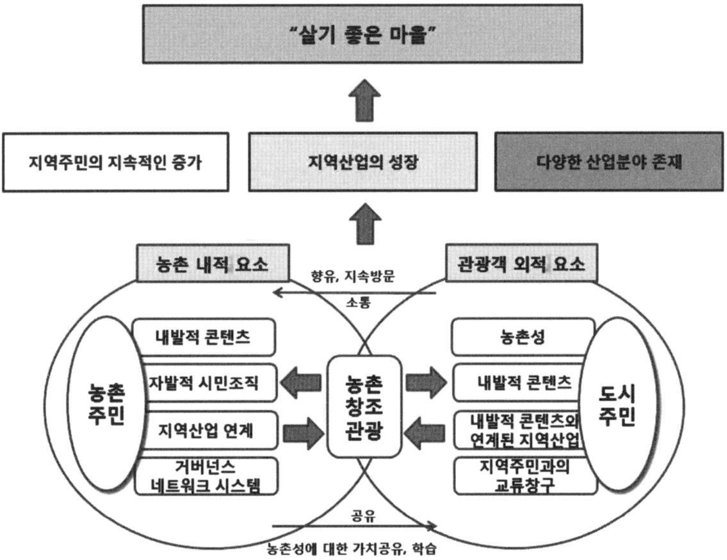

<그림 5-1> 농촌 창조관광의 성공 모델

농촌 창조관광의 최종 목표는 내부 주민과 관광객 모두 '살기 좋은 마을'을 추구한다. 살기 좋은 마을이란 '지역주민의 지속적인 증가', '지역산업의 성장', '다양한 산업 분야 존재'로 평가할 수 있다.

농촌을 방문하는 창조적인 관광객이 바라는 농촌 창조관광의 외적 요소는 다음과 같다(한국농촌건축학회, 2014, p. 14).

① 농촌성
② 내발적 콘텐츠
③ 내발적 콘텐츠와 연계된 지역산업
④ 지역주민과의 교류창구

이에 비해 농촌 창조관광의 성공을 위해 농촌지역에서 준비해야 할 내적 조건은 무엇일까? 기존에 경험하지 못했던 창조관광 시대의 창조적인 관광객의 니즈와 욕구를 만족시키기 위해 농촌 내부에서 필요한 4가지 내적 요소를 제시해보도록 하겠다.

도시민이 농촌을 방문하기 위해서는 농촌성에 기반을 둔 매력적이고 독창적인 콘텐츠가 존재해야 한다. 콘텐츠가 매력적이고 독창적이기 위해서는 타 지역에 없는 그 지역만의 역사, 사회적 관습, 문화유산, 기술, 생활, 신화, 자연자원, 농산품, 서비스 등에서 발굴한 '내발적 콘텐츠'여야 한다.

지역주민이 자신의 지역에 존재하는 수많은 '내발적 콘텐츠' 중에서 농촌 창조관광을 위한 콘텐츠를 개발할 경우 다음의 조건들을 갖추어야 할 것이다.

첫째, 기본적으로 공동체 내에서 생겨난 것으로 과거뿐만 아니라 현대성이 공존하는 콘텐츠여야 한다.

둘째, 공동체 일원이 공유하고 있는 역사, 사회적 관습, 문화유산, 기술, 생활, 신화, 자연자원, 농산품, 서비스 등으로 공동체에서 자신들의 것으로 인정해야 한다.

셋째, 공동체 구성원들이 미래세대에 교육 및 전수하기를 원하는 가치 있는 콘텐츠여야 한다.

'내발적 콘텐츠'는 관 주도에 의한 하향식·하달식 콘텐츠나 일부 영향력 있는 주민의 주도에 의해 운영되기보다는 공동체 내 집단이나 사람들에 의해 콘텐츠 자체가 지역사회의 일부라는 인식을 갖게 되어 정체성과 책임감을 강화시킨다. 따라서 내발적 콘텐츠에 의해 개발된 지역 콘텐츠는 '자발적 시민조직'에 의해 개발되고 비로소 이들에 의해 책임감 있게 운영될 수 있을 것이다.

지역에서 농촌 창조관광이 성공하기 위해서는 체험프로그램 등 관광의 일부 프로그램으로 운영되기보다는 지역의 다양한 산업과 연계되어야 한다. 농촌관광이 체험프로그램으로만 운영될 경우 자칫 체험프로그램만 운영하는 주민만 관심을 갖게 될 뿐이며 지속성장이 가능한 산업으로 발전하지 못하게 된다. 또한 창조적인 아이템들이 지역의 다양한 산업과 만났을 때 다양한 산업에 종사하는 주민이 혜택을 입을 뿐만 아니라 창조적인 관광객이 찾는 다양한 콘텐츠가 개발될 수 있다.

넷째, 농촌 창조관광은 농촌관광과 달리 개별적인 농가가 운영할 수 있는 단순한 프로그램이 아니라 창조적인 관광객을 만족시키는 다수의 프로그램의 기획과 운영이 필요하고, 도시민과의 지속적인 교류와 지속방문·장기체류 등에 대응해야 하므로 공동체 단위의 대응 및 유기적인 소통 시스템이 필요하다. 따라서 농촌 창조관광을 위해서는 지역의 민·관·산업체 등이 상호 유기적으로 협력하는 시스템이 필요하다.

다음은 내발적 콘텐츠를 포함한 내부 요건에 대해 알아보기로 하자(그림 5-1 참조).

① 내발적 콘텐츠

② 자발적 시민조직

③ 지역산업 연계

④ 거버넌스 네트워크 시스템

기존 농촌관광의 성공에 대한 외적 결과가 '관광객 수 증가', '경제 활성화', '경관, 정비사업비 등 사업비 증가' 등으로 나타났다면 농촌 창조관광은 농촌주민의 내적 요소와 도시주민의 외적 요소가 상호 공유되고 소통되면서 지속적으로 성장·발전하며, 삶의 질이 높고, 공동화되고 있는 농촌과 달리 인구가 지속적으로 증가할 것이며, 다양한 산업이 발전하여 다양한 산업에 종사하는 주민이 모두 풍요롭게 살아가는 마을일 것이다.

우리는 농촌 창조관광 패러다임 하에서 농촌 창조관광이 성공하기 위한 농촌지역의 내적 조건들을 알아보기 위해 매력적이고 독창적인 축제를 개발해서 현재까지 17년간 축제를 성공적으로 이끌어오고 있으며, '토지·사람·자부심의 공동화'를 겪었던 평범한 농촌에서 지역특산물인 메밀을 특화시켜 지역경제도 살리고 인구도 증가시킨 강원도 평창군 봉평면의 사례를 살펴보고자 한다.

강원도 평창군 봉평면 주민이 성공시킨 '효석문화제'의 운영사례를 통해 농촌 창조관광의 성공을 위해 농촌에서 준비해야 할 내적 요소에 대해 자세히 알아보도록 하겠다.

3. 평창군 봉평면 '평창효석문화제' 사례

1) 연구 내용

농촌관광과 농촌 창조관광은 다른 면이 있다.

농촌관광 시대에는 경제적 측면이 강조되기 때문에 경제적으로 혜택을 주는 관광객이 얼마만큼 오는지, 그들이 우리 지역에 얼마만큼 돈을 쓰고 가는지가 중요하므로 양적 관점이 중요했다. 그러나 농촌 창조관광 시대에서는 다음과 같은 질적 평가가 중요하다고 하겠다.

첫째, 해당 지역의 콘텐츠가 얼마나 창조적이고 매력적인가?

둘째, 지역주민이 내발적 콘텐츠에 대한 학습과 교육을 위해 어떤 노력을 했는가?

셋째, 지역주민이 얼마나 능동적이고 포용력이 있는가?

넷째, 관광산업만 수익이 발생하는 것이 아니라 지역산업과의 연계를 통해 지역에 다양한 산업에 종사하는 사람들이 골고루 혜택을 입고 있는가?

다섯째, 방문객과 지역주민이 상호 교류하고 성장할 수 있는 시스템과 지원이 잘 이뤄지고 있는가?

농촌관광의 패러다임이 변화하고 있는 시대를 맞아 우리 농촌과 지자체에서는 변화하는 트렌드를 받아들이고 농촌 창조관광 시대에 필요한 내적 요소들을 적극적으로 준비해야 할 필요성이 있다.

우리는 '창조관광'이라는 용어가 나오기도 전인 17년 전에 이미 지역주민 스스로 창조적인 방식으로 지역을 살린 강원도 평창군 봉평면 주민이 '평창효석문화제'라는 축제를 매개로 지역을 어떻게 변화시켰는지 살펴보고자 한다.

봉평면의 사례를 보면 외부적 관점보다 농촌 창조관광의 성공을 위해 지역에서 노력한 4가지 내적 요소를 어떻게 준비했는지 살펴보고, 4가지 내적 요소가 과연 농촌관광의 새로운 패러다임인 농촌 창조관광의 성공을 위한 요소로 충분한지 연구하려고 한다.

따라서 우리는 봉평면 '평창효석문화제'를 중심으로 ① 내발적 콘텐츠 유무 ② 자발적 시민조직의 운영방식 ③ 지역산업 연계 유무 ④ 거버넌스 네트워크 시스템의 운용방식을 살펴보고자 한다. 그중에서도 내부 사람들끼리의 소통방식인 '거버넌스 네트워크 시스템'이 이번 연구의 핵심이라고 하겠다.

우리는 다른 지역에서는 찾아볼 수 없는 봉평면만의 소통방식이 축제를 통해 어떻게 개발·운영·유지·발전되어 쇠락해가는 농촌을 발전시켰는지 사례연구를 시작하도록 하겠다.

2) 농촌 창조관광 성공을 위한 내적 요소

(1) 내발적 콘텐츠

효석문화제 이전의 강원도 평창군 봉평면은 여느 농산촌과 마찬가지로 현저하게 인구감소가 진행되고 있었으며, 이로 인해 수익도 감소하고 주민이 느끼는 지역에 대한 자부심도 계속 잃어가고 있는 상황이었다. 가산(可山) 이효석 선생의 문학적 뜻을 기리기 위한 '효석문화제'도 그렇고 그런 다른 지역축제들과 마찬가지로 평범한 농촌축제로 운영되고 있었다. '효석문화제'는 '이효석선양회'가 주도하고 있었으며, 프로그램으로는 '이효석 추모식'과 평창군 내 초·중·고생을 대상으로 '효석백일장'이 있었다.

그러던 차에 이효석 탄생 90주년, 추모 54주년 되는 1996년에 당시 '가산문학선양회' 주태원 회장이 '이효석문학축제'를 제안하고 선양회 회원이었던 강영하 목사가 오늘날 축제와 유사한 사업계획들을 세워 축제를 크게 키워보고 싶은 마음에 50억 원 규모의 축제 제안서를 평창군에 제출했다.

그러나 봉평 주민이 1997년 첫 번째로 제안한 '효석문학제'는 바로 실현되지 못했다. 이후 '이효석선양회'는 1980년 '봉석회(봉평효석선양회)'로 명칭이 변경되었으며, 1990년 다시 '가산문학선양회'로 변경되었다. '가산문학선양회'에서는 추모식과 백일장 외에 '물레방앗간 복원사업', '이효석 문화마을 조성사업' 등 이효석 문학과 관련된 사업들을 추진하기도 했다.

그러다가 1999년 이효석 추모사업을 이끌어온 박동락 선생이 교통사고로 사망하게 되자 사업이 사장될 위기에 처하게 되었다. 사업이 사장되는 것을 막기 위해 주민은 더욱 단결하게 되었고, 드디어 당시 평창군의 권혁승 군수를 설득하여 제1회 '효석문화제'가 탄생하게 되었다. 지역주민이 스스로 개발한 '내발적 콘텐츠'를 관이 지원하기로 하면서 오늘날과 같은 대규모의 축제로 성장하게 되었다.

봉평면의 축제는 엄밀하게 문학축제이지만, 이효석 작품인 「메밀꽃 필 무렵」에 나오는 "산허리는 온통 메밀밭이어서 피기 시작한 꽃이 소금을 뿌린 듯이 흐뭇한 달빛에 숨이 막힐 지경이다"라는 구절을 모티프로 해서 마을의 유휴지에 메밀을 심어 작품 속에 들어온 것 같은 풍광을 연출했고, 메밀음식을 지역산업화했다.

매년 메밀꽃이 만개하는 9~10월 초순 무렵이면 봉평면 창동리 마을은 수만 평에 이르는 들판에 어김없이 하얀 메밀꽃이 피어나 장관을 이룬다. 마을 입구에서 시작한 메밀꽃밭이 하얀 소금을 뿌린 듯이 마을 전체를

〈그림 5-2〉 평창효석문화제의 배경이 되는 메밀밭 풍경

휘감고 있는 몽환적인 모습은 전국 어디에서도 좀처럼 볼 수 없는 풍경이다.

눈이 시원하도록 펼쳐져 있는 수만 평의 광활한 메밀꽃밭은 도시민이 추구하는 농촌성(rurality)을 기반으로 하며 건강, 힐링, 스토리텔링, 모험, 여유, 전통과 풍습 등이 살아있으며 이효석의 문학과 지역의 내발적 콘텐츠, 그리고 농촌성이 연계되어 어느 곳에서도 볼 수 없는 봉평면만의 독창적이고 매력적인 차별적 콘텐츠가 되었다.

'평창효석문화제'가 군 주도가 아닌 주민의 자발적 발의가 가능했던 이유는 당시 여느 농촌과 마찬가지로 1980년대부터 현저하게 인구감소가 진행되었으며, 1990년대 이후에는 "지역의 과소화와 함께 사람이 줄고, 사람이 줄어듦에 따라 농업을 할 수 있는 토지가 줄어들게 되어 수익은 감소하고, 사람과 토지의 공동화(한국농촌건축학회, 2015)"와 동시에 마을 전체의 공동화가 일어났기 때문이다.

사람·토지·마을의 공동화를 겪은 과소지역 주민은 "지역주민이 그곳에 계속 살아갈 의미나 자부심을 계속 잃어가고 있는 증세(한국농촌건축학회, 2015)"인 '자부심의 공동화'를 겪게 된다. 마쓰나가 게이코는 위 책에서 사람·토지·마을의 3가지 공동화는 단지 표층적인 것에 불과하고, 더 심층적이고 근본적인 문제는 지역민의 '자부심의 공동화' 현상(한국농촌건축학회,

2015)으로 심리적인 문제가 지역의 기능을 더욱 쇠퇴시킨다고 주장한다.

사람, 토지, 마을, 자부심의 공동화를 겪고 있는 농촌에서 지역축제는 다음과 같은 이유로 농촌을 살릴 중요한 기제가 되기도 한다.

① 해당 지역을 알지 못하는 도시주민에게 해당 지역을 방문하게 하는 첫 번째 동인이 되기 때문이다.

② 지역의 자연, 농산물, 문화유산, 생활, 역사 등을 집약해서 표현한 강력한 '내발적 콘텐츠'가 될 수 있기 때문이다.

③ 축제는 4가지(사람, 토지, 마을, 자부심)의 공동화를 겪고 있는 과소지역 농촌에 생기를 불어넣고, 외지인과 교류할 수 있는 기회를 만들어주며, 자신들이 사는 지역에 대한 애정과 공감을 나눌 수 있는 기회가 된다. 특히 심리적으로 자부심의 공동화를 겪고 있는 과소지역에서의 지역축제는 지역현안이나 농·특산물의 판촉, 외래문화·예술축제보다는 지역의 역사, 고유의 문화자원, 기술, 자연환경, 생활문화를 소재로 삼는 것이 효과적이라고 할 수 있다.

④ 과소지역의 지역축제는 지역민의 심리적 공동화에 대한 치유를 통해 자부심과 공동체의식을 회복시켜주는 기능을 해야 한다. 축제는 일상생활로 인해 낯익은 채 묻혀 있던 지역의 역사, 생활문화, 전통예술, 자연경관 등의 가치를 새롭게 인식하게 하고, 자부심을 재부팅하게 해준다.

'효석문화제'는 사사키 마사유키, 미야모토 겐이치가 주장한 창조도시의 원칙인 '지역의 기술·산업·문화를 토대(한국농촌건축협회, 2015)'로 개발함으로써 이전에는 평범한 농촌지역이었던 봉평을 이제는 전 국민이 아는 메밀관광의 1번지로 각인시키는 계기가 되었다.

또한 호보 다케히코가 주장한 농산촌의 발전·진흥을 위한 3가지 원칙 중 세 번째 원칙인 '지역의 자율적 의사에 근거(한국농촌건축협회, 2015)'하여 시작되었으므로 주민이 '평창효석문화제'에 느끼는 애정과 자부심은 관 주도 차원의 축제와는 비교도 할 수 없을 정도로 대단하다. 이는 과소화에 따른 농촌 특유의 외로움과 박탈감 등에 대한 심리적 치유도 동반되었다.

(2) 자발적 시민조직

내발적 콘텐츠가 존재하거나 발굴되어도 이를 발전시키고자 하는 주민의 의지가 없으면 지역축제는 성공하기 어렵다. 내발적 콘텐츠가 있었음에도 실패한 과소지역이 있고 성공한 지역이 있는 이유는 자율적 시민조직의 유무에 달려 있다고 해도 과언이 아니다. 성공한 축제를 통해 과소화된 생활공동체에서 어떻게 '커뮤니티'가 만들어지고, 어떻게 주민이 스스로 동력을 만들어나가면서 성공에 이르렀는지 그 변화를 알아보는 것은 매우 중요하다.

봉평 주민 중에는 축제 전문가도 없었고 축제를 성공시켜본 경험도 없었으나, 여러 번의 시행착오를 겪으면서 자신들에게 가장 맞는 해답을 찾아나갔다. 모든 지역에는 해당 지역에 맞는 가장 적합한 해결방법이 있게 마련이다. 효석문화제 성공의 가장 큰 요인은 자율적이고 자발적인 시민조직이 있었기 때문이며, 이 시민조직이 관과 지역 예술가 및 산업체들과 상호 의존적인 네트워크 시스템을 잘 연동해가면서 운영한 것이 봉평 효석문화제 성공을 위해 가장 적합한 방식이었다고 생각한다.

효석문화제의 조직은 축제가 성장하고 환경이 변화함에 따라 3회가량 바뀌었다.

첫 번째 조직

첫 번째 조직은 축제가 시작된 1999년부터 2001년까지 2년간 운영된 조직이다.

축제의 발의부터 시작까지 시민의 힘으로 이뤄낸 '이효석문학제'를 무대에 올리기 위한 초기 조직이었다. 제1회 이효석문학제 사무차장이었던 김성기에 의하면 처음부터 주민이 주도하는 축제를 만들기 위해 총 1억 3천만 원의 예산 중 평창군청의 지원금 3천만 원을 제외한 모든 금액은 주민의 자비로 충당되었다.

그리고 축제를 운영하기 위한 축제운영 조직으로 '가산문학선양회'의 하부에 '효석문학제위원회'를 조직했다. '효석문학제위원회' 산하에 위원장과 고문, 자문위원, 이사 등의 위원직과 본부장, 재무국장, 사무국장 3명이 실질적인 운영자였으며, 회원으로 가입한 주민 50명으로 단출하게 시작되었다.

초기 위원장은 축제의 행정적인 지원을 받기 위해 당시 군수인 권혁승이 추대되었다. 권혁승 군수는 평창군청 공무원들에게 "주민이 주도하도록 공무원들이 지원은 하되 간섭하지 말라"고 철저히 지시[5]함으로써 효석문화제가 주민 주도 축제가 되는 데 기틀을 마련해주었다. 위원장 외에 지역유지들이 고문과 자문위원, 이사에 추대되었는데 이들을 중심으로 자발적인 사업비가 마련되었다.

3명의 운영자와 주민 50명으로 시작한 제1회 축제는 그 누구도 예상하지 못한 상태에서 큰 성공을 거두었다. 시작하자마자 전국에서 2만 5천여 명의 관광객이 몰려들었다. 주민은 큰 성공에 고무되었고 지역의 콘텐

5 권혁승 군수의 '팔 길이 원칙'과 유사한 지원정책에 관해 당시 문화과장이었던 김진영 씨와 인터뷰한 내용.

츠가 외부인에게도 공감과 이해를 얻을 수 있다는 것에 크게 용기를 얻게 되었다고 한다. 제1회 성공을 지켜본 당시 권혁승 평창군수는 제2회 축제를 시작하기 전에 축제장소에 주차장과 메밀꽃단지 확장공사 등 하드웨어 인프라를 구축했다. 그 당시 사무차장이었던 김성기는 제2회 때부터 조직위원회 상근직 사무국장으로 위촉되었고, 조직위원회는 1년 동안 축제를 안정적으로 준비하게 되었다. 축제 조직위원회가 안정적으로 운영되기 시작하자 제3회부터 더 많은 주민이 참여하는 내발적 발전 체계를 구축하기 시작했다.

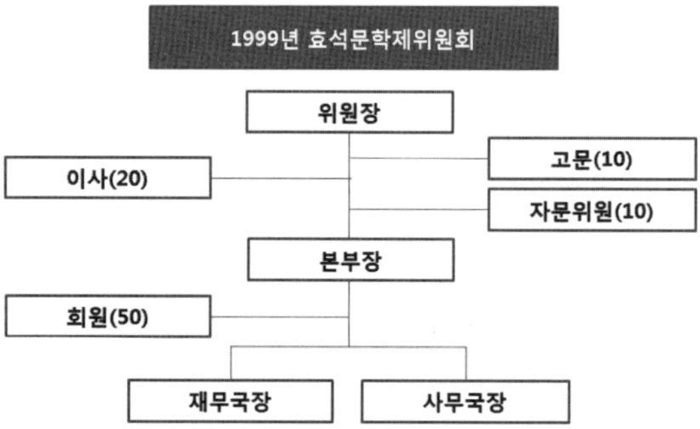

〈그림 5-3〉 1999년 평창효석문화제 조직도

두 번째 조직

2002년부터 2006년까지 운영된 조직이다.

축제의 성공을 지켜본 주민 중 지역에서 경제적으로 형편이 좋은 '봉평상가번영회' 회원들이 모두 운영위원회에 합류하여 경제적인 힘을 보탰고, 지역에서 젊은 층에 속하는 대부분의 주민은 축제기간 동안 본인들의 생업을 뒤로하고 운영위원이 되어 축제장을 지켰다.

2003년 효석문학제운영위원회 조직도는 수직적이고 하달식 조직구조가 아니라 수평적 조직구조를 보이고 있다. 특이사항으로는 다음과 같다.

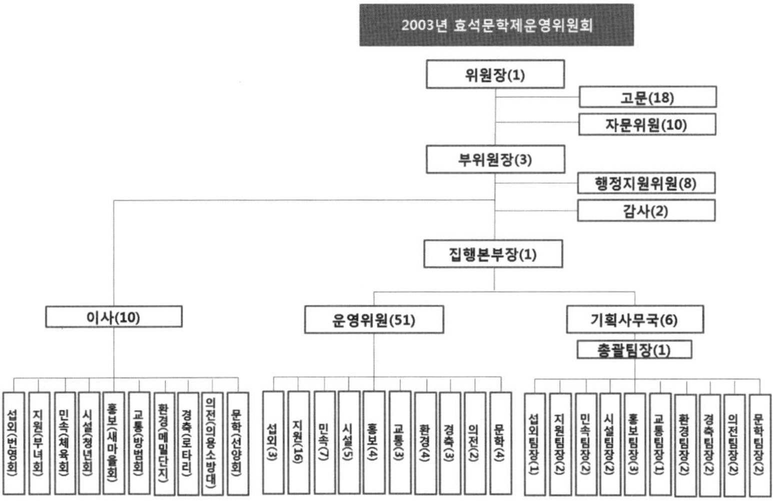

〈그림 5-4〉 2003년 평창효석문화제 조직도

- 행정지원위원을 봉평면장, 파출소장, 봉평농협, 우체국장, 축협지소장, 봉평초·중고등학교장, 면대장, 산채시험장장 등 지역의 기관장들을 임명해서 행정지원을 담당하여 실질적인 민·관 거버넌스 시스템을 구축했다.
- 이사 10명은 당시 봉평지역에 존재한 시민모임(상가번영회, 부녀회, 체육회, 청년회, 새마을회, 방범회, 메밀단지, 로타리클럽, 의용소방대, 선양회)의 회장단들로 구성했다. 이사진들은 봉평지역의 리더들로 군청, 도청 등 연관기관들과의 행정지원을 이끌어내고 예산을 마련하는 역할을 했다.
- 운영위원은 과소지역 농촌에서 젊은 축에 속하는 주민으로 축제기간 축제장에서 벌어지는 모든 일을 책임지고 운영했다. 2003년에는 51명이 종사했다.
- 기획사무국은 총괄지도부였으며, 주민보다는 좀 더 전문성이 있었다. 주로 봉평의 청년위원들이 맡았으며 지역주민 운영위원들을 돕고 축

제에서 일어나는 모든 일의 결정권이 있는 팀장을 맡았다.

위의 도표만 보면 이사-운영위원-기획사무국이 횡적 구조를 이루고 있으나 조직을 깊이 들여다보면 섭외이사-섭외운영팀장-섭외운영위원/지원이사-지원운영팀장-지원운영위원 등 분야별로 이사-팀장-참여주민이 종적으로 연결되어 있다. 또한 행정적 지원이 반드시 필요한 교통·환경·홍보 분야는 공무원들이 행정지원위원으로 직접 참여했다. 예를 들어 평창군 교통과장과 소방서장이 행정지원위원이 되고, 봉평군 주민방범대장과 소방대장이 교통이사가 된다. 그리고 교통팀장(주민교통운영위원)이 종과 횡으로 교통을 책임지게 된다.

또한 축제가 시작되기 전에 메밀꽃밭이 부족할 경우 환경이사는 메밀꽃밭을 조성할 장소와 기금을 마련하고 평창군과 행정지원을 의논한다. 그리고 주민 중에 환경운영위원들은 환경운영팀장의 지휘를 받으면서 메밀꽃밭을 추가 조성하는 식이다. 마치 씨줄과 날줄처럼 콘텐츠, 장소, 이미지, 내용들을 잘 엮어서 봉평의 아이덴티티를 구축해나가는 구조다.

세 번째 조직

2007년부터 현재까지 유지되고 있는 조직이다.

2007년에는 가산문학선양회와 효석문화제위원회가 통합되어 이효석문학선양회로 발족되었다. 운영조직이 사단법인으로 발족되면서 2007년 축제운영의 경영매뉴얼을 제작하여 '평창효석문화제'의 운영과정을 표준화했다. 이 경영매뉴얼은 ISO 9001(2000)/KS A 9001(2001)을 적용하여 품질경영시스템을 도입했다. 경영매뉴얼을 도입한 이유는 주민자치 네트워크가 점차 효과를 발휘하면서 매년 같은 업무를 담당한 주민이 전문성을 갖기 시작했기 때문이다. 아래 조직도를 보면 그동안 지역유지들로 구성된 이사회-주민으로 구성된 운영위원-사무국이 수평을 이루고 있었으

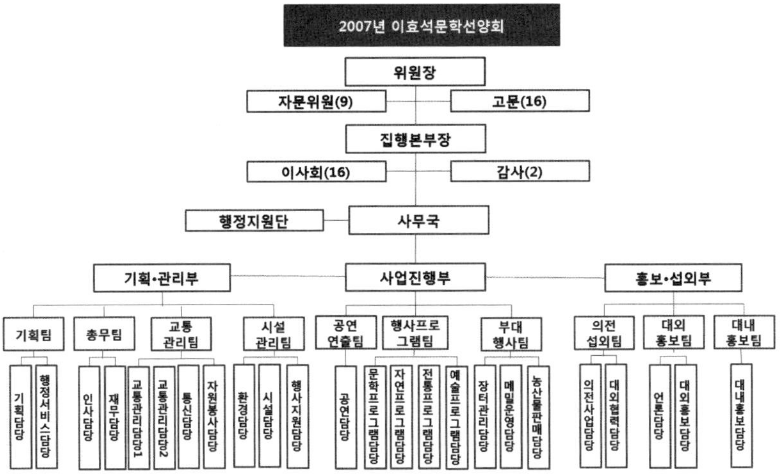

〈그림 5-5〉 2007년 평창효석문화제 조직도

나, 2007년부터는 사무국 중심체제로 구축되어 있는 것을 볼 수 있다. 사무국이 축제운영의 베이스캠프가 되고 그동안 훈련된 주민이 마치 전문적인 이벤트기업처럼 기획·관리부-사업진행부-홍보·섭외부로 조직화되어 있음을 알 수 있다. 주민이 축제운영에 대해 제 몫을 하게 된 것이다.

2007년 조직이 2003년 조직과 다른 점은 다음과 같다.

- 2003년에는 평창군청 공무원·기관장 등도 행정지원위원으로 축제에 직간접적으로 참여하는 구조였으나, 2007년 조직에는 사무국을 지원하는 형태로만 존재하고 있다. 축제가 지속될수록 주민조직이 더 독립적·자치적으로 운영되고 있음을 알 수 있다.
- 2003년 조직에서 분야별로 이사회-사무국 분야별 팀장-시민의 운영위원회로 구성되었던 종적 구조가 2007년에 와서는 구분이 모두 없어졌다는 것이다. 이는 축제를 10년 가까이 운영해온 지역주민이 각 분야에서 전문성을 갖게 되었기 때문이다.

• 2003년 조직에서는 일반주민과 사무국 전문팀장이 구분되어 있었으나 2007년에 들어서면서 일반주민과 사무국의 구분 없이 분야별 담당제로 조직되어 있다. 각 담당 분야는 충분한 자율권이 주어져서 구매, 예산운영, 프로그램운영, 평가와 피드백까지 권한과 책임을 져야 했다.

축제의 규모가 커지고, 축제운영에 참여하는 사람들이 기하급수적으로 많아지면서 각기 다른 경험을 갖고 있는 지역주민을 위한 단일화된 목표와 추구하는 가치를 공유할 필요성이 있었다. 경영매뉴얼에는 각 분야별 역할과 담당자들이 책임질 영역은 구매, 관리, 집행 등에 대해 표준화를 할 필요성이 있었고 축제운영의 표준운영매뉴얼이 제작·보급되었다.

조직 내 갈등 해결방법

2007~2008년까지 위 조직구조로 운영되었으나 2009년 주민 사이에 갈등이 불거졌다. 주민은 강력해진 사무국에 불만을 갖게 되었고 사무국은 사무국대로 지쳐 있었다. 드디어 가산문학선양회 이사들이자 지역유지그룹인 봉평상가번영회에서 반기를 들고 일어났다. 그동안 지역유지그룹인 상가번영회 회원들은 축제의 예산과 행정지원을 담당했는데, 사무국에서 주도적으로 운영권을 행사하고 자신들은 마냥 후원인으로만 남고 싶지 않았을 수도 있다. 또 하나의 이유는 주민이 분야별로 책임경영을 하다 보니 전문성이 떨어지는 경우도 있었고 개인차에 따라 문제가 발생하기도 했다.

이후 11~16회(2009~2014년)까지 6년 동안 법인이사 5~6명과 회원들이 사무국을 운영했다. 기존 사무국과 다른 점은 등기된 이사 중심의 체계였다는 것이다.

- 통합된 사단법인 이효석문학선양회(가산문학선양회+효석문화제위원회) 이사장은 평창군수 대신 지역회원이 추대되었다.
- 사무국장과 기획총무이사를 따로 두어 실질적인 이사중심체제의 의사결정 구조 중심이었다.
- 2002년부터 2008년까지 주민(각 사회단체장의 당연직 이사책임제)이 각 분야별로 책임경영을 했던 구조를 없애고 5명의 이사를 중심으로 운영되었다.
- 그동안 수많은 주민이 하던 일을 5명이 이사들이 하다 보니 자연스럽게 외주업체에게 운영대행을 맡기게 되었다.

상가번영회 주도로 운영되던 축제는 2014년 주민의 항의로 다시 2007년 체제로 돌아가게 되었다. 그 이유는 다수의 주민이 운영하던 수평적 운영방식에서 이사 5명이 중심이 되어 운영하던 11~15회 운영조직의 하향식 운영방식에 의한 폐쇄성이 주민의 반감을 일으킨 것이다. 기존의 농촌관광에서는 하향식의 일사불란한 운영조직이 효율성이 있었겠지만 이미 스스로 '내발적 콘텐츠'를 개발한 경험이 있는 주민이 '평창효석문화제'에 느끼는 애정과 자부심에 비할 바가 아니었다. 과장해서 말한다면 창조관광 하에서는 경제적 효율성을 강조하는 일부 엘리트 그룹들이 다수의 능동적 참여를 통해 자신이 사는 지역에 봉사하는 기쁨과 보람(호혜성)을 박탈할 수 없다는 것을 알려주는 일련의 사건이라고 하겠다.

농촌 창조관광에서는 일방향성보다는 소통이, 획일성보다는 능동적 참여가, 수직적 구조보다는 수평적 구조가, 엘리트주의적 효율성보다는 다수의 전문적 네트워크가 더 적합한 구조임을 증명하고 있다.

이후 그 과정에서 2009년 등기이사체제와 회원들에 의해 사무국장 자리에서 물러났던 김성기가 다시 본부장으로 추대되어 지금까지 총괄기획을 맡고 있다.

결과적으로 평창효석문화제가 성공할 수 있었던 이유를 조직 관점에서 분석해보면 다음과 같다.

- 효석문화제 조직은 모두 책임경영제로 운영되므로 주민이 책임을 맡은 그 분야에 대한 학습과 교육, 경험이 축적되는 구조다.
- 개인화가 기반이 되는 '도시형 커뮤니티'가 아닌 농촌 특유의 '공동체적인 일체조직(한국농촌건축학회, 2015, p. 39)'으로 개인과 공동체를 동일시하는 마음이 살아있었기 때문이다.
- 축제기간 동안 주민이 생업을 뒤로하고 축제장으로 출퇴근하는 이유는 주민이 축제를 자신의 일같이 생각하고 축제기간에 자신의 노동을 '품앗이'한다고 생각한다. 내가 품앗이를 하면 '언젠가는 자신에게도 이익이 돌아올 것을 기대'하는 상호부조 정신이 살아있기 때문이다. 마쓰나가 게이코(한국농촌건축학회, 2015, p. 58)는 이를 '호혜성(reciprocity)'이라고 부르며 농촌 특유의 장기적 애타주의 때문이라고 주장한다.
- 자연경관을 살리는 아름다운 마을을 목표로 하므로 문화자본주의적 관점이 아닌 내발적 발전체계이자 창조적 공동체로서 대처했기 때문이다.
- 조직연구에서 가장 중요한 것은 봉평면 주민이 장기간 축제를 운영하면서 감당하기 어려운 사건들을 경험하면서도 농촌 특유의 관계성이 상처받지 않도록 이후 지역주민 누구에게도 책임을 묻지 않고 서로를 다독여주었다는 사실이다. 플로리다(2005)는 창조도시 이론에서 도시의 개방성과 관용성을 강조하고 있다. 봉평축제가 성공한 이면에는 주민의 다양한 역량을 인정하고 반복학습과 참여를 통해 주민 전체의 역량을 끌어올리고자 하는 노력, 그리고 실수와 잘못에 대한 관용성,

자율과 자치에 대한 보장 등이 주효했다고 판단된다.

- 농촌, 특히 한국 농촌 특유의 집합주의 문화에서는 '관계=연결'이다. 감정이 상하고 관계가 끊어지면 자발적인 시민조직은 꿈도 꿀 수 없게 된다.

평창효석문화제의 성공은 단번에 이뤄지지 않았다. 여러 가지 우여곡절을 겪으면서 비전문가인 지역주민이 17년간 포기하지 않고 지켜온 힘겨운 노력으로 이룬 성공이다. 그중에서도 봉평지역은 축제에 대한 경험이 전무한 지역주민이 아름다운 지역의 자연환경을 지역의 내발적 콘텐츠와 적절하게 결합하여 창조적인 콘텐츠를 개발하고, 이를 발전시키는 창조적 공동체로 조직되었으며, 이를 위해 주민 스스로 역량을 개발하는 노력과 실패를 탓하지 않는 지역 문화의 관용성, 개방성, 자율권의 보장 등의 창조적인 지역 문화가 있었다. 봉평면의 사례를 통해 농촌 창조관광이 성공하기 위해서는 관 주도의 획일적인 조직보다는 개개인의 역량이 차이가 있다고 하더라도 관용성, 개방성, 자율권을 보장하면서 느리지만 지속적인 학습과 참여를 통해 점진적인 성장을 이뤄나가야 한다는 것을 알 수 있었다.

(3) 지역산업 연계

평창효석문화제는 문학축제로 시작해서 축제의 소재였던 메밀이 지역산업으로 발전되었다. 이효석 문학을 실감 있게 구현하고자 소설 속의 "산허리는 온통 메밀밭이어서 피기 시작한 꽃이 소금을 뿌린 듯 흐뭇한 달빛에 숨이 막힐 지경이다"에 나오는 메밀밭과 물레방아, 초가집 등을 조성했고, 지역의 자연환경이 마치 단편소설 속에 들어와 있는 것 같은 감동을 주면서 쇠락해가던 과소도시의 메밀밭은 1년에 수십만 명의 관광객을 불러 모으는 창조적이며 아름다운 공간으로 재탄생했다.

당연히 아름다운 공간과 경관은 사람들을 모으고 관광수익을 가져오겠지만 봉평 주민은 경관으로만 아름다운 공간이 아니라 정주공간, 생활공간으로서의 아름다움을 만들어내고 싶었다. 정주공간, 생활공간의 아름다움은 지역주민에게 자부심을 갖게 하고, 지역에 생기를 돌게 하며, 주민 스스로 자연과 환경을 돌보게 하고, 이를 활용함으로써 관광수익을 창출하고 이를 지역의 각종 산업과의 연결고리로 만들어냈다.

봉평은 아름다운 메밀꽃밭 외에 산업적으로도 메밀을 가장 잘 활용하는 지역이 되었다. 메밀 관련 음식·상품개발을 하면서 지역의 산업구조 자체가 바뀌어버렸다. 축제를 시작하기 전에 2개뿐이던 메밀국수 음식점은 17년이 지난 현재 30배가 넘는 60여 곳으로 증가했으며, 지역의 산업은 다양해졌다.

아래 표는 2012년 평창군 내 업종 종사자를 비교한 것이다. 전형적인 농촌지역이었던 봉평면에는 농업에 종사하는 사람보다 제조업, 도소매업

〈표 5-3〉 2012년 평창군 내 업종 종사자 비교

(단위: 개)

구분	인구	농업·임·어업	제조업	도소매업	숙박·음식점	예술·스포츠	부동산·임대
평창읍	9,036	31	256	385	407	26	10
미탄면	1,804	2	11	37	77	47	1
방림면	915	14	17	62	109	8	9
대화면	5,661	7	55	198	226	14	21
봉평면	5,694	5	106	198	1,870	50	229
용평면	3,093	31	139	185	438	19	23
진부면	9,610	11	169	425	659	103	45
대관령면	6,258	80	69	245	1,861	170	189

출처: 행정자치부 주민등록인구통계

등 다양한 산업에 종사하는 사람들이 훨씬 많아졌다. 봉평면과 환경이 비슷한 인근 대화면·진부면과 비교해보아도 숙박·음식점 수는 5~10배가량 많고 부동산·임대사업 역시 10배 이상 차이가 벌어지고 있다. 〈표 5-3〉에서 볼 수 있는 봉평면 제조업의 10%가 메밀 관련 산업이라고 할 수 있다.

그러나 〈표 5-4〉에서 평창군 내 사업체 수를 비교해보면 봉평면의 사업체 수가 가장 높은 것은 아님을 알 수 있다. 봉평면은 타 면에 비해 숙박·음식, 부동산·임대 등 관광 관련 산업에 대해 강세를 보이고 있다.

관광 분야에서 봉평면이 얼마나 눈부신 발전을 했는지는 관광과 직접 연관된 숙박·음식점 수만 간단히 비교해보아도 알 수 있다. 평창군에서 가장 큰 평창읍은 1996년에 941개였던 것이 2012년에는 220개로 줄어들고 있는 데 비해 그보다 규모가 작은 봉평면은 122개에서 475개로 4배 이상 증가했다. 2012년 현재 봉평면 주민의 1/5 이상이 숙박·음식업에 종사하고 있는 셈이다. 봉평의 결과는 평창동계올림픽과도 연관이 있겠지만, 효석문화제가 성공하지 못했다면 이룰 수 없는 변화였을 것이다.

〈표 5-4〉 2012년 평창군 내 사업체 수와 종사자 수 비교

(단위: 개)

구분	사업체 수	종사자 수
평창읍	805	3,246
미탄면	130	496
방림면	154	396
대화면	417	1,205
봉평면	813	3,032
용평면	289	1,226
진부면	816	2,602
대관령면	639	4,115

출처: 국가기록원 평창군 통계연보

〈표 5-5〉 1996~2012년 봉평면 숙박 · 음식점 사업체 수 비교

(단위: 개)

구분	1996	2012
평창읍	941	220
봉평면	122	475

출처: 행정자치부 주민등록인구통계

메밀싹 비빔밥

메밀싹 물국수

메밀싹 육회

메밀찐빵

메밀전병

메밀주스

〈그림 5-6〉 봉평 메밀음식

메밀음식은 봉평의 향토음식이었으나 평창효석문화제를 통해 지역산업으로 거듭날 수 있었다. 축제방문객이 30만 명씩 몰려오자 주민도 경쟁적으로 메밀음식을 개발했다. 봉평지역에서 가장 유명한 것은 메밀국수와 메밀전병이지만 봉평 주민은 메밀을 사용해서 메밀찐빵, 메밀싹 육회, 메밀싹 묵무침, 메밀싹 육회비빔밥, 메밀주스 등 다양한 메밀음식을 개발해서 봉평에서만 맛볼 수 있도록 지역특화상품으로 만들었다. 앞의 사진들은 지역주민이 개발한 메밀음식들이다.

이효석 작품을 실감나게 구현하기 위해 사용했던 메밀을 지역주민은 다양한 관광음식과 지역의 특산품으로 개발했다.

아래 표 중 왼쪽은 지역주민이 메밀을 재료로 개발한 음식들의 종류이고, 오른쪽은 현재 온라인·오프라인에서 판매되고 있는 메밀 관련 상품들이다.

〈표 5-6〉 봉평지역 메밀 관련 상품들

번호	봉평지역 메밀음식들	메밀 관련 상품들
1	메밀 샌드위치	메밀국수
2	메밀 만두	메밀소바
3	메밀 크레타 주먹밥	메밀물냉면
4	메밀 흑미 유부초밥	메밀비빔냉면
5	메밀 김밥	메밀쌀
6	메밀 송편	쓴 메밀 씨앗
7	메밀 약식	메밀껍질
8	메밀밥 고로케	메밀 미숫가루
9	메밀 피자	메밀차
10	메밀 찐빵	메밀티백차
11	메밀 동그랑땡	메밀가루
12	메밀 증편	쓴 메밀국수
13	메밀 전병	메밀 부침가루
14	메밀 범벅	메밀묵가루
15	메밀 카스테라	메밀 새싹
16	메밀묵	메밀 웰빙과자
17	메밀소바	메밀 동동주
18	메밀 냉국수	메밀튀밥 쿠키
19	닭 메밀온면	블랙메밀차
20	메밀 묵사발	메밀나물
21	과일냉채 오징어 메밀국수	메밀베개
22	메밀묵전	
23	총각김치 메밀국수	
24	메밀국수 샐러드	

25	메밀 김치전	
26	메밀 볶음면	
27	메밀싹 요구르트	
28	메밀 롤케이크	
29	메밀 커스터드	
30	메밀 파스타 피초케리	
31	메밀 김치말이국수	
32	메밀 콩국수	
33	메밀 쟁반국수	
34	튀김 온메밀국수	
35	호박채 메밀부침개	
36	메밀수제비	
37	메밀묵김치무침	
38	김치메밀묵냉국밥	
39	메밀채소말이쌈	
40	메밀무밥	
41	메밀총떡	
42	메밀국죽	
43	메밀구절판	
44	데리야키치킨 메밀국수볶음	
45	두부메밀소스냉채	
46	채소메밀전	
47	메밀지짐	
48	튀김메밀국수	
49	메밀 토마토 스파게티	
50	크림새우 메밀 파스타	
51	메밀국수 장국말이밥	
52	새우고추장소스와 메밀국수	
53	메밀싹 라이스페이퍼말이	
54	양상추메밀전병 샐러드	

55	메밀부추애호박편수	
56	성게알메밀비빔면	
57	홍두깨살 메밀구이	
58	달래메밀전	
59	메밀 돼지고기말이	
60	죽순채 메밀국수와 산유밀음	
61	메밀국수 장어김밥	
62	삼치 메밀국수 산마찜	
63	동남아식 김치메밀국수	
64	북한식 메밀칼국수	
65	연근메밀지짐이	
66	콩국메밀소바	
67	두릅순메밀전	

창조적인 지역주민에 의해 조성된 환경이 재래음식을 창의적으로 개선시키고, 창의적인 음식은 다시 지역산업으로 발전되어나가는 과정을 살펴볼 수 있었다. 그러나 봉평 주민은 지역을 음식문화 창조지역에만 그치게 하지 않고 2016년에는 세계메밀문화축전을 개최해서 전 세계 메밀산업을 이끄는 역할을 하고자 한다. 이에 더해 메밀국수를 전문으로 하는 업체들이 모여서 봉평메밀협동조합을 만들었고, 주민이 봉평메밀국수 전문점을 창업할 수 있도록 교육, 노하우, 레시피, 식재료 등을 무료로 지원(봉평메밀협동조합, 2016)하는 등 스스로 학습하고 교육하는 시스템을 구축해서 '창조성'에 기반을 둔 지식기반경제로 진화하고 있는 중이다.

(4) 거버넌스 네트워크 시스템

효석문화제가 자율적인 시민조직에 의해 성공할 수 있었던 첫 번째 이유는 관 주도가 아닌 시민에 의해 발의되었기 때문이다. 만약에 효석문화제가 농촌관광을 위한 마을만들기 사업의 일부였다면 과연 성공할 수 있었을지 의문스럽다.

창조농촌·창조관광의 마지막 조건으로 거버넌스 네트워크 시스템이 과연 효과적인지 현재 한국의 대표적인 창조농촌을 위한 사업인 '마을만들기 사업(농촌종합개발 사업)'과 '평창효석문화제'의 운영구조 및 의사결정 구조에 대해 비교해보겠다.

평창효석문화제와 마을만들기 사업의 사업운영구조 비교

〈표 5-7〉 평창효석문화제와 마을만들기 사업의 사업운영구조 비교

구분	평창효석문화제	마을만들기 사업(농촌종합개발 사업)
사업 목표	• 지속적인 주민 증가 • 살기 좋은 지역	• 10년간 농촌지역발전에 선도적 역할을 할 1,000개 소권역 우선지원, 이후 탄력적으로 운영
사업 목적	• 살기 좋은 마을만들기	• 농촌마을의 경관개선, 생활환경정비, 주민 소득기반 확충 등을 통해 살고 싶고, 찾고 싶은 농촌 정주공간을 조성하여 농촌에 희망과 활력을 고취함으로써 농촌사회 유지 도모
사업명	• 평창효석문화제	• 녹색농촌체험마을 • 전통테마마을 • 문화마을 조성사업 • 어촌체험마을 • 자연생태 우수마을 • 아름마을 가꾸기 등
추진방향	• 주제와 맥락을 같이하는 서정적인 프로그램으로 관광객의 감성 자극 • 가산 선생의 문학에 대한 감동과 자연 속의 아름다운 메밀꽃 구현 • 도심에서 느낄 수 없는 시골의 예스러운 모습을 선물함	• 동일한 생활권으로 동질성을 가지며, 발전 잠재력이 있는 마을들을 상호 연계하여 소권역 단위로 개발 • 지역주민과 지자체, 지역 내 전문가 등이 주도하는 상향식 추진 • 농촌다움을 유지·보전하는 친환경적인 개발로 지역의 잠재자원을 특성화하여 소득증대를 통한 자립기반 구축 • 사업 초기에 추진체계를 정착시킨 후 단계적으로 확대 추진

사업내용	1) 사업 프로그램은 모두 주민이 결정함 2) 사업 프로그램은 한 달에 한 번 이사회 회의를 통해 결정함 • 문예사업 • 문화예술사업 • 문학사업 • 학술사업 • 추모사업 • 국제교류 • 홍보사업 • 프로그램 - 대표 및 주제 프로그램 - 소재 프로그램 - 참여 및 체험 프로그램 - 체류형 프로그램 - 연계 관광 프로그램 • 이효석문학관 운영 • 관광안내소 운영	1) 소프트웨어에 대한 투자 강화 2) 소프트웨어 사업 • 지역주민, 지역리더의 역량강화를 위한 교육 • 사업의 원활한 추진을 위한 컨설팅 • 사업수행을 위한 각종 프로그램 개발 • 시설 관리 및 운영 3) 공간조성 사업 • 주거환경 개선 • 농촌경관 보전 및 회복 • 사회 · 문화복지 증진 4) 소득증대 사업 • 농특산물의 명품화 • 고품질화 • 도농교류 활성화를 위한 기반조성
사업 주관	• 주민자치조직인 '이효석문학선양회'	• 농림부, 시 · 도지사, 주민협의체 등
사업 시행	• 조직화되고 훈련된 주민이 각각의 분야를 맡아서 책임 시행	• 시장 · 군수 · 구청장 등 • 효율적인 추진을 위해 일부 또는 전부를 전문기관에 위탁하여 시행할 수 있음 • 위탁시행 시 시행계획수립, 사업시행을 일괄 위탁하고 업무범위를 정해야 함

급격한 고도성장과 군사문화 하에서의 지역개발은 관이 주도하는 하향식 하달체계가 유효했다. 그러나 개성과 삶의 질이 중요해지고 다원화·분권화된 사회에서는 어느 한 주체가 일방적으로 사업을 추진해나가기는 어렵다. 특히 집단주의와 관계의 공동체가 살아있는 농촌의 경우 관계자들을 참여시켜 다양한 이해관계에 대해 협력하고 해결해나가야 한다. 특히 토지·사람·마을·자부심이 공동화되고, 지역주민의 역량이 부족하거

나 노령화된 지역에서는 관은 물론 역량 있는 일부 주민조차 사업을 이끌어나가기가 쉽지 않다.

성공한 평창효석문화제와 마을만들기 사업(농촌종합개발 사업)의 사업구조를 비교해본 결과 가장 큰 차이점은 평창효석문화제가 지역주민에 의한 지역주민을 위한 사업이었다면 "마을만들기 사업의 문제점은 구호와 달리 지역주민의 의견을 제대로 반영하지 못한 중앙정부 주도의 하향식 개발이었고, 지역개발을 목적으로 함에도 민·관이 협력하지 못함으로써 애초에 지역특성을 반영하기 어려운 구조였다. 특히 관광사업의 경우 콘텐츠 개발이 아닌 하드웨어, SOC 위주의 사업으로 지역주민의 심리적 만족감을 얻기 어려우므로 자발성을 이끌어내기 힘든 구조다."(유상건, 2004)

지역축제 등 지역의 내발적 콘텐츠를 개발해서 지역 활성화를 추진하고 싶은 지방정부일수록 관 주도에 의해 일방적으로 수행되기보다는 다양한 주민협의체들과 상호 협력에 기반을 둔 거버넌스 체제를 구축하고자 노력한다.

평창효석문화제와 마을만들기 사업의 거버넌스 네트워크 시스템 비교

초대 유엔 거버넌스센터 원장인 김호영은 '거버넌스(governance)'에 대해 "정부와 민간기업, 시민단체 등이 협력해서 사회 전체의 발전을 도모한다는 의미"라고 민·관의 협력구조를 지칭했으나, "공동체 운영의 새로운 체제나 제도, 메커니즘 및 운영 양식을 다루는 것으로 기존의 통치나 관리 패턴을 대체하는 것(경찰학사전)", "정부가 주도하는 통치가 아닌 다양한 행위자들의 파트너십에 의한 협치"라는 뜻으로 쓰이고 있다. 위의 정의에서 볼 수 있는 것처럼 거버넌스는 광의적으로 영국 옥스퍼드사전(Oxford Dictionary)의 "무언가를 만들어내기 위해 다른 주체와 함께 일하는 행위(한국지방행정연구원, 2011)"에 해당하는 것으로, "해당 분야에 관련된 이해관계자들이 동일한 목적을 향해 마음과 힘을 하나로 합치는 상호 의존적이고 협력하는 행위나 과정"이라고 할 수 있다. 그리고 거버넌스 네트워크(governance network)는 "동일한 목적을 성공시키기 위해 다양한 거버넌스들이 상호 의존적으로 협력하는 행위나 과정"이라고 정의할 수 있겠다.

거버넌스는 다음과 같은 특징이 있다(박소연, 2014).

① 행위주체의 수평적인 협력과 조정을 통한 자기 조직화다.
② 참여주체인 정부, 시장, 시민사회 등 전 영역의 행위자가 해당되며, 이들 간의 결합은 네트워크와 파트너십이고, 각 주체는 자율권을 갖는 대등한 존재로 수평적으로 결합하여 통합적인 상호 조절 및 조율을 이뤄낸다(조명래, 2002).
③ 거버넌스는 제도 또는 구조보다는 문제 해결 과정의 성격을 갖는다(Pierre, 1999, 2000; Keane, 2003; 배유일, 2003). 이때 정부는 단독으로 문제를 해결하거나 서비스를 제공할 필요가 없게 된다(Leach 외, 2001).
④ 정부의 역할은 직접 실행보다는 전략적 방향을 제시(Osborne 외, 1992)하거나 주체들의 활동을 촉진하는 것(Brooke, 1989)에 집중해야 한다.

거버넌스의 특징을 보면 정부사업에서 진정한 거버넌스를 실행하기가 얼마나 어려운지 알 수 있다. 마을만들기 사업이 평창효석문화제에 비해 막대한 예산을 지원해도 그만큼의 성과를 이룰 수 없는 것은 평창효석문화제는 제1회부터 평창군청과 군수가 팔 길이 정책을 실현하기 위해 예산·행정지원·하드웨어지원에 그치고 단독으로 문제를 해결하거나 서비스를 제공하지 않는다는 원칙하에 지역정부가 키를 잡으려고 하지 않았기 때문이다. 이에 대해 제1회 축제로 힘에 부친 주민 중에는 '축제의 초창기에는 평창군 차원의 지원은 별로 없었다(한국농촌경제연구원, 2004, p.

96)'고 생각하기도 했다.

이에 비해 마을만들기 사업은 앞의 〈표 5-7〉에서도 알 수 있듯이 상향식 추진을 지향하지만 "동일한 생활권은 하나로 묶거나 발전 가능성이 있는 마을들은 상호 연계"하여 '개발'하겠다는 고압적 의지를 숨기지 않고, 지자체 장이 추진하며, '효율적인 추진'을 위해서는 시민이 아닌 '전문기관에 위탁'할 것을 권고하고 있다. 이와 같은 차이는 창조농촌·창조관광을 추진시키는 동력인 '자립적인 주민자치조직'의 생사를 가르는 중요한 요인이 된다.

마을만들기 사업의 성공사례인 진안군의 성공 기반에도 '자립적인 주민자치조직들'과 이들이 포도송이처럼 구축한 '거버넌스 네트워크 시스템'이 있었다. 〈그림 5-7〉은 진안군의 거버넌스 네트워크 구조로, 행정과 민간의 협력관계 구축도다.

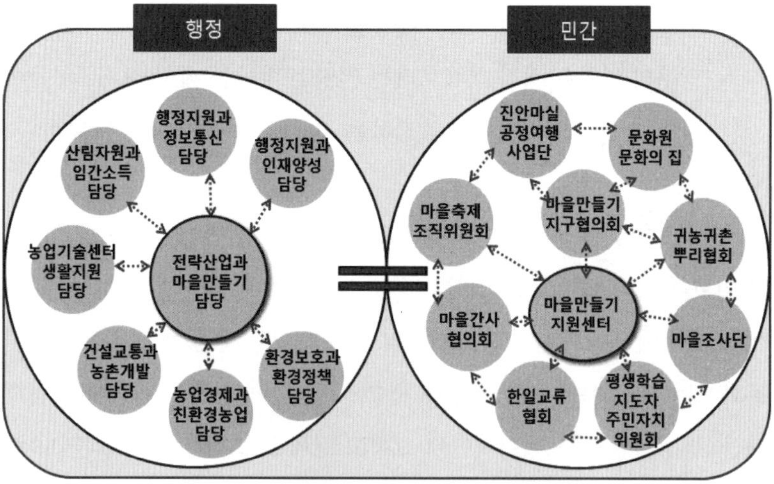

〈그림 5-7〉 진안군 거버넌스 네트워크 시스템
출처: 진안군 마을만들기 지원센터, 2014

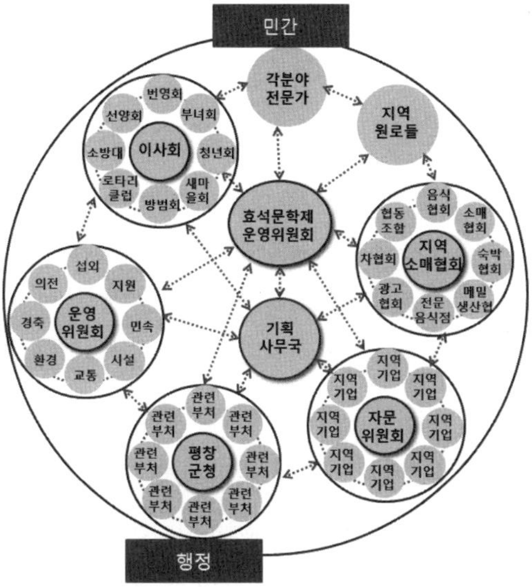

〈그림 5-8〉 초기 효석문화제의 거버넌스 네트워크 시스템

진안군의 마을만들기 사업 역시 다수의 주민자치조직이 수평적인 네트워크를 이뤘고, 지역정부와의 거버넌스 체제를 통해 거버넌스 네트워크 시스템을 구동했다. 이때 이해관계가 다른 다수 주민자치조직의 갈등과 협력 등은 마을만들기 지원센터가 조정했다. 마을만들기의 효시인 진안군이 처음 마을만들기를 한 2001~2003년 당시만 해도 '마을만들기'라는 개념을 일부 전문가 외에는 잘 모르고 관심도 없던 터라 진안군에 정착한 전문가 주도로 주민에게 마을만들기의 개념부터 해외사례, 운영방법까지 다양한 주민교육을 진행했으며, 주민을 위한 다양한 교육은 현재까지 이어져오고 있다. 진안군의 마을만들기 사업이 주민 주도에 의해 거버넌스 네트워크 시스템으로 이어져올 수 있었던 배경에는 주민의 역량을 개발하기 위해 다양하고 지속화된 주민교육의 힘이 있었다.

진안군에 비해 초기 효석문화제의 거버넌스 네트워크 시스템은 좀 더 민간 주도형 시스템에 가깝다. 다수의 주민협의체가 거버넌스를 이루고,

여러 개의 거버넌스가 하나의 통합된 거버넌스를 이루고 있다. 각 거버넌스는 축제에서 각각의 역할이 있다.

위원장은 평창군수가 맡아 행정지원을 하고, 각 분야의 전문가들과 지역원로들은 고문위원으로 포함되어 있으며, 자문위원회는 휘닉스파크 등 지역기업들이 축제자금을 지원한다. 효석문화제의 실질적인 운영은 이사회-운영위원회-기획사무국의 3개 거버넌스가 담당하고 있다. 이사회는 10개의 지역주민단체를 통합하여 만든 협의체로, 각각 이해관계가 다른 단체들이 축제의 성공을 위해 하나의 협의체로 통합했다. 운영위원회는 개별적인 지역주민으로 섭외, 의전, 시설, 교통 등 1년 동안 운영위원회에 소속되어 축제를 준비하고 운영한다. 순수 지역주민으로 구성된 운영위원회 회원들이 축제를 성공시킬 수 있도록 이사회와 기획사무국이 다시 거버넌스 시스템을 구축하여 지원한다. 효석문화제에서는 관인 평창군청, 축제기간 수익을 창출하는 지역소매기업협회들 역시 하나의 거버넌스로 기능하고 있다.

진안군의 성공이 다양하고 지속적인 주민교육을 통한 지역역량을 증진시킨 것이었다면 봉평면의 성공은 자율적이고 수평적인 주민자치조직들의 거버넌스 네트워크 시스템 때문이었다고 할 수 있다.

평창효석문화제와 마을만들기 사업의 의사결정구조 비교

주민자치조직이 존재하지 않거나 형식적으로 존재하여 마을지원사업들이 일부 주민만 수혜를 받거나 관에 의해 획일적으로 하달된다면 대부분의 지역주민은 자신의 일이 아니라 관의 업무를 대행해줄 뿐이라고 생각하고 상대적인 박탈감과 소외감에 의욕을 잃게 될 것이다. 그렇지 않아도 사람·농토·마을·자부심의 공동화를 겪고 있는 과소지역 농촌을 상대로 사업을 추진할 경우에는 효율성과 비전을 요구하기보다는 각 지역의 문화적 특성과 자부심을 회복시키는 내발적 콘텐츠로 시작해야 한다. 이것이 지역 특성화 사업이며 진정한 마을만들기 사업이라고 할 수 있다. 현재도 마을만들기 사업 내 농촌관광을 활성화시키려는 콘텐츠 사업들이 진행되고 있지만, 사업의 결정구조를 보면 하향식 추진을 하고 있다. 이런 구조로는 지역 특성화가 이뤄지기 어렵다. 이에 대한 이유를 파악하고자 마을만들기 사업과 평창효석문화제의 의사결정구조를 살펴보고자 한다.

다음 그림은 군 단위의 마을만들기 사업에서 의사결정구조를 도해한 것이다. 도해에 대한 설명은 광주발전연구원(2012) 보고서를 참고했다.

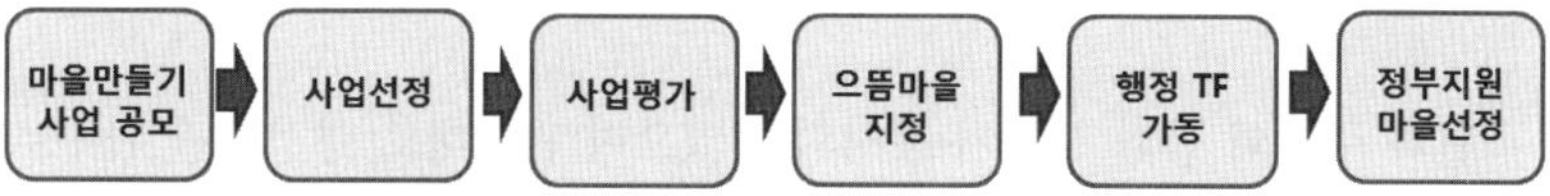

〈그림 5-9〉 군 단위 마을만들기 사업의 의사결정구조

- 군 단위 마을만들기 사업은 주민발의보다는 군의 전반적인 계획을 종합하여 진행되는 특징이 있다(광주발전연구원, 2012).
- 군 단위 마을만들기 사업은 읍·면·군청의 네트워크 구축과 협력관계 조성을 통해 군의 내부역량을 강화하고 건전한 생태계를 지탱하는 지역경제를 목표로 한다.
- 군청은 지역주민의 의견과 요구를 청취한 후 마을만들기 행정 TF팀을 운영하고 체계적인 사업을 수행할 수 있도록 지원한다.
- 1년 단위로 군 단위 마을만들기 사업을 성공적으로 수행했을 경우, 3년 단위의 으뜸마을 가꾸기 사업에 대한 지원을 하고, 이후 2~5년 기간의 소규모 국비지원사업을 지원하며, 다시 중·대규모의 국비지원사업을 지정해준다(광주발전연구원, 2012).

군 단위 마을만들기 사업의 의사결정구조 및 단계별 추진내용을 보면 지역 주민자치조직에서 발의하기는 하지만 발의 단계부터 관의 입김이 작용할 수 있으며, 주민에게 이익이 되기보다는 군 전체의 이익이 되는 사업을 선택할 가능성이 있다. 또한 운영을 시작하는 과정에서도 마을만들기 사업을 지원하는 행정팀이 가동되는 시스템과 향후 단계별로 증액되는 사업선정에 관이 개입할 여지도 충분히 있을뿐더러 더 중요한 것은 수평적이고 자치적인 거버넌스 시스템에 적합하지 않은 구조로 운영되고 있다는 점이다.

이에 대해 농업기반공사(2006)에서는 다음과 같이 비판한다.

- 관과 주민의 합의 절차가 무시되고 있으며 관행대로 행정기관 위주로 운영되고 있다.
- 주민은 사업의 주인이 아니라 수혜자적 자세로 수동적으로 움직이려는 경향이 있다.
- 지역주민의 역량이 부족하여 소수의 역량 있는 사람이나 재력가 중심으로 추진되고 있다.

이에 비해 평창효석문화제의 의사결정구조는 관의 행정체계에서와 같이 일사불란하게 이뤄지지는 않으며, 관 주도 축제와는 매우 다른 구조를 가지고 있다.

- 의사결정을 위해 매년 2월부터 매월 1회 이상 이사회 회의를 운영한다.
- 정관상 위원회는 위원회-집행본부장-이사-팀원으로 서열화되었으나 현실적으로는 위원회원들 모두 수평적인 관계이며, 현실적으로는 사무국장이 각 분야의 시설팀장과 함께 현장을 점검하고 문제가 있을

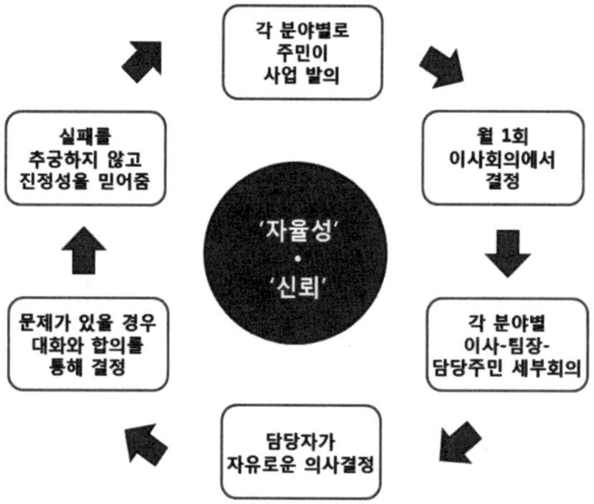

〈그림 5-10〉 평창효석문화제의 의사결정구조

경우 시설팀장에게 지시한다고 한다.

- 효석문화제의 의사결정 시 가장 중요한 요소는 '자율성'과 '신뢰'다. 예를 들어 무대공연을 맡은 주민이라면 무대공연을 위한 무대장치, 음향, 영상, 특수효과 등에 대해 외주업체를 선정해야 할 경우, 그에 관한 입찰이나 선정에 대해 예산을 지원하는 평창군청이나 이효석문학선양회 혹은 사무국장이 의사결정을 하는 것이 아니라 그 분야를 맡은 주민이 자율적으로 결정하는 구조다. 관 주도 사업에 익숙한 사람들에게는 낯설고 엉성한 체계이나 다음과 같은 장점을 가지고 있다. ① 관계를 중요시하는 농촌지역에서 누구 하나 소외되지 않는 심리적으로 안정된 체계다. ② 각 분야를 담당하는 주민이 스스로 운영을 통해 학습하고, 교류를 통해 전문가로 성장하는 교육방식이다. ③ 평창효석문화제는 이해관계가 상이한 수많은 단체와 거버넌스들을 통합해야 하므로 각 거버넌스의 전문성과 역할을 존중하고 상호 의존하면서 자율성을 부여하는 시스템이다.

- 만일 회원들이 자신이 담당한 분야를 게을리하거나 실패했다고 하더라도 그에 대한 책임을 묻거나 추궁하지 않는다. 이와 같은 태도는 축제위원회 전체가 불문율처럼 유지하고 있다.
- 평창군청에서도 연초부터 각 실과별로 자원봉사 계획을 수립한다. 그러나 철저하게 주민자치조직 위주로 운영되고, 주민의 각 분야별 역량이 강화되다 보니 군청 각 실과별 담당자들이 자신들이 세운 지원계획을 각 분야별 담당 주민에게 와서 허락을 받고 가는 형태의 의사결정구조다.
- 평창효석문화제의 의사결정구조는 관 주도 사업 측면에서 보면 비효율적이고 비체계적이며 책임소재가 불분명한 엉성한 구조다. 그러나 오래 걸려도 주민이 함께 성장하고 신뢰와 심리적 자신감을 갖게 되는 봉평 주민이 개발한 지역맞춤 의사결정 시스템이라고 할 수 있다.

4. 결론

지난 30년간 우리나라 농가 수는 절반 가까이 감소하여 전체 가구 수의 6.4%에 불과하고, 농가의 고령화율도 약 5배가량 증가했다(농협경제연구소, 2014).

이렇듯 농촌에 사람과 농지와 마을이 공동화되면서 도시에 비해 소득격차는 점점 벌어지고 농촌지역에 남아 있는 사람들의 심리적 고립감은 더해가고 있다.

그러나 다행스럽게도 도시에 사는 사람들의 건강과 여유, 자연과 농촌문화에 대한 관심으로 농촌관광이 관광의 트렌드로 부각되고 있다. 농촌관광은 공동화·과소화되고 있는 농촌에 새로운 활로가 되고, 관심을 갖고 지속적으로 방문하고 체류하는 관광객과의 교류로 생활문화에 생기를 불러오며, 경제적으로도 지역 활성화에 도움이 되고 있다. 인재, 기술, 자본 등이 부족한 농촌에 새로운 활로가 될 수 있다.

농촌관광이 농촌에 반드시 필요한 사업이고 국가에서도 막대한 예산을 지원하고 있음에도 일부 성공한 지역을 제외하고 성공한 사례를 찾아보기 어려운 이유는 무엇일까?

우리나라 농촌관광은 별도의 종합적인 정책과 로드맵으로 추진된 것이 아니라 농촌지역 개발사업인 마을만들기 사업(농촌종합개발 사업)의 일환으로 추진되고 있다. 마을경관개발, 주거지 재생, 기초생활 기반확충을 목적으로 시작한 마을만들기 사업은 시간이 흐르면서 하드웨어에 소프트 콘텐츠를 개발하는 사업들이 부가되었고, 이를 활용한 농촌관광 사업계획들도 세워지기 시작했다.

마을만들기 사업 자체가 시작단계에서부터 근린자치 강화, 내발적 발전론, 지역공동체 활성화, 주민 참여자치를 추진방향으로 하고 있으나 지금까지는 기존 사업들과 큰 차이가 없어 보이고 현재 추진되고 있는 '농촌관광의 6차 산업화(농림축산식품부; 농업경영연구원, 2013; 농협경제연구소, 2014)', 농림축산식품부가 결성한 '6+알파 농촌웰니스융복합사업단(www.6차산업.com)' 등에서 알 수 있듯이 농촌경제의 중요한 요소로 인식(곽행구 외, 2004)하므로 경제적 기대를 강조하거나 지역개발의 도구로 사용하는 등 아직도 중앙집권적이며 하향식 정책결정 구조를 견지하고 있다고 할 수 있다.

모든 사업이 그렇듯이 사업을 구상하는 단계에서부터 사업의 대상은 누구인지, 사업의 현재 트렌드는 무엇인지, 사업을 운영할 주체의 역량으로 가능한 사업인지를 분석한 후 추진되어야 한다.

농촌관광이 쇠락하는 농촌을 구할 수 있는 사업이 될 수 있다고 하더라도 사업의 대상 분석, 사업의 트렌드 분석, 사업주체의 역량분석 없이는 구체적으로 운영할 수 없으며 현실적으로 실패할 가능성이 크다.

기존의 농촌관광 대상은 농촌체험을 위해 농촌을 방문하는 도시민이었다. 그러나 유네스코(2006)는 "제3세대 관광은 도시민이 일방적으로 농촌을 방문하는 형태가 아니라 지역의 자원과 문화를 존중하고 학습·체험하려고 하며, 이에 농촌지역 주민은 자신들의 역사, 생활문화, 기술, 예술 등을 새롭게 인식하여 내발적 콘텐츠를 개발하고 이를 통해 지역민과 도시민이 상호 교류하고 성장하는 관광이 트렌드가 될 것"이라고 예측한 바 있다. 따라서 이제 농촌관광은 농업체험, 어업체험이 아니라 도시민과 지역민이 모두 만족·공감하고, 상호 교류와 학습을 통해 성장할 수 있어야 성공할 수 있다.

리처즈(Richards, 2011)는 자신의 '창조관광 모델'을 통해 창조관광은 워크숍이나 교육 등의 적극적인 학습과정에서부터 방문이나 상품구매 같은 수동적인 소비에 이르기까지의 모든 경험을 말하며, 해당 지역의 창의성은 창조환경, 창조계급(사람), 창조과정, 창조물로 이뤄져 있다고 주장한다.

본 연구에서는 이론적·실무적 경험을 바탕으로 바람직한 '농촌 창조관광 모델'을 제시했으며 '농촌 창조관광' 성공을 위해서는 '내발적 콘텐츠', '자율적 시민조직', '지역산업 연계', '거버넌스 네트워크 시스템'의 4가지 조건이 필요하다고 제시했다.

그리고 '농촌 창조관광'의 최종 목표는 경관개선이나 지역 활성화보다는 '살기 좋은 마을, 아름다운 마을'을 목표로 해야 한다고 제안했다. 아름답고 살기 좋은 마을은 결국 지역의 인구가 증가하는 것으로 이어지고, 지역 특산물 등 내발적 콘텐츠와 연관된 지역산업으로 소득을 높이는 결과가 창출된다.

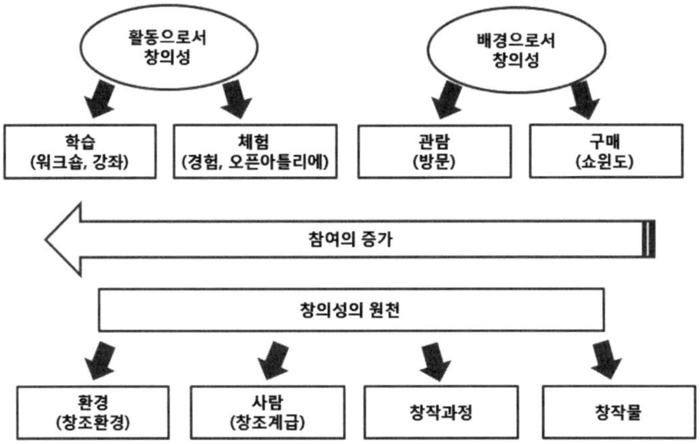

<그림 5-11> 리처즈(G. Richards)의 창조관광 모델
출처: G. Richards (2011), "Creativity and Tourism: The State of the Art," 재인용(이철호 외, 2014)

우리는 '농촌 창조관광'의 유사 사례를 학습하기 위해 1999년부터 정부의 지원이 아닌 독자적인 행보를 통해 쇠락해가는 지역을 세워 일으킨 봉평면의 성공과정을 살펴보았다.

봉평면은 여타 농촌들과 마찬가지로 사람·농토·마을·자부심의 공동화로 몸살을 겪은 과소지역이었다. 그러나 봉평면에는 가산 이효석이라는 걸출한 문학가가 있었으며 매년 지역에서 배출한 인물의 업적을 기리는 소규모 문학제가 열리고 있었다. 타 지자체와 마찬가지로 백일장, 기념식 등 뻔한 프로그램을 운영하고 있었으나 지역 활성화를 고민하던 지역주민이 타 지역과 차별화할 수 있는 콘텐츠로 재인식하게 되면서 지역을 대표하는 대규모 축제로 재탄생하게 되었다. 리처즈(2011)의 창조관광 모델에 의한 평창효석문화제는 이효석이라는 문학가와 그의 작품에 나오는 아름다운 배경을 구현해낼 수 있는 천혜의 자연환경이 존재했으며, 이를 내발적 콘텐츠로 개발한 창의적인 지역주민, 지역소재의 콘텐츠와 향토음식을 산업으로 성공시키고자 자신들에게 적합한 해결방법을 찾아나간 지난한 과정과 노력, 이를 산업화시켜 지역산업과 연계한 과정과 결과가 모두 창조관광 모델에 부합했다. 또한 성공의 이면에 자신들이 가장 잘 아는 내발적 콘텐츠를 개발하고 창작하면서 문학가, 메밀전문가, 축제전문가, 음식개발전문가들과 직접 접촉하고 교류하고 학습하면서 주민 스스로 역량이 개발되고, 관광객은 평창효석문화제의 차별화된 프로그램, 강좌, 체험, 관람, 구매상품과 서비스 등에 만족하게 되었다.

특히 관 주도 지원정책에 익숙한 지역에서는 찾아보기 어려운 자율적이고 독립적인 주민자치조직과 봉평면만의 거버넌스 네트워크 시스템이 가동되고 있었다. 농촌 공동체라는 환경에 적합한 형태로 진화되어온 거버넌스 네트워크 시스템은 17년 동안 '자율성'과 '신뢰'를 지켜오면서 지역을 변화·혁신시키는 기능을 한 '창조 공동체 조직구조'였다. 지금껏 농촌개발, 농촌관광 정책과는 완전히 다른 형태로 운영되고 있는 평창효석문화제 사례는 각 지역마다 가장 적합한 방식의 해답이 있다는 것을 증명하고 있다.

평창효석문화제는 단지 하나의 지역축제가 아니라 축제를 통해 농촌 창조관광이라는 새로운 분야가 열리고, 과소지역의 새로운 대안으로서 농촌개발전략이라고 할 수 있을 것이다.

미야모토 겐이치가 주장한 '내발적 발전'이 창조농촌의 조건이어야 한다면 마을만들기 사업에서 성과를 보인 진안군과 완주군은 창조농촌이 분명하다. 그러나 '농촌 창조관광'을 통해 지역산업이 연계발전한다면, 국가 지원금에 의존하는 사업이 아닌 내발적 발전을 이룰 수 있는 '물고기를 잡는 법'에 지원해야 한다. 우리는 봉평면이 평창효석문화제를 통해 '농촌 창조관광'의 최종목표에 도달하고 있는지를 알아보기 위해 타 지역들과 비교해보았다.

〈표 5-8〉 1995~2016년 진안군과 완주군 인구증가 수 비교

(단위: 명)

구분	1995년	2000년	2005년	2010년	2015년	2016년
전라북도 진안군	32,105	30,276	23,992	20,446	26,474	26,137
전라북도 완주군	81,367	79,137	79,541	83,408	90,377	95,450

출처: 1995~2010년은 국가통계포털/2015~2016년은 행정자치부 주민등록인구통계(2016년은 3월 기준)

우선 마을만들기 사업의 성공사례인 진안군과 완주군의 인구증가 추세를 살펴보면, 진안군은 인구증가 추세가 증가하다가 2016년 감소하고 있고, 완주군은 지속적인 증가추세를 보이고 있다.

과소지역인 봉평면과 군 단위인 진안군, 완주군을 수적으로 비교하기에 적합하지 않아서 봉평면과 1995년 인구수가 유사했던 전라도, 충청도, 경상도 면단위 지역들의 인구증가 추이를 살펴보았다.

〈표 5-9〉 1995~2016년 전국 6개 면 인구증가 수 비교

(단위: 명)

구분	1995년	2000년	2005년	2010년	2015년	2016년
강원도 평창군 봉평면	6,137	4,411	4,662	5,186	5,577	5,778
전라북도 진안군 진안읍	10,709	11,790	9,445	8,466	10,536	10,478
전라북도 완주군 고산면	6,199	5,401	4,535	4,738	4,733	4,770
충청북도 옥천군 이원면	6,786	5,760	4,801	4,817	4,581	4,517
전라북도 무주군 안성면	6,350	5,820	4,349	4,936	4,601	4,558
경상북도 봉화군 춘양면	6,431	5,632	4,676	5,003	4,810	4,726

출처: 1995~2010년은 국가통계포털/2015~2016년은 행정자치부 주민등록인구통계(2016년은 3월 기준)

1995년 인구수가 비슷했던 전라북도 진안읍과 고산면, 충청북도 이원면, 전라북도 안성면, 경상북도 춘양면 중에서 봉평면이 유일하게 지속적으로 인구가 증가하고 있다. 그나마 전라북도 진안읍과 고산면은 인구가 서서히 감소하고 있지만, 그 외의 지역들은 인구감소가 급격하게 이뤄지

고 있음을 알 수 있다.

평창효석문화제의 창의적 문제 해결 방식을 보면서 농촌 창조관광은 창조도시나 도시를 혁신하는 방법과는 다르다는 것을 알 수 있다. 농촌 창조관광은 창조적인 방식 이전에 '농촌성(rurality)'과 '유대감'을 기반으로 해야 하며, 도시에서 창조계급의 유치가 중요하듯이 농촌에서는 지속적인 교육과 학습으로 주민 각자의 역량을 개발해야 한다는 것을 알 수 있었다. 전체 연구를 관통하는 것은 각 지역에 적합한 해답이 있다는 것이다. 정부는 지금이라도 농촌관광을 농촌종합개발계획 내의 부가사업이 아닌 별도의 사업으로서 농촌 창조관광에 대한 종합적인 계획과 전략을 세워서 쇠락해가는 농촌에 지속성장이 가능하도록 농촌 창조관광에 대한 새로운 대안을 제시해야 할 것이다.

농촌관광 정책 관계자들에게 드리는 제언

1980년 초반 미야모토 겐이치가 주창한 내발적 발전론은 '1촌(村) 1품(品) 운동'이나 '농촌 어메니티 정책' 나아가 국내 '마을만들기 사업'에도 많은 영향을 주었다.

농촌관광 역시 내발적 발전론의 영향으로 지역의 고유자원을 발굴한 체험형 프로그램들이 개발되면서 농촌문화를 체험할 수 있는 체험형 농촌마을(녹색농촌체험마을, 농촌마을종합개발, 전원마을, 전통테마마을, 농촌건강장수마을, 산촌종합개발사업, 어촌체험마을, 문화 역사마을 가꾸기, 자연생태우수마을 등)이 지역마다 우후죽순으로 늘어나게 되었다.

그러나 대부분의 농촌마을들이 천편일률적인 사업들을 경쟁적으로 운영하다 보니 지방정부와 주민은 본래의 의도를 살리지 못하고 관광객 숫자와 지역 경제활성화를 이유로 실적을 올리는 일에 급급하게 되면서 농촌관광은 도시민에게 더 이상 매력적인 관광지가 되지 못하고 있다.

어떻게 해야 농촌관광을 부흥시킬 수 있을까?

현재까지 대부분의 농촌관광은 방문하는 관광객을 위주로 정책이 수립되었다.

그러나 '농촌 창조관광' 시대에는 관광객보다는 내부 소비자인 주민 위주로 정책이 수립되어야 한다는 결과를 보여주고 있다.

내부 주민이 농촌에서의 삶에 만족을 느끼고 행복하면 그에 동화된 관광객이 해당지역을 자주 찾게 되고 관광객으로서 충성심(Royalty)이 강화된다는 것이다. 그동안 '농촌관광'이 농촌성의 외적인 모습을 보여주고 싶어 했다면 '농촌 창조관광'에서는 농촌사람과 삶의 진정성을 보여주고 관광객과 진심어린 교류를 해야 한다는 것이 이 연구의 결과라고 할 수 있다.

그렇다면 다가오는 '농촌 창조관광' 시대를 맞는 지방정부의 농촌관광 관계자는 무엇을 해야 할까?

1999년부터 지금까지 성공을 이어온 봉평지역의 노하우를 살펴보면 지방정부 관계자들이 성공을 위해 지켜야 할 몇 가지 원칙이 있었다고 판단된다.

첫 번째 원칙: 개방적 소통시스템

이제까지 농촌관광은 외부 관광객을 위해 혹은 외부 관광객 입장에서 운용되어왔기 때문에 그 지역에 사는 지역주민이 농촌관광으로 인해 얻게 되는 욕구나 혜택에 대해 무관심했으며, 오히려 농촌관광으로 인해 내부 주민은 소외된 면이 있다.

그리고 기존의 농촌관광이 성급한 성과 지향, 하향식 지원방식도 문제지만 이를 통해 능력 있는 일부의 지역주민과만 소통하는 방식으로 진행된 면이 있다. 이는 단기적인 성과는 가져올 수 있지만 다수의 주민이 자신들의 마을에 애착과 애정을 갖게 하기는 어려운 구조였다.

봉평지역도 여느 농촌과 같은 인구구조를 갖고 있지만 평창효석문화제를 주민이 직접 운영할 수 있도록 주민 모두에게 기능을 부여했고 그들이 맡은 기능에 익숙해지기까지 10년 이상을 기다렸다.

또한 '농촌 창조관광' 시대의 관광객은 농촌지역의 획일적인 하나의 프로그램에 매력을 느끼는 사람들이 아니라 다양하고 독창적인 콘텐츠에 매력을 느끼게 된다. 그러므로 지방정부에서는 타 지역에 없는 고유한 콘텐츠 및 지역주민이 보유한 다양한 콘텐츠를 개발할 필요가 있다. 이때 필요한 것은 주민과의 지난한 소통이다.

그리고 향후 '농촌 창조관광' 시대의 관광객은 일시적인 방문객이 아니라 제2의 지역주민으로서 애정과 애착을 갖고 지역주민과 교류하고 공동학습하고 싶어 하며, 더 나아가서는 지역정책에도 적극적으로 의견과 정보를 제공하고 공유하는 프로슈머(prosumer)로서의 역할을 하게 될 것이다.

이때 아무리 폐쇄적 구조에 익숙한 농촌지역의 정책결정자들이라고 하더라도 지역주민이 아니라거나 투표권이 없는 사람들이라고 무시할 것이 아니라 관광객이 좀 더 적극적으로 주민과 소통할 수 있고, 애정을 갖고 지역현안에 참여할 수 있도록 개방적인 소통시스템을 구축해주어야 할 것이다.

그러므로 '농촌 창조관광' 시대의 지방정부는 관-민, 지역민-관광객, 지역민-지역민, 관-관광객 등과의 유연한 연대를 위해 종적·횡적인 소통시스템을 운영하는 능력이 요구될 것이다.

두 번째 원칙: 일관성 있는 정책

평창효석문화제 성공의 1등 공신은 주민이지만 2등 공신은 권혁승 군수라고 생각한다. 권혁승 군수라고 왜 실적과 성과가 중요하지 않았을까만 철저하게 '지원은 하되 간섭은 하지 말라'는 원칙을 정했고 그 원칙은 지금까지 20년 가까이 평창군청에서 지켜져오고 있다. 관광은 콘텐츠가 매우 중요한 산업이고 중장기적으로 기조가 유지되어야 하는 경우가 많다. 정책결정자의 정치적 이익에 따라 정책결정이 번복된다면 농촌관광은 결코 성공할 수 없다.

세 번째 원칙: 내부 주민 지향 목표

대부분의 농촌관광 연구에서는 내발적 콘텐츠를 강조한다.

이번 연구를 통해 '농촌 창조관광'에서는 내발적 콘텐츠가 중요하기는 하지만 그보다는 지역 내부의 목표가 더 중요하다는 것을 파악한 것이 큰 성과였다고 생각한다. 누구를 위한 내발적 콘텐츠를 개발하느냐의 문제다.

봉평의 성공에서 알 수 있듯이 내발적 콘텐츠를 개발하는 목표는 외래 관광객에게 보여주기 위한 콘텐츠가 아니라 지역주민이 '스스로 자부심을 느낄 수 있는 것'이어야 하고, 해당 공동체에서 '가치 있다고 인정'되어야 하며, '그 콘텐츠가 생활에 도움을 줄 수 있도록 산업적으로 확장 가능한 것'이라는 조건에 부합하는 내발적 콘텐츠를 의미한다는 것을 알게 되었다.

따라서 지방정부 관계자는 지역에서 내발적 콘텐츠를 개발하기 이전에 '농촌 창조관광'의 목표와 방향을 우선 설정해야 하며, 그 목표와 방향은 외부 관광객에 의한 양적 성과가 아닌 내부 주민의 삶의 질을 향상시키는 목표와 방향으로 수립해야 한다는 것이다.

플로리다는 창조도시가 되기 위해서는 기술(Technology), 인재(Talent), 관용(Tolerance)이 필요하다고 했지만, 기술, 인재, 다양성의 유입이 어려운 농촌지역에서 '농촌 창조관광'은 창조적인 인재의 방문을 통해 유입된 기술을 습득하고 다양성을 실험할 수 있는 좋은 기회가 될 수 있다. 그러나 개별적 개인 위주의 도시와 달리 공동운명체인 농촌의 특성상 도시와는 다른 창조적인 방법, 즉 외부 요인에 의한 성공이 아니라 내부 주민의 신뢰(Trust), 자율성(Autonomy), 소통(Communication)을 통해 창조적 역량이 증진되는 것을 알 수 있었다.

우리나라에서 농촌관광은 중요성에도 불구하고 지방정부에서조차 주류관광으로 인정받지 못하고 있으며, 심지어는 독립된 부서가 존재하는 지자체도 찾아보기 어려운 것이 현실이다.

한국의 지방정부가 농촌관광에 대해 망설이고 있을 때 해외국가에서는 중앙정부 차원에서 농촌관광부(프랑스)라는 독립적인 부서를 만들어 환경과 연계하여 종합적이고 다양한 정책들을 개발하고 있다. 또한 관광활성화 외에도 농가를 위한 경영컨설팅, 직업훈련, 마케팅 지원 등 농촌의 미래에 대해서도 적절한 투자가 이뤄지고 있는 중이다.

지금이라도 지방정부에서는 농촌관광의 새로운 패러다임인 '농촌 창조관광'의 구조를 인식하고 지역 내부의 창조역량을 증진시킬 수 있는 방법과 시스템을 구축하기 시작해야 하며, 단기적 성과가 아니라 지역이 '살기 좋은 마을'이 될 수 있도록 중장기적이고 통합적인 농촌관광 전략을 수립해야 할 것이다.

| 참고문헌 |

곽행구 · 신영선(2004), 『전남지역 농촌관광 활성화방안에 관한 연구』, 정책연구 2004-02.

관광지식정보시스템(2013), 『농촌관광 동향 및 활성화 정책과 향후과제』

김응규(2014), 『농업 6차산업화의 국내외 추진 동향과 과제』, 농협경제연구소 CEO Focus 324호.

김창현 외(2006), 『지역특성을 고려한 농촌활성화 방안 연구』, 국토연구원, 제2-22호.

김태영(2013), 『창조관광시대와 유사축제』, 경남발전연구원, 경남정책 Brief, 1-8. p. 8.

김학준(2014), 『창조경제시대의 관광 창조화 방안-개념적 접근』, 한국관광레저학회, 관광 · 레저연구 26(6), 73-87.

김형곤(2013), 『창조관광의 개념과 전략』, 한국문화관광연구원, 한국관광정책, (52). 6. 8-21. p. 14.

김후련(2012), 『가나자와형 창조도시 발전전략 연구-문화와 산업의 연계를 중심으로』, 글로벌문화콘텐츠, 2012. 6. 81-108. p. 28.

농협경제연구소(2014), 『농업 · 농촌의 환경변화와 발전방향』

민현정 · 김행희(2012), 『전국 마을만들기 실태분석과 발전방안 연구』, 광주발전연구원.

박소연(2007), 『문학 콘텐츠를 활용한 지역마케팅-지역 문화 거버넌스를 중심으로』, 문화정책논총 제18집, 167-191, 한국문화관광연구원.

박시현 · 송미령(2002), 『농어촌관광 발전을 위한 정책과제』, 한국농촌경제연구원.

박시현(2003), 『외국의 농촌관광 현황과 시사점』, 한국농업정책학회, 2003 하계 심포지엄 발표논문집, 17-38.

박시현 외(2012), 『농촌관광의 새로운 방향과 정책과제』, 한국농촌경제연구원, 연구보고서 R675.

손은호 외(2008), 『녹색농촌체험마을의 방문객 예측』, 한국농촌경제연구원, 농촌경제, 제32권 제5호 통권134호, 153-168.
심원섭(2010), 『관광트렌드 변화와 정책방향』, 한국문화관광연구원, 한국관광정책 통권 제41호, 77-87.
유상건 · 조동기(2006), 『농촌마을종합개발사업의 추진현황과 발전방안』, 한국지역개발회의 발표자료, 농업기반공사.
유승우 · 박경철(2004), 『지역축제가 농촌지역 활성화에 미치는 영향』, 한국농촌경제연구원.
이철호 · 김기자(2014), 『창조도시전략으로서 창조관광의 이해: 문화이벤트와 창조클러스터를 중심으로』, 세계지역연구논총 32집 3호.
이희찬 · 김현(2005), 『농촌관광 지출의 결정요인과 추정』, 한국농어촌관광학회, 농어촌관광연구 농촌관광연구 제12권 제1호, 159-185.
정철모 · 노형규(2009), 『도시재생을 통한 창조도시만들기-지방도시재생을 중심으로』, 한국지역개발학회지 제21권 제2호.
차두원 · 유지연(2013), 『창조경제 개념과 주요국 정책분석』, 한국과학기술기획평가원.
최경은 · 안희자(2014), 『최근 관광트렌드 분석 및 전망』, 한국문화관광연구원.
최병두(2014), 『창조도시와 창조계급-개념적 논제들과 비판』, 한국지역지리학회지 20, 49-69. p. 21. 한국지역지리학회.
평창군 통계연보
한국관광공사(2013), 지역관광 활성화를 위한 축제활용 신규 정책사업 발굴
한국농촌경제연구원(2003), 한국형 농촌관광 중장기 발전방향
한국문화관광연구원(2014. 10. 28), 2014 국내 지역축제 및 문화관광축제 현황
한국문화관광연구원(2015. 2. 10), 키워드로 보는 2015 국내외 관광트렌드
한국지방행정연구원(2011), 지방자치단체의 협력적 거버넌스 재설계 방안
행정자치부(2015), 지방자치단체 행정구역 및 인구 현황
2006년 농촌마을종합개발사업시행지침
Aguilo, E. & Juaneda, C. (2000), Tourist expenditure for mass tourism markets, Annals of Tourism Research, 27: 624-637.
Butler and Hall, C. (1998), Conclusion; The Sustainability of Tourism and Recreation in Rural Areas, In Tourism and Recreation in Rural Areas. R, Butler, M. Hall

and J. Jenkins, eds., pp. 249–258. Toronto: Wiley.

Commission of the European Communities (1992), Farm Household Adjustment in Western Europe 1987–1991, Office for Official Publications of the European Communities, Luxembourg.

Florida, R. (2002), The rise of the creative class: And how it's transforming work, leisure, community and everyday life, New York: Perseus Book Group

Florida, R. (2005), Cities and the Creative Class, New York/London: Routledge.

Frochot, I. (2004), A benefit segmentation of tourists in rural areas: a Scottish perspective, Tourism Management, 25: 1–12.

Greffe, X. (1994), Is tourism a lever for economic and social development? Rural Tourism and Sustainable Rural Development Proceeding of the second International School of Rural Development. 28 June 9 July 1993. University of Galway, Ireland. Journal of Sustainable Tourism, 2(1&2), Special Issue, 22–40.

Humaira Irshad (2010)

Hummelbrunner, R. & Miglbauer, E. (1994), Tourism promotion and potential in peripheral areas: The Austrian case, Journal of Sustainable Tourism, 2(1+2), 41–50.

Jacobs, J. (2004), 도시와 국가의 부(1984), 파주: 나남출판사

John Howkins (2001), The Creative Economy.

Koscak, M. (1998), Integral development of rural areas, tourism and village renovation, Trebnje, Slovenia. Tourism Management, 19(1): 81–86.

Landry, C. (2000), 창조도시, 서울: 해남

Lane, B. (1990), What is rural tourism? Journal of Sustainable Tourism, 2: 7–21.

Nilsson, P. (2002), Staying on farms an ideological background, Annals of Tourism Research, 39(1): 7–24.

Page, S. & Getz, D. (1997), The business of rural tourism: International perspectives, London: International Thomson Business Press.

Pearce, P. & Lee, U. (2005), Developing the travel career approach to tourist motivation, Journal of Travel Research, 43, 226 – 37.

Peters, M. (1969), International tourism: The Economics and Development of the International tourist trade, London: Hutchinson.

Richards, G. (2011), Creativity and tourism: The state of the art, Annals of Tourism Research, 38, 1225-1253.

Richards, G. & Raymond, C. (2000), Creative tourism. ATLAS News, 23, 16-20.

Richards, G. & Wilson, J. (2006), Developing creativity in tourist experiences: A solution to the serial reproduction of culture? Tourism Management, 27, 1209-1233.

Richards, G. (2011), "Creativity and Tourism: The State of the Art." Annals of Tourism Research, vol. 39, no. 4.

Robinson, G. (1990), Conflict and change in the countryside, London: Belhaven.

Sharpley, R. (1996), Tourism and leisure in the challenge of tourism diversification: the case of Cyprus, Tourism Management, 23: 233-244.

Sharpley, J. and Sharpley, R. (1997), Rural Tourism. An Introduction. London: J. and Page, S. (1997), Rural Tourism: An Introduction, London: International Thomson Publishing.

Stebbins, R. A. (2001), New directions in the theory and research of serious leisure, New York: Edwin Mellen.

Swinnerton, G. (1982), Recreation on the Agricultural Land in Alberta, Environment Council of Alberta, Edmonton.

Tan, S., Kung, S. & Luh, D. (2013), A model of creative experience in creative tourism, Annals of Tourism Research, 41, 153-174.

UNESCO (2006), Towards sustainable strategies for creative tourism: Discussion report of the planning meeting for 2008 international conference on creative tourism Santa Fe, New Mexico.

Unwin, T. (1996), Tourist development in Estonia: Images, sustainability, and integrated rural development, Tourism Management, 17(4): 265-276.

Urry, J. (1990), The Tourist Gaze: Leisure and Travel in Contemporary Societies, London: Sage.

Urry, J. (2002), The tourist gaze (2nd ed.), London: Sage.

World Tourism Organization (1994)

Yague, R. (2002), Rural tourism in Spain, Annals of Tourism Research, 29. 1101-1110.

제6장

라이프스타일 기업가와 관광자원 기반 지역발전

— 강릉 커피관광 사례를 중심으로

1. 서론

지역경제발전의 동력으로서 관광의 중요성이 증가하는 것은 세계적인 흐름이다. 탈제조업화의 추세 속에 제조업 기반의 지역경제 성장전략이 한계를 드러내면서 관광이 유력한 대안이 되고 있다(Stolarick et al., 2010). 우리나라의 경우에도 많은 지자체들이 관광을 지역경제의 핵심동력으로 보면서 관광 인프라 구축과 상품 개발에 힘쓰고 있다. 특히 중소도시와 농촌에서는 관광을 통한 지역경제발전의 중요성이 대도시에 비해 크다. 제조업이나 고부가가치 서비스업을 발전시키기 위한 인적·물적 자원이 대도시에 비해 빈약한 경우가 많기 때문이다. 또한 역설적으로 그동안 개발이 부진했던 지역에서 습지 같은 자연환경이 보존되었거나 전통가옥이 유지됨으로써 관광발전에 유리한 조건을 갖춘 경우들도 많다.

2015년 통계청 「사회조사」 결과를 보면 주말이나 휴일에 주로 하는 여가활동으로서 관광이 차지하는 비율은 11.1%에 머물지만, 향후 하고 싶은 여가활동으로서 관광이 차지하는 비율은 59.4%에 달해 다른 여가활동을 압도한다(서우석, 2016). 이러한 차이는 상당한 수준의 잠재 관광 수요가 있음을 보여주어 관광활동이 앞으로 더 증가할 것이라는 예측을 가능케 한다. 하지만 관광 수요가 국내관광 증가로 이어지기보다는 해외관광의 증가로 이어지는 양상이 나타나고 있다. 통계청 「사회조사」에 따르면 국내 여행자 비율은 2013년 67.0%에서 2015년 66.7%로 정체 상태인데 비해 해외여행자 비율은 2013년 17.4%에서 2015년 19.7%로 증가해서 2000년대 나타난 증가세가 꾸준히 이어지는 것으로 나타났다.

국내관광의 정체와 해외관광의 성장은 해외관광에서의 외화 지출에 따른 여행수지 악화 문제는 물론 국내관광지의 성장 기회가 축소된다는 점에서 지역균형 발전의 동력이 약화되고 있음을 보여준다. 이와 같은 점에 대한 인식을 바탕으로 국내관광을 통한 관광진흥은 정부의 중요한 정책목표가 되었다. 특히 인바운드 국제관광이 일부 관광지에 집중되는 것에 비해 국내관광은 전국 각지로 흩어지는 경향이 훨씬 크기 때문에 지역발전과 내수 진흥에 미치는 효과가 더 큰 것으로 기대된다(김상태, 2014).

하지만 지금까지 관광자원을 바탕으로 지역경제를 활성화시키고자 했던 지원정책의 성과는 그리 긍정적이지 못하다. 농촌관광의 경우 2002년부터 농림부 등 5개 부서가 약 1조 6,600억 원을 투입하여 마을단위 농촌관광 정책을 추진하면서 1,900여 개 이상 농촌관광 마을을 조성했으나 유럽의 민간 주도형과 달리 정부 주도형으로 추진되어 자생력이 약하고, 산업화 기반이 취약하며, 저부가가치 관광에 머물고 있다(박시현 외, 2012). 도시관광의 경우 다양한 지원사업이 있으나 대체로 개별 사업 위주의 단기 지원이 가져온 한계를 넘지 못했다. 이에 대한 반성을 바탕으로 2014년에 도시관광의 지속적인 경쟁력 확보를 목표로 다년간 지원을 수행하는 올해의 관광도시 사업이 도입된 상황이다(김향자, 2011; 유지윤, 2013).

그동안 지자체의 많은 관광자원 개발 노력이 인프라 구축과 이벤트 개최에 치중하며 공공 주도의 한계를 보였던 것과는 달리 최근 새로운 형태의 관광 사례들이 나타나서 관광기반 지역발전에 중요한 시사점을 제시하고 있다. 이러한 사례로서 본 연구에서는 강릉의 사례를 분석하고자 한다. 강릉은 경포해수욕장 같은 여름철 해변관광지와 역사문화유적 기반의 교육관광 목적지로서 각광받는 전통적인 관광도시였다. 하지만 속초 같은 다른 동해안 관광지가 부상하는 동안 새로운 관광자원의 발굴은 미흡했으며 관광지로서의 위상은 점점 약화되어왔다. 경포대 중심의 관광자원이 제공하는 관광체험의 수준이 하락한 것도 중요한 원인이 되었다. 젊은 관광객이 밤새 술판을 벌이는 해변이라는 이미지가 강화되면서

경포해수욕장은 낮에는 한산하고 밤에는 북적이는 곳이 되었으며 피서객 수 감소로 이어졌다.[1]

이러한 상황에서 강릉이 커피도시로서의 성격을 갖게 된 것은 새로운 전환점이 되었다. 안목해변을 중심으로 형성되었던 자판기거리에 커피숍들이 자리 잡으며 카페 문화가 확산되고 인지도가 올라가면서 관광객이 유입되었다. 더 나아가 커피 로스팅 공장 설립과 같이 산업화의 조짐이 나타나고 커피 관련 농장, 박물관, 체험관이 들어서면서 커피 클러스터가 형성되었다. 2009년부터 커피축제를 개최하여 관광객 방문이 이뤄지고 있으며, 2015년에는 행자부가 주최하는 '대한민국지방자치경영대전'에서 지역경제 부문 대상을 수상했다.

본 연구에서는 이와 같은 커피 클러스터의 특성을 분석하고, 클러스터의 형성에서 주도적 역할을 수행한 기업가들을 라이프스타일 기업가(lifestyle entrepreneur)로 파악하고자 한다. 라이프스타일 기업가는 경제적 동기 외에 특정한 라이프스타일 선택을 바탕으로 기업가적 활동을 수행하는 사례다. 이는 경제적 합리성 위주로 행동하는 일반 기업가와는 구별된다. 강릉의 사례를 보면 라이프스타일 기업가가 지역의 혁신을 주도하며 새로운 관광자원을 개발하는 주체로서, 또한 지역의 클러스터 형성의 핵심을 이루는 주체로서 중요한 역할을 담당하고 있다. 라이프스타일 기업가는 특히 귀촌·귀농이 중요한 이슈가 되고 있는 농촌에서 중요한 의의를 가질 수 있다는 점에서 본 연구는 농촌관광에 미칠 수 있는 영향을 중심으로 논의를 전개하고자 한다. 강릉이 도농 복합도시이며, 강릉의 커피 소비공간들이 도심뿐만 아니라 농촌과 어촌의 지역들에 개점되었다는 점을 볼 때 농촌관광에 대한 시사점을 찾을 수 있다.

---

1 연합뉴스, 낮엔 한산·밤엔 바글바글… 경포해수욕장의 미스터리(2016. 8. 10).

본 연구는 크게 세 부분으로 구성된다. 첫째, 농촌관광의 전개과정과 선행연구를 살펴봄으로써 농촌관광이 겪고 있는 문제점과 극복해야 할 과제들이 무엇인지 파악한다. 둘째, 강릉 사례 분석을 통해 강릉 커피 클러스터의 구성을 제시하고 강릉 커피관광의 성격과 커피 클러스터 형성 과정에서 라이프스타일 기업가들이 수행한 역할을 제시한다. 끝으로 강릉의 커피 클러스터 사례가 농촌관광 정책에 대해 가지는 시사점을 바탕으로 정책적 제언을 제시한다.

2. 농촌관광의 전개 과정

우리나라의 농촌관광은 관광농원에서 시작하여 마을 전체로 사업 주체가 확대되는 변화를 겪어왔다(이동필·문순철, 1998). 1984년부터 「관광농원조성사업」이 추진되었고, 1990년대 들어서 「농어촌휴양단지사업」과 「민박마을조성사업」이 시작되어 농촌관광의 핵심 사업으로 추진되었다. 농촌관광을 농촌에 존재하는 부존자원에 대한 가치를 이용한 외부 이용객의 관광활동으로 규정하고 지역경제 활성화에 그 목적을 맞춤으로써 농촌관광에서 지역 개념이 중요하게 강조되었다.

정책 과제로서 농촌관광이 더욱 부각된 계기는 농업경제의 어려움과 주 5일제 등에 따른 관광여가활동의 확산이었다(박시현, 2003). 이를 바탕으로 2000년대 '농촌체험'과 '도시와 농촌의 교류'라는 틀에서 농촌관광에 대한 정책 지원이 본격화되었다. 주요 사업으로는 도시민이 체류할 수 있는 숙박시설 조성이나 1사1촌 운동이 추진되었고, 2008년 「도시와 농어촌 간의 교류 촉진에 관한 법률」이 제정되면서 인력 개발 및 양성에까지 사업의 대상이 확장되어 하드웨어 중심의 지원정책으로부터 소프트웨어까지 포괄하는 방향으로 변화가 추진되었다(강신겸, 2013).

〈표 6-1〉 농촌관광 관련 정책 현황

주요 제도	체험관광 기반 조성	도농 교류 활성화	인적 역량 강화
• 「도시와 농어촌 간의 교류 촉진에 관한 법률」 • 도농 교류 또는 농어촌 지역개발 전문인력 양성 프로그램 및 체험 지도사, 마을 해설가 교육과정 인증에 관한 운영 규정	• 녹색농촌체험마을 1,918개 • 농어촌테마공원 조성 56개소 • 농어촌관광휴양단지 22개소 • 관광농원 417개소 • 민박 2만 235개소	• 포털 운영 • Rural20 프로젝트 • 농어촌 유학 사업 • 팜스쿨 사업 • 도농 교류 협력 사업 • 도시민 농어촌 유치 • 농어촌 축제 지원 • 1사1촌 운동 • 농어촌 여름휴가 페스티벌	〈리더양성〉 • 농어촌 핵심 리더 양성(마을리더, 사무장) • 농어촌 퍼실리테이터 양성 • 프로젝트 기획 과정 〈특화과정〉 • 농어촌 축제 사례 • 농어촌 유학 과정 • Rural20 마을 리더

출처: 강신겸(2013), p. 39.

농촌관광에 대한 지원은 현재까지 지속되고 있다. 박근혜정부는 농촌관광객 1천만 명, 외국인 관광객 10만 명 유치를 목표로 제시하면서 워킹그룹을 구성하여 농촌관광상품 개발, 농촌관광 정보 제공 및 홍보 강화, 국내외 예약결제 시스템 구축, 접근성 및 서비스 향상을 추구했다(이정삼, 2016). 특히 두드러진 점은 6차 산업화의 틀 속에서 농촌관광을 바라본다는 사실이다(김성훈 외, 2014; 농협경제연구소, 2014).[2] 농업의 6차 산업화는 1차 산업의 농업분야가 제조업의 2차 산업 및 서비스산업의 3차 산업과 융복합하여 새로운 부가가치를 창출한다는 전략인데, 3차 산업으로 체험·관광·축제 등이 강조됨으로써 농촌관광의 전략적 중요성이 부각되었다. 6차

2 이외에 창조경제와 관련한 농촌관광 지원으로 농촌마을의 관광정보를 파악하는 스마트폰 애플리케이션 개발이 제시되었다(김연중 외, 2013).

산업화 비즈니스모델을 농업관광에 적용하기 위한 과제로는 농촌관광 산업화 기반 구축과 마을 단위 농촌관광사업의 내실화가 제시되었다(박시현, 2015). 세부 과제로는 농촌관광 상품 수준 유지를 위한 가이드라인, 농촌관광 상품 표준화, 농어촌 민박가구 등급제, 온라인 예약 및 결제 시스템, 농촌관광 경영자를 위한 보험상품 개발(가칭 농촌관광종합보험) 등이 제시되었다. 이를 위해 기존에 구성되어 있는 농촌관광조직과 농촌민박조직이 연대하는 조직을 육성하며, 농촌관광명소, 위락시설, 산림복지단지, 산림유치마을 등을 확대 조성한다는 계획이 제시되었다.

6차 산업화를 목표로 하는 정책 추진이 농촌관광에 어떠한 영향을 미칠지 속단하기는 이르다. 전체 농가 중 11.5%가 6차 산업화에 참여하는 것으로 집계되며, 그중에서 농산물 직거래 · 직판장이 7.6%로 참여하는 비율이 가장 높고, 농촌관광 참여농가 비율은 0.4%인 4,468개에 머물렀다. 또한 6차 산업화 경영체의 유형별 현황을 보면 전체 1만 97개 중 33.4%에 해당하는 3,369개가 1차와 3차가 결합된 관광유형으로 분류되었다. 하지만 농촌관광 휴양자원개발 사업을 보면 농촌관광휴양단지, 관광농원, 농촌민박이 세부 내용이어서 이전과 큰 차이를 보이지는 않았다(김성훈 외, 2014).

이상으로 살펴본 우리나라 농촌관광의 특징을 간추리면 마을 단위 추진, 공공 주도, 낮은 수익성이라 할 수 있다. 정부의 농촌관광 활성화 정책은 지난 10여 년 동안 마을 중심의 농촌관광 서비스를 핵심 개념으로 농촌지역개발 차원의 접근을 수행해왔다. 마을 단위 농촌관광 추진이 가시적으로 드러나는 핵심 사업은 농촌체험마을인데, 2015년 말 기준 전국에 873개가 있으며 도시민에게 먹을거리, 볼거리, 즐길거리, 숙박 휴양공간을 제공하며, 농특산물을 판매하는 기능을 가진다. 이와 같은 마을 단위 추진의 배경에는 농촌관광의 수익을 마을 전체로 확산시키고, 이농과 고령화로 약화되어가는 농촌마을의 사회경제적 재건을 위한 수단으로 농촌관광을 활용하자는 의도가 있다.

마을 단위 사업 추진은 공공 주도 방식과 연결된다. 농촌관광 사업 초기에 농원 중심의 사업이 가지는 한계를 극복하기 위해 마을 단위 중심의 사업이 추진되면서 관 주도로 진행되었다. 공공 주도의 농촌관광을 벗어나지 못하는 이유에 대해 박시현(2015)은 유럽과 달리 국민의 여가 활용 역사가 짧고, 농가주택이 협소하여 개별 농가에 도시민이 장기 체류하기 어려우며, 농장 규모도 작고, 하이킹, 승마, 낚시, 보트놀이 등 농촌에서 즐길 만한 여가활동이 발달해 있지 못하기 때문이라고 제시했다. 이와 같은 농촌관광을 위한 여건의 미비 이외에도 마을 단위 사업이 공공 주도로 연결되는 근본적인 원인은 마을에 사업을 주도할 역량이 부족한 현실에서 찾을 수 있다. 관 주도의 농촌관광이 비판을 받으면서 민간 주도로 사업 추진 방식을 변화시키는 것이 시도되었으나, 농촌의 고령화로 인해 사업을 주도할 인력이 부족한 상황에서 점점 더 극복하기 어려운 문제가 되고 있다.

관 주도로 추진한 결과 방문객 수 기준으로는 성장하면서도 수익성은 낮은 내실 없는 농촌관광시장의 사업구조가 만들어졌다. 농촌관광사업이 마을 공동체 활성화의 목적을 동시에 추구하면서 마을이 주체가 되는 경영형태가 만들어놓은 결과다. 물론 여기에는 애초에 농촌관광 사업을 추진할 역량이 부족한 마을이 정부지원 대상으로 선정되는 것도 원인으로 작용했다(박시현, 2015). 좀 더 근본적으로는 마을 단위 농촌관광의 낮은 수익성 이면에는 도시에서 유입되어온 자본이 상대적으로 높은 수익성을 차지하는 현상이 자리 잡고 있다. 도시에서 유입된 펜션자본이 고급민박시장을 점유하여 고부가가치의 농촌관광 서비스를 선점하는 반면, 정부의 마을 기반 농촌관광 정책에 의해 형성된 영역은 저부가가치 영역에 머

묻고 있다(오현석, 2016). 기존의 농업관광 정책이 비즈니스 측면을 도외시했다기보다는 마을 단위 관광사업이 현재의 관광시장에서 고수익성을 올리지 못하는 구조가 고착화된 결과로 볼 수 있다는 점에서 농촌관광정책에 대한 근본적인 고민이 필요한 시점이다.

3. 관광 클러스터로서의 커피 클러스터

관광 클러스터에 대한 논의는 포터(Porter, 2008)의 클러스터 이론을 관광지 분석에 적용시킨 접근법으로 제시되어왔다. 포터는 관광 관련 클러스터로서 와인생산과 음식소비가 관광과 연관되는 캘리포니아의 와인 클러스터를 제시했다. 관광 클러스터가 창조적 혁신을 이뤄내는 기반이 될 때 다른 지역이 쉽게 모방할 수 없는 관광모델의 개발이 가능해지며, 관광객의 끊임없이 변화하는 소비성향(Urry & Larsen, 2011)에 대응할 수 있는 혁신적인 관광상품 공급이 가능해진다(Novelli et al., 2006; Stamboulis & Skayannis, 2003; Jackson & Murphy, 2006, 2007; Morric, 2013). 관광 클러스터 형성을 통해 관광이 지역의 다른 기관들과 연관되어 뿌리내림으로써 다른 지자체가 쉽게 모방할 수 없는 경쟁적 우위(competitive advantage)를 확보하는 기반이 된다.

특히 마이클(Michael, 2006)의 마이크로 클러스터(micro-cluster) 이론은 특정 소지역에 집적된 클러스터 현상을 설명하는 논의로서, 클러스터의 규모가 작게 형성될 수밖에 없는 농촌지역 관광 클러스터에 부합한다. 마이크로 클러스터에서는 수직적 통합이나 수평적 통합과는 달리 서로 다른 직종의 기업끼리 보완적 관계가 중요한 역할을 수행하는 대각 클러스터링(diagonal clustering)이 중요하다. 강릉의 커피 클러스터에서는 대각 클러스터링 과정이 단계적이고 누적적으로 진행되어왔다. 커피의 특성상 로스팅을 겸하는 소비공간은 생산공간으로서의 특성을 갖기 쉬운데, 강릉은 커피의 생산공간인 커피 공장과 소비공간인 카페가 상보적으로 연결되어 명소화되는 과정을 거쳤다. 또한 커피의 단순 소비를 넘어서 커피에 관한 다양한 정보를 소개하고 전시 관람을 할 수 있는 커피박물관이 생겨났다. 아울러 명주사랑채가 커피 체험장으로 다시 태어난 것처럼 역사공간의 재구성을 통해 커피 클러스터의 구성요소가 확장되었다. 커피 소비의 사적 공간이 공공 영역에도 중요한 주제로 들어와 과거의 역사공간을 변모시키고 새로운 역사공간을 출현시킨 것이다. 이와 같은 대각 클러스터링은 상호 보완적인 성격을 가지고 관광체험 기회를 풍부하게 만들어 관광 체류기간을 길게 만드는 효과를 가짐으로써 관광 클러스터의 성공 가능성을 높여준다. 강릉에서 이와 같은 과정이 항상 정확히 단계별로 진행된 것은 아니나 대체로 다음과 같은 점진적 발전을 볼 수 있다.

첫째, 커피 소비공간의 출발로서 1980년대부터 안목해변의 커피 자판기거리가 자연스럽게 형성되어왔다(강릉문화재단, 2012). 안목해변은 강릉 시내에서 떨어져 있어서 버스를 타고 한참을 가야 하는 지역이었다. 이러한 지역에 가서 해변을 바라보며 마시는 커피는 시내에서 마시는 자판기커피와는 다른 장소적 맥락을 가지는 것이었다. 기존의 익숙한 장소로부터 벗어나 커피와 함께하는 새로운 장소성 체험의 기억을 제공했다. 특히 당시부터 안목해변의 자판기 커피는 믹스의 비율을 달리하는 실험을 통해 다양한 커피 맛을 제공했다. 원두커피를 소비하는 공간이 시내 전역에 퍼지는 동안 안목해변의 이야기가 전설처럼 재생산되고 안목해변이 커피 소비의 핵심 공간으로 부상했다.

둘째, 스타벅스의 영향으로 커피에 대한 취향이 발달하고 관심이 고조되기 시작한 시기에 핸드드립 커피의 기술을 연마해온 커피 장인들이

2000년대 초반 강릉에 커피 소비공간을 창출하기 시작했다. 강릉의 1세대 커피 소비공간을 만드는 데 핵심적인 역할을 수행한 박이추는 1980년대 서울 대학로, 안암동 등지에서 커피 하우스 '보헤미안'을 운영하다가 2000년 강원도 오대산을 거친 후 경포대와 강릉 외곽에 보헤미안을 개장했다. 이외에도 처음 강릉에 자리 잡은 곳인 보헤미안 영진(연곡면 영진리 181), 강릉시내와 가까운 2호점인 보헤미안 경포(교동 484-1)를 운영하며 보헤미안 박이추커피 아카데미를 운영하고 있다. 박이추와 함께 강릉 커피의 선구자로 꼽히는 김용덕도 2002년 강릉시 구정면 어단리에 테라로사 커피 공장을 설립하고 서울의 호텔, 레스토랑에 커피를 납품하기 시작했다. 커피 공장에 커피 바가 생기면서 카페 역할을 하게 되었고, 강릉시내 중심인 강릉 임당동 문화의 거리에 2003년 카페를 개장함으로써 본격적으로 커피 소비공간을 만들게 되었다. 또한 커피커퍼가 2001년에 안목해변 1호점을 개장하여 자판기거리였던 안목해변이 커피거리로 외양을 갖추는 데 중요한 계기를 마련했다. 이후 커피커퍼는 강릉에 모두 5개의 가게를 열었다.

2000년대 초반부터 등장한 카페들은 이후 강릉시 전역으로 확산되었다. 현재 강릉커피축제 홈페이지에 등록된 커피가게는 189개이며, 강릉의 시내와 교외 전역에 걸쳐 고르게 확산되어 있음을 볼 수 있다. 중요한 점은 이 커피가게들이 대부분 대기업의 프랜차이즈점이 아닌 개별적인 소비공간으로서 개성과 독특성을 갖고 있다는 점이다.

〈표 6-2〉 강릉의 커피가게 현황

지역	커피가게 수
경포	19
사천	12
솔올지구	42
시내남부	12
시내동부	14
시내중심	39
강릉항	26
연곡	6
정동진	8
주문진	4
기타	7
합계	189

출처: 강릉커피축제 홈페이지 재구성. http://www.coffeefestival.net/contents.asp?page=109

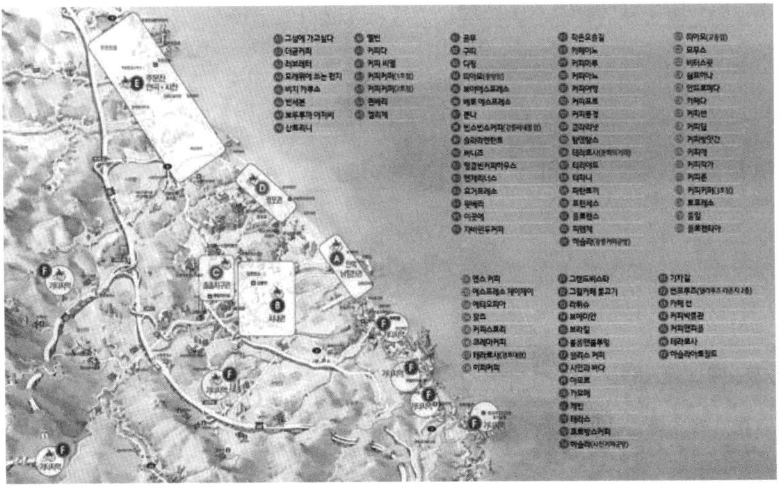

〈그림 6-1〉 강릉 커피 지도

출처: 강릉커피축제 홈페이지. http://www.coffeefestival.net/contents.asp?page=28

셋째, 커피 아카데미의 역할이다. 강릉의 커피 교육기관으로서 강릉대 평생교육원 바리스타아카데미가 처음 개관한 이후 관동대, 영동대, 강원도립대, 폴리텍Ⅲ대학, 강릉여성인력개발센터 등에서 커피 아카데미를 개관했다(강릉문화재단, 2012). 이와 같은 커피 아카데미는 강릉의 커피 클러스터 형성에 중요한 역할을 수행한다. 커피 아카데미의 확산 과정은 강릉의 커피 정체성이 확산되며 증폭되는 과정이었다. 여기서는 커피 드립과 커피 로스팅 교육이 수행되었다. 이 과정을 통해 커피 맛을 즐기는 커피 소비자를 교육했을 뿐 아니라 이들이 강릉에서 카페를 열어 커피를 소비하는 공간을 만드는 주체가 되었다. 또한 외지 수강생이 유입됨으로써 강릉 커피 클러스터의 영향이 전국적으로 확산되는 데 중요한 계기로 작용했다.

넷째, 커피 체험을 할 수 있는 복합 소비공간의 다각화가 진행되었다. 안목해변에 커피가게를 연 커피커퍼는 2000년에 커피농장과 커피박물관을 개관했다. 보헤미안 로스터즈 박이추 커피공장(사천면 해안로 1107)은 3층 건물의 카페와 로스팅 공장을 건설하여 커피와 로스팅 공장을 연결시켜 커피를 마시러 온 사람들이 커피 로스팅 과정을 직접 관찰할 수 있는 기회를 제공한다. 지역의 공공기관도 중요한 보완적 기능을 수행했다. 2012년에 강릉시가 커피체험장과 북카페 기능을 갖고 있는 명주사랑채를 개관하여 커피 관련 프로그램들을 상시 운영하고, 커피 관련 도서와 예술 도서를 즐길 수 있는 북카페를 운영하고 있다. 또한 2009년부터 시작된 강릉커피축제가 정례화되면서 공간의 집적을 가시화하고 커피를 강릉 지역의 정체성으로 공식화시키며 네트워크 활동의 중요성을 인식시키기에 이르렀다.[3] 커피 소비공간이나 커피를 주제로 삼는 이벤트가 지역의 향토

---

3 조선이코노미, "올해로 7회째 맞는 강릉커피축제 '강릉 바리스타' 세계로 퍼진다"

자원인 역사문화자원과 결합되며 단순한 커피 소비로부터 다른 관광자원과 결합되는 양상으로 소비공간이 변화되는 양상을 보였다.

다섯째, 커피 클러스터가 지역재생의 중요한 계기로 작용하면서 관광 클러스터의 기능과 선순환 관계를 가지게 되었다. 대표적인 공간은 안목 해변이다. 커피 자판기들이 서 있던 조용한 공간이 오늘날 많은 커피가게와 음식점들이 들어선 공간으로 변모했다. 또한 도심의 지역재생으로서 의미가 큰 사례로는 명주동 부근의 변화를 볼 수 있다. 명주사랑채가 있는 도심 지역에 시민의 문화공간으로 '명주예술마당'을 준공하여 운영에 들어갔고, 인근에 조성된 창포교, 소공원, 작은 공연장 '단'과 함께 시민과 관광객의 체험관광 프로그램을 발굴·제공하고 있다. 명주동에 위치한 '봉봉방앗간'은 1940년대에 지어진 방앗간이었는데, 구도심에서 성업했으나 시대 변화로 문을 닫았다가 2010년 영화 종사자 4명이 10년 동안 방치했던 건물을 매입하여 1년여의 준비 끝에 커피가게로 문을 열게 된 사례다.[4] 현재 문화공간이자 지역의 명소로 각광을 받으며 인근 도시재생의 중요한 기폭제 역할을 하고 있다.

이와 같이 강릉 커피 클러스터는 소비공간의 집적지에서 생산과 교육 기능까지 갖춘 클러스터로 확대되는 과정을 대각 클러스터의 형성과정으로 볼 수 있다. 이를 통해 강릉은 '범위의 경제(economies of scope)'를 확보함으로써 마이크로 클러스터로서의 경쟁력을 강화시켜왔다.

(2015. 10. 5).

4 오마이뉴스, "1940년대 건물, 폐 방앗간 → 핸드드립 카페로 변신해. 강릉 문화놀이터 카페 '봉봉방앗간'"(2016. 8. 16).

4. 커피관광의 성격

강릉의 커피 클러스터가 관광 클러스터로서 기능하는 바를 이해하기 위해서는 강릉의 커피관광이 가지는 복합적인 성격을 이해하는 것이 중요하다.

첫째, 식음관광(食飮觀光, food and drink tourism)으로서 커피관광의 성격을 가진다(Everett, 2016; Jolliffe, 2010). 식음관광의 정의는 간단히 내리기 어려우며, 다양한 명칭으로 불려왔다. 음식은 장소의 비정형적 체험의 일부 요소로서 점차 중요성이 커졌다. 식음관광의 성장은 제품이나 서비스보다 체험에 소비대상으로서의 가치를 부여하는 체험경제의 중요한 현상이며, 특정한 소비 대상을 중심으로 관광이 형성된다는 점에서 니치관광(niche tourism)이라고 할 수 있다(Everett, 2016). 이러한 점에서 강릉의 사례는 변화하는 관광 트렌드에 부합하는 식음관광과 커피관광의 사례로서 의미를 가지며, 다른 지역의 사업에도 참고할 바가 크다.

커피를 마시는 것이 중요한 현지 체험이 되고 관광활동이 커피의 역사나 생산과 연관될 때 커피관광이 나타나게 된다. 커피관광의 대상지를 구별하면, 콜럼비아와 같이 커피를 생산하는 나라에서 커피농장을 관광대상지로 삼는 경우인 커피생산관광, 스타벅스의 시원지가 있는 시애틀의 카페 구역처럼 중요한 카페 문화가 생겨난 공간을 관광대상지로 삼는 커피문화관광, 중요한 역사적 기억을 담고 있는 카페들을 관광대상지로 삼는 커피역사관광의 3가지로 구분된다(Jolliffe, 2010). 이와 같은 구분에 따르면 강릉은 커피문화관광과 커피생산관광을 포괄하면서 장기적으로는 커피역사관광의 대상지로 진화해가는 중이라고 할 수 있다.

둘째, 커피관광에서 실제 관광활동이 진행되는 과정은 창조관광(creative

tourism)의 성격을 가진다. 창조관광은 문화관광이 가지는 모방재생산 문제를 해결할 수 있는 대안으로 제시되었으며 창조경제, 창조도시, 창조계급의 부상 속에서 새로운 관광 모델로 부상했다(Richards & Wilson, 2006, 2007). 창조관광은 상품, 장소, 사람, 체험, 산업 등의 다양한 측면에서 창의성과 관련되지만 창조관광의 핵심은 관광객이 수동적인 소비자가 아니라 적극적인 참여자로서 활동하며 문화적인 관광활동을 통해 자신의 창조성을 계발한다는 것이다(Richards, 2011). 창조관광은 체험경제(experience economy)에서 강조되는 진정성(authenticity)에 대한 추구(Pine & Gilmore, 1999)를 충족시켜 주며 소비문화를 바탕으로 한 새로운 장소의 창출을 수반함으로써 관광객 유치를 위한 치열한 경쟁이 가져오는 차별화 압력에 대한 대안으로 각광받고 있다. 음식관광의 경우 과거와 달리 다양한 문화적 융합과 변화를 수반하면서 창조관광의 성격을 띠고 있다(Richards, 2012). 또한 농촌도 취향이나 관광객과의 상호작용을 바탕으로 창조성의 성격이 강화되는 관광공간으로서 재생산되고 있다(Cloke, 2007).

강릉의 커피관광이 가지는 창조관광의 성격은 특히 관광객이 커피에 대한 지식을 습득하고 실습을 한다는 점에서 찾을 수 있다. 관광 과정을 통해 커피 역사, 커피 종류, 맛의 차이 등을 학습하며, 체험 학습의 기회로서 커피 그라인딩, 로스팅, 드립 커피 제조 등의 직접 체험을 한다. 이와 같은 요소는 커피관광이 가지는 창조관광의 성격을 보여주며 관광이 취향의 교육자 기능을 수행했음을 보여준다.

셋째, 장소 마케팅 활동과의 연결이다. 여기서는 특히 미디어 활용과 축제가 중요한 역할을 수행했다. 주요 미디어 사례로서 「동아일보」 "강릉 '길거리 카페' 아세요?"(2003. 2. 18)라는 기사가 강릉 커피 소비공간의 특징을 알리는 데 기여했고, 「중앙일보」 주말 위클리판 "커피가 강릉으로 간 까닭은"(2007. 11. 9)은 강릉축제의 기원이 되었다(강릉문화재단, 2012). 신문이 강릉의 커피 정체성을 문자로서 정식화했다면 전국적으로 이러한 정체성을 확대 인식시킨 것은 텔레비전이었다. KBS 「1박 2일」 강릉 편, "강릉 오감여행"에서 이승기 편(2011. 12. 11)은 강릉의 커피 인기를 전국적으로 증폭시키는 결정적인 역할을 수행했다. 이와 같은 매스미디어의 보도는 SNS 구전 마케팅과의 상승작용을 불러일으켰다. 의외성이 관심을 불러일으키고, 관심이 다시 많은 사람들의 인터넷 재현을 불러오는 선순환 관계를 통해 장소 마케팅의 증폭 효과가 나타나게 되었다.

강릉 커피관광이 장소 마케팅 차원에서 거둔 성과는 '강릉 커피'와 '강릉 카페'가 포함된 블로그의 양이 지난 10년 동안 급증한 것을 통해서도 볼 수 있다. 2007년에는 두 검색어로 검색되는 블로그의 양이 1,000개를 넘지 않았으나, 2016년 11월 현재 두 검색어 모두 3만여 개를 넘고 있다. 특히 2009년부터 '강릉 커피'를 포함하는 블로그가 '강릉 카페'를 포함하는 블로그보다 훨씬 수가 많았으나 2016년에 들어서서 '강릉 카페'를 포함한 블로그의 수가 거의 같은 수준에 이르렀다. 이러한 사실은 커피 자체보다 커피를 소비하는 공간인 카페 자체에 대한 주목이 늘어난 것으로 해석된다.

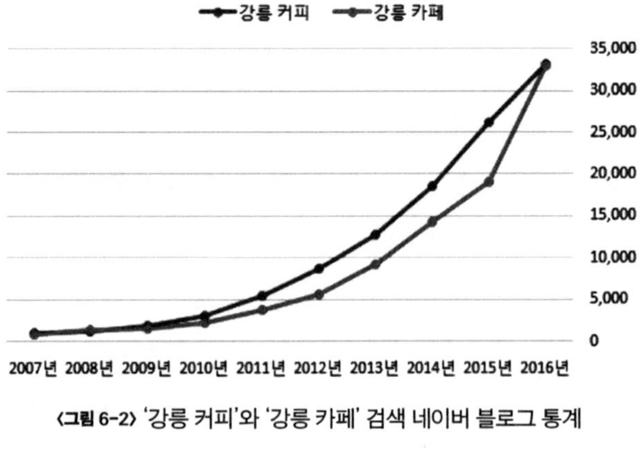

〈그림 6-2〉 '강릉 커피'와 '강릉 카페' 검색 네이버 블로그 통계

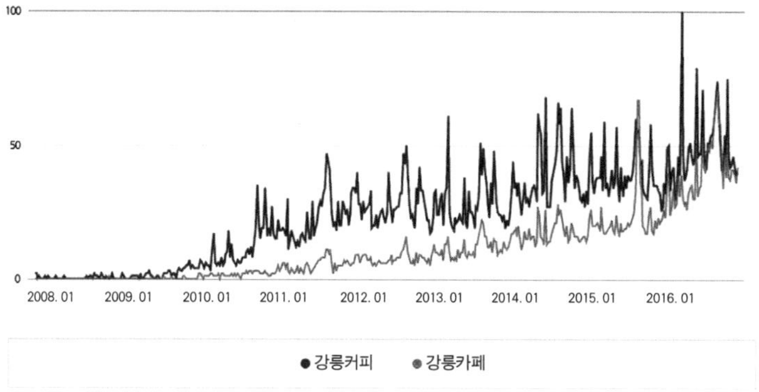

〈그림 6-3〉 네이버 검색어 통계 '강릉 커피', '강릉 카페'

강릉 커피에 대한 관심은 검색에도 그대로 반영되었다. '강릉 커피'와 '강릉 카페'에 대한 검색어 통계를 보면 지난 몇 해 동안 매우 빠른 속도로 증가한 것을 볼 수 있으며, '강릉 커피'에 대한 검색 빈도가 더 많았으나 최근 '강릉 카페'에 대한 검색 빈도와의 차이가 많이 줄어든 것을 볼 수 있다. 또한 매년 여름과 겨울에 검색 빈도가 증가하는 시즌 효과가 있는 것을 볼 수 있다.

5. '장인형' 라이프스타일 기업가

1) 라이프스타일 기업가와 관광산업

라이프스타일 기업가는 기업 활동에서 경제적 동기만이 아니라 '특정 라이프스타일의 선택'을 중요하게 고려한다. 라이프스타일 기업가에게는 생활 지속이 중요하며, 비즈니스 성공은 부차적 목표일 경우가 많다(Holick &

Braun, 2005). 라이프스타일 기업가는 통상적인 기업가의 삶에서 일과 삶의 분리가 전제되는 것과 달리 일과 삶의 분리가 나타나지 않고 연계된다.

경제적으로도 라이프스타일 기업가는 통상의 기업가와 구별된다. 과거 활동에서 축적했던 수입이 경제적 활동의 기반이 된다. 따라서 경제적으로는 개인과 가족의 절약이 중요하다. 라이프스타일 기업가가 차별화된 경쟁력을 가지고 독점적 지위를 굳혀나가기는 쉽지 않다. 라이프스타일 기업가의 사업 영역은 진입 장벽이 낮고, 전문적 산업 지식이 덜 중요시되는 경우가 많다. 라이프스타일 기업가의 특성들 때문에 관광산업의 발전에 장애요인으로 인식되는 경우가 많다. 관광산업의 발전을 위해서는 전문화를 추구해야 하는데, 라이프스타일 기업가는 그러한 노력을 충분히 기울이지 못하는 경향이 있기 때문이다. 하지만 오늘날 관광시장이 대량관광에서 벗어나 니치관광으로 변화하고 특색 있는 관광상품을 찾는 관광객의 숫자가 증가하면서 라이프스타일 기업가는 관광산업의 중요한 경쟁력 요인이 되고 있다(Ateljevic & Doorne, 2000).

우리나라에서 직접적으로 라이프스타일 기업가를 다룬 논의는 찾기 어렵지만, 농촌관광 주체들이 라이프스타일 기업가로서 성격을 가진다는 점은 쉽게 찾을 수 있다. 어촌 이주 동기를 보면 '퇴직 후 여생을 위해'가 57.5%로 가장 많았고, 다음으로 '자신 및 가족의 건강을 위해'(17.0%)와 '이상추구/인간다운 삶을 위해'(16.0%)가 비슷한 수준으로 많았으며, '도시생활의 어려움을 해소하기 위해'(7.5%), '정부 또는 지자체의 지원을 통해'(1.5%), '사업실패/실직/미취업'(0.3%) 등의 의견이 있었다(이승우 외, 2012). 이 응답결과를 보면 생계를 위한 귀촌이 아닌 안정된 생활을 위한 귀촌이라는 점을 볼 수 있으며, 라이프스타일 기업가의 성격을 가진 귀촌·귀향 인구가 상당히 많이 존재할 것이라는 점을 추정할 수 있다.

특히 농촌관광에서는 관광상품 공급자와 관광객 사이의 서비스 관계 형성을 통한 가치 창출이 중요하다는 점에서 라이프스타일 기업가의 농촌에서의 생활 자체가 관광상품의 중요한 구성요소가 된다. 따라서 이러한 점에서 농촌관광의 라이프스타일 기업가는 감정노동과 유사성을 가지면서도 동시에 차이점을 가진다. 즉, 관광객의 요구에 대응하기 위해 일정한 본인의 감정노동을 동반한다는 점에서는 유사하다. 하지만 통상 감정노동자의 경우 본인이 제공하는 서비스와 삶이 구분되는 것과는 달리 관광 분야에 종사하는 라이프스타일 기업가에서는 상품화된 서비스와 사적·개인적 영역이 혼재되어 있다. 이와 같은 사실은 농촌관광에서 라이프스타일 기업가의 역할이 더 미묘하게 다양한 요인에 의해 영향을 받을 수 있다는 점을 시사한다.

2) 강릉의 장인형 라이프스타일 기업가

강릉 커피 클러스터의 주축이 된 이들은 라이프스타일 기업가이면서 장인의식을 갖췄다는 점에서 소규모로 관광업에 종사하는 기존의 라이프스타일 기업가와 구별된다.

우선 강릉에서 카페를 열고, 커피관광을 주도하는 이들이 라이프스타일 기업가로서의 성격을 가진다. 보헤미안 카페의 박이추는 라이프스타일 선택의 중요성을 보여준다. 박이추는 서울로부터 강릉 이전 이유를 번잡스러운 환경과 오염된 공기가 싫고 "바다의 포용력이 좋아서" 등을 꼽는다(강릉문화재단, 2012). 강릉에 정착한 것도 행복이 목적이었고, 커피점 운영에도 경제적 목적이 아니라 행복한 삶으로서의 동기를 강조한다.

강릉의 자연경관을 활용하는 라이프스타일이 중요한 계기로 작용한다는 점은 다른 사례들에서도 발견된다. 경포호 근처에서 '유디트의 정원'

이라는 이름의 카페를 운영하는 유디트 크빈테른이라는 독일인의 사례도 라이프스타일 기업가의 특성을 보여준다. 독일 괴팅겐 출신으로 브레멘대와 영국 요크대에서 정치철학을 수학하고 한국인 남편을 만나 한국에 와서 대학에서 독일어 강의를 하다가 강릉의 경포를 발견하게 되었다. “처음 경포를 만났을 때 그녀는 한동안 망각의 정지 상황을 경험했다. 바다와 호수, 숲이 이렇게 아름답게 조화를 이루는 곳이 있다니. 고향인 독일은 물론 지구상 어디에서도 보지 못한 황홀한 자연환경을 목도한 뒤 그녀는 곧바로 이곳에서 늙어가야겠다는 생각을 굳혔다.”[5]

도시 인프라와 좀 더 멀리 떨어진 경우로는 산속에 카페를 연 크레마코스타의 사례를 볼 수 있다. 크레마 코스타는 강릉에서 시작해서 서울의 압구정에 지점을 여는 데까지 이르렀다. 크레마 코스타의 창업자는 산속에 자리 잡았다. 그 이유를 자신의 블로그에서 다음과 같이 설명한다. “제가 찾기도 힘든 이 시골에 차린 이유는 첫째, 정말 산속에서 커피 연구를 하면서 조용히 지내려고, 둘째 자연이 좋고 산속이 좋아서, 셋째 바닷가에서 자리 좋은 장사보다 진정한 커피 실력으로 승부하고 좋은 기계와 생두를 선사하고 싶어서, 넷째 목조주택이 좋은데 목조는 역시 시골 산속이 좋아서. 커피가 좋아서 그리고 커피 기계가 좋아서 산속에서 평생 커피나 연구하고 좋은 커피 마시면서 기계나 공부하면서 살 거라서. 커피는 행복해요~! … 여기 산속 뒤에 100년도 훌쩍 넘은 소나무들 잔뜩 있어요. 매일 아침마다 피톤치트를 마시면 정말 기분이 상쾌해요.”[6]

다음으로 중요한 특징은 강릉 커피 클러스터 형성의 주축이 된 라이프스타일 기업가가 장인의 성격을 갖고 있다는 점이다. 강릉의 커피 클러

---

5 강원도민일보, “‘나는 영동사람이다’ 저자 독일인 유디트 크빈테른”(2013. 10. 19).

6 http://m.blog.naver.com/cremacosta/40149667545.

스터를 주도한 것은 이른바 '커피 고수'라 불리는 장인들이었으며, 강릉에서 활동하는 다수의 커피 고수의 수는 점차 늘어났다. 현재 보헤미안의 박이추, 테라로사의 김용덕, COE 국제 심판관 이윤선, 에티오피아 심권섭, 커피농장 박물관 최금정, 히피커피 이병학 등이 꼽히고 있다(강릉문화재단, 2012). 하지만 가장 중요한 역할을 수행한 경우는 라이프스타일 기업가인 '박이추'다. 경제적 합리성을 제한하며, 장인정신을 강조하고, 교육활동의 중요성을 강조한다. 영업일수 제한의 필요성도 제시하며, 고객 대상 서비스보다 커피 자체에 관심을 가질 것을 요구한다. 이와 같은 장인정신에 대한 강조는 커피에 대한 이해에도 영향을 미쳐서 커피는 기계가 볶는 게 아니라 사람이 볶는 것이라는 점을 강조하고, 맛있는 커피를 넘어 행복한 커피를 위한 일대일 관계를 강조한다. 인생철학과 커피에 대한 열정을 강조한다. "부족한 커피를 메우는 것은 커피를 만드는 마음가짐"이라고 주장한다. 이와 같은 장인정신은 교육 활동 경력으로 이어졌고, 이 과정을 통해 강릉에서 커피 장인들의 영향력이 확산되는 계기가 마련되었으며, 강릉에서는 동업자와의 관계가 경쟁적 관계가 아니라 스승과 제자의 관계로 형성되었다. 아카데미 교육 수료 이후에도 관계가 지속되며, 철학을 공유하는 가치 공유의 네트워크가 강릉 커피 클러스터의 핵심을 이뤘다.

3) 장인형 라이프스타일 기업가와 커피 클러스터

장인형 라이프스타일 기업가의 의의는 다음과 같은 점들에서 찾을 수 있다.

첫째, 장인형 라이프스타일 기업가의 의의는 관광 클러스터와의 관계에서 나타난다. 라이프스타일 기업가와 관광 클러스터는 본래 이중적이고 역설적인 관계다. 관광 클러스터의 대부분은 SME와 라이프스타일 기업가인데, 문제는 라이프스타일 기업가 본인이 관광산업의 일부분이라고 생각하지 않는다. 그 결과 라이프스타일 기업가는 네트워킹에 소극적이게 된다. 하지만 강릉에서 나타난 장인형 라이프스타일 기업가 문화에서는 개인주의적인 한계를 넘어선 집합적 관계 형성의 문화 창출이 나타났다. 커피 아카데미를 통한 전수의 문화가 장인정신 기반의 공유 문화를 형성함에 따라 라이프스타일 기업가가 가지는 개인주의적 성향을 극복하고 집단 활동에 적극 참여한다. 그 결과 커피 축제에 커피가게들이 적극 참여하는 것으로 나타났다.

둘째, 라이프스타일 기업가의 활동이 향토문화의 다층적인 재발견을 야기하며 복합적인 스토리텔링을 만들어나가는 과정에서 새로운 정체성이 형성된다. 라이프스타일 기업가는 문화를 재해석한다. 강릉이 커피를 소재로 명소가 된 이후 강릉의 역사가 재해석되었다(강릉문화재단, 2012). 대표적인 것이 신라시대 차문화 유적지로서 강릉이 가지는 의미가 부각된 것이다. "강릉 차는 이미 신라시대부터 전국구"였고 강릉은 대한민국에서 유일하게 신라시대의 차문화 유적지가 있는 곳임이 부각되었다. 신라시대의 문화유산으로서 역사공간이 재조명된다. 신라의 화랑들이 차를 달여 마신 곳으로 다구가 유적으로 남아 있는 '한송정'이라는 정자가 신라의 문화유산으로 부각되었다. 그 원인이 강릉의 물맛에 있다는 해석이 부가되었다. 따라서 강릉의 커피가 맛있는 이유는 강릉의 물맛에 있고, 이러한 점에서 신라시대의 차문화와 연계 지점을 갖게 된다. 또한 안목해변이라는 장소성이 커피를 통해 새롭게 해석되고, 당시의 사람들이 공유하는 집단기억과 체험이 현재의 커피에 대한 정체성이 근거 있는 것으로 비춰지게 만든다. 이와 같이 장인형 라이프스타일 기업가를 통해 형성된 가치

지향적 네트워크는 장소의 역사적 해석을 통해 장소성의 부상을 자연스럽게 만드는 배경이 되었다.

셋째, 라이프스타일 기업가를 중심으로 지역재생의 주축들이 집결하는 현상이 나타나고 있다. 봉봉방앗간의 사례와 같이 지역 재생의 중요한 계기로 작용하며 유사 사례들과 함께 지역 발전의 흐름을 형성하고 있다.[7] 기능은 달라졌지만 옛 모습을 유지하고, 방앗간이라는 이름까지 그대로 살린 마음이 어르신들에게 추억을 되살려줬다면, 청년들에게는 창업을 꿈꾸는 곳이 되고 있다. "젊은이들이 오래된 곳들을 유심히 보고, 여기 모여 '우리도 이렇게 해보자'라면서 꼼지락거리는 것을 보면 참 대견하고 기쁘죠." 카페에서 이와 같은 재생 사례들이 많이 나타나고 있지만, 카페의 경우에만 한정되는 것이 아니다. 인접한 지역에 다른 재생 사례들이 등장한다. 이와 같은 사실은 라이프스타일 기업가의 재생이 지역재생과 활력 증진의 중요한 계기로 작용한다는 점을 시사한다.

넷째, 라이프스타일 기업가는 후발 주자 모방의 어려움을 낳음으로써 경쟁력의 지속적 우위를 가능케 한다. 강릉이 커피로 관광명소로서의 위상을 새롭게 한 이후 강원도 내 커피관광산업의 후발 주자들이 등장했다. 춘천에는 탐앤탐스와 춘천시가 MOU를 체결하여 커피 테마파크 조성을 추진하는 계획을 발표하였다. 친환경 커피 테마파크(가칭 '탐스러운')에는 커피산업의 전 과정 체험 투어코스와 숙박시설, 커피박물관, 상품개발연구소 등이 포함되며, 춘천시는 오폐수처리장 등 기반시설을 지원하고 레고랜드와 연계하여 관광상품화를 추진하면서 세계커피박람회 개최를 목표로 제시했다. 화천에서도 커피를 소재로 한 관광명소화가 추진 중이다. 산천어축제로 전국적인 관심을 끌고 인파를 모으는 데는 성공했으나 지

---

7 오마이뉴스, "1940년대 건물, 폐 방앗간 → 핸드드립 카페로 변신해"(2016. 8. 16).

역경제 발전에 미치는 효과를 증대시키기 위해 추가적인 관광콘텐츠 발굴이 절실했던 상황에서 커피박물관을 개관했다(2014. 12. 20). 민간인의 커피유물 기증을 바탕으로 박물관 건립을 추진하여 화천 산천어축제와 연계된 관광상품화에 나선 것이다. 강릉과 다른 성격의 커피관광을 창출할지에 대해서는 기다려봐야 하지만, 라이프스타일 기업가를 통한 경쟁우위가 쉽게 모방될 수 있는 것이 아니라는 점은 분명하다. 라이프스타일 기업가 개인의 삶을 바탕으로 한 진정성이 쉽게 따라 하기로 창조해낼 수 있는 것이 아니기 때문이다.

다섯째, 장인형 라이프스타일 기업가의 셀레브리티화가 미디어의 관계에서 갖는 강점이다. 강릉의 커피장인은 매스미디어의 인터뷰 대상이 됨으로써 전국적인 명성을 갖게 되었다. 하지만 이보다 더 자주 소셜미디어와 블로그에 인용되는 존재가 되었다. 셀레브리티로서 라이프스타일 기업가가 가지는 장점은 무엇보다 소구력 있는 스토리텔링의 원천이 된다는 점이다. 특히 라이프스타일 기업가가 경제적 동기만을 추구하지 않는다는 점이 미디어의 관심을 끌고 대중에게 끊임없이 낭만적 기대를 불어넣는 원천이 되었다. 또한 미디어 주목도가 상승되는 과정을 보면 과거의 라이프스타일 기업가와 달리 라이프스타일 기업가 스스로 적극적으로 미디어를 활용하는 모습을 볼 수 있다. 이와 같은 점은 커피라는 미각에 호소하는 콘텐츠의 한계를 넘어서 미디어를 통해 홍보할 수 있는 요소를 다양화시킴으로써 가능해진 것이다.

6. 정책적 시사점

강릉 커피의 사례는 지역농특산물을 내세운 관광브랜드나 축제 개최라는 기존의 농촌관광 사업 방식과 많은 점에서 구별된다. 물론 영동지역을 대표하는 도시로서 오랜 역사와 빼어난 자연환경을 갖춘 강릉의 상황을 다른 농촌 지역과 단순 비교하는 것은 무리다. 다만 여기에서 중요한 점은 '커피'라는 이미 익숙한, 하지만 '핸드드립 커피'라는 새롭게 거듭 발견된 소비상품을 통해 강릉이 식음관광과 니치관광의 새로운 명소로 거듭났다는 점이다. 이는 농촌관광의 대표 상품으로 지역특산물을 제시하는 전략에 비춰볼 때 시사하는 바가 크다. 강릉이 커피의 고장이 된 것은 이제 15년 정도가 되었다고 할 수 있다. 경포해수욕장과 신사임당의 역사문화자원이 수학여행의 대상지였을 때 커피 자판기가 있던 안목해변은 관광의 대상에 속하지도 않았다. 그랬기 때문에 안목해변은 자판기가 놓인 한적한 해변일 수 있었고, 외부에서 온 관광객이 아닌 강릉의 젊은 연인층이 찾는 해변이었다. 강릉의 사례는 지역특산물을 관광객에게 파는 수준을 넘어서 포스트모던한 소비사회의 취향 위주의 소비문화에 대응한 지역 특화 상품을 개발하고 이를 뒷받침하기 위한 지역경제의 네트워크가 형성되어 관광산업을 발전시킨 사례다.

강릉 커피관광의 미래를 낙관만 하기는 어렵다. 관광 클러스터로서 마이크로 클러스터가 더 성숙하기 위해서는 소수의 역량이나 성과, 명성을 탈피하고, 상호 보완성을 확대하여 대각 클러스터링을 강화하며, 이를 위해 공공이 폭넓은 신뢰를 바탕으로 사업을 전개하는 것이 중요하다. 점점 더 많은 행사와 기획들이 나타날 수밖에 없지만 기대수준에 부합하는 기획을 하는 것은 매우 어려운 일이다. 예컨대 강릉커피힐링로드를 개발했다고 했으나 실제 구체적인 콘텐츠나 특성을 찾기 어렵다. 관광사업의 기획이 많아지면서 라이프스타일 기업가의 자연스러움에서 오는 소구력이 오히려 약화될 가능성이 크다. 단순한 동조와 참여 인구의 증가가 문화적 정체성에 미칠 영향도 우려된다. 그럼에도 지금까지의 성과를 바탕으로 농촌관광 정책에 대해 가지는 정책적 시사점들을 다음과 같이 제시할 수 있다.

첫째, 니치관광에 초점을 맞추는 관광 콘텐츠 개발이 중요하며, 이를 위해서는 지역문화에 대한 동태적인 인식이 필요하다. 전통 자체가 지역 정체성의 형성에서 가지는 중요성을 인정하는 것과 관광자원으로서 가치를 부여하는 것은 다른 문제다. 이와 같은 사실은 좀 더 세밀하고 신중하게 니치관광의 가능성을 탐색해야 한다는 점을 시사한다. 성공사례에 대한 피상적 모방, 대규모 투자에 의한 인프라 구축, 종합관광계획 같은 경우 수용태세는 개선해줄 수 있을지언정 실제 관광개발의 핵심이 되는 니치관광의 요소 발굴에는 별 도움을 주지 못한다는 점을 인식하는 것이 필요하다. 니치관광을 바탕으로 한 관광개발을 위해서는 장인형 라이프스타일 기업가가 추구하는 가치적 요소를 지역브랜드로 발전시키는 전략이 필요하다. 니치관광에서 요구되는 것은 규모의 경제에서 발생하는 가격 합리성과 효율성이 아니다. 대량생산 상품이나 서비스와 구분되는 가치의 제시이며, 이를 체험하는 것에서 얻는 차별화된 만족이다. 농촌관광은 이러한 가치를 역사적 전통에 부합하는 향토문화의 영역에서 기계적으로 찾으려는 노력에서 벗어나야 한다. 강릉의 사례에서 보는 것처럼 지역에서 고유한 가치를 발견하면 오히려 역사적 전통은 새롭게 재해석될 수 있다. 따라서 가치적 요소에 부합하는 라이프스타일 기업가가 지역에 정착하고 성장하는 것을 통해 고유한 지역의 경쟁력이 관광뿐만 아니라 다양한 장소 마케팅에서 가능해질 수 있다는 점을 인식하는 것이 중요하다.

둘째, 마을 단위 중심이 아니라 기업가 중심의 농업관광정책이 필요하다. 앞서 보았듯이 우리나라의 농업관광은 그동안 마을 단위 중심으로 진행되어왔다. 이와 같은 상황에서 공공의 지원은 필요한 곳에 이뤄지기보다는 공공 지원이 가능한 영역에 이뤄지는 형태다. 대표적인 것이 수용태세 개선을 위한 투자 지원이다. 하지만 현재 중요한 것은 수용태세를 갖추는 것이 아니라 특색 있고 차별화된 관광 콘텐츠를 확보하는 것이다. 이러한 상황에서 마을 단위의 농촌관광이 활성화될 수 있으려면 마을이 혁신의 주체여야 하지만, 이는 현실적으로 매우 어려운 일이고 기대하기 어렵다. 농업관광의 중심은 기업가가 되어야 한다. 기업가가 혁신의 주체이기 때문이다. 비농업적 성격의 고부가가치 농업관광과 농업적 성격의 저부가가치 농업관광의 이중 구조를 해결하기 위해서는 농촌관광 공급자 육성의 초점을 가족노동력을 보유한 현업농이나 청년 귀농인에게 맞춰야 하며 개별 경영체 육성에 초점을 맞춰야 한다(오현석, 2016).

셋째, 귀어·귀촌 인구의 적극적인 활용이 필요하다. 도시민의 취향을 이해하고 이를 바탕으로 니치관광을 발전시키는 데 있어서 도시생활을 경험해본 인구가 유리할 수밖에 없다. 이러한 점을 고려할 때 기존의 귀어·귀촌 정책에 대한 근본적인 재검토가 필요하다. 귀어·귀촌 정책은 현재 영농인 양성이라는 틀에서 적응 지원의 성격이 강하다. 귀촌 대상자들을 교육받고 도움을 받아야 하는 존재로만 인식하고 있다. 그 결과 귀어·귀촌 실태의 정보화, 귀어·귀촌 교육 프로그램 운영, 귀어·귀촌 진입장벽 완화, 귀어·귀촌인의 사회적 일자리 창출, 독립적인 귀어·귀촌 업무체계 확립 등의 사업이 진행되고 있다. 이러한 과정에서는 라이프스타일 기업가로서 대상자들의 잠재적 가치를 발굴하여 활용하는 것에 대한 인식 패러다임이 부재하다. 특정 지역의 자연환경과 문화적 특성이 도시민의 어떠한 니치관광에 부합할지를 판단하고 그에 대한 상품을 개발하는 데 적합한 존재가 귀촌 인구다. 이들을 기업가로, 잠재적 혁신가로, 관광사업의 주역으로 인정하고 받아들이는 정책이 필요하다.

넷째, 라이프스타일 기업가가 자신의 장인정신을 바탕으로 혁신의 주체가 된다는 것을 전제로 할 때 공공의 역할이 재규정되어야 한다. 장인형 라이프스타일 기업가의 특성에 부합하는 정책 개발이 필요하다. 정책적으로는 라이프스타일 기업가의 라이프스타일 선택을 위한 지원정책이 요구된다. 라이프스타일 선택 요소는 자연환경 같은 요소가 크게 작용한다. 하지만 라이프스타일 기업가의 활동에 대해 네트워크를 만들어주고 활동할 공간을 제공하는 것이 매우 중요한 과제가 된다. 이와 같은 발전을 가능하게 하기 위해서는 지금의 톱다운형 교육을 통한 양성 프로그램이 아니라 잠재적 혁신 주체들이 지역 내 다양한 문화거점, 관광자원, 교육기관, 지원시설 등과 교류하여 대각적 클러스터링을 형성할 수 있는 기반을 마련해주는 것이 바람직할 것이다.

| 참고문헌 |

강신겸(2013), 농촌관광의 실태와 과제, 『국토』 384, 36-42.

강릉문화재단(2012), 『강릉 커피 스토리』

김상태(2014), 국내관광활성화의 현황과 과제, 『한국관광정책』, 2014. Spring, No. 55, 10-19.

김성훈 외(2014), 『6차 산업화 관련 정책사업 추진실태 진단 및 정책 간 연계방안 연구』, 한국농업경제학회.

김연중 외(2013), 『스마트 농업의 현황과 발전 방향』, 한국농촌경제연구원 정책연구보고서.

김향자(2011), 『도시관광 활성화 정책 추진방안』, 한국문화관광연구원.

농협경제연구소(2014), 「농업 6차산업화」의 국내외 추진 동향과 과제, 『CEO Focus』 제324호.

박시현(2003), 농촌관광을 통한 지역경제 활성화, 『국토』, 263, 18-30.

박시현(2015), 농촌관광의 6차산업화 비즈니스 모델, 『농어촌관광연구』, 22(1), 1-17.

박시현 · 김용렬 · 권인혜 · 류경선(2012), 『농촌관광의 새로운 방향과 정책과제』, 한국농촌경제연구원.

서우석(2016), 문화와 여가 부문의 주요 변화, 『한국의 사회동향 2016』, 통계청.

오현석(2016), 마을단위 농촌관광 사업의 한계, 새로운 접근이 필요하다, 『시선집중 GSnJ』, 219, 1-12.

유지윤(2013), 『올해의 관광도시 지정방안 연구』, 한국문화관광연구원.

이광모 · 조주복(2004), 농촌관광 · 지역농업 혁신클러스터 구축 모색, 한국지방자치학회 세미나, 641-664.

이동필 · 문순철(1998), 농촌관광개발의 의의와 중요성, 『농어촌관광연구』, 5(1),

197-217.

이승우 · 박상우 · 고민규(2012), 『귀어 · 귀촌의 실태와 정책방향에 관한 연구』, 한국해양수산개발원.

이정삼(2016), "올해 농촌관광객 1천만 명, 외국인 관광객 10만 명 유치", 『나라경제』.

Ateljevic, I. and Stephen D. (2000), "'Staying within the fence': Lifestyle entrepreneurship in tourism," Journal of Sustainable Tourism 8.5: 378-392.

Cloke, P. (2007), "Creativity and tourism in rural environments," Tourism, creativity and development 23.4: 37-47.

Everett, S. (2016), Food and Drink Tourism: Principles and Practice. Sage.

Hollick, M. and Braun, P. (2005), "Lifestyle entrepreneurship: the unusual nature of the tourism entrepreneur," Proceedings of the Second Annual AGSE International Entrepreneurship Research Exchange, Swinburne Press, Melbourne: 10-11.

Jackson, J. and Murphy, P. (2002), "Tourism destinations as clusters: Analytical experiences from the New World," Tourism and Hospitality Research 4(1): 36-52.

Jackson, J. and Murphy, P. (2006), "Clusters in regional tourism. An Australian case," Annals of Tourism Research 33(4): 1018-1035.

Jolliffe, L. (Ed.). (2010), Coffee culture, destinations and tourism (Vol. 24), Channel View Publications.

Michael, E. (2006), Micro-clusters and networks, Routledge.

Moric, I. (2013), "Clusters as a factor of rural tourism competitiveness: Montenegro Experiences," Business Systmes Research 4.2: 94-107.

Novelli, M., Schmitz, B. and Spencer, T. (2006), "Networks, clusters and innovation in tourism: A UK experience," Tourism management 27.6: 1141-1152.

Pine, B. J. and Gilmore, J. H. (1999), The experience economy: work is theatre & every business a stage, Harvard Business Press,

Porter, M. E. (2008), On competition, Harvard Business Press.

Richards, G. (2011), "Creativity and tourism: The state of the art," Annals of tourism research 38.4: 1225-1253.

Richards, G. (2012), "An overview of food and tourism trends and policies," OECD

Studies on Tourism Food and the Tourism Experience The OECD-Korea Workshop: The OECD-Korea Workshop. OECD Publishing.

Richards, G. and Wilson, J. (2006), "Developing creativity in tourist experiences: A solution to the serial reproduction of culture?" Tourism management 27.6: 1209-1223.

Richards, G. and Wilson, J. eds. (2007), Tourism, creativity and development, Routledge.

Richards, G. and Wilson, J. (2007), "Tourism development trajectories: From culture to creativity," Tourism, creativity and development: 1-33.

Stamboulis, Y. and Skayannis, P. (2003), "Innovation strategies and technology for experience-based tourism," Tourism management 24.1: 35-43.

Stolarick, K. M., Denstedt, M., Donald, B. and Spencer, G. M. (2010), "Creativity, Tourism and Economic Development in a Rural Context: the case of Prince Edward County," Journal of Rural and Community Development, 5.1/2: 238-254.

Urry, J. and Larsen, J. (2011), The tourist gaze 3.0, Sage.

제7장

문화자원을 활용한 지역발전

— 〈월봉서원〉과 〈빛의 채석장〉 사례 분석

1. 서론

지역의 발전에 필요한 자본, 인력, 기술 등이 수도권에 집중되어 있어서 수도권 이외의 지역에서는 경제적 후진성을 벗어나기가 좀처럼 힘든 것이 현실이다. 특히 농촌지역은 자본, 인력, 기술의 부족에 더해 토지와 마을의 공동화가 가속화되고 있다. 위의 물리적 공동화는 농촌 지역이 갖고 있는 공동체로서의 커뮤니티와 자부심의 붕괴로 이어지고 있다는 점에서 다른 분야의 위기와는 질과 양 측면에서 다르다고 할 수 있다. 대규모 공장이나 큰 소비시장을 끼고 있지 않은 농촌지역이 상대적으로 비교우위에 있는 것은 지역적 특색과 장소성을 지닌 문화자원이 풍부하다는 점일 것이다. 우리가 인식하는 문화자원 중 많은 부분이 잠재적으로는 가치가 있지만 아직 현실적으로 그 가치가 제대로 실현되지 않은 채로 방치되어 있는 경우가 많다. 김춘수 시인의 유명한 「꽃」의 표현을 빌리면, 지역에 산재하는 문화자원의 가치를 알아주지 않아 그것은 하나의 몸짓에 머물러 있지만, 그의 이름을 불러주듯 문화자원의 가치를 발견하여 활용하면 드디어 꽃으로 변신하여 지역의 보배가 된다. 기존에 방치되어 있거나 제대로 가치와 의미를 갖지 못했던 지역의 문화자원을 아이디어와 혁신으로 지역의 보배로 전환(transformation)시킴으로써 지역의 발전을 도모할 수 있다.

위의 문화자원을 통한 지역발전이라는 전략은 국가수준으로 확장하면 경제적 후진국들의 문화(유산)관광이라는 국가 발전전략과 맞닿아 있다. 한 나라 안에서의 지역 간 불균형만큼이나 선진국과 후진국 간의 국가 간 발전의 격차 또한 심하다. 후진국이 국가발전을 위해 사용할 수 있는 자원은 선진국에 비해 제한적일 수밖에 없다. 자본, 기술, 인력에서 선진국이 이미 선점했고 경쟁력을 갖고 있기 때문에 후발주자인 후진국이 이를 통한 발전의 가능성을 담보하기는 훨씬 어려울 수밖에 없다. 하지만 전통문화를 비롯한 문화자원은 경제발전에서 뒤떨어져 있는 후진국이 선진국보다 경쟁우위에 있을 수 있는 분야다. 전통적일수록 외국인의 눈에는 신선하고 독특한 것으로 와닿는다고 한다면 전통문화는 외국인에게 문화적 할인율로 적용되는 것이 아니라 오히려 문화적 할증률이 적용되는 자원이다.[1] 전통문화와 세계화가 서로 상충되는 것 같지만, 위와 같은 관점은 전통문화야말로 세계화에 가장 좋은 소재가 되고 문화관광이라는 형태로 외국 관광객을 유입시켜 경제발전을 도모할 수 있다는 논리로 연결된다.

발전전략으로 문화자원을 활용한다고 해서 바로 지역발전으로 연결되는 것은 아니다. 다양한 유·무형의 문화자원이 존재하더라도 그에 대한 자원의 가치를 발견하고 재창조하는 과정을 구축하지 못한다면 의미 있는 발전을 담보할 수 없다. 소위 문화자원결정론은 세계유산으로 등재되거나 국보로 지정된 문화재와 같이 이미 객관적으로 평가한 가치가 높은 문화자원이 지역발전과 연결될 수 있다고 보는 입장이다. 반면 문화자원을 관람하고 이용하는 소비자가 얼마나 해당 문화자원으로부터 가치와 체험을 느끼느냐가 중요하다고 보는 수요자 가치 결정론이 있다. 이는 "내가 그의 이름을 불러주었을 때, 그는 나에게로 와서 꽃이 되었다"와 같이 어느 문화자원이든 성공적인 문화기획이나 문화혁신에 따라 누구나 보고 싶은 꽃으로 탈바꿈될 수 있다는 관점이다. 문화자원을 활용한 지역

---

1 이와 관련하여 임마누엘 페스트라이쉬 교수가 『한국인만 모르는 다른 대한민국』(2013)에서 선비정신, 유기농법, 참선, 추석, 한옥과 온돌, 한지, 한글 등을 한국의 전통문화로 꼽고는 이들의 가치를 한국인만 모른다고 질타한 것과 같은 내용이다.

발전은 바로 후자의 입장에서 지역이 갖고 있는 문화자원의 가치를 발견해서 재창조하고, 결과적으로 지역의 발전으로 귀결되는 구조를 만드는 관점을 갖고 있다. 지역 문화자원에 대한 재발견과 재창조의 과정이 지역산업을 만들고 지역경제를 활성화시키는 과정이 될 수 있도록 만드는 것이다.

농촌을 비롯한 열악한 지역에서 문화자원을 활용하여 지역발전의 계기를 만들려는 지자체의 시도가 늘고 있다. 이 장에서는 지역의 발전전략으로 문화자원을 창의적으로 활용한 사례를 분석하여 그와 같은 사례를 지역에서 실제로 적용하여 추진할 수 있는 시사점을 제시하는 데 목적이 있다. 광주시 광산구 월봉서원의 활용사례와 프랑스 레보드프로방스(Les Baux-de-Provence)의 빛의 채석장(카리에르 드 뤼미에르)의 사례를 통해 각 지자체가 해당 문화자원의 어떤 가치에 주목했는지, 그리고 그것을 어떻게 활용하여 지역에 어떤 효과를 발생시켰는지를 살펴보도록 한다. 이에 앞서 문화자원의 유사개념들과 기존 지역발전 전략들에서 문화자원을 활용한 지역발전 접근이 갖는 차별성과 함의에 대해 살펴보도록 한다.

2. 문화자원과 지역발전

1) 문화자원과 유사 개념들

문화자원(Cultural Resource)이란 문화를 자원의 범주에 넣어 개념화한 것이다. 따라서 문화에 대한 정의를 어떻게 내리고 문화의 영역을 어디까지로 보느냐에 따라 문화자원을 매우 다양하게 정의할 수 있다. 예를 들어타일러(Tylor, 1871)는 문화란 “지식, 신앙, 예술, 도덕, 법, 관습 그리고 사회의 한 구성원으로서 인간에 의해 획득된 능력과 관습을 포함하는 복합체”라고 정의했다. 위의 타일러의 문화개념으로부터 인간에 의해 획득된 능력과 관습을 포함한 복합체로서 과거로부터 물려받아 미래세대에 물려주어야 할 모든 것으로 문화자원을 개념화할 수 있다. 문화의 정의와 범위가 다양하므로 문화자원이라는 개념 역시 다양하고, 또 누군가 문화자원에 대해 정의를 내린다 하더라도 다른 누군가에 의해 얼마든지 바뀔 수 있는 개념이다.

그럼에도 불구하고 일반적으로 통용되는 개념으로서의 문화자원을 정의하면, 문화적 가치를 내포하고 있는 유·무형의 여러 자원으로서의 대상(object)뿐만 아니라 문화(예술)가 생산되어 향유되기까지의 일련의 과정에 필요한 인력, 활동(결과물 포함), 시설(공간) 등을 포함하는 것으로 볼 수 있다(백선혜, 2015). 유형문화자원은 우리가 직접 보고 접근할 수 있는 것으로 크게 역사문화자원, 문화시설자원, 경관자원으로 나눌 수 있다(남치호, 2007).[2] 역사문화자원은 한 국가와 민족을 상징하는 자원이며, 이러한 자원으로는 유형문화재, 유형민속자료, 유형기념물 그리고 지정되지 않았지만 문화자원으로서 가치를 내포하고 있다고 인정되는 모든 유형의 문화유산이 포함된다. 문화시설자원은 박물관, 미술관, 과학관, 동물원, 수족관, 공원 및 각종 경기장 등이 해당된다. 이 중 유형문화재, 유형민속자료, 유형기념물 등의 역사문화자원을 집중적으로 보존하고 있는 박물관이 대표적인 문화시설자원이라고 할 수 있다. 경관자원은 인공경관자원과 자연경관자원으로 분류할 수 있다. 인공경관자원은 인간의 노력으로 문화

2 유형문화자원과 무형문화자원에 대한 분류는 남치호(2007, pp. 27-30)를 참조하여 정리했다.

를 자원으로서의 가치로 형성한 자원을 말한다. 인공경관자원은 눈에 보이는 경관자원이라는 점에서 자연경관자원과 같지만, 인간의 노동과 자본이 투입되어 계획적으로 개발·발전시켰다는 점에서 자연경관자원과 구별된다.

무형문화자원은 시각을 통해 접근이 불가능한 것으로, 크게 인적 무형문화자원과 비인적 무형문화자원으로 구분된다. 인적 무형문화자원은 특정 유명 인물과 관련된 자원, 특정 국가나 지역의 풍속, 인심, 예절, 고유기술 등이 해당되며 주로 인간생활의 규범가치와 가깝다. 비인적 무형문화자원은 무형문화재나 지역 문화축제 등을 포함하는 자원들로서 인간생활의 문화가치의 성격을 띠고 있다.

위의 '문화자원'이라는 용어를 사용하는 데 있어서 문화유산과 문화재와의 차별성을 언급하지 않을 수 없다. 문화자원에 대한 이해를 돕는 선에서 유사 개념인 문화재와 문화유산의 개념을 살펴보도록 한다. 문화재는 「문화재보호법」에 인위적이거나 자연적으로 형성된 국가적·민족적 또는 세계적 유산으로서 역사적·예술적·학술적 또는 경관적 가치가 큰 유형문화재, 무형문화재, 기념물, 민속문화재로 정의하고 있다. 이러한 정의에서도 알 수 있듯이 문화재는 문화자원 중 역사적·예술적·학술적·경관적 가치가 객관적으로 큰 것으로 인정받은 것을 말한다. 다시 말해 문화재도 문화자원에 해당되지만 그 자체가 높은 가치를 가진 문화자원으로 평가받아 문화재로 지정된 것이다.

문화재는 유형의 재산(properties) 개념인 데 반해 문화유산은 장소, 유적지, 환경 등을 포괄하는 복합적인 개념으로 이해할 수 있다. 국내에서 '문화유산'이라는 용어를 사용하고 있는 「문화유산과 자연환경자산에 관한 국민 신탁법」에서도 문화유산을 "「문화재보호법」에 명시되어 있는 문화재에 더해 문화재를 보존·보호하기 위한 보호물 및 보호구역, 그에 준해

보존할 필요가 있는 것"으로 정의하고 있다.

종합하면, 일반적으로는 문화자원을 가장 큰 범위로 인식하고 문화유산, 문화재 순으로 범위가 좁혀진다고 알려져 있다. 그런데 문화유산이 자연유산이라는 개념을 포함하지 않는 반면 문화재는 자연유산(천연기념물)의 개념이 포함되어 있다. 그렇기 때문에 문화유산이 문화재보다 큰 범주라고 단정지을 수도 없다. 반면, 유네스코의 문화유산 개념에는 현재의 국내 문화재 개념에 포함되지 않는 문화적 경관이나 근대유산 등을 포함하고 있어서 일반적으로 문화재보다 더 확장된 개념으로 이해할 수 있다.

문화자원에 대한 정의와 유형이 다양함에도 문화를 자원으로 사용하기 위해서는 그 문화의 가치를 발견하고 그것을 자원으로 인식하는 과정이 전제되어야 한다. 지정문화재나 세계문화유산은 이미 객관적 기준에서 가치를 인정받은 경우로서 현재 다양하게 활용 방안이 강구되고 있다. 반면에 세계문화유산이나 국보 및 보물이 아닌 문화자원은 가치를 발견하고 활용할 가능성이 상대적으로 적다. 위와 같이 객관적인 가치측면에서 낮게 평가되어 관심 밖에 있는 자원을 새롭게 탈바꿈시켜 지역의 발전으로 연결시킨 사례들을 살펴볼 것이다.

2) 문화자원을 활용한 발전 전략과 방법

(1) 지역발전 전략

스톨라릭, 덴스테트, 도날드&스펜서(Stolarick, Denstedt, Donald & Spencer, 2010)는 농촌을 중심으로 한 지역을 발전시키는 전략을 문헌연구를 통해 크게 3가지로 정리했다. 먼저 장소에 기반을 둔 발전전략(place-based development)으로 지역의 역사적 전통이나 문화유산을 이용하여 지역을 마케팅하고, 그 결과 관광객을 지역에 끌어들여 발전을 도모하는 방향이다. 위의 지역발전 전략 측면에서 문화자원을 활용하는 경우 내 고장을 마케팅하여 지역의 관광업을 키우는 것이 주요 방향이 된다. 지자들은 지역발전의 계기를 관광산업으로 추구할 경우 관광 부문의 부가가치가 크지 않기 때문에 지역발전에 매우 제한적이라는 점을 지적하고 있다.

두 번째 발전전략인 경제적 텃밭론(economic gardening)은 기업가적 활동이 지역 내에 착근(embeddedness)할 수 있도록 제반 환경을 만들어내는 방향이다. 구체적으로는 지역 연고산업이나 기업을 육성하는 것을 포함하여 지역 내에 기업가 활동이 왕성히 일어날 수 있도록 자원을 집중하고 지원해주는 것이다. 1980년대의 내발적 발전론과 상당히 맥을 같이하는 전략이다. 미야모토 겐이치(宮本憲一, 1989)는 내발적 발전론의 4가지 원칙을 다음과 같이 정리하고 있다. 첫째, 대기업이나 정부의 사업이 아닌 지역의 기술·산업·문화를 토대로 한 지역 내의 시장을 주 대상으로 삼아 지역주민이 학습하고 계획하여 발전을 도모한다. 둘째, 환경 보전의 틀 안에서 개발을 생각하고 자연 보전이나 아름다운 가로경관을 만들어내는 어메니티 조성을 목적으로 하여 복지나 문화를 향상시키며, 무엇보다도 지역주민의 인권확립을 추구한다. 셋째, 산업개발을 특정 업종에 한정하지 않고 다양한 산업 부문에 걸치게 하여 부가가치가 모든 단계에서 지역에 귀속될 수 있도록 지역과 산업의 연관을 꾀한다. 넷째, 주민참가제도를 만들어 지자체가 주민의 의지나 의견을 수렴하며 그 계획이 시행될 수 있도록 자본이나 토지이용을 규제할 수 있는 자치권을 갖는다.[3]

마지막으로 창의성과 재능의 배양전략(cultivating creativity and talent)은 지속적인 성장과 발전을 견인하는 요체는 창의성과 재능이라는 희소한 자원

3 사사키 마사유키 외(2015), pp. 14-15에서 재인용.

을 지역 내에 끌어들이고 활용하는 것이라고 보는 입장이다. 이는 최근의 창조계급론이나 창조도시론과 궤를 같이한다. 창조도시론은 지역발전을 기업 유치나 공공사업에 의지하는 것이 아닌 지역의 독자적인 자원이나 문화예술의 창의성을 살려 새로운 산업이나 라이프스타일을 만들어내고 그에 따른 고용창출로 쇠퇴해가는 지역을 재생시키는 것을 목표로 하고 있다(사사키 마사유키 외, 2015, p. 18). 특히 플로리다(Florida, 2012)의 창조계급론은 기업들이 창조계급들을 활용하기 좋은 지역으로 입지를 선택하기 때문에 창조계급들이 정주할 수 있는 환경을 만들 것을 최우선적인 지역의 정책과제로 거론하고 있다. 랜드리(Landry, 2000) 또한 창조도시에서 새로운 가치를 발견하는 능력인 세런디피티(serendipity)가 더 활발히 일어날 수 있다고 지적한다. 또한 모건, 램, 프레이어(Morgan, Lambe and Freyer, 2009)는 공예나 디자인 분야의 교육 및 견습 프로그램들을 운영하는 것이 지역경제 발전에 필요한 창의성을 배양할 수 있는 좋은 기회가 될 수 있다고 본다. 이러한 주장은 자연스럽게 예술가들을 지역 내에 정주시키는 레지던시사업과 관련성이 높다. 1차적으로 예술가들이 정주하게 되면 관련 문화예술 이벤트가 늘게 되고, 따라서 관련 예술가들의 지역 방문이 늘어 더 많은 예술가가 정주하거나 다양한 사업으로 지역 내에 엮일 수 있는 기회가 발생하게 된다. 이로 인해 지역이 활력을 얻게 되고, 이들의 창의성이 지역 내 다양한 사업으로 전개될 가능성이 높아지게 되며 결국 지역발전으로 나아갈 수 있다고 보는 것이다.

위의 3가지 지역발전 전략의 이론적 토대를 마련하고 있는 장소마케팅론, 내발적 발전론과 창조도시론은 문화자원과 각기 연결고리를 갖고 있다. 장소마케팅론에서는 문화자원이 지역 정체성과 브랜딩의 중요한 요소로 기능하고 관광목적지로서의 지역을 마케팅하는 대상이 된다. 내재적 발전론에서 지역 문화자원은 전통산업이나 지역 연고산업과 연관성을 갖는다. 창조도시론에서는 문화자원 중심의 도시재생사업으로 지역의 어메니티를 높이고, 이는 결국 창조계급의 정주환경에 긍정적인 영향을 미치며 무엇보다도 지역 문화자원은 창의성의 원천소스로 기능한다.

(2) 문화자원 활용방법

문화자원을 활용하여 지역발전으로 나아가는 과정을 문화자원의 가치를 발견하는 단계, 문화자원을 상품화 및 활용하는 단계, 지역적 단위로 확산되는 단계로 구분해서 설명할 수 있다. 먼저 문화자원의 가치를 발견하는 단계는 문화자원을 발굴하는 것으로 선택(selection)과 해석(interpretation)의 과정을 밟는다. 잠재적 가치를 지닌 자원을 고르거나 의도하는 효과를 발생시키기에 적절한 자원을 선택하는 과정은 지역에 산재한 다양한 문화자원에 대한 조사 과정에서 발굴된다. 이렇게 선택된 자원은 다른 자원과 결합되어 기존 문화자원과 차원이 다른 상품으로 전환되는 과정을 밟게 된다. 이 과정에서는 이용하고자 하는 문화자원에 대한 해석 과정을 거치게 된다. 해석은 문화자원을 활용하는 입장에서 과거의 종교적·문학적·역사적·개인적 사건에 대한 해석을 통해 특정한 부분을 선택하는 과정이다. 예를 들어 우리가 현재 감상하는 문화재는 과거부터 현재까지 사람들에 의해 선택되어 보존할 만한 가치가 있는 것으로 해석되었기 때문에 현재까지 존재할 수 있는 것이다.

문화자원을 상품화하고 활용하는 단계는 문화자원에 대한 해석과 함께 이를 이용할 소비자를 표적화하여 포장(package)하는 과정이다. 결국 해석과 표적화를 통해 예전에는 눈길도 한번 주지 않았던 문화자원이 새로운 상품으로 탈바꿈되는 것이다. 객관적인 측면에서 문화자원의 가치가 부족하더라도 해석과 표적화를 잘해서 소비자나 방문객을 만족시키는 것 또한 가치를 창출하는 것이다. 문화자원 활용은 해석을 통해 문화자원에

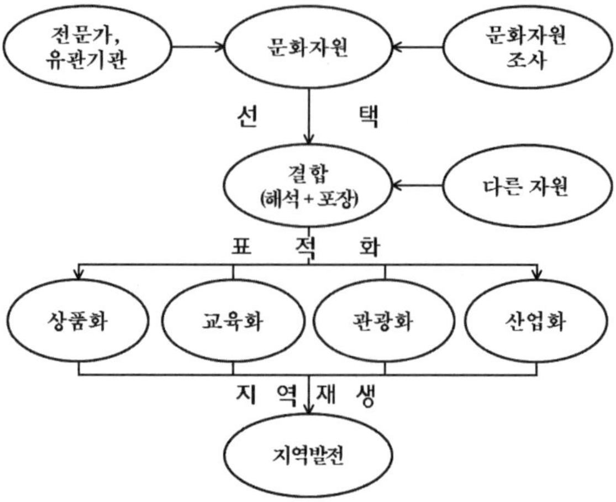

〈그림 7-1〉 문화자원의 상품화, 산업화, 지역발전의 관계
자료: Gregory Ashworth (2013)를 참고하여 작성

담긴 가치를 찾아내어 이를 포장하여 변용함으로써 새롭게 생명을 불어넣어 새로운 가치를 만들어내는 것으로 이해할 수 있다.

위의 문화자원 활용은 상품화, 교육화, 관광화, 산업화의 유형으로 구체화할 수 있다. 어떤 문화자원을 소재로 문화상품, 전시 및 교육 프로그램, 관광명소화, 또는 창의산업으로 활용되는 과정은 정태적이고 단선적인 과정이지만 지역적·사회적 관점에서의 문화자원 활용은 다층적이고 순환적 효과를 갖는다. 문화자원 활용이 일회적으로 끝나는 것이 아니라 체험(experience)을 통해 사회적 파급효과를 갖게 되고 문화자원에 대한 가치의 발견 및 해석, 활용을 통해 승수 효과가 발생하게 된다. 이는 사회적으로 문화자원의 가치 발굴과 활용 간의 선순환적인 가치제고(valorization) 과정을 통해 확대 재생산된다. 문화자원 활용과 관련한 사업이 지역재생 및 활성화와 연결되어 커뮤니티의 정체성에 대한 강한 의식, 삶의 질 개선, 지역 내로 자원의 유입 및 지역 소비의 증대로 인해 연결되면 지역발전으로 귀결될 수 있다.

<표 7-1> 문화자원 관련 발굴 조사 및 사업 현황

구분	내용	추진기관
지역문화재 활용사업	지역에 소재한 문화재의 역사교육장 및 프로그램형 문화관광상품을 만들어 문화향유서비스의 균등화 및 확대를 꾀하는 사업으로 생생 문화재사업, 살아 숨 쉬는 향교·서원 만들기 사업, 문화재 야행프로그램 사업으로 구성되어 있음	문화재청
한국문화원형 디지털화사업	문화원형의 발굴 및 산업적 활용을 목적으로 하고 있음	문화체육관광부
향토자원 육성사업	유·무형의 향토자원을 발굴해 1차 산업인 생산을 기반으로 2, 3차 산업 융복합화로 고부가가치화를 통한 농촌경제 활력화 도모	농림수산식품부
문화특화지역 조성사업	지역역사·문화·관광 등 특색 있는 지역문화자원을 활용하여 도시 및 마을 자체가 브랜드로 발전할 수 있도록 지원하는 사업임	문화체육관광부
지역전통문화 자원발굴지원 사업	지역문화 진흥을 위해 사라져가는 세시풍속이나 민예품을 계승·발전시켜 우리의 일상 속의 문화로 이어질 수 있도록 지원하고, 지역문화의 다양성과 정체성을 회복하고자 지원	문화체육관광부
지역특화발전 특구사업	'04년부터 기초지자체에서 규제특례를 활용하여 특화산업을 육성시켜 지역경제를 활성화시키는 사업	중소기업청

문화자원을 발굴하고 지역의 다양한 문화자원을 활용하기 위해서는 문화자원 현황 파악 및 실태조사가 전제되어야 한다. 이와 관련된 대표적인 문화자원 발굴 조사 및 지원 사업 현황은 <표 7-1>과 같다. 특히 지역별 고유의 문화를 발전시켜 지역 간의 문화격차를 해소하고자 2014년에 입법된 「지역문화진흥법」은 지역문화실태조사, 문화도시 및 문화지구의 지정 및 지원, 지역 문화전문 인력 양성 등을 담고 있어서 앞으로 관련 사업 및 지원이 확대될 것으로 기대된다.

문화자원을 발굴하여 사업화하는 단계에서 많이 이용되고 있는 구체적인 방법론으로 아래 3가지를 들 수 있다. 첫째, 문화자원을 중심으로 6차 산업화를 꾀하는 방법이다. 6차 산업화는 1차 산업(농림어업)과 2차 산업(가공·식품산업), 3차 산업(유통·판매·서비스업)이 연대하여 지역 문화자원을 활용하고, 서로 강점을 살려 새로운 사업과 고용을 창출함으로써 지역을 활성화시키는 접근 방법이다. 주로 면(面)적인 문화자원을 활용하여 볼거리, 먹을거리, 잘거리를 만들어 지역 경제활성화를 도모하는 사례들이다. 부여의 궁남지(사적135호)는 서동요의 전설이 깃든 인공연못으로, 일대에 3만 평의 연꽃밭이 조성되어 있다. 연을 재배하는 데 그치는 것이 아니라 매년 7월에 서동연꽃축제를 개최하고 연잎밥이나 연잎돈가스 등 지역의 요식업으로 발전시켰으며 협동조합을 조직하여 연잎차 등 다양한 가공식품을 생산하는 것이 6차 산업화의 대표적인 사례다.

둘째, 주로 축제나 공연 같은 지역의 무형 문화자원을 대상으로 블루오션 전략(Blue Ocean Strategy)을 이용하여 타 지역과의 차별화를 꾀하는 방법이다. 블루오션 전략(김위찬 · 마보안, 2005)은 ERRC 분석법을 이용하여 기존에 가지고 있는 지역 문화자원의 문제점은 제거(Eliminate)하거나 약점을 감소(Reduce)시키고, 장점은 강화(Rise)하고 나아가 새로운 강점을 창조(Create)해 기존의 문화자원과는 차별화될 수 있도록 기획하는 방법을 말한다.

마지막으로 지역이 갖고 있는 문화자원을 비즈니스모델(Business Model)로 사업화하는 경우를 들 수 있다. 비즈니스모델의 구성요소는 일반적으로 고객가치제안(Customer Value Proposition; CVP), 핵심자원, 핵심프로세스, 이윤공식으로 볼 수 있다(Johnson, Christensen and Kagermann, 2008). 특히 문화유산을 활용하는 데 있어서 소비자에게 새롭게 제공하거나 충족시킬 가치를 제시하는 고객가치제안이 매우 중요하다. 문화자원을 활용한 결과 소비자에게 인식되는 가치가 중요한데, 고객가치제안은 이러한 고객가치를 창출하는 것에 대한 분석에서 장점이 있다.

3. 문화자원을 활용한 지역발전 사례 분석

지역의 발전 전략으로 문화자원을 창의적으로 활용한 사례를 분석하여 그와 같은 사례를 지역에서 실제로 발굴하고 추진할 수 있도록 정책적 함의를 제시하는 것이 사례연구의 목적이다. 이를 위해 광주시 광산구의 월봉서원 활용사례와 프랑스 레보드프로방스의 빛의 채석장의 사례를 살펴본다. 월봉서원의 경우 서원을 문화재 활용의 거점으로 삼아 각종 체험 프로그램뿐만 아니라 인근 마을과의 공동사업을 추진하고 공방과 카페 등의 운영을 연계시킨 문화자원 6차 산업화의 대표적인 사례다. 프랑스의 빛의 채석장은 경제적 기능이 상실된 채석장을 첨단 기술과 접목하여 새로운 예술공간으로 재탄생시켜 관광명소화한 대표적 사례다.

1) 월봉서원 활용사례[4]

(1) 개요

월봉서원이 위치하고 있는 광주광역시 광산구는 원래 광산군(光山郡)에서 1988년 광주광역시로 편입되었으며, 이후 도농복합도시 상태에서 도시화와 산업화가 급속히 이뤄졌다. 1995년부터 전국적으로 민선 지자체 단체장이 선출되면서 지역을 홍보하고 정체성을 높이는 정책에 관심을 갖게 된다. 특히 광역시로 편입되었지만 도농복합도시로서 도시와 농

4 월봉서원 활용사례를 작성하는 데는 현재 광주시 광산구의 역사문화 전문위원인 백옥연 선생님의 자료 협조와 도움이 컸다.

촌의 성격이 혼재되어 있었으며 문화기반시설도 부족했던 광산구는 산업단지를 유치하여 경제적 발전을 도모하면서도 다른 한편 그에 걸맞은 시민의 문화적 향유와 지역정체성을 높일 수 있는 계기를 만드는 것을 고민하지 않을 수 없었다. 지역 출신이면서 퇴계와의 사단칠정을 비롯한 성리논변으로 유명한 고봉 기대승을 기리는 월봉서원을 대상으로 2008년 문화재청의 문화재생생사업을 시작하게 된다. 이렇게 고봉 기대승을 활용하게 된 것은 지역에서 누구나 알 수 있는 유명한 역사인물임과 동시에 지역에 대한 자부심과 애향심을 고취할 수 있는 좋은 소재였기 때문이다. 이후 2014년에 문화재청의 향교·서원만들기사업에 공모하여 본격적으로 월봉서원을 활용하기에 이른다.

월봉서원(광주광역시 기념물 9호)은 퇴계 이황과 격론을 나눈 호남의 대유학자 고봉(高峯) 기대승(1527~1572) 사후에 사당을 세우면서 시작되었다. 고봉 기대승은 26세나 차이가 나는 퇴계와 13년 동안 130통의 편지를 주고받으며 학문과 사상을 논했던 16세기 대표적인 성리학자다. 1654년 효종이 '월봉'이라는 서원명을 하사했으며, 1868년 대원군의 서원 철폐령으로 문을 닫았다. 하지만 1941년 현재의 위치에 빙월당을 새로 짓고 1978년 사당과 장판각, 내삼문, 외삼문을 건립하여 1991년 현재의 모습을 갖췄다. 위의 월봉서원 역사를 통해 알 수 있듯이 서원은 철폐되었다가 최근에 새로 지어졌기 때문에 서원 자체의 문화재적 가치는 매우 낮다. 그럼에도 기대승이라는 역사인물과 서원의 본래적 기능을 현대적으로 해석하고 포장하여 교육 · 문화 · 체험 · 관광 등 다양한 융복합프로그램을 발굴 및 운영하여 서원활용 벤치마킹의 대명사가 되었다.

(2) 사업내용

월봉서원의 역사적 의미와 가치를 제대로 체험할 수 있는 다양한 프로그램은 고봉 기대승의 학문과 스토리를 현대적으로 해석하여 이해시키는 과정으로서 이는 교육, 체험, 공연, 관광, 전통의례행사의 유형으로 개발되었다.

월봉서원은 놀이와 예술로 배우는 「꼬마 철학자 상상학교」, 유학의 이(理)와 기(氣), 선비정신을 바탕으로 청소년의 삶의 자세와 진로를 탐색해 보는 「청소년 이기(理氣) 진로교실」 등의 교육프로그램이 운영되고 있다. 특히 「꼬마 철학자 상상학교」의 경우 2017년 광산구 관내 초등학생을 대상으로 졸업 인증제도를 운영하기로 해 서원의 교육프로그램이 학교와 연계한 성공사례로 평가받고 있다.

체험 프로그램으로는 조선선비의 하루 일상을 경험하는 「선비의 하루」와 옛책 만들기, 탁본 체험, 부채 만들기, 나에게 편지 쓰기, 호패 만들기 등 선비철학을 체험하는 「2030 청년선비 문화원정대」, 철학자의 사상을 음식(고봉보쌈, 고봉주먹밥, 세상을 품은 달떡 등)에 담는 「철학자의 부엌」 등 다양한 체험활동도 연중 진행하고 있다. 공연프로그램으로는 고봉과 퇴계의 사단칠정 논쟁을 쉽게 풀어낸 공연작품 「드라마 판타지아」와 공연과 강연을 융복합화한 「살롱드월봉」이 있다. 지역민과의 연계한 관광 측면에서의 프로그램과 사업도 있다. 「서원마을 너브실밥상」은 월봉서원이 있는 너브실마을 주민이 관광객에게 음식을 직접 제공하고 경제적 이익을 취할 수 있도록 개발한 프로그램이다. 또한 다시(茶時) 살롱 프로그램과 공방 프로젝트를 운영하여 관광적 효과를 얻고 있다. 마지막으로 고봉문화제와와 성년식 같은 행사와 의례를 개최하고 있다.

〈표 7-2〉 월봉서원 활용 프로그램 유형과 효과

구분	활용 프로그램	주요 고객	효과
교육	꼬마 철학자 상상학교	청소년, 교육기관, 지역주민	청소년 교육 등은 학교폭력, 집단 따돌림 등의 간접적 해결 방안으로 활용
	청소년 이기(理氣) 진로교실		
체험	선비의 하루	청소년, 교육기관, 외국인	청소년 역사 교육 자료로 활용도가 높음
	2030 청년선비 문화원정대		
	철학자의 부엌		
공연	드라마 판타지아	일반국민	일반국민의 전통문화에 대한 흥미 및 인식도 제고
	살롱드월봉		
관광	서원마을 너브실밥상	지역민, 일반국민	지역마을 주민과 협업, 경제적 이익 창출
	다시 살롱과 다시 공방		
의례, 전통 행사	성년식, 고봉문화제 등	청소년, 외국인	청소년 및 외국인의 우리 문화 인식도 제고
	춘추향사제		

위의 프로그램을 통해 광주시와 전라남도 외에도 참여하는 사람이 상당한 비중을 차지하고 있다. 실제 프로그램에 참여한 인원은 2015년 한 해에 2,800명 정도이며 지역민뿐만 아니라 외지인과 외국인이 참여했다. 프로그램에 직접 참여하지 않더라도 월봉서원을 찾은 방문객은 연간 2만 5천 명으로 전국적일 뿐만 아니라 외국인도 많이 찾는 관광명소가 되었다. 문화재생생사업과 향교서원만들기사업을 통해 월봉서원을 활성화하고 이를 바탕으로 전통문화유산과 연계한 관광자원 활성화로 월봉서원을 찾는 관광객은 더욱 많아지고 있는 추세다.

〈표 7-3〉 월봉서원의 프로그램과 수혜자 현황

	참가자 수						운영인력		계
	어린이		청소년	성인		외국인			
	지역민	외지인	지역민	지역민	외지인		진행자 수	봉사자 수	
선비의 하루	90		100	82			40		312
살롱드월봉	71		2	259	18		56		406
드라마 판타지아	91	13	4	144	6		10		268
고봉문화제	87	23	76	209	57		37	19	508
청소년 理氣 진로교실	240		54				20	20	334
2030 청년선비 문화원정대			38	148		30	15	10	341
꼬마 철학자 상상학교	215	30		75			50		370
철학자의 부엌	127			76		30	24		257
계	921	66	274	993	81	60	252	49	2,796

출처: 월봉서원 활용사업 내부 자료, 2015년 기준

(3) 시사점

월봉서원 활용사례를 통해 다음과 같은 몇 가지 시사점을 도출할 수 있다. 첫째, 월봉서원의 다양한 프로그램을 개발하고 운영하는 데 안정적이고 체계적인 시스템을 구축했다는 점을 들 수 있다. 그간 서원이 활용되지 않아 고답적이고 박제된 공간으로서의 이미지를 탈피할 수 있었던 것은 서원과 고봉 기대승을 현대적으로 재해석해내고 대중적인 관심을 끌 수 있도록 기획력을 발휘한 데 기인한다. 우선 지자체에서는 이러한 기획력을 담보하기 위해 역사문화 전문위원을 채용하여 이를 전담토록 하였다. 프로그램 개발은 민간 문화기획 관계자들과 협력관계를 구축하여 프로그램의 질과 양을 확보할 수 있는 체계를 만들었다. 월봉문화네트워크 속에 전문위원과 함께 문화기획사인 문화기획 라우, 교육문화공동체 결, 상상창작소 봄 등 지역 내 다양한 문화기획사들과 활용사업을 위한 거버넌스를 구축하였다. 자칫 많은 프로그램을 연중 진행하게 되면 기획의 신선함이나 새로운 콘텐츠를 보강하는 것이 힘들 수 있는데, 이를 민간부문의 문화기획사들과 협력구조를 만들어 극복하고 운영의 안정화를 기할 수 있었다. 어린이부터 성인, 마을주민까지 다양한 대상층에 적합한 프로그램을 개발하여 운영한 점도 높이 평가할 수 있다. 10대의 초등학생에서부터 중장년, 노인 등 전 생애에 걸친 다양한 프로그램의 활발한 운영으로 지역민의 관심도를 높일 뿐만 아니라 지역 밖의 외지인의 방문 횟수도 높여 월봉서원을 지역을 대표하는 문화재로 자리매김될 수 있었다.

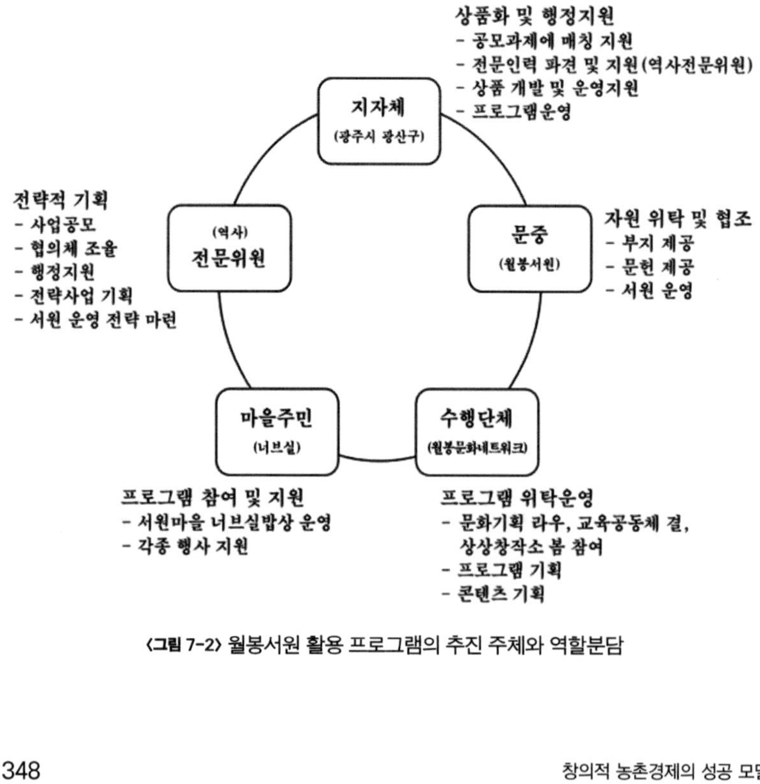

〈그림 7-2〉 월봉서원 활용 프로그램의 추진 주체와 역할분담

둘째, 월봉서원 활용 사업에 관련된 이해관계자들의 참여와 협력을 이끌어냄으로써 사업의 원활한 추진과 확장이 가능하였다. 서원은 강학, 제사, 향촌교화를 담당하는 시설로서 일반적으로 문중의 폐쇄적이고 배타적인 태도가 유교 문화자원을 활용하는 데 걸림돌이 되고 있었다. 이러한 문제는 프로그램 운영의 일정 성과를 직접 확인하면서 서원 운영을 직접 책임지는 문중의 태도를 바꾸게 할 수 있었다. 특히 월봉서원이 위치하고 있는 너브실마을 지역민은 직접 재배한 식자재로 '서원마을 너브실밥상'을 만들어 사업에 참여하고 실제로 경제적 이익을 취함으로써 사업의 든든한 조력자가 되었다.

셋째, 지자체의 적극적 의지와 지속적인 사업 전개로 '서원'이라는 작은 장소를 매개로 전국을 대표하는 지역명소로 발전할 수 있었다. 그간 향교나 서원에 대한 문화재정책은 "문화재는 활용할수록 훼손된다"는 논리로 문화재 활용은 소극적인 자세로 최소한에 그치게 되고 활용은 보존과 상충된다는 부정적 인식이 퍼져 있었다(문화재청, 2007). 문화재 활용에 대한 정책적 관심과 수요가 생기면서 2008년에 문화재청이 문화재생생사업을 추진하게 되고 월봉서원이 위의 공모사업에 참여한 이후 다른 공모사업에도 지원하여 월봉서원 활용 프로그램을 지속적으로 업그레이드시키고 체계화할 수 있었다. 문화재생생사업(2008~'12), 향교서원만들기사업(2014~'16), 유교문화자원활성화지원사업(2013~'15), 지역전통문화관광자원 지원사업(2016년) 등 다양한 공모사업를 통해 중첩적으로 지원을 받으면서 서원 활용 프로그램을 더욱 내실화할 수 있었다. 지역에 있는 문화자원을 활용하고자 해도 재정적 한계로 추진하기가 쉽지 않은 것이 현실이다. 중앙정부와의 매칭사업이지만 다양한 공모사업에 지원하여 월봉서원 활용에 집중적으로 투자한 것은 지자체의 의지와 장기적 비전이 없었다면 불가능했을 것이다.

〈표 7-4〉 월봉서원 상표등록 현황

프로그램명	상표 · 서비스표	상표 · 서비스표등록번호	등록일자
선비의 하루 (월봉서원 B.I)	선비의 하루 월봉서원	제41-0265806호	2013.08.07
		제45-0047842호	2014.01.17
살롱드월봉	살롱드월봉 salondewolbong	제41-0361896호	2016.06.09
꼬마 철학자 상상학교		제41-0361895호	2016.06.09

넷째, 월봉서원 활용 프로그램의 성과를 지적재산권화시킨 점이 특징적이다. 월봉서원의 각종 프로그램들이 지역에서뿐만 아니라 전국적인 지명도를 갖게 되고 월봉서원의 활용 프로그램에 대한 인지도가 높아짐에 따라 다른 지역의 서원이나 향교가 벤치마킹을 하게 된다. 따라서 성공사례 모방에 따른 사업비즈니스모델 지속에 어려움이 있을 수 있다. 사업의 내용적인 모방의 위협은 기존 프로그램을 지속적으로 향상시키는 노력을 경주하는 한편 월봉서원의 대표적인 프로그램인 선비의 하루, 살롱드월봉, 꼬마 철학자 상상학교에 대해 상표등록을 하여 지식재산권을 보호하는 장치를 마련하였다.

2) '빛의 채석장'(카리에르 드 뤼미에르) 사례

(1) 개요

빛의 채석장이 있는 레보드프로방스(Les Baux-de-Provence)는 프로방스알프코트다쥐르 지역(région Provence-Alpes-Côte d'Azur)의 부슈뒤론(département des Bouches-du-Rhône) 데파르트망에 있는 마을로, 거대한 백색 석회암 바위로 이뤄진 험준한 알피유 산맥(Massif des Alpilles) 내에 위치하고 있다. 레보드프로방스는 지리적으로는 아비뇽에서 남쪽으로 30㎞ 떨어져 있으며 경제적으로는 관광, 포도재배, 수공업을 기반으로 하고 있다. 레보 성을 비롯한 22개의 역사유적지가 있고, 중세시대의 작은 골목길이 보존되어 있으며, 알피유 축제(Festival des Alpilles)와 크리스마스 축제(Noël aux Baux)가 개최되고 있다.

레보드프로방스는 1998년 '프랑스에서 가장 아름다운 마을'로 지정될 정도로 경관이 빼어나고 한 해 150만 명이 넘는 관광객이 방문하는 유명관광지다. 인구 450명밖에 되지 않는 작은 마을에 위와 같은 많은 관광객이 방문하는 데는 빛의 채석장이 있기 때문에 가능했다.

(2) 사업내용

'빛의 채석장'이라는 뜻의 카리에르 드 뤼미에르(Carrières de Lumières)는 레보드프로방스의 버려진 채석장을 재활용해 만들어진 미술전시관 및 상영관이다. 레보드프로방스에는 바위산을 파들어가 석재를 채굴하던 동굴형 채석장이 곳곳에 존재했다. 그러나 제1차 세계대전 이후 철강, 시멘트 등 신 건설자재가 돌을 대체하면서 1935년 채석장은 폐쇄되었다. 레보드프로방스의 경제를 담당한 채석장의 폐쇄는 이후 여러 차례에 걸쳐 채석장의 빈 공간을 활용하려는 시도로 이어졌다.

1960년 장 콕토(Jean Cocteau)가 이곳의 신비로움에 매혹되어 채석장에서 영화 「오르페우스의 유언」을 찍으면서 예술공간으로서의 매력이 새롭게 발견되었다. 이후 1975년 레보드프로방스를 방문한 일간지 「르 빠리지엥 리베레」의 편집장이자 화가 겸 사진가였던 알베르 플레시(Albert Plécy)가 채석장의 공간적 특징과 아름다움에 매료되어 자신이 진행하던 토털 이미지(Image Totale)를 연구하고 실험할 수 있는 무대로 채석장을 활용하게 된다. 그로부터 2년 뒤, 체코 출신의 무대예술가인 요셉 스포보다(Joseph

Svoboda, 1920~2002)가 거대한 채석장의 반듯한 면과 빈 공간을 활용해 혁신적인 비주얼쇼를 선보이면서 1977년에 첫 공연을 시작했다. 이후 이미지 대성당(Cathedrale d'Image)이라는 타이틀로 '빛과 소리'를 활용하는 공연을 30여 년 동안 지속해왔다. 2011년에는 문화콘텐츠기업 컬쳐레스파스(Culturespaces)에 의해 '빛의 채석장'이라는 이름의 멀티미디어쇼 공간으로 재탄생되어 지금에 이르고 있다.

채석장은 석재를 캐내느라 네모와 직각으로 자국이 나 있는 여러 개의 동굴형 채석장으로 이뤄져 있다. 그중에서 디지털전시가 진행되는 단테룸(Dante Room)은 내부공간이 길이 60m, 높이 14m에 달해 총 7,000㎡ 의 면적에 영상을 투사한다. 사용되는 영상은 유명화가들의 작품을 디지털로 재가공한 후 음악을 곁들여 30~40분 분량으로 제작된 뮤직비디오 형태로서, 오전과 오후 시간에 반복 상영하고 있다. 이렇게 넓은 공간에서 실제 명화를 보는 감동을 주기 위해서는 특별한 기술적 체계가 확보되지 않으면 불가능하다. 컬티레스파스는 AMIEX(Art & Music Immersive Experience)라는 멀티미디어쇼를 가능케 하는 기술 시스템 및 예술 콘셉트를 개발하여 지속적으로 향상시키고 있다. AMIEX는 매우 높은 해상도와 함께 전시 장소에 완벽한 맞춤형 공간 사운드 시스템이어서 장소의 자연적 특성이나 성질을 그대로 살려 작동한다. 위의 AMIEX 시스템의 음향과 영상 기술로 기존의 전시가 주는 경험과는 다른, 독특한 관람 경험을 제공하게 되었다. 관람자는 음악으로 더욱 감성적이 된 공간에서 3D로 작품을 감상하게 되고, 관람자의 움직임과 이동이 전시의 일부분이 되면서 더욱 적극적으로 전시를 경험하게 된다.

빛의 채석장에서 AMIEX 시스템으로 만든 영상 작품들은 2012년부터 매년 새롭게 제작되고 있다. 지금까지 '고갱, 고흐, 색채의 화가들'(2012. 3. 30~2013. 1. 6), '모네, 르누아르, 샤갈의 지중해 여행'(2013. 3. 8~2014. 1. 5),

'클림트 비엔나'(2014. 3. ~2015. 1. 4), '미켈란젤로, 레오나르도 다빈치, 라파엘로, 르네상스의 거인들'(2015. 3. 6 ~2016. 1. 3)이 상연되었다.

<그림 7-6> 카리에르 드 뤼미에르 사례
'미켈란젤로, 레오나르도 다빈치, 라파엘로, 르네상스의 거인들'(왼쪽), '클림트 비엔나'(오른쪽)

빛의 채석장은 뛰어난 시각적·청각적 디지털 기술을 통해 단순히 원본을 감상하는 데서 느낄 수 있는 경험을 실제보다 증대시키는 데 성공했고, 이는 관람객의 증가로 확인할 수 있다. 2012년에 23만 9천 명에서 2015년 현재 51만 2천 명이 방문했으며, 이미 개장 3년 만에 100만 명 이상의 관광객이 방문하는 성과를 거뒀다.

(3) 시사점

빛의 채석장은 경제적 기능이 상실된 채석장을 빛, 소리, 기술을 이용하여 현대적 미술 전시공간으로 탈바꿈한 사례다. 문화자원에 기술을 결합하여 문화자원의 잠재력을 성공적으로 현실화시켰다는 점에서 좋은 사례가 되고 있다. 몇 가지 시사점을 정리하면 아래와 같다.

첫째, 새로운 분야의 발굴과 지속적인 사업 추진을 들 수 있다. 프랑스는 과거 역사자원, 특산물, 전통문화 위주의 지역 문화 콘텐츠를 개발했지만, 최근에는 지역 정체성과 기술을 결합시킨 문화콘텐츠를 만들어내고 있다. 최신 테크놀로지와 결합한 송에뤼미에르(son et lumiere) 기술을 이용하여 역사야외극을 지역민의 자발적 참여로 콘텐츠를 만드는 사례가 많다. 프랑스어로 '빛과 소리'라는 뜻의 송에뤼미에르는 '파사드(facade)'라 불리는 역사유적의 정면과 외벽에 빛과 소리를 써서 벌이는 일종의 쇼다. 이 분야의 선구적 시도가 레보드프로방스에서 시작되었다고 볼 수 있다. 1960년 장 콕토가 채석장에서 「오르페우스의 유언」을 찍은 이후 예술공간으로서의 가능성을 지속적으로 시도하고 발전시켰다는 점을 높이 평가할 만하다.

둘째, 기술력과 자본력을 가진 전문화된 주체에게 사업의 운영과 관리를 위임함으로써 사업 기반과 효과를 극대화할 수 있었다. 앞서 폐광으로 방치되었던 채석장이 가지는 장소성, 역사적 · 예술적 가치를 발견한 예술가의 통찰력과 상상력이 기반이 되어 예술공간으로 탄생했다는 점을 언급했다. 그것에 더해 '채석장'이라는 장소성에 최적화된 기술인 AMIEX 시스템을 도입하여 오늘날 빛의 채석장으로 도약할 수 있었다. 채석장의 소유주인 레보드프로방스는 2011년에 35년 동안 채석장을 운영해온 이미지 대성당사에서 컬튀레스파스[5]에 채석장의 개발, 관리 및 경영을 일임하면서 컬튀레스파스의 축적된 문화예술 노하우와 자본력을 십분 활용하게 된다. 컬튀레스파스는 빛의 채석장을 최첨단 장치로 미술 연출에 100만 유로, 장소 개발 및 정비에 60만 유로, 관람 환경 개선을 위한 건축비에

5 컬튀레스파스(Culturespace)는 프랑스의 다국적 공영 에너지 기업 지디에프-수에즈(GDF-Suez)의 자회사로, 브뤼노 모니에가 1990년에 공공기관과 지역단체에 문화유적과 미술관의 문화적·경제적 통합관리 서비스를 제공한다는 목적으로 세웠다. 현재 공공서비스위임(DSP) 하에 14개의 유적지 및 미술관을 관리·운영하고 있는 사립 문화경영기관이다.

100만 유로 등 총 260만 유로를 투자했다.

셋째, 기존 미술관과 전시의 차별성을 들 수 있다. 처음 AMIEX 시스템을 도입하면 상당한 비용을 감당해야 하기 때문에 새로운 기술도입과 투자 결정이 쉽지는 않았을 것이다. 하지만 위의 매몰 투자비용 덕택에 빛의 채석장은 다른 미술관이나 전시관과의 차별성을 확보하는 동시에 전시 오브제에 대한 비용을 절약할 수 있었다. 고갱, 고흐, 클림트, 미켈란젤로, 레오나르도 다빈치, 라파엘로 등 지금까지의 전시 주제는 주로 유명 거장들의 작품으로 구성되어 있었다. 디지털화를 통하지 않고 실제 원본작품을 토대로 전시를 구성했다면 상당한 재정적 소모를 필요로 했거나 전시주제가 위와 같이 거장 위주가 아니었을지도 모른다. 오히려 그들의 작품을 디지털화해서 시나리오를 만들었기 때문에 이러한 전시가 가능하였다.

4. 결론

지역이 문화자원을 활용하여 지역 발전을 꾀하고자 하는 시도는 지방자치제의 부활과도 관련이 있다. 지방의회 선거는 1991년부터, 지방자치단체장 선거는 1995년부터 실시되면서 많은 지방자치단체들이 지역 경쟁력 제고와 지역 경제 활성화를 위해 해당 지역의 다양한 문화자원을 개발 및 활용하여 사업들을 추진하게 되었다. 가장 대표적인 것이 지역의 특산품이나 축제 등이다.

다른 한편 지역 문화자원 개발은 문화소비 계층의 증가와 여가시간 증대에 기인한다. 향후 고령화 사회로 대표되는 인구 구조의 변화와 1인당 국민소득 3만 달러 시대에 진입하게 되면 질 높은 문화향유에 대한 요구는 더욱 높아질 것으로 예상된다. 위와 같은 수요와 필요에도 불구하고 지역 문화자원의 활용과 개발이 과잉 공급되고 있다는 평가도 있다. 이러한 점에서 기존의 성공적인 사례를 반면교사로 검토하면서 문화자원을 활용한 지역발전을 모색하는 것은 의미가 있다.

많은 실패 사례에도 불구하고 여전히 지역에 산재한 문화자원을 옥석으로 탈바꿈시키는 시도는 지속적으로 이뤄져야 한다. 열악한 농촌지역을 비교우위에 올릴 수 있는 것은 문화자원의 활용에 있기 때문이다. 또한 앞에서 언급한 6차 산업화 전략, 블루오션 전략, 비즈니스모델 창출 전략 등 다양한 방법으로 문화자원을 활용할 수 있겠지만 지역이 처한 환경과 문화자원의 특성을 무시한 접근은 성공을 담보할 수 없다. 또한 위의 3가지 문화자원을 활용하는 전략들에 공통적인 것은 동일한 자원이더라도 이를 다르게 보고 다르게 가치를 창출해내는 기업가 정신(entrepreneurship)이 기저에 공통적으로 요구된다. 민간의 창의적인 문화 기획력을 적극적으로 활용하면서 또한 지자체 스스로도 기업가 정신으로 무장되어야 한다.

각 지역마다 특색이 다른 만큼 그 지역이 가지고 있는 문화자원도 매우 다양하다. 그렇기 때문에 무작정 성공한 다른 지역의 문화자원 활용 정책이나 사례를 자신의 지역에 접목시키거나 하드웨어적인 측면만 강조하여 문화시설을 만들거나 외형적인 모습만 바꾸는 데 치중하는 것은 예산 낭비와 주민의 불만을 야기할 수 있다. 이러한 점을 방지하고 문화자원 활용을 성공적으로 이끌어내기 위해서는 우선 그 지역이 어떤 문화자원을 가지고 있는지, 어떠한 문화가 형성되어 있는지 등을 객관적으로 분석할 필요가 있다. 그런 다음 다른 지역과 차별화된 독창적인 문화자원을 선정하고 기존의 지역 이미지에 적합한 전략들을 적용하여 그것을 활용해야 할 것이다.

단순히 문화자원을 활용하는 것이 중요한 것이 아니라 지역발전이라는 일정한 효과를 발휘할 수 있어야 한다. 이를 위해서는 자원(resource)-자산(asset)-자본(capital)으로의 상승적 발전이 이뤄져야 한다. 잠재력을 가지고 있는 문화자원을 투자가치가 있는 자산으로 만들고 지역 내에 문화자본과 사회자본으로 기능할 수 있는 자본으로의 의미로 발전시켜야 한다. 결국 위의 문화자원을 활용하여 지역을 발전시키는 데는 문화기획자의 기업가 정신, 지방 리더들의 열정과 확신, 지역민의 문화적 마인드, 그리고 관·민 협력이 가장 중요한 요소가 될 것이다.

| 참고문헌 |

김위찬 & 르네 마보안, 『블루오션전략』, 교보문고.

남치호(2007), 『문화자원과 지역정책』, 대왕사.

문화재청(2007), 『근대 건축문화유산 보존 활성화를 위한 등록문화재 제도개선』

박덕병(2003), 농촌의 내생적 발전을 위한 전통 지식 개발전략, 농촌사회, 13권 2호.

백선혜(2015), 『서울시 문화자원 실태와 분포특성』, 서울연구원.

사사키 마사유키 외(2015), 『창조농촌을 디자인하라』, 미세움.

임마누엘 페스트라이쉬(2013), 『한국인만 모르는 다른 대한민국』, 21세기북스.

임준성(2012), 고봉 기대승의 유물유적과 월봉서원의 문화콘텐츠 활용, 유학연.

전택수 외(2014), 『창의경제와 문화예술의 역할』, 한국학중앙연구원출판부.

Florida, R. (2012), 『The Rise of the Creative Class』, Perseus Book Group.

Kayahan, B. & Vanblarcom, B. (2012), Cost Benefit Analysis of UNESCO Cultural Resources Strategy for Sustainable Regional Development-CCC Method, (www.culturalcapitalcounts.ed).

Ashworth, G. (2013), Heritage and Local Development: a Reluctant Relationship, edited by Rizzo, I. & Mignosa, A., 『Handbook on the Economics of Cultural Heritage』, Edward Elgar Publishing Hampton, M.P.(2005), Heritage, Local Communities and Economic Development. Annals of Tourism Research, 32(3). 735-759.

Landry, C. (2000), The Creative City: A Tool Kit for Urban Innovators, Comedia

Johnson, M., Christensen, C. & Kagermann, H. (2008), Reinventing Your Business Model, Harvard Business Review

Morgan, J., Lambe, W. & Freyer, A. (2009), Homegrown Responses to Economic Uncertainty in Rural America, Rural Realities, 3(2), 1-15.

Peacock, A. & Rizzo, I. (2008), 『the Heritage Game: Economics, Policy, and Practice』, Oxford University Press.

Jokilehto, J. (2011), Worldheritage: Observations on Decisions related to Cultural Heritage, Journal of Cultural Heritage Management and Sustainable Development, Vol.1(1),61 – 74.

Kurin, R. (2007), Safeguarding Intangible Cultural Heritage: Key Factors in Implementing the 2003 Convention, International Journal of Intangible Heritage.

Stolarick, K., Denstedt, M., Donald, B. & Spencer, G. (2010), Creativity, Tourism and Economic Development in a Rural Context: the case of Prince Edward County, Journal of Rural and Community Development, Vol 5(1)

宮本憲一(1989), 『環境經濟學』, 岩波書店

https://fr.wikipedia.org/wiki/Carri%C3%A8res_de_Lumi%C3%A8res

http://carrieres-lumieres.com/fr/carrieres-lumieres-dhier-aujourdhui

http://www.lesbauxdeprovence.com/fr

http://www.cite-lesbauxdeprovence.com/le-maire/

http://www.espritprovence.com/du-val-denfer-aux-carrieres-de-lumiere/

http://www.musee21.com/technologie-art-et-musique-amiex/

http://www.lexpress.fr/actualites/1/actualite/en-provence-les-carrieres-de-lumieres-inventent-l-art-rupestre-du-xxie-siecle_1099447.html

확보에 노력하고 있고,

의회의 법인화까지 검토되

내 ... 파급에 의한

의 확대에

술 지도를 겸하여

다. 다음으로 실수요

조기술의 개선과

더가 되고자 하는

지역의 또

했으며, 빵

자재의 도

하는 등 향후

등 관계

다. 아울러

이고자 하

니다.

마을

로 유명

역 토착을

있음을 알

마을 만들

업화로 농

로 소개되

제8장

농촌지역 고유 향토자원으로서의 농특산물을 활용한 지역경제 활성화 방안연구

— 부가가치 창출 사례를 중심으로

1. 연구의 배경과 목적

1) 연구의 배경

지역단위에서 지역의 자원, 특히 특산물을 생산하여 이것에 부가가치를 창출하는 것은 오래전부터 다양한 형태로 추진되어온 것이 사실이다. 그러나 지방자치의 실질적인 역사가 20여 년이 지난 현 시점에서, 외형적 변화 이면(裏面)에는 비효율적인 낭비와 주민의 상대적 빈곤이 누적되고, 특히 농촌 지역에서 지역주민이 아닌 외지인을 대상으로 한 보여주기식의 정책들이 주를 이루고 있었으며, 전시 효과적이며 인기 영합적(populism)인 측면이 많은 가운데 지역경제, 주민의 삶의 질, 지방재정능력의 한계에 봉착해 있는 것이 현실이다.

최근 들어 농촌에 대한 관심이 증가하고, 실제 농촌 주민의 이도현상뿐만 아니라 귀농과 귀촌에 대한 관심 또한 높으며, 실제로 농촌으로 이동한 인구 또한 증가하고 있다. 이들의 귀농 또는 귀촌의 동기로는 '자연 속에서 건강하게 생활하기 위해'(50.1%), '시간에 얽매이지 않는 자유로운 생활을 하고 싶어서'(21.4%), '농업을 경영해 안전식품을 자급하기 위해'(9.7%), '농촌에 거주하면서 생계의 한 수단으로 농사를 짓기 위해'(8.9%) 순으로 다양한 것을 알 수 있다(임학순 외, 2015).[1] 실제로 지난 2016년 6월 농림축산식품부, 해양수산부, 통계청이 공동 발표한 자료에 의하면, 2015년 기준 귀농 1만 1,959가구(전년 1만 758가구), 귀촌 31만 7,409가구(전년 29만

1 김동원·박혜진(2014), 『농업-농촌에 대한 2014년 국민의식 조사결과』에서 재인용되었음.

9,357가구), 귀어 991가구(전년 917가구) 등 전년 대비 귀농 및 귀촌인구가 증가했고, 연령별로는 귀농가구의 경우 50대가 40.3%로 가장 많았고, 1인 귀농가구가 전체의 60%인 7만 1,176가구로 가장 많았던 것을 알 수 있으며, 이러한 비율은 귀농이나 귀어의 경우도 마찬가지다(농림축산식품부 외, 2016).[2]

이렇게 농촌으로 인구의 이동이 이어지고 있는 것은 사회적 현상일 수 있으나, 중장기적인 시각에서는 지금까지 도시로 사람이 모이는 시대에서 다시 농촌으로 회귀하는 현상이 강해질 수 있다는 가능성도 염두에 둘 필요가 있다. 따라서 이 연구의 진행에 있어 농촌의 자원인 특산물과 함께 사람의 중요성을 강조하는 것이 전혀 무리가 아님을 다시금 기술하고자 한다. 또한 이러한 귀촌인구 중 예술가를 두고 문화경제학자인 리처드 플로리다는 '창조계급(creative class)'이라고 표현하는 등 지역 단위에서의 예술가(사람)의 중요성이 인식되고 있다.

그러나 지역, 특히 농촌 지역에서 안고 있는 제반의 문제를 극복하고, 지역경제의 활성화에 기여하며, 지방자치단체의 수입원으로서 재정능력 확충과 주민의 삶의 질을 개선할 수 있는 지역 단위의 특산물을 생산 및 활용한 거시적 차원의 지역정책이 절실한 상황이라고 할 수 있다.

그렇다면 각 지방자치단체는 이러한 농촌 지역에서의 특산물 생산 사업을 지원하는 제도 역시 기관 간 또는 지역 간 매우 폐쇄적이고 고립적인 경우가 많음을 알 수 있으며, 설령 제도가 있다 하더라도 지역 내에서 행정부서와 지역주민 간에 느끼는 온도차로 인해 적용이 어려워 제도권 밖에서 헛도는 경우가 발생하고 있다.

또한, 어느 한 지역의 이슈가 모든 지방자치단체의 이슈로 잘못 인식

2 좀 더 자세한 도식은 참고자료 참조.

되면서 도미노현상에 의해 모든 지자체가 같은 종류나 아이템의 특산물을 생산하게 되고, 이는 결국 생산지역뿐만이 아니라 다른 지역까지 부(-)의 효과를 미치게 되는 상황이 벌어지게 된다. 따라서 각 지역의 특산물은 그 지역의 고유성(固有性)과 특수성(特殊性)을 반영한 생산물을 생산하고 여기에 부가가치를 창출하여 지역 소득에 기여하는 형태의 시스템이 필요하게 된다. 즉 지속적인 지역경제 활성화나 지방재정에 기여할 수 있으며, 지역발전의 동기부여가 될 수 있는 새로운 돌파구가 필요한 상황이다. 그 돌파구는 해당 지역만이 가지고 있는 고부가가치의 특산물 생산이 열쇠가 될 수 있을 것이다. 이러한 활용 능력 확충으로 지역발전의 주요 역할을 할 수 있는 지역단위의 특산물을 활용하기 위한 새로운 접근과 계획 수립이 필요하다. 이러한 필요성은 오래전부터 다양한 연구를 통해 제기되어왔으나 지역마다 같은 기준에 의해 적용시킬 수 없는 한계를 극복하지는 못하고 있다. 따라서 본 연구에서도 이러한 한계를 극복하기는 어려울 것으로 판단되나, 가능한 한 지역의 고유성과 특수성을 최대한 살려 지역 단위에서 성공한 사례를 중심으로 그 시사점을 찾고자 한다. 이러한 접근은 기존 연구들과 맥을 같이하면서도 243개 지방자치단체마다 처해 있는 행·재정 환경을 고려해야 한다는 전제를 가지고 접근하고자 한다.

2) 연구의 목적

본 연구는 지역단위 특산물의 생산 실태를 분석하고, 지역별 차별성과 함께 부가가치의 창출 및 증대를 통해 지역경제 활성화로 이어질 수 있는 시스템을 구축하는 데 목적을 두고 있다. 특히 각 정책의 연계성, 각 자치단체에 부존하고 있는 특산물이라는 자원의 특성(고유성)을 중심으로 가공 및 상품화하여 새로운 부가가치를 창출할 수 있는 발전 가능성을 가늠해보고 향후 지속적 발전을 위한 체계적인 구축방안을 제시하고자 한다.

또한 지역단위 생산체계의 빈약함, 낮은 생산성, 자원의 활용 능력 저하 등 현재 안고 있는 한계를 극복하기 위한 전략이 모색되어야 하는데, 이를 위해 기존의 단편적 지역 정책에서 벗어나 거시적 차원의 특산물 생산과 관련한 정책 수립이 필요하며, 본 연구가 중앙정부의 정책과 연계한 지역단위의 지원정책 수립에 기여할 수 있다.

따라서 본 연구에서는 한 지역에서의 특산물에 어떻게 부가가치를 창출 및 증대시킬 수 있을지, 그리고 이를 위한 자본(cultural capital)이 특정지역 또는 업종에 투자되어(stock) 상품으로서의 역할을 하고, 수익과 비용이 다른 지역이나 업종으로 지출 또는 소비(flow)되어야 할지에 대한 체계적 경로를 검토해보고자 한다.

아울러 정형화된 모델을 찾아 이 모델에서 주는 시사점을 찾고, 각 지역마다 특산물이 차별화되고 독창성을 찾기 위한 지원책으로 초기 설정 단계에서부터 향후 부가가치 창출 및 지속적인 발전 가능성을 고려한 전략을 제시할 것이다.

3) 연구방법 및 내용

본 연구는 지방자치단체의 특산물의 생산 및 부가가치 증대를 위한 정책적 제안에 목적을 두고 있기 때문에 이와 관련된 기존의 연구, 특히 정책적 관점에서 분석한 연구들을 함께 검토하며, 국정방향인 지역단위에서의 경제 활성화를 실현하기 위한 체계, 특산물의 활용과의 연계 등에 관한 기존 연구들에 대해서도 고찰하고자 한다.

그리고 관계자 FGI, 심층 면접 등을 실시하고자 한다. 사례지의 관계자들에 대한 FGI 및 심층 면접을 통해 특산물 생산정책 추진 현황과 지금까지의 관련 사업의 추진 환경 등에 대한 종합적인 조사를 시도할 것이다.

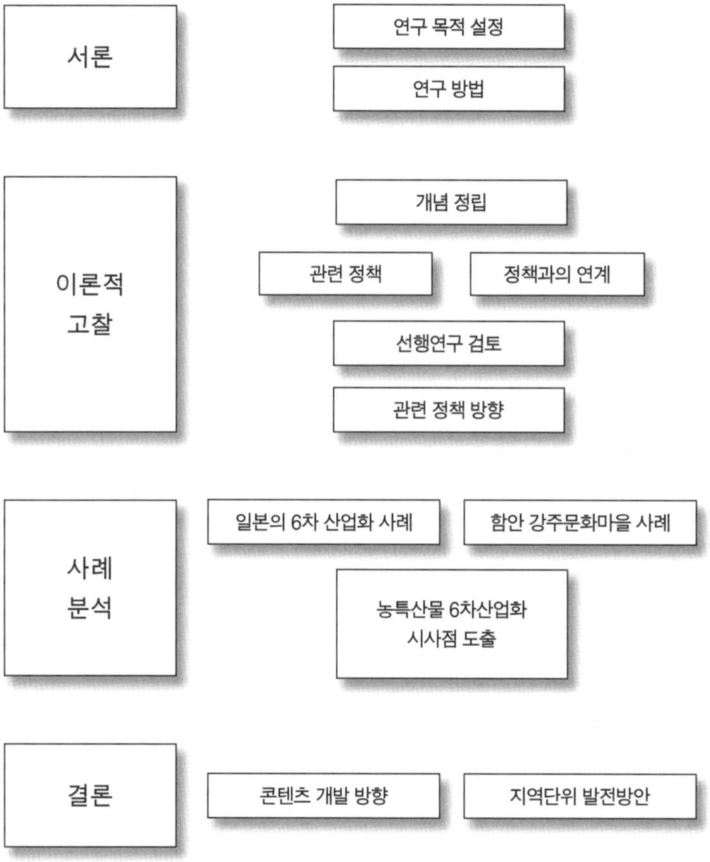

〈그림 8-1〉 연구의 흐름도

2. 농촌 향토자원의 이론적 검토

1) 농촌지역의 향토자원과 산업화

(1) 농촌지역의 향토자원

향토자원에 대한 개념정의는 판단 준거에 따라 다른 시각을 가질 수 있다. 우리나라에서는 각 부처마다 지역단위의 향토자원을 산업화하기 위한 각종 정책을 입안 및 수행해왔지만, 그 과정에서 향토산업이 별도의 산업군으로 인식되었으며, 향토산업 및 자원이 국가 전체에 체계적으로 관리하기 위한 전제조건이 되어왔다.

이에 향토자원의 개념을 재구성할 필요가 있으며, 각 부처별로 단편적인 향토산업의 업무영역 조정 및 종합적 관리 등을 위해서도 그 개념을 명확히 할 필요가 있다.

〈표 8-1〉 과거 각 부처별 향토자원 활용을 위한 사업들

구분	사업 개요	세부 내용(예시)
향토지적 재산육성사업(행자부)	시군 단위 지역부존자원의 개발 및 육성	순창 고추장, 함평 나비, 보은 황토, 영동 국악기 등 65개 사업, 110억 원 지원
지연산업(산자부)	지역연고가 있는 산업의 지식집약화와 유망 신(新)산업 육성	영상게임산업(대전), 김치산업(광주), 장류산업(순창), 녹차가공산업(하동)
농어촌특산 단지 산업(농림부)	농촌지역 부존자원과 유휴 노동력을 활용하여 지명도 · 향토성 짙은 특산품 생산	민속공예 · 농산자재 · 섬유직물 · 석재 등 673개소 1,888억 원 지원
향토산업 거점 전문대학 육성(교육부)	지역경제 활성화의 중심센터로서 당해 지역 내 대학의 역할 강화	32개 대학 선정, 280억 원(대학당 1~2억 원) 지원
지역특화산업(중기청)	시도 단위에서 이미 개발 완료된 중소기업의 유망품목 지정 · 육성	서울 인쇄, 부산 신발, 대구 안경 등 18개 품목 선정

향토자원 여부에 대한 판단 준거는 전통성과 지역성이 그 기준이 된다. 먼저 전통성 기준은 해당 지역에 오래전부터 토착·계승되어 현재 그 지역민이 관습(관행)적으로 사용하고 있는가의 여부, 또는 해당 지역에 오래전에 존재했는가(현재는 존재하지 않음)의 여부다. 다음으로 지역성 기준은 해당 지역에만 존재하는가, 즉 존재의 유일성 여부와 타 지역에도 존재하지만 해당 지역에만 집중적으로 존재하는가 하는 양적인 정도의 여부다.

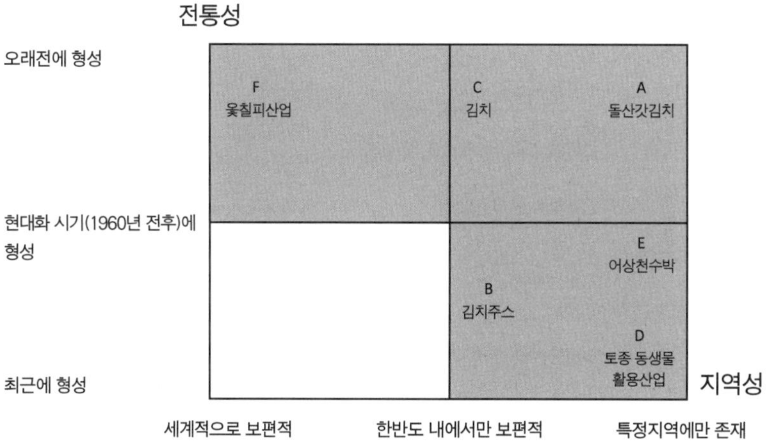

<그림 8-2> 전통성과 지역성을 고려한 향토산업의 범위
자료: 행안부(2009) 자료 인용

(2) 향토자원의 개념과 유형

일반적으로 전통성과 지역성을 기준으로 할 때 향토자원이란 "일정한 지역사회에서 지역성 또는 전통성을 지니면서 경제적 이용 가능성이 있는 유·무형의 자원"이라고 볼 수 있으며, 이를 활용하여 산업화할 때, 향토산업을 "일정한 지역사회에서 특성 있는 향토자원을 개발 또는 활용하여 부가가치를 창출하는 산업"이라고 정의할 수 있다(행안부, 2009).

한편 전국적인 전수조사를 통해 향토자원에 대한 체계적인 자료정리 및 유형별 분석을 실시한 사례는 찾아보기 어렵다. 하지만 개별 부처(문광부, 농림부, 행자부)에서 해당 업무와 관련하여 부분적인 실태조사가 실시되고 있으며, 이때 향토산업 유형 분류는 일반적으로 아래와 같다.

〈표 8-2〉 향토자원, 향토산업의 유형(예시)

구분	내용	사례
1차 산업 향토자원 (향토 소재 관련)	• 전통적으로 유명한 산지인 경우	• 괴산 청결고추, 영주 풍기인삼 등
	• 자원은 존재했으나 현대에 이르러 산지화된 경우	• 북제주군 선인장, 당진 초락도약쑥 등
	• 최근에 지역의 자연환경에 맞는 산물을 도입한 경우	• 청양 구기자, 단양 어상천수박, 고창 복분자 등
2차 산업 향토자원 (향토 기술 관련)	• 전통적으로 유명한 산지인 경우	• 원주 옻칠기, 서천 한산세모시, 남원 목기, 담양 죽세공품 등
	• 전통지식 등의 산업화	• 장생도라지, 황칠, 안동 간고등어 등
	• 지역 부존자원을 가공한 경우	• 보령 · 신안군의 머드, 보은 황토, 정선의 대리석, 민속주(안동 소주, 서천 소곡주, 고창 복분자주, 진도 홍주) 등
3차 산업 향토자원 (향토 서비스 관련)	• 지역특성을 관광이나 축제로 활용한 경우	• 무주 반딧불이, 영월 래프팅, 금산 인삼축제, 함평 나비축제 등
	• 지역특성 또는 전통적 특성을 캐릭터나 브랜드화한 경우	• 안성의 안성맞춤 공동브랜드, 함평의 나르다 브랜드, 장성의 홍길동 캐릭터 등
	• 지역의 차별화된 생활습관(식생활 등)을 식당이나 프랜차이즈화한 경우	• 마산 아구찜 프랜차이즈, 전주 비빔밥 체인화, 춘천 막국수 · 닭갈비 등

자료: 행안부(2009) 자료 인용

(3) 향토자원의 산업화

지역 간 연계협력사업의 최근 성과를 검토하면, 지방자치단체별로 다양하고 긍정적인 의견이 모아지고 있으나, 그에 못지않게 추진 과정에서 한계점도 상당히 드러난 것으로 파악된다. 그 내용으로는 ① 지자체와 지역주민 간 공조체제 부족, ② 사업의 한시적 추진 및 계획의 졸속, ③ 취약한 지역 간 추진체계, ④ 연계협력사업의 사후관리 및 성과관리 미흡 등이다.

이러한 문제점들은 결국 지역의 향토자원을 산업화하기에 큰 장애 요인으로 작용할 수 있다. 우수한 향토자원을 보유하고 있어 이를 우여곡절 끝에 발굴했다고 하더라도 산업화로 이어지지 못하면 보유와 발굴은 의미가 없다. 따라서 각 향토자원의 산업차원별 특징을 최대한 살려 이를 어떻게 산업화(고부가가치화)할 것인지에 대한 고민이 필요할 것이다. 그러기 위해서는 사전에 이를 활용할 수 있는 가능성·잠재성 등에 대한 충분한 검토가 필요하며, 경우에 따라서는 산업화를 위한 타당성 평가도 필요할 수 있다. 따라서 산업화 과정에 들어가기 전 관련 부처, 지자체, 연계 상공업 관계자들과의 긴밀한 협의 과정이 필요하며, 좀 더 구체적 협의를 위한 협의체 구성이 필요할 수 있다.

3. 농촌지역 향토자원으로서의 농특산물 활용 정책의 현황과 문제점

1) 농촌지역 향토자원 활용 지원정책

(1) 제3차 농어업인 삶의 질 향상 4개년 기본계획('15~'19)

추진배경 및 내용

정부는 농어촌 지역개발과 정주여건을 개선하기 위해 교육, 일자리, 안전 등 7개 분야에 46조 5천억 원의 투융자를 계획하는 등 도농 간 격차를 완화하고 '누구나 살고 싶은 행복한 농어촌' 구현을 위한 지원정책을 추진 중에 있다. 특히 이번 제3차 삶의 질 계획에서는 일자리 분야, 안전

분야를 신설하여 농어가 소득 증대와 농어촌 인력수급 불균형 해소 및 자연재해, 범죄사고 예방 대책을 대폭 강화할 방침을 세우고 있다.

제2차 농어업인 삶의 질 향상 기본계획('10~'14년, 7대 분야, 34조 5천억 원 규모)에서는 보건복지, 교육, 기초인프라, 경제활동 다각화, 문화, 환경경관, 지역역량에 역점을 두고 있었던 데 비해 제3차 계획에서는 경제활동 일자리에 있어 농어업과 농어촌 자원 융복합화로 부가가치 및 일자리를 창출한다는 복안을 가지고 있다.

'경제활동일자리' 분야의 핵심으로서 6차 산업화

본 계획에서는 농촌융복합산업지원센터(9개소) 지정 등 6차 산업화 추진체계 정비를 통해 6차 산업 활성화 기반을 마련하고, 현장규제를 발굴하여 개선을 추진하고 있다.

구체적 수단으로서 먼저 6차 산업 사업자 인증제로 경쟁력 있는 주체를 육성('19년까지 1,500개소)하고, 관광등급 평가 확대('18년까지 전체 마을)로 서비스개선 유도, 유망 관광분야를 육성할 계획을 세우고 있다. 그리고 원활한 인력수급을 위해 도농협력 일자리 연계('19년까지 10만 건) 추진, 점수제 개편 등으로 양질의 외국인 근로자 확보 및 근로자 처우 개선을 시도하고 있다.

- 6차 산업 사업자 인증 수: ('14) 379개소(예비인증) → ('19) 1,500개소
- 국내 관광 중 농촌관광 비중: ('14) 4.5% → ('19) 9%
- 도농협력 일자리 연계 수(누적): ('14) 13,000건 → ('19) 100,000건

(문화여가)활동 일상화 지원

문화여가활동 지원에 있어 '농어촌 향토 문화 복원재창조 및 문화자원 전승활용 지원' 정책을 추진하고 있어 농어촌 지역민 스스로뿐만 아니

라 이를 활용하여 부가가치 창출 및 관광자원으로 연계하는 고민이 이어지고 있다.

(2) 농촌 지역자원의 가치 창출

지역자원과 가치창출

농촌지역의 대표적인 자원은 농특산물이라고 할 수 있으며, 이를 생산하여 가공하고, 3차 산업으로 연계하는, 즉 6차 산업화 과정이 가치 창출과정으로 매우 중요하게 고려되고 있다.[3]

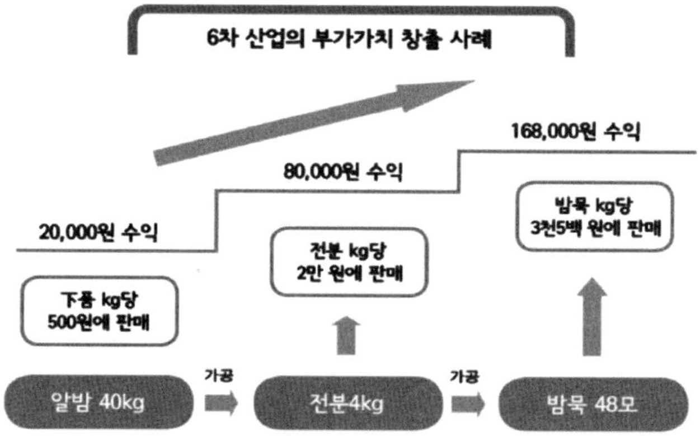

〈그림 8-3〉 6차 산업과 부가가치 창출
자료: 농림부(2014), 6차 산업화 지원정책 매뉴얼

6차 산업화는 농촌 창조경제의 대표적 체계라고 할 수 있는데, 이때 창조경제는 “창의력 및 상상력과 과학기술, ICT 융합을 통한 새로운 시장

3 6차 산업이란 농촌에 존재하는 모든 유·무형의 자원을 바탕으로 농업과 식품, 특산품 제조가공(2차 산업) 및 유통 판매, 문화, 체험, 관광, 서비스(3차 산업) 등을 연계함으로써 새로운 부가가치를 창출하는 활동을 의미함.

과 산업 육성으로 양질의 많은 일자리 창출을 위한 경제 패러다임"으로 볼 수 있다. 농업생산물에 창의력과 상상력을 더하면 다양한 형태의 가공 상품(식품, 의약품, 건강식품, 생활용품 등)과 관광 체험 서비스 상품이 개발될 수 있기 때문에 이를 통해 기존에는 없었던 새로운 일자리를 창출, 생산적 복지를 실현하고 지역경제 활성화를 위한 기틀 마련이 가능해지는 것이다(농림부, 2014).

6차 산업이 주목받는 이유인 6차 산업이 내포하는 부가가치 창출과정을 살펴보면, 원료가 되는 생물이나 자원이 다양한 처리과정을 거치게 되면 부가가치가 창출된다고 보며, 예를 들어 알밤 하품(下品)의 경우 kg당 100원에 판매하던 것이 가공수요가 생겨 500원에 판매될 수 있게 된다(농림부, 2014). 이때 하품이 가공되어 새로운 소득창출을 할 수 있다.

실제로 6차 산업의 핵심은 농업생산물을 여러 각도에서 활용하여 농가소득원의 다양화를 강구하는 데 있는데, '00년부터 '12년 사이 연도별 농가소득 구성내역 변화를 보면 농업소득보다 농외소득이 더 많은 비중을 차지하고 있음을 알 수 있다.

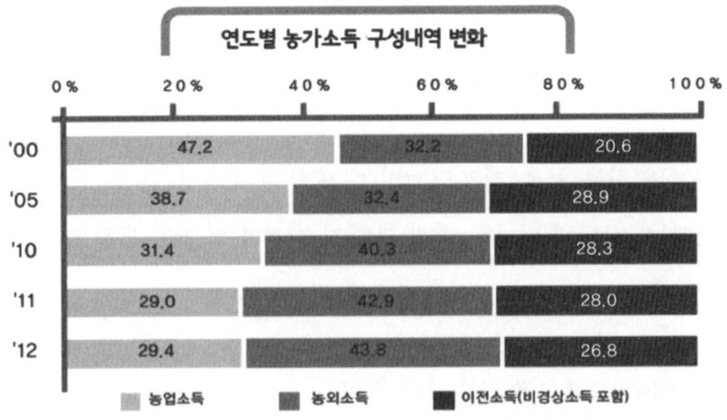

<그림 8-4> '00~'12년까지의 농가소득 추이
자료: 농림부(2014), 6차 산업화 지원정책 매뉴얼

이러한 6차 산업화의 추진 유형은 주체에 따라 아래와 같이 분류될 수 있으며, 주체는 개별 농가, 마을 공동체, 법인 경영체, 지역단위 등으로 구분이 가능하다.

〈표 8-3〉 6차 산업화 추진유형 1

	1차 중심형	2차 중심형	3차 중심형
농가	· 경기 은아목장 · 강원 횡성에덴양봉원 · 전남 보성 우리원 농장	· 제주 한라산 청정원 · 전남 해남에 다녀왔습니다 · 경기 양평 다물한과	· 경기 남양주 대가농원 · 충북 영동 샤토미소
마을	· 강원 화천 토고미마을 · 경남 창원 감미로운마을 · 경기 파주 산촌생태관광마을	· 충남 서천 달고개모시마을 · 전북 임실 치즈마을 · 강원 송천 떡마을 · 전북 진안 와룡마을	· 강원 횡성 금나루무지개 마을 · 전남 나주 화탑마을 · 강원 양양 해담마을
법인	· 경북 칠곡 송강매원	· 경남 합천 첫눈에 반한 딸기 · 경북 영주 미소머금고 · 충남 서산 생강한과	· 충남 예산 사과와인 · 충남 보령 돼지마블로즈 · 전북 진안마을 주식회사
지역 (지자체)	· 경북 문경 오미자 · 전북 고창 복분자 · 경북 영천 포도와인 · 전남 장흥 편백숲 우드랜드	· 전남 장흥 헛개 · 제천 한방 바이오밸리	· 강원 화천 산천어축제 · 전북 완주 로컬푸드 · 전북 고창 청보리밭 축제 · 제주 가파도 청보리축제

자료: 농림부(2014), 6차 산업화 지원정책 매뉴얼

또한 이러한 6차 산업화는 수익모델에 따라 생산중심형, 가공중심형, 유통중심형, 관광체험형, 외식중심형, 치유중심형으로 구분된다. 이 중에서 치유중심형은 관광체험형이 더욱 특성화되고 전문화된 형태의 사업이다.

그리고 사업 추진체계에 따라 농업인 사업 다각화형, 산업제휴 네트워크형, 복합형으로 나눌 수 있다.

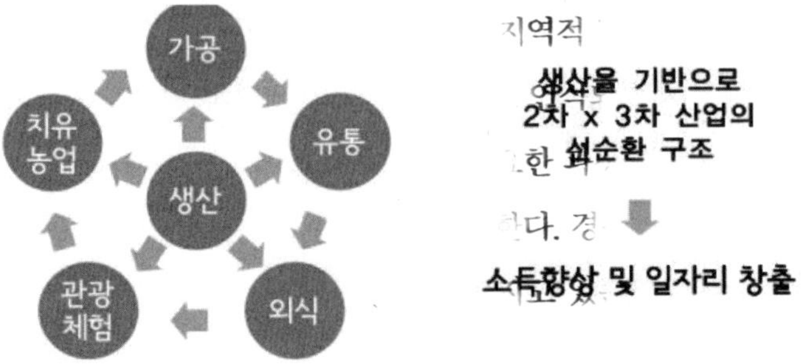

생산중심형	· 생산이 핵심이고 가공서비스는 부가사업 · 2,3차 산업을 통한 생산부문 활성화가 중요 -홍성 문당 친환경농업마을, 옥천 장수마을 등
가공중심형	· 소비자니즈를 반영한 가공상품 개발이 핵심 · 인터넷 위탁판매등 다양한 판로확보 -군위찰옥수수, 장성 자뢰뫼 마을, 서산 회포마을 등
유통중심형	· 생산유통의 공간적 연계시스템의 구축 · 로컬푸드 직판장 등 매장 운영 역량 -칠곡 농부장터, 은퇴농장사람들 등
관광체험형	· 생산가공과정에 소비자 참여가 핵심 · 지역내 다양한 유무형 자원의 연계 -순창 고추장마을, 용인 호박등불마을 등
외식중심형	· 생산, 가공, 외식이 동시에 이루어짐 · 식재료, 진정성, 맛의 스토리텔링화 -남원 달오름 마을, 서산 꽃송아리 마을 등
치유중심형	· 기능성 및 약용 농산물 재배 및 가치연계 · 원예, 심신치료 등 관련 전문성 강화 -양양 달래촌 마을, 하동 하늘땅번지마을 등

〈그림 8-5〉 6차 산업화 추진유형 2

자료: 농림부(2014), 6차 산업화 지원정책 매뉴얼

〈표 8-4〉 6차 산업 유형 3

농업인 사업 다각화형	농업인이 주체가 되어 농업생산이외의 농업에 기반하여 다양한 사업을 추진하는 형태 · 서천 달고개모시 체험마을
산업제휴 네트워크형	농업인은 농업생산에 전문화 하고 농업에 기반 한 가공 및 서비스 등의 사업은 관련 상공인이 협력하여 추진하는 형태 · 파주 장단콩사업
복합형 **(다각화형과 제휴 네트워크형의 복합)**	동일 지역 내에서 농업인의 사업 다각화형과 산업제휴네트워크형이 동시적으로 연계를 가지며 추진되는 형태 · 평창 봉평메밀

자료: 농림부(2014), 6차 산업화 지원정책 매뉴얼; 서윤정(2013), 6차 산업 융복합혁명, HNCOM에서 재인용

아울러, 이러한 6차 산업을 시작하게 된 동기에 대한 조사에 따르면 사업자들은 ① 시장상황과 재배환경 등이 불확실하여 소득이 불안정하다는 것, ② 등외품이나 부산물 활용, ③ 폐자원·폐연료 등의 재활용, ④ 차별화되는 손재주나 기술 등의 보유, ⑤ 농산물과 연관된 사업 확장 등을 고민하고 있는 것으로 나타났다.

농촌지역의 지역 농특산물을 6차 산업화하는 데는 몇 가지 장단점이 있으며, 이를 구분하여 정리하면 아래와 같다.

〈표 8-5〉 6차 산업화의 장단점

구분	내용	세부 내용
장점	1. 수입의 안정화	- 1차 산업의 수입은 작물 · 수확물을 시장에서 거래함으로써 얻어질 수 있으며, 이 경우 날씨와 밀접한 관계가 있어 일기가 불순하거나 냉해 등으로 인해 작황이 좋지 않을 경우, 또는 역으로 풍작이 되는 경우에는 생산을 조정해야 하나, 수입이 안정적이지 못함 - 6차 산업의 경우 작물을 있는 그대로가 아닌 조리 · 가공 · 포장 등을 하여 판매함으로써 가능하며, 시장에서 도매가격에 좌우되지 않고 안정적인 수입이 가능함. 단, 이 경우에도 원재료가 원천적으로 흉작일 경우 수입에 영향을 받게 됨
	2. 농작물의 브랜드화	- 채소는 근대적 농업에서 생육하며, 기후풍토가 다른 토지에서 생산하더라도 대체적으로 획일화됨 - 6차 산업화에 의해 다른 산지의 작물과 차별화가 가능함
	3. 유통 및 판매까지 직영이기 때문에 중간 비용이 삭감 가능함	- 시장에서 판매되고 있는 상품은 원재료로부터 가공되어 판매까지 몇 단계의 중간업자가 관여하게 되는데, 이 가공과 판매를 자기 스스로 하게 되어 중간 비용을 삭감할 수 있음
	4. 고용확대	- 6차 산업이 주식회사로서 농산물에 부가가치가 창출되고, 기업(起業)의 계기가 되어 새롭게 증권거래소에 상장되면 산업으로 성립되고, 새로운 고용을 창출하게 되어 지역발전에 공헌하게 됨

단점	1. 법인화가 필요불가결	- 자기 가족, 친지만으로 운영하는 것이 아닌, 종업원을 고용하여 경영이 필요하게 됨 - 농업만 하면 되는 것이 아니라 농작물과 상품의 품질관리, 공장에 제조원과 직영점에 판매원 등 고용할 인재가 필요함
	2. 창업하기에 많은 자금 필요	- 고용 및 점포를 확보하기 위해 경영자금과 설비투자비용 등 많은 자금이 필요함 - 그 외에도 선전 및 홍보 등에 필요한 광고비 등이 필요함
	3. 위생 면에서도 이전보다 엄격한 관리가 요구됨	- 병원성 미생물 등에 의한 유해 요소 사전 제거, 균의 번식을 막기 위한 '요냉장' 및 진공포장 등 부차적인 위생과 식품관리에 필요한 지식을 농어민이 직접 습득해야 함

자료: http://matome.naver.jp/odai/2136158543262297901

4. 국내외 성공 사례와 시사점

1) 농촌 지역자원을 활용한 주요 사례와 정책적 시사점

(1) 일본 기후 현(岐阜県) 구조 시(郡上市)의 '산나물 왕국' 사례

개요

구조 시는 일본 기후 현의 북서부에 위치하며, 2004년 3월에 주변 7개 정촌(町村)과 합병하여 만들어진 인구 약 5만 명, 경지율 3%, 임야율 90% 이상의 중산간지다. 이 지역의 농업은 여름철에 무, 가을철에 딸기, 토마토, 시금치 등의 원예품목이 주를 이루고 있다. 또한 가공과 관련해서는 1981년경부터 여성그룹에 의한 잉여농산물 활용을 시작하여 판매활동으로 발전했으며, 1996년에는 상호 협력과 연찬(研鑽)을 목적으로 여성 기업그룹 네트워크화를 기획했으며 이것이 오늘날에 이르고 있음을 알 수 있다.

또한 이 지역은 시로야마 문화를 내세우는 사적과 스키장, 구조 무용 등의 관광자원이 존재하며, 이러한 많은 자원을 살려 도시·농촌 교류가 번성하고 있기도 하다. 그러나 농업종사자의 고령화와 함께 동물들에 의한 농작물 피해가 증가하고, 방지책을 설치해도 오히려 타 지역으로 피해가 확산되는 등 영농 의욕이 저하하고 있었으며, 일부 지역을 중심으로 경작 포기지가 증가하는 경향을 보였다. 이러한 문제가 대두되고 농촌 환경 변화에 따라 지역 농업보급과에서는 경량이면서 고령자나 여성도 쉽게 다룰 수 있으며, 동물들에 의한 피해가 적고, 지역주민에게 친숙하고 풍토에도 적절한 품목으로 '산나물[山菜]'에 주목하게 되었다.

기존처럼 산에서 채취하는 산나물이 아닌, 농지에서 재배함으로써 경작포기지를 해소하고, 아침 시장이나 직영판매소, 그린투어 관계자와의 연계, 소득 향상, 지역농업 및 농촌 활성화를 목표로 '산나물 왕국 구조[山菜王國郡上]' 만들기를 전개하게 되었다.

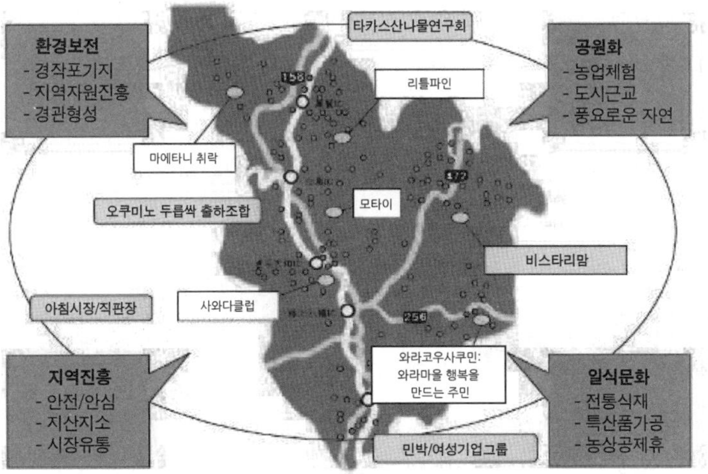

〈그림 8-6〉 '산나물 왕국 구조'를 통한 농업 · 농촌의 활성화
자료: http://www.jadea.org/

구체적 내용과 성과

먼저 준비기로서 지역에 동기부여와 활동체제를 구축하게 된 내용을 살펴보도록 한다. '산나물 왕국 구조' 만들기는 2003년부터 시작되어 산짐승들로부터의 피해를 줄일 수 있는 품목을 선정하고, 재배특성, 관리방법 등의 조사와 검토가 시작되었다. 주요 활동으로는 농림사무소(농정, 보급, 농지정리), 시, JA, 생산 및 가공조직, 농가민박 등의 연계체제로 보조사업을 활용하여 추진하게 되었다. 농업보급과 내부에서는 지도와 지원팀을 조직하고, 각 보급 지도원이 사업추진, 재배연수, 환경보전, 식문화, 교류 등의 부문별 역할을 분담하며, 다양한 시점에서 지역에 산나물 보급을 추진하는 체제를 정비했다. 이러한 주체적인 추진으로 각 보급 지도원이 특기를 발휘하기도 하며, 과 내에서의 의사소통도 자연스럽게 했다.

2003년 12월에 개최한 구조 지역 새벽시장연합연수회에서는 참가한 농업인 및 관계자들에게 "산나물은 구조 지역 만들기의 기폭제이며, 산짐승 피해를 제어할 수 있는 대책이다"라며 산나물 재배 추진에 있어 이해와 협력을 구하게 되었다. 그 열의로 이듬해에는 구조 시 전통가정 약 9,500호에 대해 산나물 재배 독려 안내장을 배포하여 적극적인 홍보를 했다.

다음으로 발전기에서는 '채취하는 산나물'에서 '재배하는 산나물'로 의식을 개혁하게 되었다. 당초 산나물은 산에서 채취하는 것이 일반적이

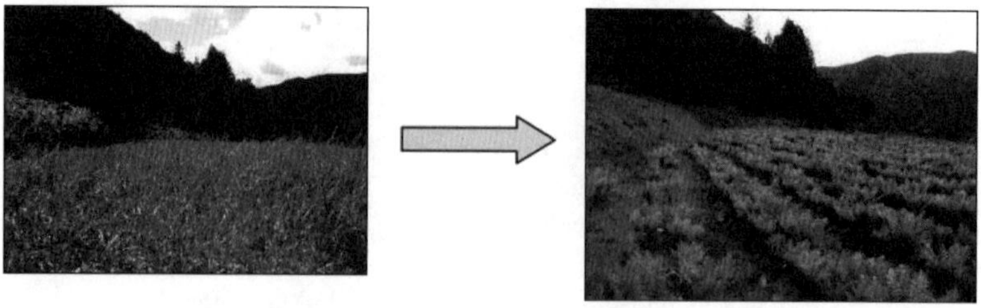

〈그림 8-7〉 산나물 경작 전후의 모습

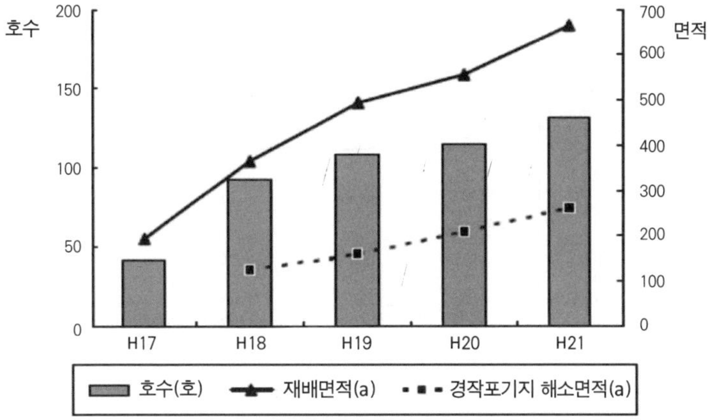

〈그림 8-8〉 재배자와 경작포기지 해소면적의 추이

었고 밭이나 논에서 재배한다는 것은 생각지 못한 것이어서 재배연수회, 산나물 전시실 설치, 현지 시찰 등을 실시하여 '재배하는 산나물'이라는 의식개혁과 기술보급을 피력하게 되었다.

또한 지명도(인기), 재배 난이도 등을 고려하여 4가지 품목을 우선 선정하여 시범 실시했으나, 증식이 용이하지 않아 시행착오가 반복되기도 했다. 이렇게 스스로 재배에 대한 호기심과 연구 의욕을 앞세워 주위에 파급효과도 크게 작용한 것을 알 수 있다.

또한, 이러한 재배 환경 변화와 의식 개혁 가운데 다양한 조직 참가와 협동이 이뤄질 수 있었다. 신규 재배에 참여하는 사람들에게는 전시장의 재배기록, 생산자 체험담을 기초하여 산나물의 특성과 번식방법을 알 수 있는 매뉴얼을 작성하여 배포했으며, 기술의 효율적 보급에 노력하게 되었다. 재배호수 및 면적은 2005년 42호 192a에서 2009년에는 131호 666a로 증가하여 260a의 경작포기지 해소에 기여했고, 구조지역 전역에 확대되었다. 직영판매소에는 산나물 판매액도 순조롭게 증가했으며, 이러한 노력은 농촌의 소득 향상으로 이어졌다.

<표 8-6> 판매소 산나물 판매실적(19개소 중 2개소 사례)

(단위: 천 엔)

구분	직판장 A		직판장 B	
	전체 판매금액	산나물	전체 판매금액	산나물
2004년	59,101	2,887		
2005년	63,069	3,669		
2006년	82,271	4,623	34,065	2,976
2007년	89,030	4,658	34,998	3,449
2008년	102,948	4,643	37,807	4,148

한편, 광역적인 산나물 이용과 소비 확대를 위해 요리경연대회 개최와 '산나물 이용 매뉴얼' 작성을 추진하게 되었다. 경연대회에는 민박, 가공과 관련한 관계자들이 대거 응모, 산나물 이용 폭을 넓히는 계기를 만들게 되었다. 여성기업(起業) 그룹의 산나물 가공품 수도 산나물 재배를 계기로 큰 폭으로 신장되었다. 2003년에 16종에서 2005년 21종, 2009년에 27종으로 증가했다. 현재 산나물 재배 종사자 중 14가정에서 민박을 운영하고 있으며, 안정적 식재료가 제공됨으로써 민박 재방문자도 증가하고 있다. 그 외에 시내 각지의 민박과 여성기업 그룹에서는 직판장, 농업인으로부터 직접 매입하는 경우도 많아져 요리와 도시락 등에 활용되고 있으며, 농가 수익 창출로 이어지고 있다.

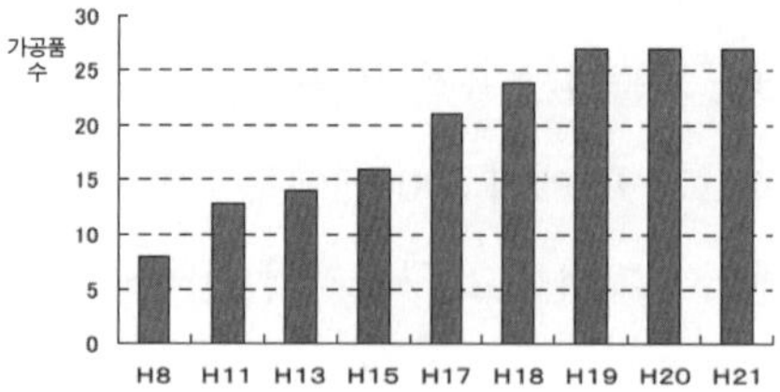

<그림 8-9> 산나물 가공품 수의 추이와 요리 사례

지역을 단위로 한 6차 산업화

이러한 지역단위의 6차 산업화에는 몇 가지 시사하는 바가 크다고 할 수 있다. 우선 철저한 조사가 필요하다. 산나물 가공 이용자인 비스타리맘(힐링 자연체험과 숙박을 목적으로 한 농가민박여성 CEO모임)에서는 구조(郡上)의 역사, 문화와 자연의 혜택으로 형성된 향토식을 재현하기 위해 고령자를 대상으로 한 설문조사를 실시했고, 그 결과를 적극 반영하는 등의 노력을 기울이게 되었다. 설문조사 결과, 지역 식재료를 활용한 요리 가치를 재인식하고 산나물을 활용한 정통 메뉴인 '사토야마만마(里山まんま)'를 탄생시키게 되었다. 이 메뉴는 산나물 트래킹과 지역 이벤트로 연간 3천 식 이상 제공되고 있다. 농업보급과에서 산나물 트래킹 투어 등을 지원하는 가운데 수확체험은 산나물 자원의 불법 채취 등으로 이어지고, 이벤트 식재와 민박 식재의 확보가 곤란하여 고민하고 있던 상황이었다.

그런 상황에서 비스타리맘과 검토를 반복하는 가운데 산림의 산나물 자생지를 보전하고, 숙박지에서 가까운 곳에 가벼운 복장으로 산나물 채취가 가능한 체험을 하도록 하는 방법으로 결국 농지에서 산나물을 재배하게 되었다. 7년 이상 경작이 포기된 논에서 농업보급과의 추천에 의해 지역의 담당 농가, NPO법인, 노인회, 숙박객이 모여 협동으로 농지를 개척, 식재 작업을 수행하게 된 것이다.

또한 보급 지도의 핵심이 무엇보다 주의 깊게 살펴보아야 할 부분이다. 농업보급과가 주도하여 재배관리에 대한 지도형, 그 외에는 제안지원형의 역할을 부여하게 되었다. 이를 위해 지역의 주민과 환경을 파악함으로써 계획적 활동이 이뤄질 수 있도록 했으며, 스페셜리스트, 코디네이터 기능을 발휘할 수 있도록 했다. 아울러 효과적 의식부여와 담당자를 육성했으며, 지역관계자와의 제휴를 통해 원활한 재배 및 유통이 이뤄질 수 있도록 체제를 구축했다. 또한, 보조사업의 활용(연수회 개최, 선진지 시찰, 가공

시설정비, 계몽자료 작성 등)에 적극 노력한 것을 알 수 있다.

시사점

'산나물 왕국 구조(郡上) 만들기'의 의식은 농업종사자, 가공 관계자에게 뿌리 깊게 인식되어 지산지소, 시장유통, 체험교류 등 다양한 형태로 확대되고 있는 것을 알 수 있다. 또한 이 사업의 추진은 구조 전체로 파급되고 있다. 특히 이 지역은 표고 1,300~1,800m에 위치해 있고, 남부부터 북부에 이르기까지 수확시기가 이동하기 때문에 가공 및 그린투어 관계자들에게 장기간에 걸쳐 생산판매가 가능한 점 등 지리적 장점을 가지고 있는 것도 큰 특징이라고 할 수 있다. 아울러, 농업보급과에서는 재배관리와 기업 그룹에 대한 지도와 함께 지역 관계자와 농업종사자들의 활동이 이어지도록 장려했다. 시 진흥 비전에도 진흥작물로서 산나물이 포함되어 있으며, 향후에도 관계기관과 연계하여 추진을 계획하고 있으며, 특히 이 사업의 주역을 육성하고 지역 활성화로 이어질 수 있도록 노력하고 있는 것을 알 수 있다.

(2) 일본 효고 현(兵庫県) 다쓰노 시(龍野市)의 '간장산업' 사례

개요

일본 제일의 우스구치(淡口, 연한 맛) 간장산업이 발달한 다쓰노 시(たつの市) 집락영농연락협의회 사례가 유명하다. 다쓰노 시는 오래전부터 간장산업이 발달했으며, 우스구치 간장의 생산량은 일본 최고를 자랑하고 있기도 하다. 또한 현 내에서도 유수의 보리 산지이기도 하나, 생산자의 재배 의욕은 낮으며, 수량과 품질 및 수입이 모두 낮은 상황이었다. 재배를 담당한 것은 2006년 이전에 설립한 47개 집락영농조합이었는데, 보조금에 의존하여 농지를 보전하려는 의식이 강했으며, 장래에 대한 전망도 없

이 담당할 사람도 육성하지 않는 등 생산 환경이 점점 열악해지고 있었다. 한편, 간장제조와 관련하여 상공업자(실수요자)는 외국산 원료가 아닌 양조용으로 적합한 지역 산물인 보리와 대두 원료를 확보하고자 했으며, 보급센터와 농협에 영농조합과의 연계를 희망했다. 따라서 보급센터는 실수요자와 영농조합을 연결해주는 파이프 역할을 담당했고, 시·농협과 함께 영농조합 및 지역 산업의 활성화를 꾀하게 되었다. 아래에 그 주요 내용과 성과를 정리해보고자 한다.

주요 내용과 성과

먼저 준비기로서 영농 형태를 모색하게 되었다. 2006년 이전에는 보급센터가 설립을 지원한 집락영농조직이 영농 형태를 모색하던 시기였으며, 지역에서 400년 역사를 가진 히가시마루간장주식회사는 2000년경부터 '눈에 보이는 원료 조달'을 목표로 고품질 보리의 시험 재배를 하게 되었다. 그 목적은 원료 확보가 우선이며, 아직 영농조합 경영까지는 생각이 미치지 못했다. 또한, 히가시마루간장 계열의 다카다(高田)상점의 T씨는 다쓰노 시를 포함하여 50년 가까이 이 지역의 원료조달에 관여한 경험에서 거래가 있는 생산농가와 농원의 연차별 수량 데이터를 축적하고 있었으며, 2000년경부터 실수요자와 생산자를 연계하는 상거래의 확대가 추진되고 있었다.

다음 단계로 농상공과의 제휴를 통한 사업의 본격 시동이 이뤄지게 되었다. 2007년도부터 국가 시책인 농경지 경영소득안정대책의 가입에 의한 영농조직 수익을 확보하고자 영농비전을 제시한 다쓰노 시는 독자의 법인화 계획 책정을 의무화하고, 관계기관은 조직 리더 스스로가 현황을 파악하는 등 5년 및 10년 후를 내다보는 영농비전을 작성하도록 지원했다. 보급센터는 지역과를 중심으로 하여 프로젝트 팀을 편성했고, 보급

계획 책정을 시행하여 기간작물인 보리, 대두의 고품질 안정생산기술지도와 경영 지도를 시행, '벼+보리+대두'의 2년 3작 체계에 의한 수익성 향상을 목적으로 적극적 노력을 아끼지 않았다. 이러한 재배농과 원료 확보를 희망한 히가시마루간장 및 다카다상점과의 생각이 일치했으며, JA효고서(兵庫西)와 함께 농상공 연계가 본격적으로 개시되었다.

또한 현지순회연수회 등을 통한 고품질 안정생산기술지도와 관련하여 우선 조직 리더의 생산의욕 향상이 선결되어야 함을 강조하며, 산지만들기 교부금의 기술요건으로 '기보기술의 도입', '지도정점농장 설치', '현지순회 연수의 참가'를 의무화했으며, 2006년 12월에 제1회 현지순회연수회를 실시했다.

각 조직의 리더를 시작으로 관계기관 등의 관계자 다수가 모여 보리 농원을 순회했으며, 이를 위한 미니버스는 시가 대여해주었다. 당초 현지순회연수에 참가한 경험이 있던 리더도 있었으나, 서로 보리 생산을 보고 진검승부욕이 발동하여 "품질이 우수한 보리를 생산하자"라는 각 조직의 리더, 관계기관, 실수요자의 공동 목표가 생겨나게 되었으며, 이 연대활동으로 각 조직 리더와 관계기관과의 신뢰관계가 구축되었고, 각 조직 리더간에 '하고자 하는 의욕'으로 이어져 기술도입이 순조롭게 이뤄졌다. 또한

〈그림 8-10〉 보리 현지 검토회(겨울과 초여름)

실수요자가 함께 순회했고, 같은 관점에서 생산현장을 봄으로써 각 조직 리더에게 용기를 주게 되었으며, "좋은 보리를 만들어야 한다"는 생산 의욕을 높여주게 되었다.

다음은 발전기로서 '집락영농연락협의회(集落營農連絡協議會)의 설립'을 살펴보도록 한다. 상술한 바와 같이 조직 리더, 관계자의 의욕이 높은 2007년에 특정농업법인 1조직, 특정농업단체 19조직이 연계하여 '다쓰노시집락영농연락협의회'가 설립되었으며, JA가 사무국이 되었다.

이 협의회에는 다쓰노 시, 보급센터, 히가시마루간장, 다카다상점이 조언자 역할을 해주었고, 익년도 벼농사회, 보리농사회, 토지만들기(土づくり)회의 4부회를 만들어 자주적으로 운영이 가능한 조직이 될 수 있도록 유도했다. 보급센터, 시, JA는 '다쓰노시영농지도연락회'를 월 1회 개최하고, 전략회의로서의 입지를 공고히 했으며, 협의회를 지원했다. 협의회를 실질적으로 움직이게 하는 것은 농업, 관계기관 측의 코디네이터인 보급센터와 상공 측의 경험이 풍부한 코디네이터(다카다상점)의 두 곳으로, 생산부터 판매까지의 모든 과정을 총괄하는 전략회의가 빈번하게 개최되었으며, 그 방침을 연락협의회에서 합의를 얻어 협의회 이사회의 승인을 거쳐 실시되는 구조를 가지고 있다. 다카다상점은 히가시마루와 농협과의 계약 중간에서 쌍방의 신뢰를 주는 중요한 역할을 수행했다.

다음으로 발전기에서 볼 수 있는 특징으로 철저한 기술지도를 들 수 있다. 보급센터는 보리 500㎏/10a, 대두 300㎏/10a의 경영 목표를 제시했으며, 이것을 달성하기 위해 '품종 선정', '파종법 개선', '농원의 배수대책', '퇴비산포 시스템 구축' 등 현지에서 열정적으로 기술지도를 수행했다. 아울러 여기에는 현의 농업전문기술원 및 시험연구기관의 조언이 효과를 발휘한 점도 특징이라고 할 수 있겠다.

아울러 농업종사자, 공업자의 상호 견학에 의한 이해가 촉진된 부분을 특징으로 들 수 있다. 2007년 당시 시작된 공장 견학회, 농업체험에서 농업종사자는 본인이 재배하여 수확한 보리와 대두가 제품으로 시판되는 과정을 눈으로 직접 체험함으로써 상품화되는 즐거움을 느낄 수 있었으며, 제조회사의 사원은 같은 시각에서 생산현장을 보고 직접 보리밟기를 체험함으로써 원료에 애착을 갖게 되는 등 상호 신뢰관계가 싹트게 된 것을 알 수 있다. 여기에는 현의 농업전문기술원 및 시험연구기관의 조언 또한 효과적이었다.

또한 발전기에 있어서 '농상공 제휴 88선 인정'이라는 특징을 가지고 있다. 고단백 보리, 대두 계약 재배가 순조롭게 확대되었고, 지역산 원료 100%의 프리미엄급의 연한 맛 간장(龍野乃刻: 다쓰노노도키)이 만들어지게 되었으며, 2008년 이러한 사업 추진으로 '농상공 제휴 88선'에 인정되어 관계자의 의욕이 높아졌다.

〈그림 8-11〉 농상공 제휴 88선에 인정, 프리미엄 연한 맛 간장「龍野乃刻」

보급센터는 고단백 보리「후쿠호노카」와「유메치카라」도입과 재배 지도를 담당했으며, 간장 재료로서 탁월한 대두 '다마호마레'를 실증, 시험 재배하는 등 기술 지도를 병행, 부기 기장지도, 경영분석 강좌 개최와 고용기술 지도 등 경영지도에도 힘을 쏟게 되었다. 이때 지도에 있어서는 전문기술원, 시험연구기관으로부터의 조언을 받아 민간 사회보험노무사를 적극 활용했다는 것을 알 수 있다. 이러한 유관기관들로부터의 적극적 지도와 함께 농업종사자의 자립의식이 확립되었다. 보급센터는 연락협의회 중 벼, 보리, 대두, 토지 만들기 각 부회를 설립하여 주주운영을 촉진했다. 또한 대두수확용 보통형 콤바인 도입은 협의회의 대두부회에 건의하여 불필요한 기계투자를 피하고, 법인조직이 대표하여 국고보조의 리스사업으로 도입했고, 관계기관이 제휴하여 작업수탁체제를 정립하게 되었다. 그 당시 현지순회연수회는 시의 미니버스를 이용했으나, 2008년부터는 연락협의회에서 임차할 것을 이사회에서 결정, 행정에는 의존하지 않고 자립의식이 점차 확립되고 있는 것을 알 수 있다.

발전기의 특징 중 하나로 2년 3작 체계를 구축하게 된 것이다. 보급센터는 농원의 안정적 활용을 위해 '벼 + 보리 + 대두'의 2년 3작 체계를 수행했으며, 동시에 윤작체계의 수익 시산을 제시하게 된다.

또한, 실수요자의 수요에 대응하여 좀 더 품질이 높은 보리인 '유메치카라'의 도입도 추진했다. '유메치카라'는 2008년에 홋카이도 농업연구센터가 육성한 우수한 품종으로 중력 밀가루로 브랜드화하여 빵과 라면용으로 사용되었으며, 그 외에 단백질 함량이 높아 간장 양조용으로 적합했다. 이러한 지원과 자립 확대 등 각 조직에서는 윤작 체계에 의한 수익 안정이 예상되었고, 20~40대의 젊은 농업가와 여성 영농조합에 참가자가 점차 늘어나게 되었다. 지금까지 재배와 관련하여 세세한 부분까지 '원료재배와 관련하여 지시를 따라야 하는 불만'이 해소되었고, 연락협의회로서의 수익향상을 위해 재배관리에 적극적으로 노력하게 되었다.

2009년경부터 협의회, 관계기관, 실수요자가 참가하는 현지순회연수회는 각 부회 활동으로 연간 보리 5회, 대두 4회, 벼 3회를 개최했으며, 현

〈그림 8-12〉 대두 관리 기계의 실연(여성 영농조합장)

장을 둘러보면서 정보 교환과 함께 관계기관에서는 '다쓰노시영농지도연락회'의 월 1회 모임을 설정하는 등 일상적으로 의사소통이 가능한 시스템을 구축하게 된다.

안정기에 접어들면서 상호 이해의 촉진이 증가한 것을 알 수 있다. 2010년에는 상기 이외에도 연 2회 관내 타 지역의 시찰 연수회와 연찬회, 현외 선진지 시찰 연수회, 농작업 수·위탁추진 등을 실시하는 등 상호 입장을 이해하기 위해 노력한 것을 알 수 있다. 아울러 협의회, 관계기관, 실수요자 제휴의 기본이념은 "모두의 이익을 창출하여 향수한다"이며, 관계자 누구도 우위에 서는 행동은 취하지 않는 것이 암묵적으로 이해되고 있었다. 또한, 농업종사자와 상공업자도 지역을 위한 활동이라는 데 인식을 같이하고 있으며, 시민참가 이벤트에 참여하는 등 "지역 농업, 특산물의 질적 우수함을 알고, 지켜 육성한다"는 대의명분(大義名分)을 가지고 있었다.

의식 변화를 위한 노력

이러한 의식 변화를 위한 노력을 몇 가지로 정리하면 다음과 같다. 우선 제안지원형 농업종사자의 의식을 부여했다. 즉, 목표를 명확히 한 것이다. 농업시책 요건을 충족하기 위해 농업생산법인화 계획의 책정 의무화 결과, 각 조직 리더가 영농비전을 명확히 했다. 둘째, 생산기반을 구축했다. '다쓰노시집락영농연락협의회'를 설립하여 벼, 보리, 대두, 토지 만들기 4부회를 설립, 영농조합 상호 제휴를 통한 고단백 보리, 고단백 대두 등의 생산 기반을 구축했다. 셋째, 기술 실증이 이뤄졌다. 고단백 보리, 고단백 대두 생산기술의 포인트를 전문기술원, 시험연구기관과 제휴하여 현지에서 실증함으로써 농업자로부터 확신을 얻게 되었다. 넷째, 경영시산을 제시했다. 현의 독자적인 집락영농부가 소프트 실습을 추진, 대차대조표와 손익계산서가 작성되도록 했으며, 벼+보리+대두의 2년 3작 체계에 의한 수익성 향상을 실감나게 한 것이다. 다섯째, 현지 순회연수회를 개최했다. 상호 재배현장을 돌아봄으로써 조직 리더 간에 경쟁의식을 발현하게 하여 "좋은 보리를 재배하자"는 것이 조직 리더, 관계기관, 실수요자의 공통 목표가 되도록 했다. 아울러 관계자 코디네이트가 필수였다. 실수요자 측에는 베테랑급인 다카다상점의 담당자, 농상공 제휴에 의해 재배, 품질의 크레임, 계약가격 등의 협의회, 관계기관, 실수요자가 말하기 곤란한 점 등을 보급센터와 더블 코디네이트 역할을 통해 조정하여 전체 활동을 원활하게 추진하게 한 점도 두드러진 특징이라고 할 수 있다. 또한 영농지도 전략회의를 통해 지도체제를 유지하기 위한 월 1회 시, 농협, 보급센터인 '다쓰노시영농지도연락회'를 개최하여 대상의 명확화, 역할분담, 대상에 대한 지원방법 협의, 추진 현황 등을 확인하도록 했다. 무엇보다 목표 공유와 대의명분이 명확했다. 협의회, 관계기관, 실수요자 제휴의 기본이념이 '모두를 위한 이익 창출'에 있음을 명확히 했으며, 관계자 간의 신뢰관계를 구축했다.

시사점

그렇다면 일본의 사례에서 몇 가지 시사점을 찾을 수 있다. 우선 영속적인 담당자 확보가 중요함을 알 수 있다. 각 집락영농조직은 시 전체의 담당자 확보에 노력하고 있고, 각기 영농조합의 법인화가 추진되었으며, 연락협의회의 법인화까지 검토되었다. 다음으로 보급센터의 지원방향이다. 지역 내 제휴의 파급에 의한 새로운 산업 창출로 이어지는 법인화를 지원하기 위해 규모의 확대에 대응한 기술 지도와 신규 집락영농에 참가하는 농업인에 기술 지도를 겸하여 경리와 세무, 노무관리 등의 경영 지도를 함께한 것이다. 다음으로 실수요자의 요구에 대응한 것이다. 히가시마루간장은 간장제조기술의 개선과 함께 다쓰노 시의 지연산업 전체를 새롭게 일으키는 리더가 되고자 하는 의욕이 있었다. 실수요자 측의 키맨인 다카다상점의 담당자는 지역의 또 하나의 전통산업인 소면을 지역의 생산 원료로 제조하고자 했으며, 빵 등의 신상품 개발도 제안했다. 또한 간장박을 원료로 한 유기질 자재의 토양 환원에 의한 지역 유지에도 관심을 가지고 현지 시험을 추진하는 등 향후 보급을 목표로 하고 있었다.

또한 1차 생산 및 2차 가공 등 관계자 간 신뢰를 확보할 수 있는 교류 및 체험 기회 확보가 중요했다. 아울러 농산물 생산에 그친 것이 아니라, 이를 가공하여 부가가치를 높이고자 하는 노력과 인식 개선 과정이 있었던 것은 중요한 시사점 중의 하나다.

(3) 국내 사례: 함안 강주문화마을

개요

경남 함안은 '해바라기 마을'로 유명하며, 그 이면에는 귀농·귀촌한 사람이 지역주민과 겪게 되는 지역 토착을 위한 갈등 극복과 지역주민의 이해를 돕기 위한 노력이 담겨 있음을 알 수 있다. 이 지역은 지역주민의 자발적인 기금 조성으로 자립형 마을 만들기 사업을 추진했으며, 지역 특산물인 해바라기를 이용한 6차 산업화로 농촌 일자리 창출 및 지역민의 소득 증대로 이어진 대표적인 사례로 소개되고 있다(지역발전위원회, 2015). 이러한 사례를 실제 이끌었다고 할 수 있는 주인공을 초대하여 연구회를 개최했으며, 함께 참여한 연구진들로부터 다양한 의견 개진 시간이 있었다.

2016년 3월 16일, 함안 강주문화마을의 산 증인인 '유덕재' 위원장을 초청하여 강연회를 통해 그간 강주마을로 귀촌하게 된 계기와 추진 상황, 문제점, 해결책 등에 대해 전해 듣고 지역자원을 활용한 사례가 알려지게 된 계기를 알 수 있었다.

마을: 강주마을
위치: 경남 함안군 법수면 강주리 일원
면적: 1,073,474㎡
가구 수: 75가구(농가-54호, 비농가-21호)
인구: 148명(남자 74명, 여자 74명)
지역 자원: 해바라기 단지, 마을 벽화, 대나무터널, 대평늪, 법수산, 황사소류지
지역 특산물: 수박, 백자멜론, 흑토마토, 파프리카, 한우

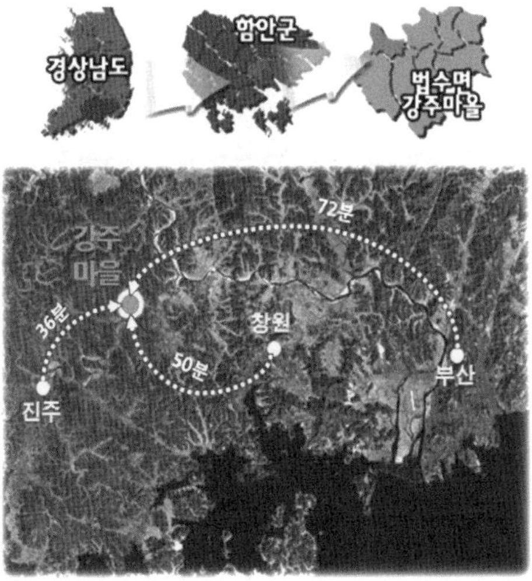

- 부산, 창원, 진주 등 경남권 인구 1,000만 명
- 남해고속도로를 통해 함안TG, 장지TG를 통과하여 1시간 이내 접근이 가능한 마을

귀촌의 배경: 사진작가로서 귀농 및 귀촌하여 작품 활동에 관심을 가지게 되었으며, 아내의 권유 및 사전에 해당 지역의 토지 매입이 그 계기가 되었다고 한다. 이는 오랫동안 귀농 및 귀촌을 고민해서 사전 준비과정을 가진 이후 이주해오는 사례와는 큰 차이가 있다고 볼 수 있다. 물론 그 계기는 사람마다 다를 것이다. 따라서 유덕재 위원장처럼 갑자기 귀농하게 된 사례는 흔하지 않을 것으로 판단된다.

주요 내용

강주마을의 과거: 경남 함안 강주마을은 유덕재 위원장이 귀촌하기 전에는 수은 중독과 석회질이 다수 발견되고 비소 또한 다량 검출되는 등 척박한 토지의 마을이었다. 함안 군내에는 3천여 곳의 산업시설이 산재하여 대기·수질·토양의 오염뿐만 아니라 영농, 거주환경을 위협하고 녹지 및 환경자원을 훼손하고 있었다. 젊은 층의 탈농촌으로 대부분 고령자만 남아 있는 전형적인 농촌지역으로 외지인에 대한 배척 또한 심한 지역이었는데, 귀농 및 귀촌에 대한 엄두조차 내기 어려운 상황에서 특히 서울에서 온 유덕재 위원장에 대한 시선이 곱지 않은 상황에서 정착을 위한 시도는 쉽지 않았을 것으로 보인다.

정착을 위한 노력: 가장 먼저 시작한 것은 마을의 환경을 바꾸는 것이었으며, 마을 주변의 쓰레기를 치우고 재활용할 쓰레기를 모아 판매함으로써 깨끗한 마을 만들기를 추진한 것이다. 이는 솔선수범하는 모범이 되는 것이 무엇보다 필요함을 느낀 유 위원장의 생각이었는데, 이것이 얼마나 중요한 작업이었는지 나중에야 그것을 깨닫게 되었다고 한다.

마을 쓰레기 청소와 문패 제작: 마을회관 앞에 쓰레기가 모이자 마을

이 얼마나 지저분했는지를 마을 주민이 인식하게 되었고, 이러한 어려운 일을 외지에서 온 유덕재 위원장이 솔선수범하여 추진한 것에 대해 마을 주민이 놀라기 시작했다. 아울러 재능기부를 받아 각 가정집에 문패를 제작하여 달아주었는데, 전문가가 20개, 지역주민 스스로 직접 50개를 제작했다.

변화를 위한 노력과 해바라기 식재: 마을 환경이 바뀌면서 지역주민의 생각이 조금씩 바뀌기 시작했으며, 수박 주산지(70%)인 이곳에 새로운 경작물로 무엇을 재배하면 좋을지 고민하기 시작했고, 마을 주민의 의견 수렴이 이뤄지게 되었다. 처음 의견은 맨드라미 씨를 식재하는 의견이 있어 이를 시도했으나 실패했고, 이어 해바라기 씨를 심기 시작했다. 또한 유 위원장은 '백문이 불여일견'임을 깨닫게 하기 위해 지역주민을 대동하여 주변 성공사례 견학을 자주 실천에 옮겼다.

특히, 정부부처의 지원사업은 많으나 성공사례를 찾기 쉽지 않아 가까운 지역 사례를 중심으로 먼저 견학을 했으며, 일본 홋카이도 및 유럽의 해바라기 활용사례를 벤치마킹하려 시도했고, 함안군에서는 해바라기 가

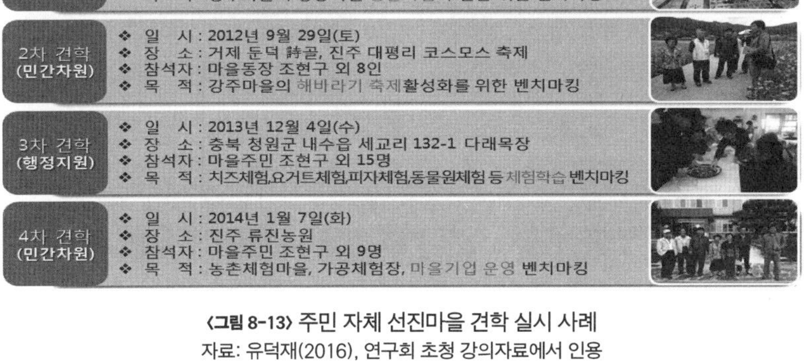

〈그림 8-13〉 주민 자체 선진마을 견학 실시 사례
자료: 유덕재(2016), 연구회 초청 강의자료에서 인용

공 가능성에 대한 분석을 통해 지원을 아끼지 않았다.

해바라기 성공: 함안 칠원읍 덕암마을에 장미마을이 있어 이를 벤치마킹하여 해바라기를 심어 외지인이 해바라기를 보러 오도록 하자는 의견이 나왔다. 해바라기 꽃뿐만 아니라 씨를 활용하기 위해 국내외 사례지들을 조사하고, 유덕재 위원장의 자비를 들여 유럽과 일본의 해바라기 마을을 조사, 시사점을 강구하게 되었다. 또한 효율적 운영을 위해 법수해바라기협동조합을 구성(법수산권역 영농조합법인, 강주문화마을 영농조합법인)했다.

특히, 강주마을의 경우 지역 자원봉사센터의 마을 만들기 역할에 기대가 컸으며, 지속적인 관심과 원활한 지원체계 구축과 함께 지역 기업 및 단체와의 연계를 강화했다. 2013년 강주문화마을 재생 사업에 지역 전문가들이 적극 참여하여 벽화사업 완성, 해바라기 모종 식재 작업을 지원하기도 했다. 2013년 강주문화마을 재생 사업에 지속적인 지원이 이뤄졌는데, 2차년도 벽화사업에 160명이 투입되기도 했다. 2014년 11월 제1회 농림부 주관 행복마을 만들기 콘테스트에서는 정부 포상을 수상했으며,

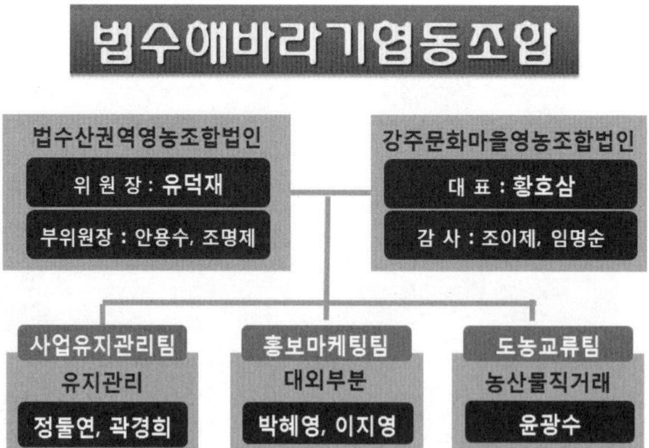

〈그림 8-14〉 영농조합법인, 협동조합 구성 등
자료: 유덕재(2016), 연구회 초청 강의자료에서 인용

아울러 이 사업의 효율적 추진을 위해 국내 각 분야별 전문가 30명과 MOU를 체결하는 등 추진 체계를 공고히 하는 데 역점을 둔 것을 알 수 있다.

〈그림 8-15〉 강주마을 경관 및 환경개선사업 개요
자료: 유덕재(2016), 연구회 초청 강의자료에서 인용

〈그림 8-16〉 경남 자원봉사센터의 활동 상황
자료: 유덕재(2016), 연구회 초청 강의자료에서 인용

유 위원장은 이러한 변화를 통해 조용한 시골 마을에 관광객이 증가하기 시작했고, 이는 시골경관과 어우러진 담장벽화가 테마 있는 관광문화 요소로 작용한 것이라고 피력했다.

그리고 지속적인 마을 환경개선 작업이 이뤄졌는데, 마을안길 환경개선을 위해 강주마을 주민과 신성희 화백의 재능기부(대한민국 미술대전 대상 수여)를 통해 명패 만들기 및 전주 데코, 자전거와 경운기를 활용하여 경관을 조성하게 된다. 이러한 아이디어는 많은 사람들의 자발적 참여와 재능기부를 통해 이뤄진 것으로 강제성이 없었다는 데 큰 특징이 있다. 구체적으로는 '14년 8월부터 '15년까지 사업비 100만 원, 사업면적 마을 주택 75가구, 마을안길 등에 해바라기 문패, 폐경운기 데코, 자전거 데코, 전신주 데코 등을 실시했다. 또한, '14년 2월에는 1천만 원의 사업비로 세계 열대 수련 등 희구수련연못을 조성하여 생태교육의 장을 마련하기도 했다.

〈그림 8-17〉 마을안길 환경개선
자료: 유덕재(2016), 연구회 초청 강의자료에서 인용

또한 농촌 대부분 지역에서 조성하고 있어 약간 식상할 수는 있으나 '13년 9월부터 '14년 3월에 걸쳐 치즈체험장을 조성했다. 1억 6,500만 원의 사업비를 들여 60명을 수용할 수 있는 치즈체험장이 개설되어 이 지역을 찾는 방문객에게 인기 있는 장소로 알려져 있으며, 체험 프로그램 역시 내용이 알차다는 평가를 받고 있다.

〈그림 8-18〉 치즈체험장 조성
자료: 유덕재(2016), 연구회 초청 강의자료에서 인용

이 사업을 통한 사업효과로는 체험 프로그램 운영을 통해 마을 주민에게 일자리가 제공되고, 단체 방문객의 체험비를 통해 마을 소득이 향상되며, 마을 방문객의 치즈체험장에 대한 관심 증대 등을 기대할 수 있다. 이 사업을 추진함에 있어서는 특히 운영관리를 위해 강주문화마을 영농조합 유덕재 위원이 사진 강좌, 동영상 강좌, 시설물 관리 등을 추진했고, 곽경희 위원이 치즈체험 강좌와 시설물을 관리하는 등의 적극적 참여가 수반되어 성공했다고 볼 수 있다. 아울러 시설 안전관리를 위해 화재보험 가입

〈그림 8-19〉 해바라기 경관축제와 홍보
자료: 유덕재(2016), 연구회 초청 강의자료에서 인용

을 완료했고, 체험객 상해보험 적용, 비상구와 소화기 및 비상약을 구비하는 등 안전관리에도 만전을 기한 것을 알 수 있다. 시설물은 치즈체험 외 사진 강좌 및 동영상 강좌를 개설하는 등 지속적으로 활용했다.

이 지역의 가장 중요한 행사라고 할 수 있는 '해바라기 경관축제'는 매년 하절기 강주마을 일원에서 법수산권역 영농조합법인의 주최로 실시하고 있다. 사업비는 '13년 1,200만 원, '14년 2,700만 원(주민자체기금), '15년 3,300만 원(행정지원) 등 크지 않은 비용으로 큰 효과를 보고 있는 대표적인 사례가 되고 있다. 참여인원은 총 300여 명(강주문화마을 영농조합 외 법수산권역 주민)이며, 실제 식재면적은 '13년 16,530㎡, '14년 49,580㎡, '15년 법수산권역 5개 마을 합동재배 등으로 확대되고 있는 것을 알 수 있다.

해바라기 경관축제의 사업효과로는 2015년 해외관광객을 포함하여 22만 명이 내방했고, 'Daum 떠나고 싶은 여행지' 1위에 오르는 등 뚜렷한 사업효과를 보고 있다. 또한 홍보를 위해 전국 사진작가 그룹을 통한 SNS, 출사지로서의 기능 강화, 색깔 있는 마을로 조성했다는 평이 높다. 해바라기의 부가가치 창출로는 종자수확을 통한 종자 탈피, 해바라기강정, 해바라기유 제작 판매가 이뤄지고 있고, '14년 8월에는 해바라기 씨

〈그림 8-20〉 해바라기 축제의 직간접적인 효과와 부가가치 창출

마을 화폐 가맹점　　　마을 화폐 발매소　　　마을 화폐 구입 및 사용 안내

〈그림 8-21〉 해바라기 축제의 마을 화폐

납품을 통해 4,500만 원의 수익을 창출했으며, 해바라기 씨 가공으로 1억 5천만 원의 추가 수익을 올린 것을 알 수 있다.

이 연구를 위해 연구진이 방문한 '16년 축제 기간에는 다양한 축제 프로그램이 진행되고 있었으며, 서울에서 연예인 축구단이 방문한 날이기도 했다. 올 축제의 큰 특징 중 하나가 해바라기 마을의 화폐를 발행하여 상설 사용 가맹점에서 물품을 구입할 수 있도록 한 것이다. 올해가 도입 첫 해이고, 3천 원짜리 화폐를 구입하여 강주마을에서 생산 및 가공된 특산품으로 마을 화폐와 교환하게 된다. 발상이 독특하며 방문객 누구나 화폐를 구입하여 지역 특산물을 살 수 있도록 유도하는 방안으로는 매우 혁신적이었으나, 운용 방법에 있어 몇 가지 문제를 가지고 있었다. 우선, 화폐 유형이 3천 원권으로 단일화되어 있다 보니 3천 원 이하의 물품을 구입하는 경우 잔액을 돌려받을 수 없었다. 이에 대한 방문객의 항의가 많았으나, 이를 입장권과 지역에 대한 기부로 이해해주기를 바라는 자원봉사자들의 입장 표명이 있었다. 그러나 이에 대한 불평이 많아 당장 개선해야 할 입장에 놓였다. 따라서 이러한 문제를 해결하기 위해서는 화폐권의 다양화가 필요하며, 최저 1천 원 이상 화폐를 구입할 수 있도록 하여 방문객의 선택권을 다양하게 할 필요가 있다. 또한, 현지에서 구입할 수 있는 상품에는 한계가 있었다. 즉, 상품 개발에 한계를 드러냈다.

올해 4년째를 맞이한 해바라기 축제는 본 행사를 준비하는 데 있어 지역주민만으로 역량의 한계를 느끼고 있음을 참여자들의 목소리를 통해 알 수 있었다. 이는 결국 유관기관과의 협력을 통해 극복해야 할 사항이며, 이 축제가 향후 발전 및 확대되기 위해서라도 전문성을 가진 기획자가 필요하다. 아울러 지자체의 적극적 지원이 필요하다. 지금은 대부분 지역주민과 인근 지역에 출향한 출향자, 그리고 이 지역에 관심을 가지고 있는 자원봉사자들에 의해 축제가 추진되고 있는 상황이다. 또한 방문 당일 우리를 안내한 유덕재 위원장은 차 안에서 한 장의 100만 원권 수표를 꺼내들며 환한 미소를 지어 보였다. 이번 축제를 방문한 고령의 방문객으로부터의 기부금을 받은 것이다. 방문객은 이 지역사람도 아니었다. 단지 축제를 보고 지역주민이 마을 발전을 위해 노력하는 모습에 감동을 받아 조금이나마 도움을 주기 위해 기부한 것으로 전해 들었다. 이러한 방문객의 감동에 의한 기부와 자발적으로 참여하는 자원봉사자들의 참여의식을 볼 때, 법수산권역 강주 해바라기 축제가 향후에도 해를 거듭할수록 지속적으로 발전해갈 수 있다는 확신과 잠재력을 엿볼 수 있었다.

기부금을 보여주는 유 위원장

연예인 축구단 환영 현수막

자원봉사자들의 활동

<그림 8-22> '16년 해바라기 축제 현장 모습

추진과정의 어려움과 해결방안

이러한 높은 성과 창출에도 불구하고 추진과정에서 어려움은 있었다. 사업 초기 지역주민의 사업에 대한 이해도가 낮아 참여도 또한 높지 않았고, 참여 주민과 불참 주민 간의 갈등이 고조되었다. 특히 고령 주민이 일

할 수 있는 일자리가 태부족한 상황에서 좋은 아이디어가 있다 하더라도 이를 연계하여 사업까지 이어갈 수 있는 지원시스템이 부족했다.

그러나 어려움을 극복하고자 하는 의지 앞에서는 결코 장애물이 높을 수 없었다. 주민회의를 통한 공감대 형성과 선진지 견학으로 새로운 시각에서 사업이 접근 가능하다는 것을 깨달을 수 있었으며, 이렇게 하고자 하는 노력은 결국 사업 시작으로 연결되는 것을 마을 주민 스스로 느낄 수 있었다. 또한 마을 주민 개개인보다는 마을공동체라는 의식 함양을 위해 정기적으로 주민회의를 통한 이해를 높이려는 노력이 있었으며, 선진지 견학 등에 참여를 독려함으로써 주민 참여의식 또한 향상된 것을 알 수 있다. 주민 자체적으로 경관 개선사업 실천을 통해 지역주민 간의 마을공동체 의식이 함양되었는데, 그 일례로 해바라기 에너지바 생산에 고령자도 쉽게 참여하여 일자리 창출 효과를 볼 수 있도록 하여 연령에 상관없이 다양한 연령대에서 사업에 적극 참여할 수 있도록 했다. 그리고 전문가 및 관련 유관 단체와의 협력체계를 구축하기 위한 노력도 활발했으며, 주변 지역뿐만 아니라 수도권 지역의 전문가 및 기관으로부터의 자문 및 지원을 통해 사업 추진을 위한 체계를 구축하는 등 조기에 본 사업이 정착될 수 있는 원동력을 마련했다.

5. 지역 고유 자원인 농특산물의 부가가치 창출과 6차 산업화를 위한 방안

1) 농특산물에 대한 새로운 접근과 인식 전환

(1) 사업 추진을 위한 유형 구분과 발전 단계별 지원

최근까지 농업, 농산품은 생산 및 소비로 이어지는 단순한 순환을 가지고 있었으며, 자연환경(기후 등)에 의존도가 높아 수급 조절이 곤란한 경우가 많았으나, 이를 극복하기 위한 대안 모색 및 해결을 위한 다양한 접근 방법이 모색되고 있다.

지역 차원에서는 정부가 지원하는 각종 농어촌 사업 중 지역단위의 특성을 살린 농특산물 생산 및 가공을 통해 부가가치를 창출하고, 특히 고령자들도 쉽게 참여할 수 있는 가공 시스템을 도입하여 소득창출로 이어질 수 있도록 하여 이러한 사례가 입소문이 나면서 관광객이 방문하여 함께 체험할 수 있게 했다. 이러한 변화는 저출산·고령화, 이농 등으로 인구감소가 현저한 농촌지역에 새로운 패러다임으로 볼 수 있다.

아울러, 이러한 접근에서는 지역마다 유형화를 하고 있으며, 주변 지역으로 확산 추세를 보이고 있어 향후 이에 대한 체계적 연구를 통해 지원할 수 있는 환경 조성이 중요하다.

6차 산업의 경우 다양한 추진 유형이 있으며, 일반적으로 지역의 상공업과 직접 연계한 상품 개발을 하는 '농상공제휴형'과 농업인 주도로 소유 자원과 지역자원을 살려 기술과 상품을 생산·가공·판매하는 '농업다각화형'이 주류를 이루고 있다.

'농업다각화형'의 경우 농가 가공 그룹 등 비교적 소규모 그룹에서 농

산가공품 등을 시작할 때 최초에는 유관기관, 특히 지자체의 '지도'가 필요하다. 함안군의 사례에서와 같이 함안군에서의 조사 및 조사 결과 지원 등을 통한 직간접적인 지원체계가 요구된다. 반면 '농상공제휴형'은 농업인이 상공업자와 대등한 관계에서 비즈니스 교섭이 이뤄지기 때문에 이 경우 농업인이 가지고 있는 기술과 경영 상황 등에 대한 파악과 함께 중소기업평가사, 세리사 등의 전문가 지원이 이뤄질 수 있도록 해야 할 것이다.

(2) 지속적 사업 추진 및 규모 확대를 위한 인력 육성 필요

초기 소규모 사업 추진 때와 달리 규모가 확대되고 지역주민의 참여가 증가하면서 사업을 주도하여 전문적으로 이끌어나갈 수 있는 전문가 육성이 필요하다. 이를 위해 일본의 사례에서와 같이 각 단계별 전문가로부터의 전문 지식 습득의 기회, 강연 및 현지 시찰을 통한 기술 증진이 이뤄질 수 있도록 기회를 제공하는 것이 중요할 것이다. 함안군의 경우 유덕재 위원장이 키맨이 되어 주도적 역할을 해왔으며, 이를 도와 전문가들의 재능기부가 결국 큰 효과를 얻는 데 중요한 요인으로 작용한 것을 알 수 있다. 특히 농림축산식품부에서 추진하고 있는 '2030세대 취창업 지원교육' 같은 교육사업은 매우 중요한 사업으로 귀농 및 귀촌에 관심 있는 젊은 세대들에게 교육과정을 통해 더욱 심도 있는 정보 제공과 관심 및 실행이 가능하도록 유도가 필요할 것이다. 아울러 이러한 관심이 증대되면 자연히 그 지역에 방문하는 횟수가 반복되고 경우에 따라 체류기간이 늘어날 것이다. 즉, 체류형 사업이 가능하도록 지원해야 한다. 결국 지역의 자원을 발굴하고 이에 관심을 가지고 활용할 줄 아는 능력을 키워주면, 이러한 콘텐츠가 귀농 및 귀촌한 경우 충분한 '스킨십'으로 이어질 수 있다. 따라서 인력 육성은 반드시 '토착 및 정착민'과 '귀농 및 귀촌인'을

구분한 육성정책이 이뤄져야 할 것이다.

(3) 중앙정부 및 지방정부의 관련 정책 방향과의 일치

우리나라의 농촌지역 정책은 농림축산식품부에서 주관하는 경우가 대부분이다. 그러나 이 연구에서 초점을 맞추고 있는 농촌지역의 자원이라고 하면 단순한 농특산물이 전부가 아니다. 다양한 종류의 자원이 발굴 및 활용될 수 있다. 따라서 이 정책의 키를 농림축산식품부에 한정된 정책 수립 및 추진이 아닌 부처 간 협력 사업으로 추진되어야 할 것이며, 지역단위의 특성이나 특수성을 가장 잘 파악하고, 가장 근접한 거리에서 지원할 수 있는 지방자치단체의 협조가 중요할 것이다. 이미 농림축산식품부에서는 귀농·귀촌 단계별 정부 지원정책을 수립하여 근래에 적극적으로 추진해오고 있다. 그 주요 내용은 '탐색단계, 준비단계, 실행단계'로 구분하여 구체적 지원을 추진하고 있다. 특히 탐색단계에서는 귀농귀촌종합센터를 통한 one-stop 정보제공, 귀농귀촌 창업박람회를 개최하는 등 정보제공에 많은 노력을 기울이고 있다. 아울러 준비단계에서는 교육사업을 전문교육기관을 통해 실시하고 젊은 세대를 대상으로 한 취창업 지원 교육을 실시한다. 실행단계에서는 체류형 농업창업지원센터, 도시민 농촌유치지원사업, 귀농인의 집, 귀농 농업창업 및 주택구입 지원사업, 선도농가실습지원 등의 계획을 수립하여 추진 중에 있다. 그렇다면 이러한 중앙정부의 지원책을 행정자치부, 대통령직속지역발전위원회, 산업통상자원부, 미래창조과학부, 문화체육관광부 등 관련 부처와의 충분한 협의를 거쳐 어떻게 지방자치단체와 협력체계를 구축할지에 대한 고민이 필요할 것이다.

지역단위에서 이뤄지고 있는 농특산물 가공 및 판매는 소규모 사업이기 때문에 정부 정책과 무관하게 추진하는 경우가 많으나, 실제 사업 추진에 있어 예산 획득은 중요한 포인트가 될 수 있다. 따라서 초기 정착비용 확보 및 취창업을 위한 재원 마련, 예를 들어 저리 자금 대출이나 창업에 대한 관련 과세의 혜택 부여 등 지원책 마련이 필요하다.

아울러 정부 정책과 방향을 같이하고 정부의 사업 예산을 이용하여 6차 산업화가 가능하다면, 초기 투자비용을 최소화하면서 조기에 정착할 수 있는 계기가 마련될 수 있을 것이며, 이에 사업 예산을 이용하여 6차 산업화 추진, 시설 및 기기 등 사업 보조 확보로 이어질 수 있을 것이다.

또한 개발 상품의 콘셉트를 명확히 하여 개발에 참여하고자 하는 기관이나 협력체제가 확실한 경우 산학관 제휴 예산 등을 적극적으로 활용한 단기적 상품화도 가능할 것이다.

한편 전문 유통 과정의 참여가 곤란한 경우, 농상공 제휴에 의한 운영 및 마케팅을 전문으로 할 수 있는 기관과의 협조체제 구축이 필요하다.

2) 지역자원을 활용한 콘텐츠 개발과 지역주민 참여 활성화 대안 마련

(1) 지역자원과 콘텐츠 개발

농촌 지역에서의 농특산물은 우리나라와 같이 지리적으로 좁은 면적에서는 행정단위(전국 17개 광역자치단체와 226개의 기초자치단체)별로 특화 작물을 구분하기 곤란하여 유사 품목이 생산 및 판매되는 경우가 일반적이다. 따라서 지역적 차별화는 쉽지 않으며, 단지 오늘날 소비자의 수요 욕구가 다양화되어 농특산물에서도 친환경 농산물에 대한 수요가 증가하고 있는 추세다.

이러한 추세에 맞추어 실제 지역마다 생산하고 있는 농특산물을 친환경·고부가가치화한다는 방향으로 농특산물 생산, 가공, 유통 및 판매가 이뤄질 필요가 있다. 즉, 상품의 '차별화'와 지역적 '특수성'을 겸비시키는 것이 무엇보다 중요하며, 종래 향토자원으로 인식되어온 농특산물 중 브랜드화가 가능한 품목을 선정하는 것도 중요한 과정이다. 여기에 문화콘텐츠라는 옷을 입히는 작업이 수반되어야 한다. 경우에 따라서는 지역에 귀농 및 귀촌해 있는 혹은 그럴 의향을 가지고 있는 창조계급의 역할이 중요하게 작용할 수 있다.

(2) 지역주민의 참여 확대

우선 지역주민의 사업 참여를 촉진하기 위해 공감대가 충분히 형성되어야 하지만, 이 과정에서 참여자와 비참여자 간의 갈등이 발생할 수 있다. 이런 측면에서 갈등관리를 위한 조정 역할을 누가 할 것인가는 매우 중요하며, 객관적 입장에서 조정 불가능한 경우 관의 중재나 참여도 함께 고민할 필요가 있다.

그런 점에서 함안군 강주문화마을의 사례는 좋은 본보기가 될 수 있다. 강주문화마을은 초기 기존 토착세력의 반감이 높아 유덕재 위원장의 정착은 어려웠으며, 사업 추진과정에서도 비참여자와의 갈등으로 사업 추진이 어려운 상황에 이른 적도 있었다. 그러나 지속적인 마을공동체라는 인식 전환과 이를 위해 타 지방자치단체 시찰 등 하나부터 열까지 함께 상의하는 형식(수시로 의견 수렴, 낮게 섬기는 자세)을 취했을 때 지역주민이 바뀌기 시작했다.

따라서 농촌 사업에 있어서는 이를 이끌어갈 한 사람의 지도자의 존재가 중요할 수 있으나 이러한 리더십에는 '지역주민과 함께'라는 대전제가 반드시 필요하다.

| 참고문헌 |

경제 · 인문사회연구회(2013), 『미래창조 10대 국정 어젠다 종합연구』

경제 · 인문사회연구회(2013), 『창조경제 새로운 아이디어 새로운 시장』

농림축산식품부(2015), 귀농귀촌 단계별 정부 지원정책, 내부 자료.

농림축산식품부(2016), 『2015년 귀농어 · 귀촌인 통계』, 조사 보고서.

손상락 · 이시화(2003), 지방발전을 위한 지역특화발전특구의 발전방안: 한-일 비교를 중심으로. 「국토연구」, 38: 3-23.

송미령(2015), 창조경제시대 문화자원을 활용한 지역발전, 연구초청 강연 자료.

양현봉(2015), 일본의 농상공 제휴 촉진 지원제도와 시사점. 「산업경제」, 2: 49-56.

유동환(2016), 전통문화 활용과 지역발전, 연구초청 강연 자료.

임학순 외(2015), 『문화농촌 · 창조농촌: 농촌의 가치와 문화전략』

유덕재(2016), 법수해바라기협동조합(2015년 마을 재생사업 현황), 연구초청 강연 자료.

지역발전위원회(2012), 『지역발전의 희망메세지』

지역발전위원회(2012), 『감성시대의 지역 문화관광자원 활용과 지역상생발전방안: 국내지역 문화관광 정책과 지역상생발전방안』, 연구보고서.

지역발전위원회(2013), 『창조지역사업 현장을 가다』

지역발전위원회(2014), 『행복한 지역을 만드는 희망이야기 20』

행정자치부(2004), 지역경제 활성화를 위한 향토자원개발 · 산업육성 전략, 행정자치부 지방재정국 내부자료.

社団法人 全国農業改良普及支援協会, 普及活動高度化等調査研究検討会(2011), 6次産業化による農業·農村の活性化手引き書! —普及の力は人·地域を変える—

문화체육관광부 홈페이지 http://www.mcst.go.kr

농림축산식품부 홈페이지 http://www.mafra.go.kr

귀농귀촌종합센터 http://www.returnfarm.com/rtf/main/userMain/main.do

제9장

농촌경제 창의산업 개발을 위한 매핑(mapping)

– 문화자원과 경제구조에 대한 문화경제학적 구조화 제언

1. 서론

제조업이 경제성장을 주도하는 시대가 지나가고 최근 문화산업(cultural industries)과 창의산업(creative industries)이 한 지역의 경제발전(economic development)을 주도하는 시대가 도래함에 따라 창의성(creativity)과 혁신(innovation)은 지역개발을 일궈내는 중요한 자원으로 인식되어왔다. 이 두 가지 개념은 연관된 작용을 통해 경제성장(economic growth)에서 좀 더 포괄적인 개념의 경제발전(economic development)을 창출하는 한 사회의 핵심자원으로 인식되며, 창의성은 차례로 혁신을 만들어내는 상위개념으로 이해된다(Jacobs, 1969; Won, 2016). 경제성장은 단편적인 정량적 성장, 즉 창의산업개발이 GDP에 미치는 영향분석 등으로 설명되는 반면에, 경제발전은 정량적인 측면과 질적인 측면을 모두 포괄하는 지속 가능한 지역개발을 위한 논리로 정의된다. 이에 따라 각 지방자치정부에서는 경쟁적으로 지역의 창의성 개발, 프로세스 혁신, 창의산업 개발 등의 슬로건을 내걸고 다양한 방법으로 실행계획 마련에 접근해왔다.

창의산업은 문화산업에서 더욱 확대된 개념으로, 일반적으로 영국의 DCMS(Department for Culture, Media and Sport)에서 발표한 정의를 따른다. 1998년 처음으로 「매핑 보고서(Mapping document)」를 발간했고, 2001년에 좀 더 확장되고 구체적인 내용으로 개정하여 창의산업을 정의하여 출간했다(DCMS, 2001).[1] 이 보고서를 접하는 데 있어서 상기해야 할 두 가지 중요한 맥락은 첫째, 영국의 매핑 보고서에서도 밝히고 있는 바, 이러한 정의와 분류작업을 시행하는 중요한 이유는 중앙정부와 각 지역정부 사이의 정

1 산업분류에 관한 내용은 영국의 보고서 참조.

책적 일관성을 유지하여 통일성 있는 정책을 계획 및 추진하기 위함이다. 이때 일관성 있는 정책을 마련한다는 점에 있어 모든 행정구역에서 똑같은 방법으로 복제된 방향과 과정을 계획해야 함을 권고하는 것은 아니라는 점을 강조한다. 왜냐하면 각 지역정부가 가지고 있는 다른 색깔이 '통일성'이라는 단어로 잘못 취합될 경우, 창의산업을 활용한 지역정책들은 각 지역 고유의 정체성이 결여된 다소 비현실적인 정책목표 및 접근방법으로 수렴될 수 있기 때문이다.

둘째, 각 행정구역 간의 창의산업 개발전략을 서로 맞물리게 하여 불필요한 자원 낭비를 막는다는 데 중요한 의의가 있다. 이 부분이 함의하는 바는 각 지역에서 보유하고 있는 자원이 동일하지 않음을 인식하고 서로 다른 지역 간의 상호 보완을 통해 불필요한 자원을 마련하는 데 공공투자 재원이 낭비되지 않도록 돕기 위함이라는 것이다. 이는 실로 지역 간 자원의 교환(exchange)이라는 경제적 개념이 전략적으로 잘 활용될 수 있도록 하는 중요한 점을 시사하고 있다.

그러나 실제로 일부 지방자치정부에서 통일성의 개념을 오인하고 벤치마킹(benchmarking)을 가장한 복제와 붙여넣기(copy and paste) 형식으로 정책이 마련된 시행착오가 종종 발견되었다. 이러한 과정에서 우려되는 가장 큰 문제점은 과연 지역의 특수성이 반영될 수 있는가 하는 부분이다. 특히 중소도시 및 농촌지역에서 문화산업, 창의산업 개발정책을 추진할 경우, 기존에 대부분의 주류가 도시환경 맥락(urban context)에서 설계되고 회자되어왔으므로 동일한 논리 및 정책, 접근방법을 농촌지역에 그대로 적용할 경우, 신뢰성이 떨어지는 결과를 산출할 위험성을 내포한다는 점이다(Gibson, 2010). 이와 같은 결과에서 파생되는 또 하나의 중요한 문제점은 신뢰성이 떨어지는 정책 실행이 지역주민과 지역산업 주체들과의 관계를 혁신이 아닌 과신으로 잘못 구조화하게 한다는 점이다.

그러므로 본 논문에서는 도시 편향적 창의산업 개발을 지양하고, 포디즘 시대의 발전논리에서 벗어나 좀 더 질적인 경제현황의 향상에 목적을 두고, 농촌 지역의 경제발전(economic development)을 위한 창의산업 개발을 위해 보유자원 분류에 대한 접근법과 정책실행을 위한 새로운 구조 마련의 필요성을 논하고자 한다(Bell and Jayne, 2010). 이는 또한 농촌지역 개발을 위한 창의산업의 잠재성 및 실효성에 대한 기대를 현실적으로 진단하여 농촌지역에서 가질 수 있는 경쟁력은 무엇인가에 대한 답을 구하는 데 도움을 주고자 하는 목적이 있다.

2. 문화자본에 대한 새로운 접근

자원경쟁력은 한 지역의 생산능력을 가늠할 수 있는 중요한 잣대다. 물론 자원이 풍부한 지역이 경제적인 풍요로움을 보장하는 지역이라는 논리는 성립될 수 없지만, 자원개발은 경제성장을 위한 종잣돈(seed money) 역할을 하므로 한 지역이 가지고 있는 투자 및 개발 역량을 파악하는 데 중요한 의미를 가진다. 자원(resource)은 자본(capital)과는 다른 개념으로, 예컨대 창의경제(creative economy)의 맥락에서 창의력이 자원으로 이해된다면 자본은 자원을 창출해낼 수 있는 수용력(capacity)을 의미한다(Klamer, 2016; Won, 2016).

이와 같은 맥락으로 여기서는 지역의 보유자원과 자본을 어떻게 파악할 것인지에 대해 논하고자 한다. 한 가지 본고에서 강조하고자 하는 점은 제조업 기반의 경제구조에서 분류되어온 물리적 자본(physical capital)의 외연을 확대하고자 하는 점이다. 이는 편협하고 좁은 범위의 자본을 파악하는 방법론에서 벗어나 창의산업 개발을 위해 확보되어야 할 자본이 무엇인가를 인식할 수 있는 관점의 변화를 요청하기 위함이다. 이를 바탕으로 구조적인 변화를 추구하고 지역경제에서 자본의 최대한의 가치(value)를 어떻게 발현할 수 있을 것인가를 논하고자 한다.

자본 인식에 대한 새로운 시각과 자원에의 접근

경제 패러다임이 창의경제로 변화함에 따라 문화자본에 대한 관심이 집중적으로 증가하면서 문화자본은 경제적 부흥(economic revitalization)을 보장할 새로운 혁신의 토대가 될 것으로 기대를 모아왔다. 그러나 근원적인 자본의 개념을 무시한 채 "우리가 보유한 문화자본은 무엇인가?"라는 물음에 대해 협의적인 관점으로 답안을 찾아왔고, 일반적으로 지방자치단체들에서는 "전통 공예품, 조각, 그림, 공연" 류의 물리적인 '상품(commodities)'에 국한시켜왔다. 비가시적인 문화자본에 대한 깊은 논의(Klamer, 1996, 2001; Throsby, 2001)가 전 세계적으로 진행되어왔음에도 불구하고 많은 지역정부 및 문화 관련 기관에서는 일부 문화상품(commodities)을 지역경제활성화를 위한 고수익 효자상품(cash cow)과 동일시하거나 그러한 상품들을 이용한 관광산업(tourism)을 경제성장의 단초로 인식하는 오류를 범하는 사례들이 적지 않게 발견되었다.

따라서 본고에서는 문화자본 인식에 대한 새로운 시각을 촉구하면서 논의를 전개하고자 한다. 최근 문화자본이 세계적으로 주목받고 있는 이유 중 하나는 기존의 경제학적 논리에서 정의된 '자원의 희소성'이라는 한계를 벗어날 수 있다고 조명되기 때문이다. 이와 같은 논리는 세계의 문화경제학자들을 중심으로 자본분류 및 인식에 대한 정의를 달리해야 한다는 담론이 지속적으로 전개되었고(Klamer and McCloskey, 1998; Throsby, 2001; Throsby and Hutter, 2008), 이는 현실적으로 정책을 입안하는 과정에 있어서도 자본의 개념을 용이하게 적용할 수 있도록 접근한다. 그러한 관점으로 호주와 유럽 국가들을 중심으로 경제학적 체계성 안에서 문화자본을 어떻게 정의하고 구체적으로 활용할 것인가에 대한 관점의 변화가 시도되어 왔다.

관점의 변화를 논함에 있어 선행되어야 할 것으로 제안된 기본적인 단계는 가치에 대한 올바른 구분이다. 문화경제학에서는 경제적 가치(economic value), 사회적 가치(social value), 문화적 가치(cultural value)의 3가지로 구분 짓고 있으며 서로 다른 목적으로 다른 형태의 생산품이 생산되며, 소비를 통해 그 가치가 극대화된다.

그러나 명확한 구분 없이 문화영역에 대한 공공투자가 진행될 경우, 경제적 가치의 일부에 해당하는 금전적 가치를 문화영역에서 창출하는 모든 가치인 것처럼 잘못 규정될 수 있다. 예를 들면, 문화상품(commodities)과 문화재화(cultural goods)는 현저히 다른 가치를 가지고 있고, 문화재화는 문화자본(cultural capital)을 바탕으로 한 유형과 무형의 형태로 존재하며 문화적 고유 가치를 발산하는 생산물을 통칭하고, 부르디외의 사회자본(Social capital)과도 구분된다.

또 다른 예로, 슬로건처럼 회자되는 문구인 '문화자원을 활용한 관광상품 개발'이 지역경제에 어떤 영향을 미치는 것은 사실이지만, 그 영향력이라는 부분이 항상 긍정적인 것만은 아니다. 일시적으로 경제성장을 측정하는 지표에 긍정적인 영향을 미칠 수는 있으나, 지역 내생적인 발전의 측면에서는 오히려 지속 가능성이라는 측면에서 위해(harmful) 요소로 작용할 수도 있다(Won, 2016). 따라서 문화자본이 무엇을 생산하는가에 대한 구체적인 영향관계 및 개념분류를 재검토하기 위해 자원에 접근하는 새로운 방식을 제안한다.

그러므로 이 단원에서는 창의산업 개발을 위해 무엇을 자원으로 인식할 것인가에 대한 새로운 관점에 대한 변화가 함께 논의될 것이며, 이는 생산과정에서 자원의 유동성을 확보하기 위함이다.

〈표 9-1〉 자원에 접근하는 두 가지 방식

분류	기존의 접근방식	새로운 접근방식
시각	재고	방식, 과정
한계	고정되어 있음	유동적임
질적인 측면	물리화시키는 것이 중요함	상관관계가 중요함
역할	역할을 부과함	기회를 마련함
전제	기존의 기술	발전(진화)적인 기술
문제에 대한 접근개념	부족, 분배, 최적화	혁신, 개발
지리적 관계	대규모 점유, 유목	고정, 강화, 순환
접근방식	신왈라시안(Neo-Walrasian), 신고전주의, 신제도적인 방식	제도주의, 진화주의

출처: Kebir and Crevoisier (2004)

〈표 9-1〉에서 정의하는 바와 같이, 창의경제개발을 전제로 하는 자원개발은 기존의 접근방식에서 벗어나는 것으로부터 시작된다. 즉 기존의 경제발전을 위한 전제조건이 회계장부에 기록될 수 있는 토지, 자본, 노동에 기반을 둔 재원을 파악하고 이미 '부여된' 역할을 이행하는 짜여 있는 생산과정에 그 재원을 투입하는 것이었다면, 새로운 접근방식은 물리적 재원을 포함한 다양한 형태가 자원으로 창조될 수 있다고 보고 있다. 다만, 생산주체들 간의 소통을 통해 '실행(practice)'되는 과정에서만 의미를 갖는다(Raffestin, 1980).

이와 같은 관점의 변화는 특히 농촌경제에서 창의산업을 개발하는 데 유의미하다. 왜냐하면, 농촌경제에서 산업개발은 주로 자연자원과 1, 2차

산업에 의존해왔고 도시의 어메니티가 제공할 수 없는 차별성을 부각시키는 데 중요한 근거를 제공하기 때문이다. 예를 들면, 산으로 둘러싸인 시골 마을에서 기존의 관점에 따른다면 이곳의 자원은 산속에서 채취할 수 있는 각종 재료들과 임야에 대한 부동산 가치, 물리적인 자산을 추가함으로써 발생시킬 수 있는 경제적 가치 등 대부분 시장가격으로 교환될 수 있는 대상들만이 고려될 것이다. 이는 수집단계(hunter-gatherer)라는 행위의 관점이 반영된 것이다.

하지만 새로운 경제 패러다임인 창의경제 구조에서는 재배단계(cultiva-ror)라는 행위의 관점이 반영되어 자원의 개념은 더욱 확대된다(Kebir and Crevoisier, 2004). 어떠한 가치를 염두에 두고 어떤 과정으로 산업개발이 이뤄질 것인가에 따른 투입물은 다르게 구성될 수 있다. 예를 들면, 산에서 수확할 수 있는 수확물을 활용해서 부가수입을 올릴 다른 상품을 만들어내는 단순한 순환과정에서 산림이 주는 지역의 독특한 분위기를 바탕으로 창조된 이미지, 사람들과 공유할 수 있도록 고안된 체계, 이를 매개로 하는 교육적, 사회적 혹은 문화적 가치의 발산 등의 과정 자체는 '혁신'이 투입되어야 가능하다.

이러한 관점 및 접근방식의 변화는 최근 공공성을 추구하는 지역정부들에서뿐만 아니라 영리추구를 목적으로 하는 글로벌 기업들에서도 관찰된다. 가령, 네덜란드 각 지역에서는 1980년대부터 문화자원을 관광상품을 생산하는 이상의(beyond) 것으로 인식하고 각 지역별로, 지역의 정체성에 맞게 문화자본축적에 힘쓰고 있다. 암스테르담(Amsterdam)에서는 1980년대부터 낙후된 도심지역을 내생적 문화발전에 초점을 두고 정책을 마련해오고 있고, 로테르담(Rotterdam) 역시 지역의 문제상황에 직면하여 문화를 접목한 정체성 살리기로 슬럼화되어가는 항구지역을 다이내믹한 글로벌 창의산업중심지로 탈바꿈시켰다. 힐베르쉼(Hilversum)은 불모지였던 작은 시골마을이 창의산업으로 지역이 번영한 대표적인 사례로, 더욱 중요한 것은 이 지역에서는 최근 가치기반경제구조를 적용시켜 노동시장 및 사회구조 변화에 성공신호를 보이고 있다는 점이다. 그 외 프랑스 리옹(Lyon), 이탈리아 토리노(Torino) 정부를 비롯한 유럽 각 주요 지역들에서도 그 변화의 신호를 보이고 있으며, 의료법인, 글로벌 기업인 VEOLIA 등에서도 기존 접근방식의 변화를 체계적으로 시도하고 있다.

3. 문화자원 개발

문화에 대한 정의는 다양한 문헌에서 연구되어왔고, 그 범위 또한 다양하게 규정하고 있다. 문화는 크게 두 가지 층위로 그 의미가 규정되는데, 한 가지는 협의의 또는 도구적인 측면에서 정의되는 의미, 또 다른 한 가지는 인류학적인 의미로 보편성을 띠는 의미로 규정된다. 도구적인 의미는 문화상품(commodities)의 생산논리에 집중하여 다양한 형태의 서비스 영역을 포함한 문화상품들, 즉 경제적인 가치를 실현하는 생산과 소비 측면을 일컫는다. 가령, 문화적 가치의 발산을 관광상품을 통한 지역의 수입확대로 한정한다면, 이는 문화라는 개념의 도구적인 의미만을 고찰한 것이다.

이에 반해, 보편적인 의미로 해석되는 문화의 의미는 한 집단, 사회 혹은 국가에서 보유하고 있는 고유한 정체성(identity), 상징적 의미를 지니는 유·무형의 문화유산들(nationality, tangible and intangible cultural heritages)을 일컫는다. 그 정의에 대한 연구 역시 분명히 중요한 부분이나, 본 연구의 초점에서 벗어나므로 이에 대한 자세한 고찰은 생략한다. 다만, 다양한 정의들로부터 우리가 취해야 할 한 가지 중요한 특징은 "문화는 한 사회 내에서 또는 한 공동체 내에서 상호 이해 가능한 범위에서 창조되고 보존 및 보전되는 가치를 지니는 유·무형의 생산물"이라는 점이다.

따라서 문화자원은 모든 지역을 대상으로 하여 하나의 형식으로 규정지어 도표화하는 것은 사실상 불가능하다. 하나의 거대한 전국 문화지형도를 기대하는 이들에게는 다소 실망감을 주는 결론일 수도 있다. 하지만 현실적인 논리를 적용시켰을 때 오히려 문화다양성을 지향하는 창의경제의 맥락을 하나의 문화지형도로 나타낸다는 것 자체가 모순으로 보인다. 왜냐하면, 각 지역의 지역성을 고려할 때, 지역민이 문화자원이라고 인식하는 것들은 동일하지 않기 때문이다. 따라서 지역 문화 정책 역시 창의경제를 어떻게 인식하는가 하는 데 영향을 미치는 것으로 보인다.

문화적 가치의 상대성이 보수 경제학의 시각으로, 경제적 가치의 잣대로만 분석될 경우 발생할 수 있는 심각한 오류는 이미 여러 문헌에서 지적된 바 있다[Throsby(2001, 2013), Hutter and Throsby(2008), Klamer(1983, 1996, 2001, 2004, 2016), Rizzo and Peacock(1994), Frey(1997), Blaug(1980), Blaug and Shaw(1991)]. 그러므로 분명히 관광객을 위한 관광지도 그리기 작업이 문화자원을 매핑하는 것이라고 간주되는 것은 상당한 오류를 발생시킬 위험이 있다. 이 간극을 인식하고 개념화하는 작업은 문화영역에 대한 공공투자를 기획, 진행 및 평가할 때 그 효율성을 제고하는 효과가 있다(Klamer, 2006, 2016).

본론의 도입부에서 언급했듯이, 자원은 지역의 경쟁력을 가늠하기 위한 중요한 잣대라는 점을 상기할 때, 문화자원은 가격으로 산출되는 개념의 경제적, 좀 더 정확하게 말하면 금전적 용어로 정의되는 금전적 가치보다 확대된 범주로 인식되어야 한다. 특히 문화자원의 개념과 범위를 정의할 때, 한 사회에서 그 자원이 어떤 가치를 극대화 또는 최적화(optimizing value)할 수 있는가에 대한 논의가 선행되어야 한다.

위와 같은 맥락을 바탕으로 본 연구에서는 문화자원의 매핑작업을 위해 창의산업의 범주와 창의경제활동으로 분류된 직업군을 살펴본다. 우선, 창의산업의 범주는 서론에서 밝힌 바와 같이 영국에서 2001년에 출간된 The Creative Industries Mapping Document를 따르고, 직업군의 분류는 NACE(Rev.1)에서 정의하고 있는 것을 따른다.

〈표 9-2〉 기존의 문화산업과 새로운 문화산업 직업군

전통적 문화산업군 분류 및 직업유형	비전통적 문화산업군 분류 및 직업유형
출판	연구, 개발(건축, 그래픽디자인, 패션)
22.1 출판 22.2 인쇄 및 인쇄 관련 서비스 활동	73.1 자연과학 및 공학 분야의 연구, 실험개발 73.2 사회과학 및 인문학 분야의 연구, 실험개발
건축, 공학 스튜디오	소프트웨어, 컴퓨터 관련 서비스
74.2 건축 및 공학 활동, 관련 기술자문	72.2 소프트웨어 자문 및 공급 72.6 기타 컴퓨터 관련 활동
음악, 영화, 비디오 및 공연예술	광고
22.3 녹화된 미디어 재생산 92.1 영화(motion picture) 및 비디오제작	74.4 광고

출처: DCMS (2001), NACE (Rev.1) 재구성(Lazzeretti et al., 2008)

두 자료를 바탕으로 재구성된 창의산업 직업군을 일견했을 때 "과연 농촌지역에 얼마만큼의 비율이 현재 창의산업 직업군으로 분류될 수 있을 것인가?" 하는 의문과 "사실상 창의산업이 개발될 수 있는 환경인가?" 하는 의구심이 드는 것은 비단 대한민국뿐 아니라 전 세계 농촌지역에서 제기할 수 있는 문제임은 의심의 여지가 없다.

또한 매핑 보고서에서 밝힌 바와 같이, 모든 지역에서 창의산업군에 해당하는 모든 산업이 육성될 수 없음은 자명하다. 그러므로 모든 농촌지

역에서 위의 산업을 모두 개발할 필요도 없고 개발할 수도 없는 것이 현실정이다. 가령, 곡물의 경작조차 적합하지 않았던 작은 농촌마을이던 네덜란드의 힐베르섬은 직업군 중 단 한 가지, 22.3에 해당하는 산업만 육성시켰고 그 결과 네덜란드의 대표적인 미디어 지역으로 성장했다. 따라서 각 지역정부에서는 각 지역의 특색에 가장 적합한, 그러나 주변 지역과 중첩되지 않는 산업군을 개발하는 정책방안을 검토해야 할 것이다.

창의산업을 단순히 지역 문화유적지의 관광 상품화, 특산품을 다양한 상품으로 개발 및 판매하여 금전적인 가치를 창출하는 데서 벗어나 새로운 시각으로 자원을 바라보고 〈표 9-2〉를 바탕으로 창의산업을 개발한다고 할 때, "창의산업이 개발될 수 있는 환경인가?" 하는 질문은 곧 "지역의 문화자원을 개발할 수 있는 창의인력이 있는가? 없다면 외부에서 도입할 수 있는가?" 하는 질문으로 귀결된다[Jacobs(1961, 1969), Florida(2004)].

문화경제학의 거시적인 관점에서 창의산업의 가장 큰 자원은 창의성이고, 창의성을 실행하는 단계가 혁신이다. 따라서 지역의 혁신지수 측정은 산업을 개발하기 위한 좀 더 실질적인 정보를 제공한다. 그러고 나서 발전시키고자 하는 창의산업에 필요한 인력 및 물리적 환경조성에 대한 분석이 진행되어야 한다. 유럽연합(European Union)에서 2년 주기로 발표하는 지역 혁신지수 서베이(The Community Innovation Survey, CIS)와 2005년 OECD에서 발표한 지역의 혁신 정도를 측정하는 지역 혁신지수 서베이(The Community Innovation Survey)를 활용할 수 있다. 이는 소상공인부터 대기업에 이르기까지 모든 산업체를 대상으로 하며, 농촌과 도시 모든 지역에서 시행되고 활용되므로 유용하다.

네덜란드에서는 OECD 자료를 바탕으로 9가지 항목으로 재구성하여 지역의 혁신지수를 측정했다. 9가지 골자는 투입(innovative inputs)과 산출 영역(innovative outputs)을 모두 포함한다(Stam et al., 2008).

- 생산물 또는 서비스
- 단지 기업에서의 새로운 점보다 생산물과 서비스 차원에서 새로운 점
- 비즈니스 프로세스
- 최근 3년간 유통방식
- 문서화된 현재 혁신계획
- 지식 교환을 위한 외부 네트워크의 사용
- 혁신 개발을 위한 파트너십 참여
- 특화된 혁신인력 고용
- 최근 교육과 트레이닝을 위한 지출

그러므로 창의경제 패러다임에서는 환경분석에 있어 혁신지수 측정이 선행되어야 하며, 혁신적 환경을 만들 수 있는 자원의 개발은 인력자본(human capital)의 확충과 밀접한 관계가 있음을 인식해야 한다. 그러나 총체적인 경제학적 구조화가 결핍된 상태에서 단편적인 또는 단선적인 고찰만이 이뤄질 경우, 임시방편적인 프로젝트성 정책을 탈피하기는 힘들 것으로 보인다. 문화자원이 유한성을 탈피할 수 있는 가능성은 그것이 창조되고 육성될 수 있다는 이유에서이고, 지속 가능성이라는 특징을 지니기 때문임을 다시 한 번 상기하면서 다음 단원에서는 기존의 경제구조에서 창의경제 구조로 변환하기 위한 구조화 작업이 매핑 단계에서 어떻게 이뤄져야 할 것인지에 대해 논의하고자 한다.

4. 분석토대로서의 새로운 경제구조

위에서 진행된 자원, 자본, 혁신지수 등에 대한 개념적인 연구를 바탕으로 창의경제 시대에 지역의 경제구조가 어떻게 변환되어야 하는지를 정책적인 관점에서 접근하고자 한다.

〈그림 9-1〉은 클래머(Klamer)[2]가 개발한 창의산업을 기반으로 하는 경제구조다. 5개의 경제주체로 구성되어 있으며, C는 문화영역(Cultural Sphere), S는 사회영역(Social Sphere), M은 시장(Market), G는 정부(Governance), O는 가정(Oikos)을 의미한다.

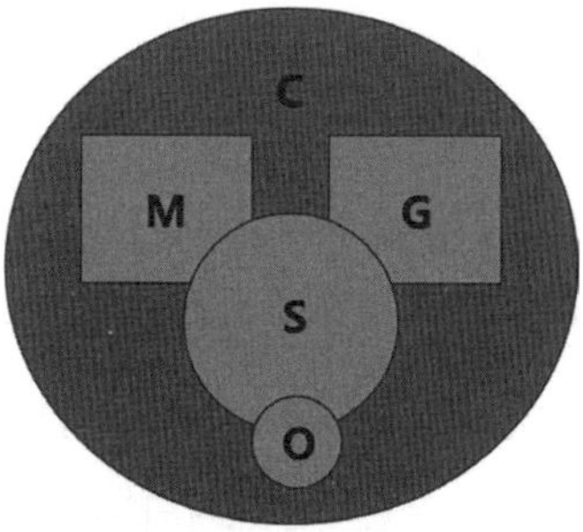

〈그림 9-1〉 가치기반 접근법을 통한 창의경제구조
출처: Klamer (2016)

기존의 경제학에서는 시장과 정부의 역할이 가장 크게 정의된 데 반해, 창의경제 구조에서는 수요-공급 곡선으로 계급화된 시장의 영역을

2 세계 최초의 문화경제학과 교수로 선임된 문화경제학자이자 네덜란드 에라스무스대학의 교수로 재직하고 있다. 동시에 네덜란드 힐베르쉼에서 부시장을 맡아 직접 정책입안과정에 참여하여 경제구조변환을 주도하여 지역경제개발 정책 및 실행계획을 마련하고 있다.

넘어서는 영역에서 생산활동과 소비활동이 점점 더 커지고 있다. 가치기반경제(a value-based economy)로 불리는 이 경제구조는 그러한 점을 감안하여 창의산업이 변화하는 새로운 경제 패러다임에서 어떤 형태로 운영되고 개발될 수 있을 것인가에 대한 실제적인 시사점을 제공한다.[3]

모델의 가장 기본적인 토대는 각 경제주체들이 서로 다른 가치의 실현을 위해 경제 구조 안에서 활동하고 있다는 점이다. 문화영역에서는 문화적 가치(cultural value)의 실현을, 사회영역에서는 사회적 가치(social value), 시장영역에서는 경제적 가치(economic value), 정부영역에서는 공공가치(societal value), 가정영역에서는 개인적인 공유가치(personal and shared value)를 실현하기 위해 각 영역이 작동한다고 밝히고 있다(Klamer, 2016).

문화적 가치는 상징적인 의미를 내포하고, 전체 사회경제영역의 배경이 된다. 정체성, 심미적 가치 등이 이에 해당한다. 사회영역에서 가지고 있는 사회적 가치는 우정, 소속감, 멤버십 등의 예로 설명된다. 실제로 정책실행 과정에서 지역민이 참여하여 지속 가능성을 높이는 역할을 하는 영역이다. 클래머는 창의경제 패러다임에서는 사회영역이 가장 큰 중요성을 지닌다고 분석한다. 시장영역은 기존의 경제활동, 즉 각종 교환이 일어나는 부문이고 대부분 가격으로 표현되는 경제적 가치의 구현을 목적으로 한다. 가정영역에서는 가족 구성원들이 공유하는 가정, 가족들의 격려, 가정교육 등이 포함된다.

이 모델이 기본적으로 가정하고 있는 것은 가치 실현에 대한 평가(evaluation of the valorisation) 역시 기존의 단선적인 경제적 가치의 잣대로만 이행되어서는 안 된다는 점이다. 특히 문화생산영역에서 문화자본은 다면적인 가치를 창출하기 때문에 신고전주의적 경제논리로 그 작용논리를 평가했

---

3 모델에 대한 자세한 설명에 대해서는 Klamer (2016) 참조.

을 경우 문제적인 상황에 직면하게 된다(Peacock, 1991; Bille and Schulze, 2006). 이와 같은 오류를 넘어서고 경제학적 일관성을 유지하는 평가체계를 지지하며 창의경제체제에서 생산하는 생산물들을 포괄하기 위해 본 이론은 그 대안으로 꽤 타당하다.

이미 밝힌 바와 같이, 문화경제학적 시각으로 재구성된 가치기반 접근 경제모델이 기존의 보수 경제학의 관점과 다른 점은 각 경제주체의 역할과 비중이 재구성되었다는 점이다. 기존 경제학의 입장에서 시장은 가격을 결정하는 최종 신전이 된다. 그 신전은 마치 자본주의(capitalism)의 핵심인 것처럼 여겨지고 있지만, 정작 시장가격이 생산물, 특히 문화생산물이 지니고 있는 가치를 얼마나 대표할 수 있는가 묻는 질문에 대한 대답은 회의적이다(Throsby, Blaug, Hutter and Klamer).

따라서 신고전주의 경제학적 관점에서 신격화된 시장의 역할이 창의경제 구조에서는 그다지 적절하게 맞아들어가지 않는다. 오히려 기존 경제학에서 놓치고 있는 생산물이 지니고 있는 '가치의 실현(valorisation)'이라는 부분을 보완하기 위해 가치기반 경제는 다른 영역들의 역할을 포함한다.

가령, 아무런 즉각적인 재화의 획득이 일어나지 않음에도 관객이 자발적으로 금전적·시간적인 소비를 하여 미술관이나 공연장에서 입장권을 구입하는 것, 한 사회에서 상징적인 의미를 지니고 공공투자를 통해 보전하는 건물의 가치가 통상적인 부동산 가치로 측정될 수 없는 것은 시장경제를 통한 자본투자와 이익획득의 논리로는 설명할 수 없는 부분이다.

20세기 후반부로 들어오면서 주류를 이루고 있는 창의경제에 대한 문화경제학적 분석은 다시금 가치의 문제로 회귀하면서 각 주체별로 각각의 영역에 내장된 가치가 구별되어 실현될 때 창의산업, 창의경제 구조는 활성화된다고 보고 있다. 서두에서 언급된 바와 같이, 창의산업은 기존의 제조업 기반의 경제적 논리와는 전제와 조건이 다르므로 변화하는 경제구조를 의식하면서도 보수 경제학적 논리만을 정책에 적용하면서 적합한 결과분석을 기대하는 것은 앞뒤가 맞지 않는 논리임이 자명함은 이미 여러 문헌을 통해 지적되었다.

그러므로 문화자원을 인식하는 접근법과 창의산업의 개발 및 활성을 위한 매핑작업을 디자인할 때 전반적인 경제구조에 대한 인식을 전환하는 작업이 함께 진행되어야 할 것이다.

5. 결론

본고에서는 창의경제 시대에서 창의산업을 개발하기 위해 어떤 전제조건이 필요하며 어떤 방식으로 근거가 마련되어야 할 것인가를 중심으로 고찰했다. 자원을 지역의 개발역량으로 이해하는 맥락에서 장소적 특수성을 농촌사회로 정할 때 기존의 도시 편향적 관점에서 발전되어온 논리가 어떻게 적용될 것인가 하는 문제의식에서 출발하여 자원을 파악하는 관점의 변화를 제안했다.

경제패러다임의 변화는 자원을 채취하는 관점의 변화가 수반되어야 함에도 획일적인 협의의 잣대로 지역 자원을 한정하는 문제점을 보이면서 기존의 경제학적 논리와 비교하여 차별화시키고자 했다. 더불어 창의경제 패러다임을 설명하기 위해 문화경제학적 관점에서 정립된 자본의 종류, 즉 경제적 자본, 사회적 자본, 문화적 자본에 대해 간략히 소개하고, 자원과 자본의 범주 또한 구별되어야 함을 강조했다.

본고에서는 각각의 개념에 대한 확실한 구분 없이 '성공사례 따라 하기' 식의 정책 및 실행방안이 초래할 수 있는, 또는 초래한 현실적인 문제들을 경계하면서 효율적이며 지속 가능한 정책 마련을 지지하고자 하는 목적으로 문화자원 매핑작업에 있어 지역의 고유성이 반영되어야 한다는 점을 피력했다.

특히 한 지역의 지속 가능한 경제발전을 전제로 할 때, 창의경제 맥락에서 반드시 의식해야 하는 문화자원개발에 대한 실제적인 접근방법을 소개하고, 창의성 발현을 위한 혁신에 대한 지표를 어떻게 구성해야 할 것인지에 대해 논하고, 그 지표를 농촌지역에서 활용할 때 유의해야 할 점에 대해서도 설명했다.

논의를 더욱 구체화하기 위해 창의산업 개발을 계획할 때 필요한 것은 무엇인지를 가늠하기 위한 목적으로 OECD와 NACE 자료를 재구성한 창의산업군 및 직업군에 대해 고찰했다. 농촌사회가 도시지역보다 창의산업 개발비율이 떨어진다는 점은 이미 연구된 바 있고(Stam et al., 2008), 예외적으로 하나의 농촌사회를 창의산업군 집약지로 조성한 사례도 있다(Harvy et al., 2012).

일시적인 금전적 가치 발현을 목표로 하는 문화상품(commodities)과 문화재화(cultural goods)을 구분할 것을 제안하고, 창의산업 개발에 있어 전형적으로 언급되는 관광산업을 전체 창의산업으로 확대해석할 경우 발생할 위험성에 대해서도 지적했다. 또한 각 지역의 수용력에 대한 검토 없이 지역 내 관광산업이 개발될 경우, 단기적인 긍정적인 효과는 기대할 수 있지만 장기적인 부정적인 효과 또한 가져올 수 있음을 지적했다.

요컨대, 지역적 특수성을 반영한 산업개발을 계획할 때 가장 중요한 점은 현재 상태에서 지역의 개발역량, 즉 자원과 자본에 대한 파악이다. 창의경제를 전제로 한 창의산업 개발을 위해서는 지역 내 현존하는 산업(소상공에서 대기업에 이르기까지)들의 혁신지수가 개발역량임을 밝히고, 유럽연합과 OECD에서 시행하고 있는 혁신지수 측정에 대해 소개했다. 더불어 현 상태를 진단하고 구체적으로 사업실행을 계획하는 단계에서 개발된 창의산업을 발전시키고 평가하기 위한 토대, 즉 문화경제학적 시각에서 고안된 경제구조 모델을 제안했다.

가치기반 경제구조가 가지고 있는 가장 큰 장점은 각 경제주체가 보유하고 있고 실현하고자 하는 서로 다른 가치를 구분하고 창의경제를 체계적으로 시현할 수 있는 기반을 제공한다는 점이다. 새로운 구조화 작업이 매핑 단계에서 중요한 이유는 각 경제주체가 내포하고 있는 가치가 뒤섞일 경우 사업실행결과물에 대해서도 뒤섞인 평가가 이뤄져 과장되거나 과소평가되는 오류가 발생할 수 있기 때문이다.

그러므로 창의성과 혁신이 가장 중요한 원동력이라고 일컬어지는 창의경제로의 전환을 도모하면서 기존의 경제학적 논리를 고수하는 물리적 차원의 자원 개발에만 집중하는 관점은 문제다. 호주를 비롯한 유럽 선진사회의 경우, 20세기 중반부터 그러한 오류가 이미 지적되었고 새로운 구조를 받아들여 변화시키고자 하는 움직임이 이미 일어나 진화해왔다. 그런데도 많은 지역정부에서 지향하는 창의지역으로의 전환(transformation)을 위한 정책 마련이 기본 토대에 대한 충분한 이해 없이 시행착오에 대한 검토가 부족한 상태에서 단시간에 복제와 붙여넣기 방식으로 계획이 마련된다면, 오히려 각 지역이 가지고 있는 수용력과 잠재능력을 저해하고 창의경제체제가 제공하는 충분한 발전 가능성을 흡수하기 어렵게 될 것이다.

훌륭한 아이디어는 그 아이디어를 알아보는 커뮤니티에서 발현될 수 있고, 자원은 실행될 수 있는 환경이 전제될 때 자원으로서 기능할 수 있다. 기본 토대에 대한 혁신 없이 물리적인 환경만 변경하는 것이 유의미하다고는 보이지 않는다.

| 참고문헌 |

Blaug, M. (1980), The methodology of economics, or, How economists explain (Cambridge surveys of economic literature; Cambridge surveys of economic literature), Cambridge etc.: Cambridge University Press.

Blaug, M. & Shaw, G. K. (1991), Economics, culture and education: Essays in honour of Mark Blaug, Aldershot etc.: Edward Elgar.

Lazzeretti, L. & Capone, F. (2008), Mapping and Analysing Local Tourism Systems in Italy, 1991-2001, Tourism Geographies, 10(2), 214-232. Florida, R. (2004). The rise of the creative class: And how it's transforming work, leisure, community and everyday life. New York, N.Y.: Basic Books.

Frey, B. S. (1997), Not just for the money: An economic theory of personal motivation, Cheltenham etc.: Elgar.

Ginsburgh, V. & Throsby, C. D. (2006), Handbook of the economics of art and culture (1st ed.), Handbooks in economics, 25; Handbooks in economics, bk. 25). Amsterdam: Elsevier North-Holland.

Harvey, D. C., Hawkins, H. & Thomas, N. J. (2012), Thinking creative clusters beyond the city: People, places and networks, Geoforum, 43(3), 529-539.

Hutter, M. & Throsby, C. D. (2008), Beyond price: Value in culture, economics, and the arts (Murphy Institute studies in political economy; Murphy Institute studies in political economy), Camvridge etc.: Cambridge University Press.

Jacobs, J. (1961), The death and life of great American cities (Vintage books, 241), New York: Random House.

Jacobs, J. (1969), The economy of cities, New York: Random House.

Klamer, A. (1983), Conversations with economists: New classical economists and their opponents speak out on the current controversy in macroeconomics, Savage: Rowman & Allanheld Publishers.

Klamer, A. (1996), The value of culture: On the relationship between economics and arts, Amsterdam: Amsterdam University Press.

Klamer, A. (2004), Visualizing the Economy, Social Research, 71(2), 251-262.

Klamer, A. (2007), Speaking of economics: How to get in the conversation (Economics as social theory; Economics as social theory), London: Routledge.

Klamer, A. (2016), Doing the Right Thing: A Value Based Economy, SEC: Hilversum.

Cooke, P. & Lazzeretti, L. (2008), Creative cities, cultural clusters and local economic development (New horizons in regional science; New horizons in regional science), Cheltenham etc.: Elgar.

Peacock, A., Rizzo, I. & Brosio, G. (1994), Cultural economics and cultural policies, Dordrecht etc.: Kluwer Academic Publishers.

Raffestin, C. (1980), Pour une geographie du pouvoir (Géographie économique et sociale, T. 13; Géographie économique et sociale, T. 13), Paris: Librairies Technique (LITEC).

Stam, E., De Jong, J. P. J. & Marlet, G. (2008), Creative industries in the Netherlands: Structure, development, innovativeness and effects on urban growth, Geografiska Annaler: Series B, Human Geography, 90(2), 119-132.

Throsby, C. D. (2013), The economics of cultural policy (Reprint.), Cambridge: Cambridge University Press.

Throsby, C. D. (2001), Economics and culture, Cambridge etc.: Cambridge University Press.

Won, Y. S. (2016), The socio-economic impact analysis of cultural capital: a new assessment of the effect, Paper presented at Conference of the Association for Cultural Economics International, Valladolid, 21–24 June.

제2부

선진국 사례

제10장

농촌문화산업

— 농촌문화산업의 정의와 잠재력

1. 서론

최근 들어 문화산업 혹은 창의산업으로 이뤄진 거시경제의 하부 부문을 묘사하기 위해 창의경제(creative economy) 개념이 부상하고 있다. 많은 나라에서 창의경제는 제조업 같은 전통 부문보다 성장속도가 빠르고 고용에도 많은 기여를 하고 있다. 창의경제 중에서 특히 흥미로운 것이 농촌지역 창의경제다. 농촌 문화산업 혹은 창의산업은 (농촌지역에) 산재해 있다는 점 때문에 독특한 특징을 가질 가능성이 높다고 볼 수 있다. 이들 센터는 라이프스타일, 노동조건, 전통적 사회관계 면에서 주요 도시 센터들과 다르다.

이 장에서는 농촌문화산업을 정의하는 방법과 그 특징을 식별하는 방법을 광역·국가 발전에 기여할 수 있는 잠재력의 관점에서 살펴본다. 이 장의 구성은 다음과 같다. 먼저 농촌창의경제에서 활용할 수 있는 기본자원을 살펴보고, 농촌문화산업을 4개 유형으로 분류하며, 마지막으로 가치와 가치화의 문제를 논한 후 미래 전망에 관한 몇 가지 의견을 제시한다.

2. 농촌창의경제의 기본자원

경제의 생산 부문을 생각할 때 경제학자들은 보통 토지, 노동, 자본을 생산의 3대 기본요소로 간주한다. 이 3가지 투입물이 제공하는 서비스를 결합하여 상품과 서비스가 만들어진다. 농촌창의경제에서 활용할 수 있는 자원을 살펴볼 때도 이 3가지 요소를 식별할 수 있지만, 대도시권 밖에서는 그것들이 독특한 특징을 가질 가능성이 높다. 또한, 이 3가지 요소와 더불어 문화 산출물의 생산을 지원하는 기본자원에 인프라도 추가하는 것이 적절하다.

이 3대 기본자원의 일반기능과 농촌문화산업에서 관찰할 수 있는 구체적인 기능은 다음과 같다.

① 토지: 도시에서 토지이용에 영향을 주는 공급제약사항이 농촌지역에서는 줄어들 가능성이 크며, 지가에도 그것이 반영된다. 문화경관(cultural landscape) 현상 역시 농촌지역에서 더 유의미할 가능성이 높다. 역사적 건물 같은 문화항목의 존재로 농촌경관이나 도시경관이 향상되는 것이 그 예다.

② 노동: 농업을 떠나는 잉여노동 때문에 (농촌의 문화산업에서는) 노동력이 부족할 가능성이 적다. 농촌지역 문화산업 발전은 (농촌현실에) 불만을 가진 청년들에게 좋은 일자리를 제공하여 도시이주를 막는 역할도 할 수 있다.

③ 자본: 통상적으로 말하는 5가지 형태의 자본(즉 물리적 자본, 인적자본, 사회적 자본, 문화자본, 자연자본)이 존재할 가능성이 높지만, 농촌지역에서는 문화자본과 자연자본의 역할이 부각될 것이다.

④ 인프라: 기본 인프라에는 교통과 통신이 포함되며, 여기에는 특히 초고속인터넷 제공이 포함된다.

3. 농촌 문화자본의 역할

문화자본 항목들은 경제적 가치와 문화적 가치를 모두 가진 유·무형 자산이다(Thorsby, 2001). 농촌 맥락에서 유형문화자본에는 다음과 같은 것이 포함된다.

① 농촌지역에 있는 역사적 건물과 사적지: 오래된 소도시나 마을 같은 역사적 중심지에 모여 있는 건물
② 지역 문화기관: 역사적 중요성을 가진 문서보관소(archives)와 소장품(collection) 포함

이런 유형의 문화자본은 관광객의 관심을 끌 수 있다. 실제로 농촌문화산업은 박물관, 갤러리, 고고학 사적지, 전통상품 판매점 등을 통해 지역에 상당한 수입을 창출할 수 있다. 또한, 지역의 유형문화자본 자산들은 축제 등 다양한 방식을 통해 관광객 유치에도 기여할 수 있다. 농촌 유형문화자본 자산의 예는 다음과 같다.

① 지역 전통, 관행, 의식
② 예술가와 장인이 보유한 기술
③ 지역 특유의 음악과 문학
④ 전통지식

일반적으로 경제학에서는 자본자산 스톡(stock)과 그것이 생산하는 서비스 플로(flow)를 구분한다. 〈그림 10-1〉은 문화자본에서 자본 스톡을 구

성하는 다양한 항목들과 그것이 제공하는 여러 서비스 플로를 나타낸 것이다.

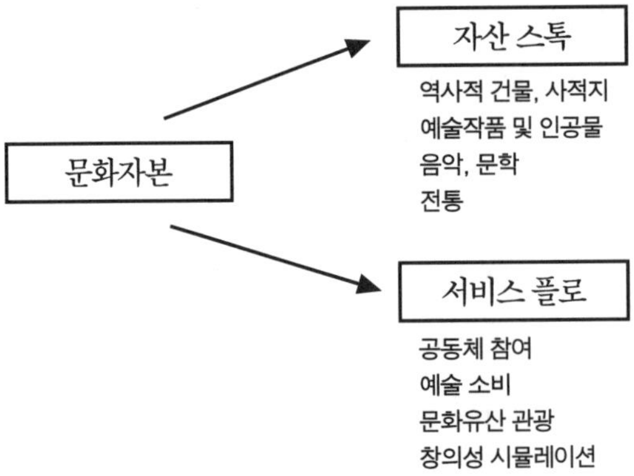

〈그림 10-1〉 문화자본

문화자원을 자본자산으로 해석하면 이들 자산의 보전이나 개선을 목표로 하는 모든 프로젝트에 투자평가에 사용되는 도구와 방법을 적용할 수 있다. 이런 방법을 이용해서 농촌문화자본을 일정 방식으로 동원하는 것과 관련된 지출을 평가할 수 있다.

4. 농촌 맥락에서의 문화산업

다음으로는 농촌 맥락에서 관찰되는 문화산업을 몇 가지 유형으로 분류하는 방안을 제안한다. 4가지 유형이 제안된다.

① 지역 전통문화상품과 서비스를 생산하는 문화산업

② 전통농업 관련 문화산업

③ 대도시권 밖에서 새로운 문화상품과 서비스를 생산하는 문화산업

④ 지역 문화 자본을 활용한 일회성 행사나 정기행사

이 4가지 유형 각각의 특징을 살펴보자.

(1) 지역 전통문화상품과 서비스를 생산하는 문화산업

한 경제 내에서 창조 부문의 경계는 그것에 포함되는 것으로 간주되는 다양한 산업들에 의해 정의된다. 창의경제를 정의할 때 고려해야 할 산업의 목록은 국가별로 다르다. 하지만 대부분 국가의 정의에서 공통적으로 나타날 산업들의 전체 목록을 참고용으로 만드는 것은 가능하다. 〈표 10-1〉이 그것이다. 특정 농촌창의경제에서는 그중 일부만 해당될 가능성이 크다.

〈표 10-1〉 창의산업: 전체 목록

광고	박물관, 갤러리, 도서관
건축	출판, 인쇄매체
디자인	소프트웨어
패션	스포츠
영화, 비디오	극장, 춤
전통 서비스	TV, 라디오, 방송매체
문학	비디오게임
음악	시각예술, 공예, 사진

문화산업이나 창의산업이라는 용어를 쓰는 것이 적절한지에 관해서는 그간 많은 논의가 있어왔다. 실제로 이런 딜레마는 '문화적', '창조적'

이라는 형용사의 뜻을 명확히 하는 것으로 해결할 수 있다. 이런 점에서 우리는 다음과 같이 제안할 수 있다.

① 창의산업: 창의성이 식별 가능한 주요 투입물인 산업
② 문화산업: 구체적인 문화상품과 서비스를 생산하는 산업

문화산업을 이렇게 정의하면 문화상품과 서비스를 정의해야 한다. 일반적으로 수용되는 정의에 따르면 이들 상품은 3가지 특징을 가진다.

① 제조에 창의성이 필요하다.
② 문화 콘텐츠를 통해 모종의 상징적 의미나 메시지를 전달한다.
③ 지적재산권의 요소를 최소한 일부라도 구현하고 있다.

여러 문화산업의 작동방식과 그 관계를 이해하려면, 문화산업에 관한 논리적으로 구축된 구조모형(structural model)이 있어야 한다. 〈그림 10-2〉의 동심원모형이 그것이다. 이 모형은 여러 문화산업을 문화 콘텐츠와 상업 콘텐츠의 비율에 따라 연속으로 표시한다. 가장 안쪽의 동심원에는 문화 콘텐츠의 비율이 가장 높고, 바깥쪽으로 나가면서 문화 콘텐츠의 비율이 점점 더 낮아진다(Throsby, 2008). 이 모형은 문화 투입물의 근원이 창조적 아이디어에 있으며, 가장 중심에 있는 핵심적인 창조적 예술이 그것을 만들어낸다고 가정한다. 이 아이디어들은 바깥쪽으로 이동하면서 모델 여러 층의 생산 프로세스와 경제 전체에서 사용 · 변용 · 확대된다. 핵심 산업에서 개발되고 함양된 기술과 재능 역시 중심에서 바깥쪽으로 이동하며, 그것을 통해 다양한 문화산업과 비문화산업에 창조적 노동자를 제공한다.

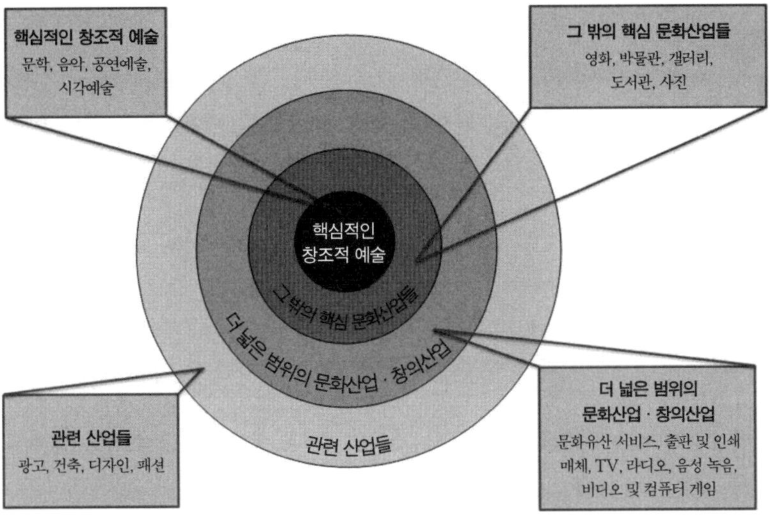

〈그림 10-2〉 문화산업 · 창의산업의 동심원모형

문화산업에 관한 위의 논의는 일반적인 것으로, 농촌지역에 관한 구체적인 언급은 없다. 하지만 실제로 위에서 제시된 원리는 국가경제 전체의 문화 부문에 적용되기 때문에 농촌문화경제에도 적용된다. 유일한 차이는 규모(scale)다. 예를 들어 한국경제 전체에는 〈그림 10-2〉와 같은 모든 산업이 존재하지만, 특정 농촌지역에는 훨씬 적은 것만이 존재할 것이다. 그럼에도 불구하고 아이디어 확산 및 기술 · 인재 이동은 동일하게 일어난다.

전 세계 농촌지역에 존재하는 전통적인 문화산업의 예는 다음과 같다.

① 안동 하회마을: 오래된 건축양식과 더불어 춤, 가면, 의식 등 관광객의 흥미를 끄는 요소가 많음

② 시칠리아 섬 칼타지로네(Caltagirone)의 전통 도기: 독특한 도자기로 유명

③ 태평양 제도의 음악과 춤: 자체적인 목적과 관광을 위해 수행되고 있음

④ 인도의 패션 디자인: 인도 농촌의 몇몇 의류 제조업체는 전통적인 직물을 이용해서 옷을 디자인하며, 수출이 가능할 정도로 발전할 수도 있음

(2) 전통농업과 연결된 문화산업

농업은 농촌경제의 주역으로, 전통농법(예를 들면, 작물경작이나 가축사육)을 통해 매우 오래된 문화적 뿌리를 가지고 있다. 좀 더 일반적으로 말해서 농업사회의 생활방식은 오래된 문화전통을 반영한다. 따라서 농업과 농촌 문화산업 간의 연결고리는 매우 밀접할 수 있다.

한 농촌지역의 문화적 특성과 농업적 특성을 결합하는 토지이용과 관련하여 몇 가지 분류체계가 존재한다. 첫째, UN 세계지적소유권기구(World Intellectual Property Organisation: WIPO)는 GI(Geographical Indicators) 시스템을 제시했는데, 이 시스템은 1990년대 초에 체결된 TRIPS[1] 협정에 기원을 두고 있다. 한 지역이 GI 인증을 받으면 지역 농산품을 차별화하고 무단으로 지역 브랜드가 도용되지 않도록 할 수 있다. 점점 더 많은 수의 국가들(특히 아시아와 아프리카)이 이 시스템을 이용하여 커피, 차, 아르간오일, 바닐라, 꿀 등 다양한 농산품을 생산하는 지역을 등록하고 있다(WIPO, 2014). 경우에 따라 이 시스템은 수공예품에도 적용될 수 있다. 페루 출루카나스(Chulucanas)의 도기가 대표적이다.

이와 비슷한 농업지역 분류시스템이 유엔 FAO(식량농업기구)가 운영하는 세계중요농업유산(GIAHS: Globally Important Agricultural Heritage Systems)이다

---

1 무역관련 지적재산권에 관한 협정.

(WIPO, 2014)[Koohafkan and Altieri, 2011]. 이 시스템은 특정 지역에서 오랜 세월 동안 사용되어온 농법의 문화유산적 가치에 초점을 맞추며, 생태서비스 및 문화서비스 제공자로서 전통농민이 수행하는 역할을 인정한다. 중국, 인도네시아, 필리핀, 이란, 한국(청산도)의 다락논과 고대 전통지식에서 유래한 멕시코, 페루, 볼리비아의 섞어짓기[2] 농업시스템이 대표적이다.

농촌지역의 농업특성과 문화특성을 연결시키는 마지막 분류체계는 산지(terroir) 기반 경제로 이 개념은 프랑스 와인 생산지와 관련이 깊지만, 치즈, 쌀, 홍차 같은 다른 농산품에도 적용된다. 산지 개념은 순전히 지리적인 측면 이외의 여러 측면을 연상시킨다. 정체성과 역사의 문화적 함의, 경관의 미학적 특성, 생산·고용·지역발전에 토지가 기여하는 부분, 브랜드화(branding)와 지적재산권 보호의 법적 측면이 대표적이다. 산지의 특성에 관해서는 다양한 관점(과학적·사회적·문화적 관점 등)에서 탐구가 이뤄졌다(Douguet and O'Connor, 2003). 이와 관련된 한국의 예는 보성 녹차밭이다. 보성의 토양과 기후는 독특한 녹차를 재배하는 데 적합한 조건을 제공하며, 이런 점에서 이 지역은 전술한 테루아의 특성을 대부분 보여준다.

(3) 대도시권 밖에서 새로운 문화상품과 서비스를 생산하는 문화산업

이 범주는 대도시권 밖에 설립되었거나 그럴 수 있는 문화산업을 가리키지만, 농촌지역에 문화산업을 설립하거나 사업장을 농촌으로 옮기는 이유는 다양하다. 예를 들어 시각예술가나 공예인이 도시의 높은 비용 때문에 스튜디오 비용 등이 더 저렴한 농촌으로 이주할 수 있다. 특정 분야에 속한 한두 사람이나 소규모 창조적 사업체가 특정 농촌지역으로 이주한 것을 계기로 같은 일을 하는 다른 사람들이나 사업체들이 몰려들게 될

---

2 multiple cropping: '치남파 농업시스템(Chinampa Agricultural System)'이 유명하다.

수 있으며, 이런 과정이 계속 진행되면 어느 순간에는 그곳이 창조적 활동이 많이 이뤄지는 지역으로 인정받게 된다.

대표적인 예가 호주 뉴사우스웨일스(New South Wales)로, 이곳에서는 주정부 정책이 창조적인 사람들과 사업체들의 농촌 이주를 장려해왔다. 이 전략에는 지역 인프라 통합, 네트워킹 및 협력, 금융, 기술 및 사업개발 등 다양한 정책개입이 포함되어 있다. 이 전략은 호주 정부의 분권화 전략과 결합되어 있지만, 이런 문화활동이 이뤄지는 시골에도 득이 될 수 있다. 경제활동 부흥, 지역공동체의 문화적·사회적·시민적 개입 증대 등의 효과가 발생하기 때문이다.

(4) 지역 문화자본을 활용한 일회성 행사나 정기행사

농촌 문화자본을 동원하는 방법 중 하나가 지역 유·무형 문화자원을 활용한 축제나 시장의 조직이다. 이런 행사는 전 세계 여러 농촌 도시와 마을에서 많이 진행되고 있으며, 지역공동체 참여와 국내외 관광객 유치에 도움이 되는 방식으로 지역 및 전통문화를 활용한다. 한국에서도 여러 지역에서 다양한 시기에 많은 축제가 열리고 있다. 지역 농업전통에 초점을 맞춘 김제 지평선축제와 지역 특산품을 알리는 양양 송이축제가 대표적이다.

5. 가치와 가치화

농촌문화산업에 대한 모든 고려에서 이들 산업이 지역 경제와 사회에 가지는 가치에 관한 문제가 제기될 가능성이 크다. 여기에 답하려면, 문화산업 · 제품 · 경험 등이 어떤 유형의 가치를 창조하는지 밝혀야 한다. 예술상품 · 서비스와 그 밖의 문화상품 · 서비스의 가치부여에 유용한 접근법 중 하나가 경제적 가치와 문화적 가치를 구분하는 것이다. 문화현상의 경제적 가치는 돈으로 환산할 수 있는 가치들로 구성된다. 반면, 문화적 가치는 다면적 개념으로, 단일 단위로 표시할 수 없다.

예술 · 문화상품의 경제적 가치를 해석하는 통상적인 방식은 상품 소비자에게 돌아가는 시장가치(또는 사적가치)와 더 넓은 범위의 사람들이 경험하는 공공재(비시장가치)를 구분하는 것이다. 〈그림 10-3〉에 이들 가치유형이 제시되어 있다. 예술 · 문화의 비시장가치는 ① 사람들이 그 예술의 존재에 가치를 부여하고, ② 미래에 그것을 소비할 수 있는 옵션을 보전하고 싶어 하며, ③ 그것을 미래세대에 물려주고 싶어 할 때(유산가치) 생긴다.

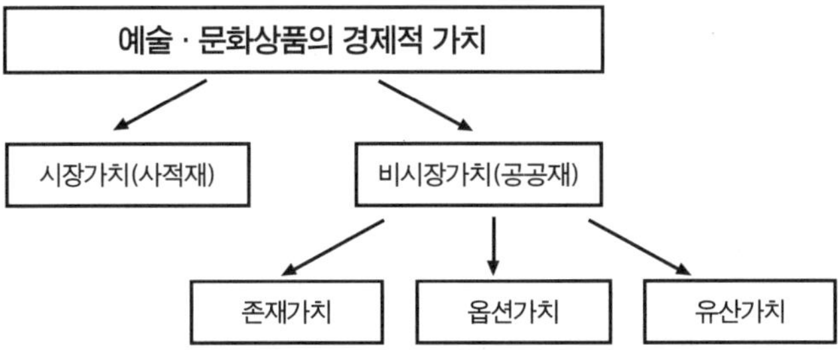

〈그림 10-3〉 문화상품 · 서비스의 경제적 가치

농촌문화산업은 다음을 통해 경제적 가치를 창조한다.

① 농촌지역에서 생산되는 문화상품 · 서비스의 시장가치
② 문화산업에서 생산되어 지역민이 경험하는 공공재의 비시장가치
③ 해당 농촌지역과 그 밖의 지역으로 파급되는 경제적 영향

농촌문화산업은 다음을 통해 문화적 가치를 창조한다.

① 농촌지역에서 생산되는 전통적인 예술·문화상품·서비스의 내재 가치 표현
② 지역민이 지역 문화에 창조적으로 참여하게 함
③ 젊은 세대가 지역 문화전통을 알도록 함

농촌창의경제가 창출하는 가치를 평가하려면 가치를 발생시키는 이런 원천들을 모두 고려해야 한다. 문화산업을 포함하는 농촌발전전략은 창조되는 모든 가치에 대한 고려를 통해 경제발전과 문화발전을 연결시킴으로써 발전의 이 두 차원이 함께 진행되게 할 수 있다.

6. 결론

이 논문은 문화산업의 일반 개념과 그것이 지속 가능 발전에서 수행하는 역할을 농촌창의경제라는 구체적인 사례에 적용할 수 있음을 지적했다. 농촌사회의 구체적인 특징과 대도시권 이외 지역의 경제적·사회적·문화적 삶을 지탱하는 전통을 농촌발전전략 구축을 위한 독특한 기반으로 간주할 수 있다. 국가정부와 지역정부의 농촌발전전략에서 이런 점이 인정되어야 하며, 여러 정부 부서와 모든 수준의 정부들을 통합하고 조율하는 협력적 공공정책 개발이 이뤄져야 한다. 또한 지속 가능한 농촌발전에서 예술과 문화가 수행하는 역할을 증진하는 데 민간부문이 참여할 가능성도 많다. 예를 들어, 문화발전 프로젝트 자금조달과 실행에서

민관 파트너십이 구축될 가능성이 있으며, 대기업과 소기업이 문화축제에 대한 후원과 그 밖의 지원을 통해 지역 문화활동에 참여하는 데 경제적·사회적으로 관심을 가질 수도 있다.

전체적으로 볼 때 문화산업이 지역농촌문화의 독특한 전통을 인정하고 찬양함으로써 농촌지역의 경제적·문화적 발전에 상당한 기여를 할 수 있다고 주장할 수 있다. 국가 및 지역 정책결정자들은 창의력 넘치는 발전전략 수립을 통해 이를 촉진하고 장려하는 중요한 역할을 수행할 수 있다.

| 참고문헌 |

Douguet, Jean–Marc and Martin O'Connor (2003), 'Maintaining the integrity of the French terroir: a study of critical natural capital in its cultural context', Ecological Economics, 44: 233–254.

Koohafkan, Parviz and Miguel A. Altieri (2011), Globally Important Agricultural Heritage Systems: A Legacy for the Future, Rome: Food and Agriculture Organization of the United Nations.

Throsby, David (2001), Economics and Culture, Cambridge: Cambridge University Press.

Throsby, David (2008), 'The concentric circles model of the cultural industries', Cultural Trends, 17(3):147–164.

World Intellectual Property Organization (2014), Proceedings of Worldwide Symposium on Geographical Indications, Bangkok, Thailand, 27–29 March 2013, Geneva: WIPO.

제11장

농촌이 가진 창의성의 약점 극복하기
— 캐나다 프린스에드워드 카운티(Prince Edward County) 사례

1. 서론

21세기 지역경제 번영은 창의성과 혁신에 달려 있다. 경제생산 중심점으로 도시의 중요성은 점점 더 커지고 있다. 이는 지식 주도 경제에서 점점 더 뒤처지는 징후를 보이고 있는 농촌 지역공동체에 우려할 만한 트렌드다. 이는 우리가 생각했던 것과는 다른 상황전개다. 인터넷 시대가 열리던 몇십 년 전만 해도 새로운 정보통신기술(ICT) 때문에 모든 곳에서 새로운 형태의 노동을 할 수 있게 될 것이라 전망했다(Cairncross, 1997). 사람들이 도시생활의 스트레스 없이 농촌과 외딴 곳에서 행복하게 일하는 목가적 모습이 그려졌다. 하지만 네트워크에 기반을 둔 대면접촉의 중요성이 과거 어느 때보다 커짐에 따라 도시의 지배력은 점점 더 커졌다. 신기술이 직접적인 대인관계를 대체하기보다는 주로 그것을 강화하는 역할을 했기 때문이다(Storper & Venables, 2004). 대부분 농촌에는 네트워크가 구비되지 않았기 때문에 이 역시 직접적인 대인관계를 강화하는 데 기여했다. 도시의 역동성 때문에 경제적·사회적 기회를 찾는 젊은이들이 전례 없는 속도로 도시로 끌려들고 있으며, 그 결과 마을과 농촌 지역공동체에서 인구가 점차 감소하고 있다(Moos, 2014). 농촌지역이 극복해야 할 도전도 점점 더 커지고 있다. 그것을 극복하려면 지역공동체가 경제발전을 더욱더 전략적으로 추진해야 한다. 자신들이 가진 독특한 환경·문화 자산을 분명하게 파악해서 발전시켜야 한다. 이 장에서는 캐나다의 농촌창의경제 성공사례로 온타리오 주에 있는 프린스에드워드 카운티(Prince Edward County) 사례를 살펴본다.

캐나다는 풍부한 자연자원과 강력한 농촌유산을 가진 광대한 나라다. 캐나다는 인구의 과반수와 경제생산의 대부분이 대도시에 집중된 도시 중심 국가로 성장했다. 자연자원 고갈과 농산품 가격의 영구적 하락 때문에 많은 농촌 지역공동체가 불황에 빠졌다. 전통적인 지역경제 재편을 통해 지식경제에서 번영해야 할 필요가 시급해졌지만, 명확한 해법은 존재하지 않는다. 바로 이런 이유 때문에 지난 10여 년 동안 번영을 구가해온 프린스에드워드 카운티 같은 농촌 지역공동체가 중요한 사례가 된다. 프린스에드워드 카운티는 인구 약 2만 5천명의 전통적인 농업 지역공동체로, 캐나다 최대의 도시인 토론토에서 동쪽으로 약 200㎞ 떨어져 있다. 이 카운티는 지역 와인산업과 로컬푸드 운동을 기반으로 활기 넘치는 창의경제를 확립하는 데 성공했다. 강력한 관광산업 덕분에 예술·문화 부문이 강화되어 결국에는 최신 경제개발 모델에서 가장 소중하게 생각하는 요인인 숙련된 노동자들이 선택하는 장소가 되었다.

프린스에드워드 카운티의 성공은 사람들의 관심을 끌었다. 다른 지자체들 역시 독자적인 농촌창의경제 전략 채택을 통해 프린스에드워드 카운티의 성공을 모방하려 시도하기 시작했다. 이 글에서는 이런 경제개발 정책을 다른 지역에 이식하는 방법에 관한 교훈을 얻기 위해 온타리오 주 무스코카(District of Muskoka) 사례를 살펴본다. 농촌 지역공동체가 극복해야 할 공통 문제들도 존재하지만, 성공을 위해서는 각 지역이 지역 특장점을 발전시켜야 한다. 농촌 지역공동체가 극복해야 할 공통의 도전으로는 젊은 층 보유, 계절성, 관광객 유치 경쟁 격화, '외부' 아이디어를 잘 믿지 않는 보수적 가치, 구시대적 경제개발모델의 집요한 존속 등이 있다. 궁극적으로, 농촌창의경제 전략은 구체적인 지역 자산 및 지식을 발전시켜 장소의 경쟁력을 향상시키는 것이다. 프린스에드워드 카운티는 와인, 먹을거리, 예술·문화로 성공했지만, 이 모델의 한계도 깨달았다. 그 결과, 지역에 회사를 설립하고자 하는 기술 기업인들에게 벤처자본을 공급하는 프로그램을 출범시켰으며, 이 프로그램은 현재 성공 조짐을 보이고 있다. 또한 창조적 공동체의 존재가 재능 있는 사람들을 끌어들이는 역할을 한다는 점 역시 인식되었다. 이는 농촌창의경제의 궁극적인 확장으로, 경제 전반에 걸친 파급효과를 통해 더 지속 가능하고 다양한 경제기반을 만들어 낸다.

2. 창의적 과정의 지리학

전통적으로 심리학자들이 창의성에 관한 연구를 많이 수행했다. 초기에 이 분야 연구는 몇몇 사람이 다른 사람들보다 더 창조적인 행동을 하는 이유를 주로 조사했다(Guildford, 1950; Lubart, 2001). 인간의 창의성에 관한 이해는 크게 두 가지 접근법으로 분류할 수 있다. 선천적(nature) 관점과 후천적(nurture) 관점이 그것이다. 선천적 관점을 취하는 이들은 뇌의 생리적 특징에 대한 조사를 통해 창의성의 비밀을 밝히고자 했다(Martindale, 1999). 반면, 후천적 관점을 취하는 연구자들은 창조적인 사람들의 인생행로에 초점을 맞춰 아동발달(Runco, 1987), 교육(Torrance, 1965), 성장과정(Simonton, 2000)을 면밀하게 살펴봤다. 시간이 지남에 따라 창의성에 관한 연구는 진화하여 사회심리학의 요소를 많이 포함하게 되었으며, 그 결과 사회적 맥락과 대인관계가 선천적·후천적 요소들만큼이나 중요해지게 되었다(Amabile T., 1996).

창의성을 유용하거나 가치 있는 새로운 아이디어를 도입하는 과정으로 이해하면, 그것에 영향을 미치는 많은 사회적 투입(social input)을 생각해 볼 수 있다(Boden, 1994; Sternberg & Lubart, 1999). 먼저, 새로운 아이디어를 기존 지식의 새로운 조합으로 생각할 수 있으며(Jacobs, 1969; Weitzman, 1998), 이런 지식은 주로 사회적 상호작용에서 생긴다. 이 과정의 나머지 절반 역시 본질적으로 사회적이다. 궁극적으로 새로운 아이디어의 가치는 다른 사람들이 판단하기 때문이다. 따라서 다양한 사람과 아이디어에 노출되는 것이 창의성의 핵심 중 하나다. 사람들과의 상호작용이 비슷한 지식을 가진 사람들로 한정되면, 새로운 조합의 가능성이 줄어든다. 지나치게 다양성이 큰 것 역시 문제가 될 수 있다. 차이가 너무 커서 사람들이 자신이 아는 것을 서로에게 효과적으로 소통하고 배울 수 없게 되기 때문이다. 이와 동일한 일반원칙이 가치의 존재 여부에도 적용된다. 예전 것보다 약간만 새롭거나 다른 것은 추가적인 가치를 제공하지 못할 가능성이 크다. 반대로, 근본적으로 새롭거나 다른 것은 제대로 이해되지 못하면 전면 거부될 가능성이 매우 높다. 이런 점에서 '최적 인지거리(optimal cognitive distance)' 개념을 적용할 수 있다(Nooteboom, 2000). 그 함의는 창의성 출현 가능성을 극대화하는 사회적 환경이 존재한다는 것이다.

창조적 결과물 생산을 위해 복잡한 사회적 투입물의 그물망이 필요하다는 인식 덕분에 창의성 연구에 또 다른 연구 분야가 열렸다. 사회심리학에서부터 교육학, 경영학, 경제학, 지리학에 이르기까지 이제는 많은 다른 관점에서 창의적 과정이 연구되고 있다. 창의성 연구에는 최적 그룹 구성(Nemeth & Nemeth-Brown, 2003), 조직행동(Amabile, Conti, Coon, Lazenby & Herron, 1996), 사람들이 창의성을 발휘하게 만드는 동기부여 요인(Ambrose & Kulik, 1999) 등의 주제가 포함된다. 동기부여 연구의 핵심 결과는 내재적인 동기 때문에 창의성을 발휘하는 경우가 대부분이라는 것이다. 다시 말해, 일반적으로 사람들이 창의성을 발휘하려는 욕구를 이미 가지고 있으며, '창의성을 더 발휘하게' 하는 외부보상이나 덜 발휘하게 하는 처벌은 별로 영향을 미치지 못한다. 반면, 연구에 따르면 학생들의 창의성을 북돋우고 싶은 교사나 직원들의 창의성을 끌어내고 싶은 경영자는 창의성이 발전할 수 있는 최적 환경조건을 구축하는 데 초점을 맞춰야 성공확률을 가장 높일 수 있다(Amabile T. M., 1998). 이것이 회사 경영자에게 매우 중요한 교훈이기는 하지만, 더 큰 규모의 지역공동체에도 마찬가지로 중요하다. 모든 장소에서 똑같은 정도로 창의성이 출현하지 않는다는 점은 잘 알려져 있다. 몇몇 지역공동체가 다른 곳보다 훨씬 많은 창의성을 산출하고 있다. 예를 들어, 캐나다 최대의 대도시권 3개는 국가 인구의 3분의 1을 수용하며, 창의·문화산업 고용의 절반 이상을 차지한다(Spencer G. M., 2015). 몇몇 장소들에 창의성이 집중되어 있을 뿐만 아니라, 가장 규모가 크고 다양성이 풍부한 도시들에서 창의성이 집중되는 경향이 나타난다(Spencer G. M., 2011).

3. 창의성 측면에서 도시가 가진 장점

도시가 창의성의 허브라는 개념은 오랫동안 존재해왔다(Jacobs, 1969). 다양한 시기의 몇몇 도시들이 미술·음악·문학의 큰 운동과 연결되어 있는 것으로 보통 간주된다(Hall, 1998). 이런 패턴이 지속되는 이유에 관한 설명을 하기 전에 몇 가지 용어를 명확히 하는 것이 중요하다. 구체적으로, '창의성(creativity)'을 '문화(culture)'와 혼용하지 말아야 한다. 문화는 모든 곳에서 발견된다. 문화는 사람들이 공통경험을 통해 공동의 정체성을 구축하는 방식으로, 사회적 행동을 규제하는 데 도움을 준다. 창의성은 문화가 진화하는 메커니즘이다. 다른 문화를 가진 사람들이 충돌하면 창조적 프로세스에 불이 붙는데, 그 이유는 문화 간 교류로 새로운 조합이 생겨날 수 있기 때문이다(Ottaviano & Peri, 2006).

또한 '창의성'을 '혁신'과 같은 의미로 사용해서도 안 된다(Spencer G. M., 2015). 혁신은 측정 가능한 개선을 이루는 의도적이고 전략적인 과정이다. 혁신은 기술 · 과정 · 조직을 더 빠르고, 더 강하고, 더 효율적으로 만드는 것을 가리킨다. 혁신에 창의성이 필요할 수 있음은 분명하지만, 둘은 별개의 과정으로 생각해야 한다. 구체적으로, 창의성은 실증적이 아니라 사회적으로 평가되며, 혁신처럼 공식적으로 측정하는 것이 불가능하다. 새로운 노래, 그림, 소설이 예전 것보다 'x' 배 낫다고 말할 수 없다.

마찬가지로, '창의성'은 '과학적 발견'에서 도출된 새로운 지식에도 정확하게 적용되지 않는다(Kulkarni, Walker & Broyles, 1996). 과학적 발견으로 새로운 지식을 도출할 때는 물질세계에 관한 이해를 얻는 것이 수반된다. 예를 들어, 물 분자가 수소원자 2개와 산소원자 1개로 이뤄져 있다는 지식은 '창조되었다'고 할 수 없다. 그것은 이미 존재하고 있기 때문이다. 또한 세계 각지의 연구자들이 같은 문제를 연구하면 정확히 같은 결론에 도달한다. 발견 과정과 결과물을 기술하는 방식에 사회-문화적 투입이 어느 정도 작용하기는 하지만, 생산된 지식은 궁극적으로 보편적이며 문화에 따라 달라지지 않는다.

이런 구분의 핵심 포인트는 창의적 과정에 다른 형태의 지식생산과는 구분되는 사회적 역학(social dynamics)이 존재한다는 것이다. 중요한 점은 창의성 방정식의 절반에 해당하는 새로운 조합과 해석이 각기 다른 경험을 가진 사람들 간의 사회적 상호작용에서 나온다는 것이다. 나머지 절반은 긍정적 피드백 메커니즘을 촉발시키고 새로운 형성물에 가치를 부여하는 추가적인 상호작용을 특징으로 한다. 창의성이 사회적 환경에 크게 의존하는 사회적 과정이라면, 지역공동체의 사회적 구성이 창의적 과정에 영향을 미칠 것이다. 요컨대, '창의성의 지리학(geography of creativity)'이 존재한다.

이 대목에서 정보통신기술의 역할과 관련된 지적을 하나 하고 싶다.

인터넷 시대에 지리적 근접성이 아직도 중요한 이유를 살펴야 하는 이유는 그것이 지역경제발전과 관련되기 때문이다. 1990년대에 시작된 정보통신기술 혁명 초기에는 기술 덕분에 사람들이 모든 곳에서 가상으로(virtually) 일할 수 있게 될 것이라는 전망이 많았다(Cairncoss, 1997). 이 모델은 거리가 더 이상 중요하지 않다면 도시가 경제 엔진으로서 더 이상 중요하지 않게 될 것이라고 주장했다(Morgan, 2004). 하지만 도시, 특히 다양성과 연결성이 가장 풍부한 초대형 도시들의 경제적 중요성은 점점 더 커졌다. 정보통신기술이 비인접관계의 성장을 촉진한 것은 분명하지만, 그 주된 역할은 기존 오프라인 관계들을 대체하기보다는 강화한 것이다. 다른 사람들과의 대면접촉은 예전만큼 여전히 중요하며, 특히 암묵지식(tacit knowledge)의 형성과 전수에서는 더욱 그렇다(Gertler, 1995). 이런 지식은 문화의 중요한 기초다. 그 결과 지역 문화가 지구적 경제체계에서 계속해서 중요한 역할을 수행하고 있다(Granovetter, 1985).

대도시가 지식기반경제에서 다양한 내재적 장점을 가지고 있기는 하지만, 그중 가장 중요한 것 중 하나가 상대적으로 더 많은 창의성을 만들어낼 수 있는 능력이다(Buttencourt, Lobo & Strumbsky, 2007). 여기에는 엄청난 수학이 적용된다(Spencer G. M., 2012). 창의적 과정을 기존 지식 집합을 새롭게 조합하는 것으로 정의하면, 다양한 사람과 집단을 물리적으로 집중시키는 장소는 더 많은 가능성을 가지게 된다. 한 장소에서 사람의 숫자와 다양성 수준이 증가하면, 가능한 새로운 조합의 숫자는 기하급수적으로 늘어난다. 다양성이 풍부한 대도시는 관용성도 더 크다. 이런 환경 때문에 새로운 사람과 아이디어에 더 개방적인 태도를 취하고 집단적 사고를 받아들일 위험이 줄어든다. 새로움을 의심스럽게 바라보지 않고 소중한 것으로 여길 가능성이 커진다. 많은 농촌 지역공동체는 스펙트럼의 반대편 끝에 위치해서 인구 숫자도 적고 더 동질적이다. 이런 환경은 창의적 과정에 악영향을 미칠 가능성이 크다. 새로운 조합의 가능성은 줄고, 새로운 아이디어에 대한 저항은 커진다. 다양성이 높은 대도시가 '창의성의 규모의 경제(creative economies of scale)'를 가진다면, 농촌 장소들은 '창의성의 약점(creative disadvantage)'을 가진다.

4. 농촌이 가진 창의성의 약점 극복하기

농촌지역이 도시에 비해 가진 주된 장점은 토지다. 토지는 먹을거리, 에너지, 건축자재를 제공할 수 있다. 단순히 이들 요소를 가지고 있는 것으로 농촌지역에 장점이 생기지는 않으며, 그것들에 관한 지역공동체의 지식이 진정한 차이를 만든다. 농촌 지역공동체가 도시 지역공동체만큼 많은 문화를 보유하고 있다는 점은 강조되어야 한다. 농촌 지역공동체에 부족한 것은 가능성으로, 가능성 부족 때문에 창의적 잠재력이 줄어든다. 농촌 지역공동체가 창의적일 수 없다는 이야기가 아니라, 도시 지역공동체의 창의적 결과물 총량을 따라갈 수 없으며 그렇게 하려고 해서도 안 된다는 이야기다. 그 대신, 농촌 지역공동체는 자신들의 창의경제 개발에 더 적극적이고 전략적인 태도를 취해야 한다.

농촌창의경제 개발전략의 출발점은 지역공동체의 독특한 환경·문화 자산의 식별로 시작되어야 한다. 보통 이들 자산은 서로 깊게 연결되어 있다. 물리적 환경이 농촌문화의 구심점 역할을 해서 지역 이야기들을 형성하고 공동 정체성을 만들어내는 경우가 많기 때문이다(Bunting & Mitchell, 2011). 어느 공동체의 문화와 지식 중 어떤 것이 지역 특유의 것인지 이해하는 것은 매우 중요하다.

도시 장소들은 많은 부분에서 농촌 장소에 의지한다. 여기에 먹을거리, 에너지, 기타 자연자원 등이 포함된다는 점은 비교적 자명하지만, 농촌 장소들의 문화적 자원은 종종 간과된다. 생닭을 먹을 수 없듯이 방금 벤 나무는 의자가 아니다. 두 경우 모두 하나를 다른 것으로 전환시키는 지식이 필요하다. 바로 여기서 가치가 발생한다. 많은 경우 이런 지식은 주요 시장보다 원재료의 원천 근처에 존재한다. 하나의 제품에는 어느 정도의 정통성(authenticity)이 부여되며, 여기서는 재료의 지리학과 부가가치가 밀접하게 관련된다. 로컬푸드 운동과 많은 공예품이 대표적인 예다. 이 원리를 기반으로 지역경제개발전략을 구축하는 것이 창의경제에서 경쟁력을 확보하고자 하는 농촌 지역공동체에 필수적이다.

5. 농촌창의경제의 '다섯 기둥 모델'

캐나다 온타리오 주 프린스에드워드 카운티는 창의성과 지식에 기반을 둔 전략을 이용해서 경제를 개발하고자 하는 다른 농촌지자체에 많은 교훈을 준다. 이 장의 나머지 부분에서는 지난 10여 년 동안 수행된 컨설팅 프로젝트, 학술연구, 학생 프로젝트들을 기반으로 프린스에드워드 카운티 사례를 살펴본다(Baeker, Miller, L., Spencer & Taylor, 2009; Stolarick, Denstedt, Donald & Spencer, 2010; Shyllit & Spencer, 2011; Spencer G., 2013). 농촌창의경제의 '다섯 기둥 모델'은 이들 연구에서 제시된 아이디어들을 종합한 것이다.

인재는 이 모델의 핵심 특성으로, 창의적 계급(creative class)에 관한 플로리다(2000)의 연구에서 힌트를 얻었으며, 창의적인 고숙련 인력이 지역경제의 핵심 동인이라는 믿음을 핵심으로 한다. 나머지 네 기둥은 재능 있는 사람들을 끌어들이고 유지하고 그들의 역량을 강화하는 데 기여하는 메커니즘이다. 앞 절에서 살펴본 바와 같이, 지역의 물리적 환경은 농촌경제의 첫 번째 기둥이다. 토지는 두 번째 기둥인 지역 문화 및 유산의 중심을 이루는 다양한 자원과 기회를 제공한다. 지역공동체는 자연자원과 문화를 바탕으로 강력한 정체성을 창조할 수 있다. 경제 용어와 정책 용어에서 의도적인 정체성 구축은 '지역 브랜딩(local branding)'과 '장소 만들기(place-making)'로 일컬어진다. 이것은 세 번째 기둥인 지속 가능한 관광산업 개발의 중요한 측면이다. 마지막 기둥인 소규모 사업체와 기업가정신은 이 모델의 경제부문을 추동하는 요소다. '클러스터 이론(cluster theory)'에서 기술된 방식으로 상호 도움이 되는 지역 업체들이 어느 정도 적절한 숫자만큼 모이게 되려면 시간이 걸린다. 여기에는 지역 구매자, 공급자, 고객, 기관 간의 경제적 교환과 사회적 학습을 통해 지속 가능한 피드백 메커니즘을 만들어내는 일이 포함된다. 공공정책 등을 통해 구성요소들을 공식적으로 조직하면 전체 모델의 기능이 향상된다.

6. 프린스에드워드 카운티 사례

1) 첫 번째 기둥–토지와 환경

프린스에드워드 카운티는 캐나다 최대의 도시인 토론토에서 동쪽으로 약 200㎞ 떨어진 농촌 지역공동체다. 또한 이곳은 캐나다에서 두 번째와 여섯 번째로 큰 도시인 몬트리올과 오타와에서 약 300㎞ 떨어져 있다. 이 카운티는 농업유산이 풍부하며, 토양도 온타리오 주에서 가장 비옥한

편에 속한다. 이곳은 온타리오 호수 속으로 튀어나온 반도여서 기후가 독특하다. 이런 토양과 기후가 결합된 결과 이곳은 매우 가치가 높은 특별한 가능성을 가지게 되었다. 포도재배가 그것이다. 이 능력을 활용해서 와인 제조 산업이 발달해서 강력한 지역 브랜드가 구축되었다. 이런 특성 때문에 근처 다른 지자체들과 차별화되며, 창의경제에서 추가적인 발전을 이룩할 수 있는 기반이 생긴다.

이곳의 또 다른 중요한 환경특징은 물이다. 이 카운티는 거의 섬에 가까워서 북서쪽 구석의 작은 구역만 본토와 연결되어 있다. 이곳은 유명한 샌드뱅크 주립공원(Sandbanks Provincial Park)을 비롯한 백사장 해변이 풍부하다. 이런 자연자원 덕분에 보트 타기, 윈드서핑, 해변에서 여유 있게 하루를 즐기는 것에 이르기까지 다양한 레크리에이션 활동과 레저 활동이 진행된다. 또한 이곳은 상대적으로 평지가 많고 차량 통행량이 적어서 여가 활동으로 자전거를 타는 사람들도 몰려든다.

2) 두 번째 기둥-문화와 유산

프린스에드워드 카운티는 상대적으로 젊은 편에 속하는 나라인 캐나다에서 오랜 역사를 가진 지역공동체라고 할 수 있다. 현재 인구 2만 5천명인 이 카운티의 기원은 미국독립혁명 때로 거슬러 올라간다. 당시 영국 편에 섰던 많은 사람이 '북부 캐나다(Upper Canada)'로 불리던 북쪽으로 도망쳐야 했다. '왕당파(United Empire Loyalist)'로 불리던 이 가족들의 도움으로 1867년 캐나다가 독립 국가로 설립될 기초가 마련되었다. 프린스에드워드 카운티를 관통하는 주 도로(캐나다에서 가장 오래된 도로) 중 하나는 최초 정착민들을 기리기 위해 '왕당파길(Loyalist Parkway)'로 불린다. 이 카운티는 약

250년 동안 전통적인 농촌 지역공동체로 서서히 진화했다. 이곳이 농촌 창의경제에서 유명한 브랜드와 정체성을 개발하게 된 역사는 불과 몇십 년에 불과하다.

지역 와인산업의 출범으로 예상치 못한 많은 변화가 촉발되었다. 시간이 지남에 따라 로컬푸드 운동도 성장해서 도시에서 훈련을 받은 셰프들이 이곳에 정착하는 트렌드가 생겼다. 덕분에 음식준비에 관한 새로운 지식이 지역에 보급되었을 뿐만 아니라, 도시 소비자가 고급 식사에서 무엇을 원하고 기대하는지에 관한 지식도 확산되었다. 지역 농민들과 직접 협력하는 이 신세대 셰프들은 토론토-몬트리올-오타와 삼각지대 도시 소비자에게 유명해진 프린스에드워드 카운티의 식문화 정체성을 정의하는 데 기여했다. 결국에는 먹을거리 생산자, 셰프, 세련된 고객 기반 간에 지속적인 개량을 위한 긍정적인 피드백 고리가 형성되었다.

로컬푸드와 와인산업이 미친 또 다른 영향은 전체적인 카운티 정체성의 변화다. 현재 프린스에드워드 카운티는 시골의 차분함이 주는 편익과 도시의 세련됨을 함께 누릴 수 있는 장소로 여겨지고 있다. 이 조합 덕분에 농촌 지역공동체로의 이주를 진지하게 고려하지 않았던 많은 사람이 몰려들기 시작했다. 구체적으로, 많은 예술가와 공예인들이 지역에 자리를 잡아 카운티에서 제공하는 문화 서비스가 크게 향상되었다.

3) 세 번째 기둥–관광

좋은 자연환경, 세련된 식문화 경험, 활기찬 문화·예술 공동체가 결합된 결과 프린스에드워드 카운티는 매우 인기 높은 관광지가 되었다. 캐나다 인구의 약 3분의 1에 해당하는 1천만 명 이상의 사람들이 차로 2~3시간 이내의 거리에 있다. 이 대도시들에는 캐나다 최고 부자 중 다수가 거주하고 있으며, 이들은 여행과 레저에 쓸 돈이 많다. 지역 문화 서비스가 성장함에 따라 소규모 호텔과 B&B(bed & breakfast)의 숫자도 늘었다. 지역 관광산업은 대규모 장기 체류보다는 주로 소규모 당일여행과 주말여행에 초점을 맞추고 있다. 보통 프린스에드워드 카운티에 오는 관광객은 고급 경험을 찾는다고 여겨진다.

관광산업은 지역경제에 소득을 제공할 뿐만 아니라, 지식의 원천 역할도 한다. 이 장 서두에서 설명한 바와 같이, 농촌 지역공동체에는 높은 수준의 창의성에 필요한 규모와 다양성이 내부적으로 부족한 경우가 많다. 근처 도시에서 오는 많은 관광객이 이런 단점을 해소하는 데 기여하고 있다. 관광객이 지역 사업체들이 배우고 적응해야 하는 도시 라이프스타일 기반의 경험과 기대를 가져오기 때문이다. 관광객에 의존하는 많은 사업체 운영자들은 최신 문화 트렌드 파악을 위해 도시를 자주 방문한다.

농촌-도시 간 간격을 매우 의도적으로 메워온 대표적인 사업체가 드레이크데번셔(Drake Devonshire)다. 드레이크데번셔는 프린스에드워드 카운티 웰링턴(Wellington) 마을에 있는 고급 부티크호텔(boutique hotel)[1]이다. 이 호텔은 지역에서 가장 독특하고 비싼 축에 속하는 레스토랑들을 자랑한다. 이 호텔은 토론토에 있는 드레이크호텔(Drake Hotel)의 농촌 전초기지로 설립되었다. '더 드레이크(The Drake)'라 불리는 드레이크호텔은 북미에서 '가장 쿨한(coolest)' 동네 중 하나로 손꼽히는, 토론토 퀸 스트리트 웨스트(Queen Street West)에 위치해 있다. 이 호텔은 토론토 초기에 개설되어 단순한 트렌드 추종자가 아닌 트렌드 주도자(trendsetter)로 이름을 날렸다. 또한 드레이크호텔에는 레스토랑 하나와 소매공간도 있어서 세련된 브랜드를 형

1 규모는 작지만 독특하고 개성 있는 디자인과 인테리어, 서비스로 차별화한 호텔을 말함.

성한다. 이 브랜드가 프린스에드워드 카운티에 적용되어 젊은 도시 소비자의 신뢰를 확보하는 데 기여했다. 반대로 카운티는 로컬푸드와 예술·문화상품을 호텔에 제공하여 토론토로 수출되고 있다.

4) 네 번째 기둥–소규모 사업체와 기업가정신

프린스에드워드 카운티의 변화와 개발로 자본유입이 늘어남에 따라 지역 사업체에 전체적으로 많은 편익이 발생했다. 그로 인한 또 다른 영향은 이 카운티가 외부 사업가들과 상공인들에게 사업하기 좋은 곳으로 비치게 되었다는 점이다. 전술한 양대 경제 부문(로컬푸드·와인, 관광)뿐만 아니라 농업, 식음료, 접객, 예술·문화 부문 모두 지난 20년 동안 성장을 경험했다. 많은 신규 사업체들이 새로 이주한 사람들에 의해 설립되었다. 경력변화를 모색하는 도시주민이 대표적이다. 이들 중 다수는 도시에서의 성공적인 경력을 버리고 새로운 도전과 라이프스타일 변화 기회를 모색한다. 이들은 자본은 매우 풍부하지만, 자신이 새로 시작하려는 사업에 관한 지식과 경험은 부족한 경우가 많다. 이럴 경우 새로운 사업체 운영 및 관리에 관한 지원이 필요하다. 이런 지원 중 일부는 지역공동체에 이미 자리를 잡은 비슷한 사업체 소유주들이 제공할 수 있다. 실제로 사람들 간의 결속력이 강한 농촌에서 협력의 정신이 더 많이 발휘될 수 있기 때문이다. 지역 의회와 개발 담당기관 역시 투자기회를 찾는 사람들에게 조언과 지원을 제공할 수 있다. 하지만 시장경제이므로 여전히 경쟁이 중요한 역할을 한다. 외부 기업가들의 사업체 설립으로 인한 영향 중 하나로 새로운 제품, 서비스, 아이디어가 지역경제체계로 흘러들어와 보통 농촌 지역공동체에서 발견되는 것보다 높은 수준의 역동성이 생겨난다. 이 때문에 경쟁양상이 매우 빠르게 바뀌게 되어 모든 사람이 지속적인 혁신과 적응을 할 수밖에 없도록 만든다.

5) 다섯 번째 기둥–고숙련 노동자

지식기반 경제의 경제개발전략이 재능 있는 고숙련 노동자를 끌어들이는 데 초점을 맞춰야 한다는 개념이 이제 널리 수용되고 있다. 하지만 많은 농촌 장소들은 이 영역의 내재적인 단점 때문에 어려움을 겪으며, 특히 젊은 노동자 유치와 관련해서는 어려움이 더 크다. 일반적으로 대도시는 소규모 지역공동체에 비해 고등교육, 직장선택, 사회적 연결망 형성 측면에서 더 많은 기회를 제공한다. 프린스에드워드 카운티는 대도시 생활의 실질적인 대체물을 제공함으로써 이 패턴이 필연적인 것이 아님을 입증했다. 나머지 네 기둥이 숙련 노동자를 이 지역에 끌어들이는 데 많은 역할을 했지만, 아직도 해야 할 일이 많다. 농업, 레크리에이션, 먹을거리, 환대, 예술·문화 부문 산업들이 지역경제의 핵심을 형성하면서 많은 일자리를 제공하지만, 많은 일자리가 저임금·비정규·계절제다. 장기적으로 다섯 기둥 모델이 진정으로 지속 가능해지려면, 그것을 지역공동체로 추가적인 인재를 끌어들이는 기초로 삼아 지역경제의 다각화를 이뤄야 한다. 이 장 후반에서는 이 목표를 염두에 둔 구체적인 프로그램을 살펴본다.

7. 다섯 기둥 모델을 다른 지자체로 이식하기 – 무스코카(Muskoka) 사례

프린스에드워드 카운티의 성공으로 인해 많은 사람들로부터 주목을 받게 되었으며, 다른 지자체들은 이 창의경제 모델을 모방하려 했다. 하나의 지역조직이 한데 모여 비슷한 농촌창의경제 개발전략을 개발한 무스코카가 대표적이다. 그들이 처음 한 것 중 하나가 프린스에드워드 카운티에서 작업했던 연구자들과의 접촉이다. 그로 인한 핵심 결과물이 「물, 바위, 나무, 우리가 가진 풍부한 자원 활용하기: 무스코카의 창의경제(Water rocks and trees, building upon our rich resources: the creative economy in Muskoka)」 보고서다. 이 보고서는 프린스에드워드 카운티가 채택한 것과 비슷한 모델을 사용했지만, 중요한 메시지 중 하나는 한 지자체의 시스템을 다른 지자체에 완벽하게 복제하는 것은 불가능하다는 것이다. 이 절에서는 두 지역공동체의 차이와 모델이 어떤 식으로 변용되었는지 살펴본다.

무스코카는 토론토에서 북쪽으로 약 200㎞ 떨어진 지역공동체다. 토론토에서의 거리가 에드워드카운티와 비슷하기는 하지만, 방향 때문에 큰 차이가 생긴다. 무스코카는 약 800만 ㎢ 면적의 선캄브리아 화성암 지대인 '캐나다 순상지(Canadian Shield)'에 위치해 있다. 그 결과 이 지역은 흙이 적고 토심이 얕아서 농업에 별로 적합하지 않다. 또한 바위가 많고 평지가 적어서 지표면에 고여 있는 물의 양이 많으며, 호수와 강이 넓게 퍼져 있다. 시각적인 면에서 무스코카의 지형은 꽤 독특하다. 자연환경과의 강한 연결을 기반으로 캐나다 예술의 정체성을 구축하고자 했던 예술가 집단인 '그룹오브세븐(Group of Seven)'이 이를 포착한 것이 유명하다. 그룹오브세븐은 20세기 상반기에 활발한 활동을 펼쳐 무스코카와 인근 북부지역 방문에 관한 대중적 관심을 불러일으키는 데 큰 역할을 했다. 무스코카에 접해 있는 대형 공립공원인 알곤퀸 주립공원(Algonquin Provincial Park) 역시 그룹오브세븐의 활동에서 큰 혜택을 입어서 국제적인 관광지가 되었다.

농업 측면에서 무스코카의 단점은 레크리에이션으로 만회된다. 특히 이곳의 많은 호수는 많은 레저활동의 중심지가 되었다. 이 지역은 부유한 도시주민이 가장 선호하는 별장지 중 하나가 되었으며, 호수에 대한 높은 인기 때문에 부지 가격이 100만 달러를 훨씬 넘게 되었다. 대다수 별장 소유주가 토론토에 살지만, 많은 유명 할리우드 스타들과 유명 프로 운동선수들도 휴가용 별장을 구매하여 지역 인지도를 높였다. 이 지역 관광산업은 레크리에이션과 1주일 이상의 장기 체류에 초점을 맞추고 있다는 점에서 타 지역과 다르다. 또한 종합적인 레저 패키지를 제공하는 대형 리조트도 여럿 있다. 레스토랑의 품질은 꽤 높지만, 레스토랑들이 프린스에드워드 카운티만큼 로컬푸드 운동에 관여하고 있지는 않다.

무스코카는 다섯 기둥 중 여럿에서 분명한 장점을 가지고 있다. 활기 넘치는 관광산업, 독특한 자연환경에 기반을 둔 풍부한 레크리에이션 제공이 대표적이다. 무스코카에서 상대적으로 분명하지 않은 부분은 지역 문화가 이들 자산을 창의적인 방식으로 활용할 수 있는 방법이다. 와인, 로컬푸드, 관광, 창의산업의 결합이라는 프린스에드워드 카운티의 공식이 무스코카 사례에서는 별로 잘 적용되지 않는다. 하지만 이 공식이 똑같이 적용되지는 않더라도 전체적인 모델은 여전히 적용된다. 자신들의 장점을 해당 지역공동체가 파악하는 것은 늘 쉽지 않다. 사람들은 보통 자신이 어떤 능력과 지식을 가지고 있는지 알지만, 그런 능력과 지식을 가진 장소들이 많지 않다는 점은 흔히 깨닫지 못한다. 다시 말해, 경쟁에 대한 전체적인 그림을 제대로 파악하지 못해서 장소들이 자신의 경쟁우위가 어디에 있는지 파악하지 못하는 경우가 있다.

무스코카에서 열린 지역공동체 자문 행사 동안 런던 사우스뱅크(South Bank)에 있는 셰익스피어 글로브 극장(Shakespeare's Globe Theatre) 재건 사례가 설명되었다. 이 극장은 주로 전통적인 방법과 재료를 사용해서 건설되었으며, 재료는 거의 100% 나무였다. 건축주들이 직면한 문제는 지난 세월 동안 잉글랜드에서 건축재료로 나무의 인기가 줄어서 숙련인력이 부족해진 것이다. 그 결과, 많은 일자리를 채우기 위해 북유럽과 캐나다에서 사람들을 데려왔다. 이 이야기를 하자, 한 지역공동체 구성원이 손을 들고 이 극장 건축을 돕기 위해 잉글랜드로 간 사람을 한 명 안다고 말했다. 이것이 이런 회의에서 종종 나타나는 '유레카 순간(eureka moment)'이다. 타자의 눈으로 자신들이 아는 것의 가치를 볼 수 있게 된 것이다.

나무는 이 지역공동체가 보유하고 있는 지식 중 상대적으로 희귀해서 가치 있는 상품에 해당하는 것이 무엇인지 보여주는 사례로 사용되었다. 더 중요한 점은 나무 사례가 지역공동체 구성원들이 지역 장점의 원천에 관해 더 전략적으로 생각하도록 하는 역할을 했다는 것이다. 이것과 외부 세력들이 소유하고 경영했던 몇몇 대형 제조업체들이 최근 이 지역을 떠난 사례가 대비되었다. 지역공동체에 이런 고용업체들을 보유하는 것이 좋은 일이기는 하지만, 이런 경제번영의 원천이 사라져서 지역공동체가 자신들의 통제범위 밖에 있는 외부 사건들과 의사결정에 취약해지는 결과가 초래된다는 점 역시 인식되었다. 이러한 점은 지역 지식과 경험에 기반을 둔 장점의 원천을 식별하고 개발하면 더 회복력 있고 튼튼한 경제기초가 마련된다는 주장을 뒷받침하는 데 도움이 되었다.

8. 농촌창의경제 개발의 함정

프린스에드워드 카운티, 무스코카 같은 지역공동체와의 작업과 문헌 조사, 콘퍼런스·행사 참여 등을 통해 농촌창의경제개발에서 흔히 제기되거나 경험되는 '함정' 혹은 장애물이 발견되었다. 그중 일부는 보편적인 것으로 많은 나라에서 발견될 수 있지만, 캐나다 특유의 것도 있다. 농촌 지역공동체에 젊은 층을 유지하는 것은 지역정책결정자들이 가장 흔히 제기하는 문제이자 농촌의 가장 큰 문제인 것 같다. 다른 문제로는 계절성 문제, 관광 기반 경제개발전략의 '제로섬 게임(zero sum game)' 측면, 농촌-도시 간 혐오로 촉발된 정치경제적 긴장, 구시대적 경제개발 모델에 관한 정책결정자들의 집착 등이 있다. 이러한 문제는 프린스에드워드 카운티와 무스코카에서 각기 다른 정도로 나타난다.

1) 젊은 층 유지

농촌 지역공동체에서 가장 흔히 들리는 경제개발 관련 문제가 젊은 층의 도시 이주다. 모든 젊은이가 자신이 자란 농촌 지역공동체를 떠나고 싶어 한다는 식으로 이 문제의 원인을 단순화하지 말아야 하며, 실제로 농촌을 떠나는 젊은이들의 이주 원인은 다양하다. 젊은이들이 작은 장소에서 큰 장소로 끊임없이 이동하는 현상을 만들어내는 부정할 수 없는 구조적 현실이 존재한다고 흔히 알려져 있다. 그중 하나가 고등교육을 원하는 젊은이는 거의 항상 그런 기회를 얻을 수 있는 타지로 떠나야 한다는 것이다. 이렇게 떠난 젊은이 중 일부는 학업을 마친 뒤 돌아오지만, 그중 다수는 대도시 중심지에만 존재하는 더 많은 고용기회를 쫓는다. 도시는 교육기회와 고용기회의 확대 외에 사회적 기회도 더 많이 제공한다. '밝은 불빛 대도시(bright lights, big city)' 현상은 젊은이들에게 흥분과 예상치 못한 만남으로 가득 찬 세상을 보여준다.

이것이 농촌지역에 엄청난 도전을 안겨주기는 하지만, 그것을 필연적인 것으로 간주해서는 안 된다. 예를 들어, 무스코카에는 한 대학(Nipissing university)의 캠퍼스와 전문대(Georgian community college) 1개가 있다. 또한, 이들 기관이 지역공동체와 지역경제의 필요에 맞춰 조정된 프로그램을 제공하게 만들려는 노력도 진행되고 있다. 지역에서 젊은이들이 사업을 시작하도록 돕기 위한 기업가정신 프로그램도 존재한다. 사회적 측면은 공공정책으로 다루기 어렵지만, 모든 젊은이가 도시로 유인되지 않으며 도시 젊은이를 포함한 일부 젊은이들은 실제로 농촌생활의 많은 측면을 선망한다는 점 역시 잊지 말아야 한다.

2) 계절성

캐나다는 극단적인 기후를 가진 나라다. 예를 들어, 프린스에드워드 카운티의 월평균기온은 7월은 25.6℃이고 1월은 -10.9℃이다. 농업이 많은 활동의 기초를 제공하기 때문에 지역경제에 계절적인 패턴이 크게 나타난다. 레크리에이션을 방정식에 추가하면, 연중 기후 변동이 지역에 미치는 영향은 눈에 띄게 커진다. 대부분 핵심 레크리에이션 활동이 장시간 동안 실외에 있는 것을 포함하며, 따라서 -10℃ 이하에서 이런 활동을 하는 것은 많은 사람에게 별로 매력적이지 않다. 겨울이 독특한 레크리에이션 기회를 제공하기는 하지만, 규모나 범위 면에서 여름활동에 미치지 못한다.

프린스에드워드 카운티, 무스코카 같은 장소들이 직면하는 큰 문제는 연중 관광객 숫자를 일정 수준으로 유지하는 방법이다. 활동들의 계절적 변화가 매우 크기 때문에 노동시장에도 어려움이 초래되며, 이러한 점은 특히 관광산업의 기초를 이루는 상대적으로 저임금이고 많은 측면에서 불안정한 서비스 일자리에서 더욱 두드러진다. 겨울철 축제와 행사를 개최하는 것이 여러 지역공동체가 공통적으로 추진하는 전략이다. 겨울 레크리에이션 활성화에 더 많은 자원을 투입하는 것 역시 비수기 방문객 숫자 증가를 위한 방법으로 활용되고 있다.

3) 관광 기반 지역개발전략의 제로섬 게임

프린스에드워드 카운티의 창의경제 전략은 성공사례로 널리 인식되었다. 이 카운티가 직면한 문제는 성공 때문에 모방하는 지자체가 생겨났다는 점이다. 근처 도시 방문객에 주로 의존하는 관광산업은 대부분 전체 크기가 제한되어 있다. 비슷한 창의경제 전략을 채택하는 지자체 숫자가 늘어날수록 전체 시장이 더 작은 조각으로 나눠지게 된다. 이 시나리오에서 관광전략은 기본적으로 제로섬 게임이다.

이러한 점이 잘 나타난 온타리오 사례가 '버터 타르트(Butter Tart)' 관광을 둘러싼 웰링턴(Township of Wellington)과 커워사레이크(City of Kawartha Lakes) 간의 갈등이다. '버터 타르트'는 캐나다에서 일정한 문화적 의미를 갖게 된 인기 있는 패스트리다. 두 지자체는 버터 타르트를 생산하는 지역 베이커리들을 기초로 명시적인 관광 프로그램을 만들었다. 웰링턴은 지역 베이커리들의 지도를 만들어서 '버터 타르트 탐방로(Butter Tart Trail)'라는 이름으로 관광객에게 배포했다. 이에 커워사레이크가 '버터 타르트 투어(Butter Tart Tour)'라는 이름으로 비슷한 프로그램을 출범시키자, 웰링턴 공무원들이 발끈했다. 캐나다의 전국지인 「글로브앤메일(Globe and Mail)」이 보도한 바와 같이, "웰링턴노스 타운십은 동쪽으로 차로 3시간 거리에 있는 커워사레이크 시가 올초에 자신들과 경쟁하는 버터 타르트 투어 프로그램을 출범시킨 것을 인식하자, 경쟁태세에 돌입했다. 정지명령(cease-and-desist)을 송달하고, 의견을 교환했으며, 소송도 검토했다"(2013). 결국에는 분쟁이 원만하게 해결되었지만, 이 사건은 창의성과 문화에 기반을 둔 관광의 경쟁적 성격과 프로그램 복제로 시장이 더 작은 조각으로 나눠지는 현상을 잘 보여주었다.

4) 농촌-도시 간 정치경제

농촌 지역공동체는 기본적으로 보수적인 경향을 보인다. 이 장 앞부분에서 설명한 바와 같이 도시지역이 창의성과 역동성에 불을 붙이는 더 다양한 인구를 수용하는 경향이 있는 반면, 농촌 지역공동체의 인구는 좀 더 동질적인 경향이 있어 변화에 대한 저항이 크다. 사회학적 용어로 말하자면, 도시에는 상이한 사람·집단들을 사이의 '교량적 유대(bridging ties)'가 상대적으로 더 많고, 농촌에는 비슷한 사람·집단 사이의 '결속적 유대(bonding ties)'가 상대적으로 더 많다. 농촌 지역공동체의 장점은 '사회적 자본'과 공동체의식이 더 강하다는 점이고, 단점은 새로운 사람들과 아이디어들이 사회질서의 잠재적 위협요인으로 해석될 수 있다는 점이다. 농촌지역은 창의성이 자연스럽게 출현하는 곳이 아니다.

창의성이 농촌지역에서 출현할 수 있고 실제로도 출현하지만, 문화

중심의 변화는 주로 도시적 현상이다. 보통 사회변화가 도시에서 탄생한다면, 농촌지역에서의 사회변화는 지역 프로세스를 통해서가 아니라 도시에서 유입된다. 이런 변화를 의심스럽게 바라보면, 도시 전반에 대한 불신과 증오가 커지게 된다. 따라서 '창의적' 사업체를 설립하기 위해 농촌지역으로 이주하는 도시주민은 당연히 상당한 의혹을 받게 될 수 있다. 이런 모델을 기초로 경제적 번영을 창조하는 전략을 개발할 때 긴장이 최고조에 달할 수 있다. 일부 주민은 농촌창의경제 개발계획이 기존 주민에게 득이 되지 않는 '외지인들(outsiders)'을 위한 것으로 간주했다. 또한 '성공' 때문에 일부 주민의 소득이 향상되어 부동산 가격이 급등하면 이런 긴장이 더욱 심화되었다. 프린스에드워드 카운티 같은 지역의 농촌 젠트리피케이션(gentrification)[2]은 매우 현실적인 문제이며, 특히 전입자들 때문에 지역 내에서 적절한 가격의 주거지를 발견하지 못하게 된 사람들에게는 더욱 그렇다. 지역 정책결정자들은 충분한 자본을 갖춘 이주민을 환영하면서 그것이 기존 주민과 지역 문화에 미치는 영향을 인식하는 것 사이에서 미묘한 균형을 찾아야 한다.

5) '구시대적' 경제개발 모델에 대한 집착

'도시' 문화·예술에 대한 진반적인 불신과 더불어 몇몇 정책결정자들과 정치인들은 '창의적' 경제개발전략에 회의적인 태도를 고수하고 있다. 이런 회의는 경제 작동방식에 관한 매우 '물질주의적(materialist)' 신념에 기인한다. 기본적으로 이 관점은 '물건'을 만들어내지 않으면 '진짜' 경제개

2 도심 낙후지역이 재개발되면서 원래 주민이 쫓겨나는 현상.

발이 아니라고 본다. 이 접근법은 고용업체, 특히 보통 대규모로 인력을 고용하는 제조업체를 끌어들이기 위한 시도를 통해 이식된다. 이것이 과거에는 성공 가능한 전략일 수 있었지만, 이제는 더 이상 경제개발정책을 수립하는 사람들의 기본입장이 되어서는 안 되며, 특히 캐나다 지자체처럼 비교적 생산비가 높은 지역에서는 더욱 그렇다. 기술발전과 무역장벽 축소로 인해 이제는 정말로 지구적인 경쟁이 진행되고 있다. 이런 환경에서는 가장 노동집약적이고 저숙련 경제활동은 생산비가 가장 낮은 곳으로 이동한다. 캐나다는 노동비용이 상대적으로 높은 선진국이기 때문에 낮은 생산비를 기초로 경쟁력을 확보하는 것은 불가능하다. 비용이 중요하지 않다는 이야기가 아니라, 지식 주도의 고부가가치 활동에서 주로 경쟁우위를 확보해야 한다는 뜻이다. 창의성과 혁신을 기초로 경쟁해야 하는 것이다.

연방정부 정책결정자들과 주정부 정책결정자들이 대부분 이 점을 깨닫기는 했지만, 지역수준으로 그것이 전파되는 속도가 드린 경우도 있다. 프린스에드워드 카운티 사례는 한 장소가 이런 변화의 최전방에서 번영할 수 있는 방법을 보여주는 좋은 예다. 창의적·문화적 경제활동이 지역경제를 활성화할 수 있다는 분명한 인식이 있었으며, 이 틀 내에서 일련의 개발정책이 명시적으로 작동되었다. 프린스에드워드 카운티 전략이 성공했음을 보여주는 가장 강력한 증거는 이곳의 계획을 모방하려는 지자체 숫자다. 하지만 이 사례의 핵심 메시지는 특정 전략을 다른 지역공동체로 단순히 복제할 수 있는 청사진으로 볼 것이 아니라 과거 모델들과는 다른, 농촌경제개발에 관한 전체적인 접근법으로 이해해야 한다는 것이다. 중요한 점은 이 접근법이 지역 지식에 기반을 둔 장점들을 분별하고 농촌경제를 발전시키는 것의 중요성을 강조한다는 점이다.

9. 농촌 기술 – 마지막 지향점

프린스에드워드 카운티의 창의경제 개발전략이 성공했음은 분명하지만, 그것만으로는 지속 가능한 번영을 누릴 수 없다는 점 역시 인식되었다. 앞에서 지적한 바와 같이 관광기반 경제개발 전략에는 내재적인 한계가 있으며, 특히 경쟁이 심화될 때는 더욱 그렇다. 이를 염두에 두고 PELA(Prince Edward Lennox & Addinton), CFDC(Community Futures Development Corporation), 연방정부 법령에 의해 설립된 지역 개발기관 한 곳의 리더들은 최근 기술 중심의 새로운 지역 사업체 진흥을 위한 벤처자본기금을 출범시켰다. 이렇게 설립된 Upper Canada Equity Fund는 민간 부문 투자자인 First Stone과의 파트너십을 통해 운영 첫 두 해 동안 25개 회사 창업을 지원하고 250개 일자리를 창출하는 것을 목표로 한다. 이 기간 동안 기금은 연방정부와 민간 부문 투자자들로부터 같은 비율로 자금을 조달해서 1천만 달러를 투자할 계획이다.

농촌지역 및 소도시 스타트업 기업들과 관련된 핵심 이슈 중 하나가 일단 성공하면 대도시로 이전하거나 외부 구매자에게 회사를 매각한다는 점이다. 이 점을 염두에 두고 Upper Canada Equity Fund는 인수모델(acquisition model)이 아닌 지분모델(equity model)에 기반을 둔다. 빠른 속도로 성장하는 회사를 매각해서 단기간에 수익을 올리려 하는 대신, 장기투자에 초점을 맞춘다는 뜻이다. 그 목표는 지역에 자생력 있는 기업 환경을 조성하여 좋은 지역 일자리를 제공하고 지역경제를 다각화하는 것이다. 자금 지원과 더불어 이 파트너십은 기금에 출자한 성공적인 사업체 소유주들의 멘토링도 제공한다. 이렇게 관계를 구축하도록 함으로써 새로운 기업들이 지역공동체에 뿌리내리는 데도 기여한다.

농촌지역에는 첨단기술 스타트업을 수용하기에 적합한 충분한 사무실 공간이 부족하며, 에드워드카운티 역시 예외가 아니다. 소매업체나 산업용으로 설계되어 사무실용으로 지어진 상업공간은 적다. 신규 사업체에 대한 자금지원과 더불어 CFDC는 Picton Innovation Centre를 설립했다. 이 센터는 많은 사람이 원하는 호숫가 부지에 건설된 약 2,600㎡ 면적의 시설로, 모텔 건물을 개보수해서 스타트업 기업들과 법률, 회계, 기술지원 같은 관련 서비스들을 수용하게 했다. 신규 사업체들을 한 곳에 모은 이유는 그들에게 서비스를 더 쉽게 제공하면서 신생 기업 구성원들 간에 긴밀한 관계가 발전되도록 하려는 것이다.

Upper Canada Equity Fund가 프린스에드워드 카운티의 경제개발 전략의 새로운 방향으로 나아가는 데 도움이 되기는 하지만, 실제로 그것은 기존의 창의경제 전략과 강력하게 연결되어 보완하는 역할을 한다. 창의경제 전략의 중심기둥은 고숙련 노동자를 끌어들이고 유지할 수 있는 지역 문화 환경의 능력을 반영하는 것이다. 이것은 기술 기업에게도 적용된다. 초기 증거에 따르면 현재 사업체 소유주들과 예비 사업체 소유주들 중 다수가 풍부한 문화 어메니티와 레크리에이션 기회로 고품질 생활이 가능하다는 점 때문에 이곳에 온 것으로 밝혀졌다. 더 고무적인 결과는 창의적·문화적 사업체들과 기술 사업체들 간의 긍정적 상호작용에 관한 일화들이다. 이렇게 항구적인 관계를 구축하는 것이 번영하는 지속 가능한 창의경제 개발의 궁극적인 목표다.

10. 토론 및 결론

프린스에드워드 카운티의 농촌창의경제 개발 모델은 최근 많은 관심을 받았으며, 이 모델을 모방하려는 지자체들의 숫자도 늘었다. 지역공동체의 다양한 지원에 기반을 둔 전략에 장기적으로 헌신한 것이 이런 성공의 바탕이 되었다. 오랫동안 이 프로그램을 운영해온 정치인, 정책결정자, 사업체 소유주들의 리더십과 협력이 이를 이뤄낸 것이다. 이 장이 모델 자체의 설계에 초점을 맞추고 있기는 하지만, 인간적 측면을 간과하거나 무시해서는 안 된다. 또한 다섯 기둥과 그것들 간의 관계가 상향식 과정을 통해 자연스럽게 출현했다는 점에도 주목해야 한다. 일단 그것들이 가시화되자, 모델 구성요소들과 그것들을 하나로 묶는 핵심 메커니즘들을 향상시키기 위한 후속 전략들이 개발되었다.

프린스에드워드 카운티는 많은 점에서 운이 좋았다. 다른 지자체와 달리 기후와 자연적 특성 때문에 성장의 견고한 기초가 확보되었기 때문이다. 하지만 이곳 역시 창의적 프로세스에 불을 붙이는 대도시 특유의 구조적 장점은 가지고 있지 않은 지극히 농촌적인 지역공동체다. 그럼에도 불구하고 이곳은 이견의 여지가 없는 창의경제 성공사례다. 이런 이유 때문에 역으로 이곳은 상대적인 농촌-도시 간 구조가 큰 영향을 발휘하지만 결정론적이지는 않음을 보여준다. 프린스에드워드 카운티가 농촌지역의 창의적 단점을 극복한 방식을 파악하면 이 사례로부터 가장 소중한 교훈을 얻을 수 있다.

지식경제에서 농촌지역이 가진 기본적인 단점이 관계의 규모와 다양성 부족이라면, 전략에서 그것을 보상할 방법을 파악하는 데 초점을 맞춰야 한다. 도시의 복잡성 때문에 새로운 연결이 이뤄질 가능성이 커진다는 점에서 창조적 프로세스가 본질적으로 도시적인 것이라고 말할 수도 있다. 그렇다면 농촌지역과 관련된 질문은 상대적으로 동질적이고 인구가 산재한 소규모 지역공동체에서 연결의 숫자를 기대할 수 있는 수준 이상으로 늘리는 방법은 무엇인가? 프린스에드워드 카운티는 지역공동체를 가장 가까운 거리의 대도시 센터에 연결시키는 방법에 초점을 맞춘「캐나다 창의공간(Canada's Creative Corridor)」 보고서를 통해 자신들의 전략에 이를 명시적으로 포함시켰다(Baeker, Miller, L., Spencer & Taylor, 2009). 시장의 대부분이 존재하는 대도시에 농촌 지역공동체를 브랜딩하고 마케팅하는 것의 중요성을 이해하기는 쉽지만, 지식과 연결의 중요성을 제대로 알기는 어렵다. 도시 센터들과의 강력한 관계는 트렌드와 고객 기대에 관한 정보 원천 역할도 한다. 이를 제대로 알면 농촌 지역공동체 내에 창의성을 키우는 데 도움이 된다. 프린스에드워드 카운티 같은 장소 내에서 새로운 아이디어가 유통되는 방식 역시 매우 중요하다. 여기에 지식과 모범사례를 공유하는 메커니즘이 도움이 될 수 있다. 하지만 지역공동체 협력에 관한 논의를 할 때 지역 수준의 적당한 경쟁이 중요할 수 있다는 점 역시 잊지 말아야 한다. 건강한 수준의 경쟁이 존재할 때, 사업체 소유주들이 제품의 끊임없는 향상에 에너지를 쏟아 부을 동기가 생기기 때문이다. 일반적으로 경제개발은 관계 구축과 밀접한 관련을 가지고 있다. 여기서의 핵심 메시지는 창의경제 맥락에서는 그것이 훨씬 더 중요하다는 것이다.

모든 지자체에 포도원과 아름다운 해변이 없다는 점은 분명하다. 프린스에드워드 카운티 창의경제 전략 사례를 다른 지역공동체에 그대로 복제할 수는 없다. 하지만 다섯 기둥 모델의 핵심교훈을 살펴서 다른 농촌 설정에 적용할 수는 있다. 그 출발점은 토지 자체다. 자연자원이 원재료를 제공하지만, 어떤 한 지역공동체의 경제적 비교우위를 형성하는 것은 이들 자원을 채취해서 부가가치를 부여하는 방법에 관한 오래된 지식이다. 농촌사람들과 토지의 관계 역시 지역 문화의 근간이다. 이 둘을 분리하는 것은 불가능하다. 그러나 이는 몇 가지 측면에서 장애물이 될 수 있다. 한 가지는 이 지식이 너무 깊이 각인되어 당연시됨으로써 그것이 지역공동체 밖에서 보여지는 가치를 과소평가하는 것이다. 두 번째 어려움은 지역 문화를 보호해야 할 대상으로 간주하여 정체상태를 유지하는 것이다. 이럴 경우 창의성을 적으로 간주하는 문제가 생기며, 변화하는 경제환경에 적응하는 것이 어려워진다. 이런 함정을 피하려면, 농촌 지역공동체가 외부와 강력한 관계를 구축해야 한다. 근처 도시들이 좋은 출발점이다. 관광은 지역경제에 자본을 끌어올 뿐만 아니라, 고객 기호와 기대의 형태로 지식도 가져온다. 그 목표는 이런 기호에 전적으로 영합하는 것이 아니라, 외부 수요에 맞춰 지역 문화가 제공하는 것을 변용할 방법을 찾는 것이다. 이렇게 하면 농촌에서 창의성이 번성할 수 있게 할 수 있다.

농촌의 창의성을 활용하려면 조직화가 필요하다. 외부 관계 유지가 지역공동체가 다양성의 단점을 극복하는 데 도움이 되기는 하지만, 내부 조직화는 규모 부족 문제를 보완하는 데 도움이 될 수 있다. 대도시는 크기와 다양성에서 자연스러운 편익을 누리며, 창의성 면에서 태생적인 장점을 가지고 있다. 이런 이니셔티브가 지역공동체 구성원에 의해 주도되는 것이 이상적이지만, 이런 활동을 공공 부문이 촉진할 수 있는 여지는 항상 있다. 모든 조각이 한데 어울려 원활하게 작동하면, 재능 있는 사람들이 지역공동체에 더 많이 머무르고 다른 사람들도 이곳으로 유치될 것이다. 처음에는 대부분의 고숙련자가 창조·문화 경제에 직접 관여할 것이다. 하지만 궁극적인 목표는 강력한 창조·문화 환경을 통해 다른 산업들을 끌어들임으로써 지역경제를 다각화하는 것이다.

프린스에드워드 카운티 사례에서 배울 수 있는 정책 교훈은 크게 3가지다. 첫 번째는 대부분 창의경제 연구와 후속 정책전략이 도시에서 도출되었다는 것이다(Bell & Jayne, 2010). 이 점을 염두에 두고 농촌 지역들은 자신들이 도시와 얼마나 다른지, 자신들의 창의경제 전략에 그것이 어떤 의미를 가지는지 인식해야 한다. 이는 규모와 다양성의 상대적 부족을 보완할 방법을 찾는 것을 뜻한다. 두 번째 교훈은 프린스에드워드 카운티 사례를 다른 지자체에 그대로 복제할 수 없다는 것이다. 이 카운티는 특성이 많으며, 그 때문에 분명한 장점을 가지고 있다. 마지막 교훈은 이들 특성 때문에 프린스에드워드 카운티가 성공한 것이 아니라, 지역공동체의 지식과 노력 때문에 번영이 만들어졌다는 점이다. 모든 지역공동체가 포도원을 가지고 있지는 않지만, 활용할 수 있는 물리적·문화적 특성은 모든 지역공동체에 있다. 자신들이 가장 잘하는 것을 파악한 다음, 그런 장점을 중심으로 조직화하는 것이 모든 지역공동체의 성공열쇠다.

| 참고문헌 |

Amabile, T. (1996), Creativity in Context, Boulder: Westview Press.

Amabile, T. M. (1998), How to Kill Creativity, Harvard Business Review(September-October), 76-87.

Amabile, T. M., Conti, R., Coon, H., Lazenby, J. & Herron, M. (1996), Assessing the work environment for creativity, The Academy of Management Journal(39), 1154-1184.

Ambrose, M. L. & Kulik, C. T. (1999), Old Friends, New Faces: Motivation research in the 1990s, Journal of Management(35), 231-292.

Baeker, G., Millier, L., Spencer, G. & Taylor, D. (2009), Canada's Creative Corridor: connecting creative urban & rural economies within Eastern Ontario & the Mega Region, Picton, Prince Edward County: Eastern Ontario CFDC; Fednor; The Government of Canada.

Bell, D. & Jayne, M. (2010), The creative countryside: policy and practice in the UK rural cultural economy, Journal of Rural Studies, 26(3), 209-1218.

Bettencourt, L. M., Lobo, J. & Strumbsky, D. (2007), Invention in the City: increasing returns to patenting as a scaling function of metropolitan size, Research Policy, 36(1), 107-120.

Boden, M. A. (1994), What is Creativity? In M. A. Boden, Dimensions of Creativity (pp. 75-118). Cambridge: The MIT Press.

Bunting, T. E. & Mitchell, C. J. (2001), Artists in rural locales: market access, landscape appeal and economic exigency, The Canadian Geographer, 45(2), 268-284.

Cairncross, F. (1997), The Death of Distance: how the communications revolution

will change our lives, Boston: Harvard Business School Press.
Florida, R. (2002), The Rise of the Creative Class, New York: Basic Books.
Gertler, M. (1995), Being there: Proximity, organization, and culture in the development and adoption of advanced manufacturing technologies, Economic Geography, 75, 1-26.
Granovetter, M. (1985), Economic action and social structure: the problem of embeddedness, American Journal of Sociology, 91(3), 481-510.
Guildford, J. (1950), Creativity, American Psychologist(5), 444-54.
Hall, P. (1998), Cities in Civilization, London: Weidenfeld and Nicolson.
Jacobs, J. (1969), The Economy of Cities, New York: Random House.
Kulkarni, L., Walker, L. & Broyles, S. (1996), The process of scientific discovery: the strategy of experimentation, Cognitive Science, 189-203.
Lubart, T. (2001), Models of the Creative Process: Past, present, and future, Creativity Research Journal(13), 295-308.
Martindale, C. (1999), Biological Bases of Creativity, In R. J. Sternberg, Handbook of Creativity (pp. 137-152). Cambridge: Cambridge University Press.
Moos, M. (2015), From gentrification to youthification? The increasing importance of delineating high-density living, Urban Studies, 1-18.
Morgan, K. (2004), The exaggerated death of geography: learning, proximity, and territorial innovation systems, Journal of Economic Geography, 4, 3-22.
Nemeth, C. J. & Nemeth-Brown, B. (2003), Better than Individuals? The poetntial benefits of dissent and diversity for group creativity, In P. B. Paulus, & B. A. Nijstad, Group Creativity: innovation through collaboration (pp. 63-84). New York: Oxford University Press.
Nooteboom, B. (2000), Learning by Interaction: Absorptive capacity, cognitive distance, and governance, Journal of Management and Governance(4), 69-92.
Ottaviano, G. I. & Peri, G. (2006), The economic value of cultural diversity, Journal of Economic Geography, 6(1), 9-44.
Page, S. E. (2007), The Difference: how the power of diversity creates better

groups, firms, schools, and societies, Princeton: Princeton University Press.
Runco, M. A. (1987), The Generality of Creative Performance in Gifted and Nongifted Children, Gifted Cjild Quarterly(31), 121-125.
Shyllit, R. & Spencer, G. (2011), Water, Rocks, and Trees Building upon our Rich Resources: The Creative Economy in Muskoka, District of Muskoka: The District of Muskoka; Muskoka Futures; Creative Muskoka. Retrieved from www.localideas.org/2014/05/28/the-creative-economy-in-muskoka/
Simonton, D. K. (2000), Creativity: cognitive, personal, developmental, and social aspects, American Physchologist(55), 151-158.
Spencer, G. (2013), Impact of Arts, Culture, and Heritage, Hunstville, ON: Town of Huntsville. Retrieved from http://localideas.org/2014/05/28/impact-of-the-arts-in-huntsville/
Spencer, G. M. (2011), Local Diversity and the spatial concentration of creative economic activity in Canadian city-regions, In H. Bathelt, M. Feldman, & D. Kogler, Dynamic Geographies of Knowledge Creation and Innovation. Taylor & Francis Books Ltd.
Spencer, G. M. (2012), Creative Economies of Scale: an agent-based model of creativity and agglomeration, Journal of Economic Geography, 12(1), 247-271.
Spencer, G. M. (2015), Great Minds do not Think Alike: Contrasting creative and cultural occupations with science and technology occupations, International Journal of Cultural and Creative Industries, 3(1), 4-21.
Spencer, G. M. (2015), Knowledge Neighbourhoods, Regional Studies, 49(5), 883-898.
Sternberg, R. J. & Lubart, T. I. (1999), The Concepts of Creativity: Prospects and paradigms, In R. J. Sternberg, Hanbook of Creativity (pp. 3-15). Cambridge: Cambridge University Press.
Stolarick, K., Denstedt, M., Donald, B. & Spencer, G. M. (2010), Creativity, Toursim and Economic Development in a Rural Context: the case of Prince Edward County, Journal of Rural and Community Development, 5(1), 238-254.

Storper, M. & Venables, A. J. (2004), Buzz: face–to–face contact and the urban economy, Journal of Economic Geography, 4, 351–370.

Torrance, E. P. (1965), Rewarding Creative Behavior: experiments in classroom creativity, Englewood Cliffs: Prentice–Hall.

Weitzman, M. (1998), Recombinant growth, The Quarterly Journal of Economics, 113, 331–361.

제12장

잉글랜드의 신내생적 농촌개발

— 농촌창의경제의 잠재력은 무엇인가?

1. 서론

이 글은 뉴캐슬대학교 농촌경제센터(Center for Rural Economy)가 오랫동안 수행해온 농촌경제 응용연구에 기반을 두고 있다. 이 논문은 지역공동체와 외부 행위자들 간의 상호작용을 지속 가능한 농촌경제의 열쇠로 보는 신내생 농촌개발(neo-endogenous rural development)의 개념적 틀을 바탕으로 개발 프로세스 촉진에서 농촌 소기업과 귀촌 기업인이 가지는 중요성을 강조한다. 지역 행위자들과 외부 행위자들이 경관, 유산, 예술 등을 이용해서 특정 농촌장소에 개발이 자리 잡게 함으로써 금전적 이익을 올리는 농촌 문화경제에 초점을 맞춘다.

이 논문에서는 먼저 잉글랜드 농촌경제와 농촌개발 정책안을 간략하게 살펴본다. 현재 잉글랜드 농촌경제는 다각화되어 있으며, 구성 면에서 도시와 비슷하다. 그럼에도 불구하고 시골을 위한 정책은 농업이 대부분을 차지해왔으며, 유럽 공동농업정책(CAP)의 일부로 추진되는 농촌개발 정책이 앞으로도 계속 중요한 역할을 할 것이다.

복지, 교육, 의료 분야의 많은 국내정책 수단과 문화정책이 농촌에 맞춰져 있지 않고 어느 분야나 동일하게 되어 있다. 이에 정부는 농촌과 도시의 맥락 차이를 고려하여 정책 설계와 집행을 향상시키기 위해 '농촌 활성화 프로그램(rural proofing)'을 사용해왔다. 농촌 활성화 프로그램이 어느 정도 성공을 거두기는 했지만, 국가 전체적인 재정긴축으로 예산이 줄고 있는 실정이다. 그럼에도 불구하고 정부는 농촌경제의 성장 잠재력을 인정해왔으며, 최근에는 잉글랜드 농촌지역의 생산성을 증대하기 위한 정책안도 발표한 바 있다(DEFRA, 2015a).

둘째, 이 논문은 창의산업에 관한 정책들과 그것이 농촌의 이익을 대변하는 방식을 살펴본다. 영국 창의산업이 도시에 집중되는 경향이 있기는 하지만 농촌지역에도 기회가 있으며, 이 논문은 농촌지역이 직면하고 있는 도전과 기회를 살펴보고자 한다.

전체적으로 이 논문은 농촌창의경제 개발을 지원하기 위한 정책 사례들의 핵심을 살펴보며, 주로 잉글랜드 노스이스트(North East) 주에 있는 노섬벌랜드(Northumberland)의 사례를 들어 설명한다. 마지막으로 이 논문은 현재 정책에 관한 의견과 미래 연구를 위한 우선순위들을 제시한다.

2. 노섬벌랜드 소개

노섬벌랜드는 몇 개의 마을(town)들로 구성된 잉글랜드 북동부의 농촌지역으로, 경사지에서의 조방적 농업이 주로 이뤄지며, 국립공원 2개를 비롯한 자연자산 및 문화재가 풍부하다. 로마시대에 건설된 하드리아누스 성벽(Hadrian's Wall, 세계문화유산으로 지정)이 지역 남쪽 경계 부근을 가로지르고 있어 주요 관광자원 역할을 한다. 노섬벌랜드는 잉글랜드에서 인구밀도가 가장 낮은 지역으로, 그나마 주요 도시에서 가까운 남동부 지역도 중공업(특히 광산업)의 폐쇄로 장기적인 피해를 겪고 있다. 장기실업률 상승이 대표적인 예다. 다른 많은 농촌지역과 마찬가지로 이곳에서도 젊은이들이 외지로 계속 떠나서 인구가 노령화되고 있다. 지역 경제는 노스이스트 주 나머지 지역보다 낙후되어 있으며, 2009년 불황의 충격에서 이제 겨우 회복되기 시작했다. 따라서 현 시점에서 농촌창의경제의 가치와 그것을 지원하고 성장시키는 방법에 관해 생각해보아야 한다.

<그림 12-1> 잉글랜드 광역지자체(주) 지도
출처: ONS

3. 잉글랜드 농촌경제

주요 도시로부터 차로 1시간 이상 떨어져 있는 농촌이 없는 나라에서 농촌을 공식적으로 정의하는 일은 농촌과 도시가 상대적으로 얼마나 다른지와 관련되어 있다. 따라서 농촌을 정의하는 일은 농장 숫자, 경지면적, 삼림면적과는 전혀 관계가 없으며, 인구밀도, 정주지 유형 및 크기와 관련된다. 2004년 처음 도입된 DEFRA의 농촌-도시 구분은 계획가와 정책결정자들이 활용할 수 있는 도구를 제공하며, 정기적으로 업데이트된다. 이는 데이터를 수집하고 비교할 일관된 기준이 존재한다는 뜻이다. 이 정의는 정부 통계담당 기관인 영국통계청(Office for National Statistics: ONS)의 지원을 받고 있다.

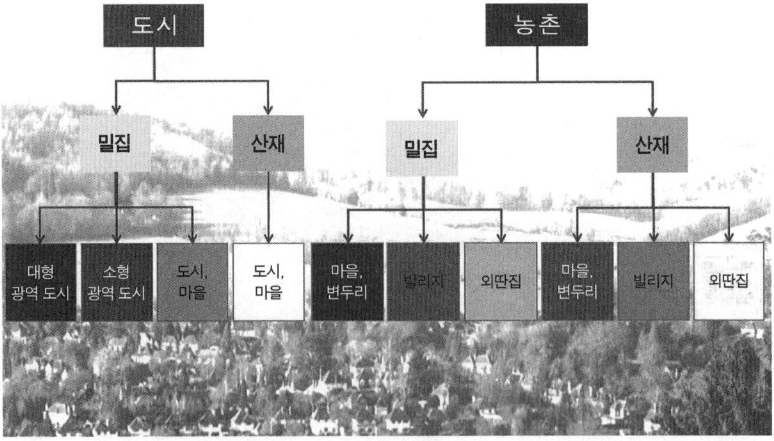

<그림 12-2> 2011년 인구조사 결과에 기초한 도시-농촌 구분
출처: DEFRA

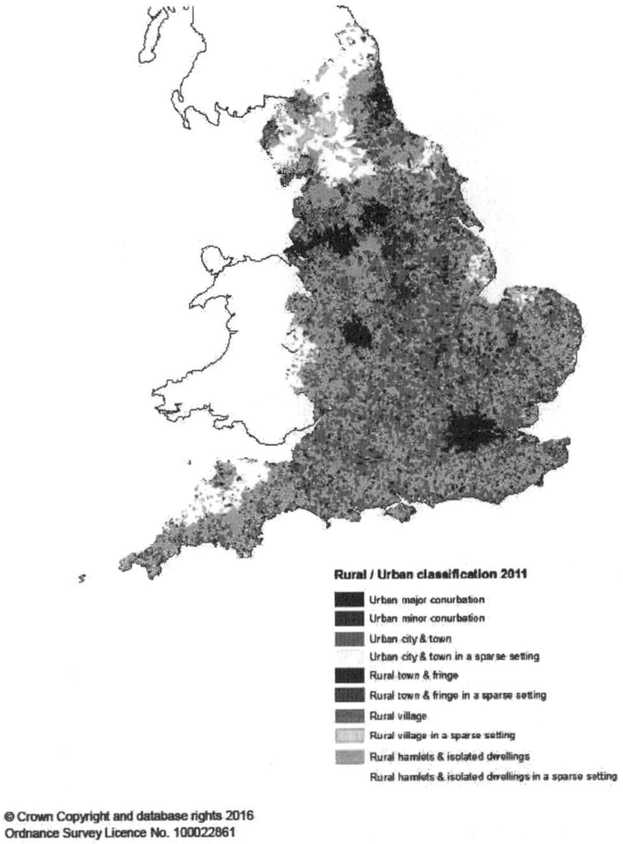

〈그림 12-3〉 2011년 인구조사 결과에 기초한 잉글랜드 농촌-도시 분포 지도
출처: DEFRA

전체적으로 볼 때 잉글랜드 농촌 거주자 수는 900만 명을 겨우 넘어서 전체 인구의 17%가량이며, 50만 명은 오지에 살고 있다(DEFRA, 2013). 하지만 국제기준에서 실제로 오지에 해당하는 지역은 잉글랜드에 거의 없다. OECD가 채택한 지역분류체계에 따르면, 스코틀랜드 등과는 달리 잉글랜드에는 실질적인 농촌지역이 없다(OECD, 2011). 하지만 경제성과 측면에서 농촌지역과 도시지역 간 차이는 여전하다.

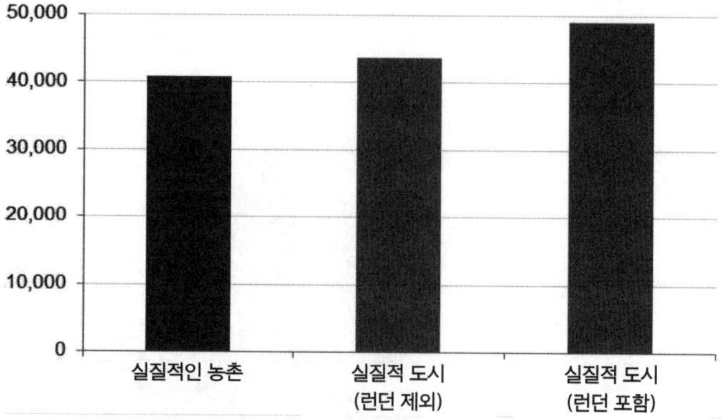

〈그림 12-4〉 농촌과 도시의 생산성 비교(일자리당 총부가가치)
출처: DEFRA

1) 잉글랜드 농촌경제의 구조

지난 몇십 년 동안 잉글랜드 농촌경제는 점점 더 다각화되었으며, 그 전체 구성은 도시경제와 매우 비슷해졌다(DEFRA, 2013). 대부분 선진국과 개도국을 포함해서 농업이 국가 발전에 기여하는 부분은 계속 줄고 있다. 현재 영국에서 농업은 총부가가치(GVA: Gross Value Added)의 1% 미만을 차지하며, 농업 고용은 전체 일자리 100개 중 1개 미만이다.

먹을거리산업에서 농업이 차지하는 중요성과 농업 활동에서 토지활용이 지배적이라는 사실을 부정하는 것은 아니다. 또한 전통, 먹을거리, 경관 및 자연 등을 포함한 농촌 문화생활에서 농업이 기여하는 부분이 크다는 점 역시 부정할 수 없다. 하지만 농업만을 기초로 한 농촌개발정책으로는 농촌지역의 경제적 부를 유지할 수 없을 가능성이 크다. 실제로 연구에 따르면 농업 지원정책은 광범위한 농촌개발을 촉진하는 데 큰 효과를 발휘하지 못했다(OECD, 2006).

2) 농촌 소기업

잉글랜드 농촌경제의 뚜렷한 특징 중 하나가 소기업 비중이 높은 것이다. 직원 10명 미만의 기업인 소기업(micro business)이 소매업, 운송업, 제조업, 건설업, 사업 서비스, 관광업 등 대부분 부문에서 발견된다(DEFRA, 2016).

1990년대까지는 농촌기업들의 독특한 특성과 그들이 농업 이외의 농촌경제에 기여하는 부분에 관한 정보가 거의 수집되지 못했다. 1990년대 후반 뉴캐슬대학교 농촌경제센터가 농촌 소기업에 관한 대규모 조사(survey)를 처음으로 실시했으며, 2009년에도 같은 조사를 실시했다(CRE, 2000, 2010).

이 조사는 잉글랜드 북동부지역 수천 개 회사들을 대상으로 했다. 지원체계, 사업 네트워크 등에서 이들 소기업이 가진 독특한 특징을 부각시켰으며, 농촌경제의 다양한 부문에서 그것이 가지는 중요성을 강조했다. 보통 농촌기업들의 생산성은 비교적 낮으며, 성장에 대한 야심이 없는 경우도 많다. 조사대상 소기업의 3분의 1만이 사업규모를 키우거나 직원을 늘리고 싶다고 말했다. 하지만 이러한 기업들이 지역경제와 지역주민의 소득 증대에 기여하는 부분은 간과되고 있다(Bosworth and Atterton, 2012).

3) 전입 기업가(in-migrant)의 역할과 중요성

지난 수년 동안 잉글랜드 농촌지역의 인구증가 속도는 도시지역보다 높았다. 1990년대 동안 연평균 9만 명이 잉글랜드 농촌지역으로 이주했다. 거주공간, 레크리에이션, 어메니티, 야생생물, 쾌적한 환경 측면에서 농촌이 제공하는 기회에 사람들이 매력을 느꼈기 때문이다. 농촌 전입자의 대부분은 중년층과 노년층이다. 인구노령화가 사회 전반의 특징이기는 하지만, 농촌지역에서는 그 속도가 더 빠르다.

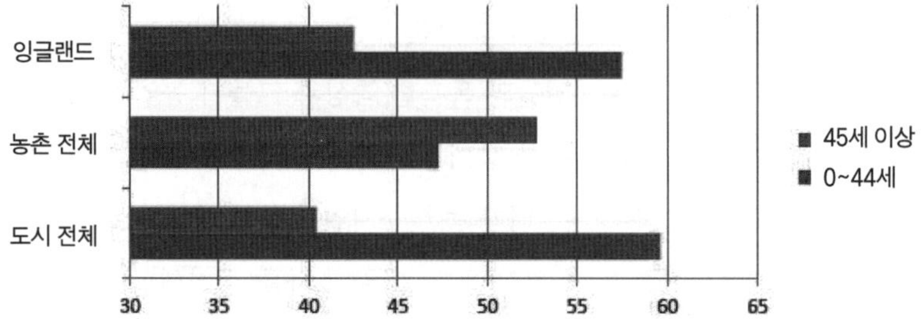

〈그림 12-5〉 도시와 농촌의 중 · 노년층 비율 비교(2013년)
출처: DEFRA

활동력이 적거나 은퇴한 사람들의 숫자가 많기는 하지만, 이들만이 잉글랜드 농촌지역으로 이주하는 것은 아니다. 많은 농촌지역에서 전입자 중 가장 큰 비율을 차지하는 것은 40~50대 중년층이다. 이들은 궁극적인 은퇴를 염두에 두고 농촌지역에 정착하는 것으로 보이지만, 그와 더불어 자신의 직장, 가족, 레저, 지역공동체 활동도 크게 변화시키며, 이런 변화를 통해 개인적 자본, 시간, 에너지가 발현되는 경우도 많다(CRE, 2000, 2010).

이 조사에 따르면, 잉글랜드 노스이스트 주 농촌 소기업의 절반이 전입자에 의해 설립되었다. 전입 기업가들은 외부 인맥이 더 탄탄한 경우가 많으며, 성장 지향적인 성향을 보인다. 따라서 핵심 정책이슈는 지역에서 전입자들을 더 잘 활용할 수 있는 방법에 관한 것이다. 이것이 중요한 이유는 젊은이들이 도시에서의 기회를 찾아 시골을 계속 떠나고 있기 때문이다.

4. 잉글랜드 농촌개발

1) 농촌개발 접근법

제2차 세계대전 이후 농촌개발에 관한 여러 접근법 혹은 패러다임이 제시되었다. 우즈(Woods, 2011)는 이를 외생적 개발(외부로부터의 개발), 내생적 개발, 신-내생적 농촌개발(neo-endogenous rural development)로 구분한다. 외생적 개발은 저개발 농촌지역을 도시와 같은 수준으로 향상시켜 농촌의 쇠락을 막고자 했다. 여기에는 집약적 산업을 이용한 농업개발, 농업에서 경공업과 제조업으로의 경제 다각화, 도로, 전기 같은 인프라 개발이 포함되었다.

1980년대 들어 외생적 개발에 대한 비판이 커졌다. 집약적 농업의 환경영향, 세계화로 생산비가 싼 신흥국이 부상함에 따른 산업 쇠퇴, 몇몇 지역의 쇠락을 막지 못한 점 등이 그 이유였다.

그에 따라 지역공동체 주도의 상향식 개발, 사회적 자본 함양, 개발에서 지역 문화자산(가령, 전통 음식, 공예품, 시각예술, 자연 경관 등)의 가치를 강조하는 것을 특징으로 하는 새로운 개발 패러다임이 부상했다(Ray, 2000). 하지만 자족성을 달성하는 것으로는 지역의 생존을 보장할 수 없었다. 외부자원으로의 접근이 중요했고, 이런 외부자원을 지역공동체가 통제할 수 있는 능력이 열쇠였다.

이렇게 '하향식'과 '상향식'을 결합시키는 농촌개발 접근법은 OECD가 발표한 「신농촌 패러다임(New Rural Paradigm) 보고서」(2006)에서 강조되고 있다. 이 보고서는 농촌개발에서 부문별 접근법보다 장소기반 접근법이 가지는 중요성과 지역 자산 및 능력의 현대화 필요성을 강조한다. 유럽연합 LEADER 이니셔티브(유럽 농촌개발정책의 일부)는 20년 이상 이들 아이디어에 관한 '생활 실험실(real life laboratory)'을 제공해주었으며, 그것을 통해 얻은 농촌개발 교훈 중 일부에 대해 아래에서 살펴볼 것이다.

2) 잉글랜드 농촌개발정책의 진화

영국 정부 역시 더 통합적인 농촌개발 접근법의 필요성을 인정했다. 1995~6년 잉글랜드, 스코틀랜드, 웨일스 농촌백서를 통해 농업에서 더 다각적인 농촌경제로 전환해야 할 필요성을 인정한 것이다. 정부는 농민뿐만 아니라 사업을 시작하는 전입자들과 시골의 많은 문화 어메니티(가령, 자연경관, 고건물, 공예품 등)를 즐기기 위해 오는 방문자들로 구성된 '살기 좋고 일하기 좋은 시골(living working countryside)' 개념을 수용해야 할 필요성을 강조했다(Woods, 2005). 농촌지역에 관한 이 새로운 이해는 2000년 농촌백서에서도 이어졌으며, '농촌을 생각하라(think rural)'가 명시적인 목표가 되었다(Atterton, 2008).

3) 구제역 위기에 따른 영향

하지만 농촌지역의 운명에 세간의 이목이 집중되고 농촌지역의 다양성과 경제 다른 부분들과 농촌 간의 연결성이 부각된 계기는 2001년 구제역 위기였다. 영국 감사원(National Audit Office)이 2002년 의회에 제출한 보고서에 따르면, 구제역이 공공 부문과 민간 부문에 끼친 비용은 각각 30억 파운드 이상과 50억 파운드 이상이었다(NAO, 2002). 당시 CRE가 수행한 연구에 따르면, 시골이 '폐쇄(lockdown)' 상태에 빠지면서 구제역으로 가축에 파멸적인 영향을 입은 농가들뿐만 아니라 다른 사업체들도 그에 못지않은 악영향을 받았다(CRE, 2002).

정부의 농촌정책 강화를 위해 도시-농촌에 관한 정의 도입, 중앙정부와 지자체의 농촌정책 집행체계 합리화 등의 노력이 진행되었다.

오늘날 잉글랜드 농촌정책은 '주류(mainstream)' 정책과 '틈새(niche)' 정책을 결합한 후 각 주와 지역별로 특화된 접근법으로 그것을 보완하는 것이라 할 수 있다. 그 일반원칙은 복지정책, 문화정책, 경제정책 같은 주류정책과 농촌개발을 위한 정책(가령, 농촌다각화 정책)이 농촌지역에서 함께 효과적으로 작동하는 것이다. 따라서 농촌지역의 결과물을 극대화하려면 정책 필요를 잘 조율해야 한다.

4) 정책 이니셔티브: 농촌 활성화 프로그램(rural proofing)

정책이 농촌지역 목적에 맞게 추진되도록 보장하는 방법 중의 하나가 '농촌 활성화 프로그램'으로 알려진 정책 메커니즘이다. 이 아이디어는 한동안 회자되다가 전술한 2000년 농촌백서에 처음으로 명시적인 과제로 포함되었다(Atterton, 2008).

농촌 활성화 프로그램은 다양한 정부부서가 자신들의 정책이 농촌지역에서 어떻게 집행되는가에 대한 책임을 갖게 하는 것이다. 여기에는 정책 설계와 집행이 농촌지역에 미칠 수 있는 영향을 고려하는 것이 포함된다. 농촌지역과 농촌의 특징 및 과제를 고려하면, 도시에서 제대로 작동하는 정책을 농촌지역에 맞게 조정하는 것이 필요할 수 있다.

농촌 활성화 프로그램을 옹호하고 다른 부서들의 정책 설계와 집행에 영향을 행사하는 책임은 DEFRA(환경농식품부)가 맡았다. 최근에는 정부 시골정책 자문관을 지냈던 캐머런 공(Lord Cameron of Dilling) 주도로 농촌 활성화 프로그램에 대한 독립적인 평가가 진행되었다. 평가결과, 정부부서들이 농촌 활성화 프로그램을 인식하고 있고 농촌지역에 긍정적인 태도를 보이지만, 실무에서는 철저하고 효과적인 평가를 실행하지 못하는 경우가 많은 것으로 밝혀졌다(DEFRA, 2015). 그럼에도 불구하고 이 평가는 농촌 활성화 프로그램의 몇 가지 '성공사례'를 짚어낼 수 있었다. 2017년까지 대부분 농촌지역에 초고속인터넷을 보급하려는 영국 정부의 노력이 대표적 예다. 초고속인터넷은 농촌기업의 필수 인프라로, 여기에는 창의산업 부문 기업들이 포함된다.

이 평가의 권고사항으로는 농촌 활성화 프로그램에 관한 중앙정부의 책임과 감독을 강화하는 것과 DEFRA가 역량을 키워서 농촌 활성화 프로그램이 다른 정부부서들에 뿌리내리게 하라는 것 등이 있었다. 구체적으로 농촌 활성화 프로그램에 관한 지침을 강화하고, 공무원들을 대상으로 한 농촌 활성화 프로그램 워크숍을 앞으로도 계속 열어야 한다고 권고했다.

그에 대한 대응으로 정부는 농촌 활성화 프로그램에 관한 지침을 강화하여 정책결정자들이 농촌 지역공동체에 미칠 수 있는 잠재적 영향을 더 엄격하게 평가할 수 있게 하겠다고 약속했다(DEFRA, 2015). 또한 농촌 활성화 프로그램 집행과 관련해서 각 부서가 DEFRA에 대한 의존을 줄이고 개정된 지침에 더 많이 의지해야 한다고 선언했다. 하지만 다양한 정부부서가 농촌 활성화 프로그램에 관한 책임을 어느 정도 질 것인지를 포함해서 정부가 감독역할을 어떻게 수행할 것인지는 명확히 밝히지 않았다. 농촌 활성화 프로그램에 관한 정부의 헌신은 여전히 강조되고 있지만, 전체적인 조율·감독을 위한 조치와 DEFRA 공무원들의 헌신 정도에 관한 부분은 비교적 불확실하다. 농촌정책을 다루면서 다른 정부부서들에 대한 영향력 행사를 지원했던 DEFRA 내 전문가팀은 DEFRA가 운영예산을 30% 넘게 줄이는 과정에서 다른 정책팀과 통합되었다. 따라서 정책적 수사(rhetoric)를 넘어서서 농촌 활성화 프로그램이 앞으로 얼마나 성과를 낼 것인지는 아직 미지수다.

요약하자면, 정책조율이 잉글랜드 농촌지역에 중요하며, 영국 정부는 농촌 활성화 프로그램 도입을 통해 주류정책들이 농촌지역과 농촌공동체에 득이 되게 하고자 했다. 하지만 재정긴축으로 농촌 활성화 프로그램에 상당한 어려움이 예상된다. 이 때문에 농촌지역 개발 지원을 위한 DEFRA 정책들, 특히 유럽 농업정책의 일부로 실행되는 정책들의 책임이 더 막중해졌다.

5. 문화정책과 농촌개발

1) 문화정책

이해 단체들의 요구에도 불구하고 농촌지역만을 위한 문화정책은 없으며, 문화정책은 주류화되어 있다.

영국 문화정책의 틀은 그동안 변해왔으며, 두 가지 지향점을 가지고 있다고 할 수 있다. 첫 번째는 소위 창의산업의 중요성과 역할이다. 1990년대 노동당 정부는 창의산업을 경제의 특수범주로 간주하고, "개인의 창의성, 기술, 재능에서 출발하며, 지적재산권의 창출과 활용을 통해 부와 일자리를 창조할 수 있는 잠재력을 가진 산업"으로 정의했다.[1] 따라서 창

〈표 12-1〉 영국 창의산업의 여러 부문

광고	음악
건축	공연예술
미술, 골동품	출판
공예품	소프트웨어 및 컴퓨터 서비스
디자인	TV 및 라디오
패션 디자인	쌍방향 소프트웨어
영화	

의산업은 전통적인 예술에서부터 광고, 디자인, 비디오게임을 포함한 디지털산업에 이르기까지 다양한 부문을 포괄한다(Bell and Oakley, 2005).

2013~14년 동안 창의산업이 영국 평균보다 두 배 이상 성장하고(DCMS, 2016) 앞으로도 계속 성장할 것으로 전망됨에 따라 창의산업에 관한 정책이 경제성장 및 혁신과 동의어가 되어가고 있다(ibid.).

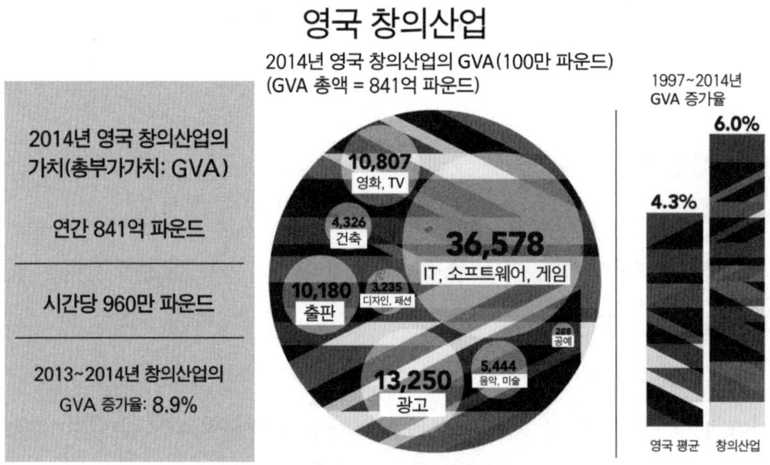

〈그림 12-6〉 영국 창의산업의 성과에 관한 인포그래픽
출처: Creative Industries Council

1 DCMS (2001); Bell and Oakley (2015)에서 재인용.

창의산업에 관한 정책은 문화미디어체육부(DCMS: Department for Culture, Media and Sport)와 상공산업기술부(BIS: Department for Business, Industry, Skill)가 분담하고 있으며, Innovate UK(추진 사업의 혁신 증진을 목표로 함) 같은 여러 '독립(arm's length)' 기관들도 관여한다. 이 때문에 정부가 설립한 업계 주도 기관인 창의산업위원회(Creative Industries Council)가 "창의산업 관련 이슈에서 여러 정부 부서 간의 공조를 향상시켜야 한다"고 촉구하기도 했다(Creative Industries Council, 2014). 창의산업위원회가 발표한 전략문서는 금융 접근성, 기술개발, 디지털 인프라, 지적재산권 강화 같은 영역에서의 정부지원 향상을 통해 지난 몇 년 동안 정부기관들이 성장과 경쟁력 향상을 위해 실행한 여러 조치를 보완하라고 촉구한다.

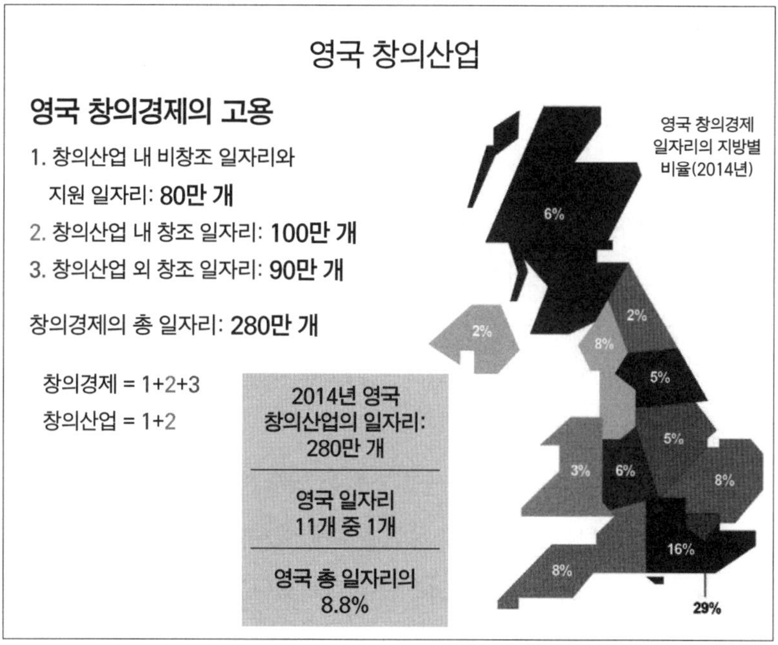

〈그림 12-7〉 2014년 영국 창의산업의 고용에 관한 인포그래픽

정책 측면에서 창의산업은 도시경제와 관련된 것으로 보통 간주되어 왔다. 창의산업 고용인원의 3분의 1 이상이 런던과 사우스이스트(South East) 주에 있다. 또한 창의산업은 클러스터 단위로 모이는 경향을 보이며, 대표적인 클러스터들은 도시지역에 집중되어 있다.

지난 몇 년 동안 리처드 플로리다(Richard Florida) 같은 학자들의 주도로 창의도시(creative city)에 관한 정책 '담론(narrative)'이 제기되었다. 이 개념은 도시와 지방의 경제적 성공에서 창의성이 갖는 중요성을 강조한다. 플로리다는 예술가들과 다른 창조적인 사람들이 만들어내는 도시적 미학이나 '분위기(buzz)'가 '창조적 계급(creative class)'의 다른 구성원들을 끌어들인다고 주장한다(Florida, 2002). 이 이야기는 여러 국가 도시 정책결정에 큰 영향을 미쳤다. 대도시 이외의 맥락에서 이들 아이디어를 검증한 연구도 일부 있지만(McGranahan et al., 2011), 창의경제가 기본적으로 도시적 현상이라는 관념은 여전히 남아 있다.

몇몇 사람들은 이 때문에 농촌지역을 "비창조적인 장소들로 구성된 조용한 대다수 지역"의 일부로 간주하는 인식이 발생했다고 비판한다(Rantisi et al., 2006). 또한, 이 때문에 창의산업 정책에서 이들 부문의 입지 후보지로 농촌 마을과 빌리지를 명시적으로 고려하지 않는 경향도 발생한다(Bell and Jayne, 2011). 하지만 많은 연구에서 밝혀진 바와 같이, 비록 규모가 다르고 클러스터 단위로 모여 있지는 않지만 잉글랜드 농촌지역에도 창의적인 사업체가 존재한다(Harve et al., 2012).

벨(Bell)과 제인(Jayne)은 창의산업 정책이 잉글랜드 농촌지역과 관련된 창조 부문의 다양성을 고려하지 못했을 뿐만 아니라, 도시와 농촌의 창의성에 관한 단순하고 이분법적인 관점을 강화했다고 비판했다. 이 관점은 농촌을 전통 공예품과 보수적인 소비자 기호로 정의하고, 도시는 새로운 미디어, 디자인, 흥미진진한 현대예술의 중심지로 간주한다.

웨스트미들랜드(West Midlands) 주 슈롭셔(Shropshire)의 창의산업에 관한 이들의 조사는 더 미묘하고 복잡하다. 조사에 따르면, 이 농촌 지역의 창의산업 구조는 도시지역과 비슷하며, 이 지역에서 건축·출판 같은 하위 부문이 중요하다는 점이 발견되었다. 창조적 기업가의 동기부여 요인 역시 다양했다. 사업체를 키우고 싶어 하는 사람들도 있었지만, 그것을 원치 않는 사람들도 있었다. 그들은 농촌 창조기업의 작동방식과 농촌 장소들이 그들에게 제공하는 미묘한 기회를 더 잘 이해하는 것이 필요하다고 결론 내렸다.

한편, 농촌 창의산업에 관해 이와 다른 관점이 네일러(Naylor, 2007)에 의해 제시되었다. 그는 잉글랜드 농촌 지구(districts)[노섬벌랜드 포함]를 대상으로 수행한 연구를 통해 국가 수준의 창의산업 정책이 농촌지역에 대체로 호의적이지만, 지역수준에서는 농촌 창조기업을 가로막는 장애물이 존재한다고 결론 내렸다. 이 연구는 창조기업에 관한 태도가 적대적인 경우가 많으며, 지역 계획가들은 지역개발에 관한 의사결정에서 농업과 토지 기반 산업을 보통 더 선호한다는 점을 발견했다. 이들은 농장 다각화를 더 적절한 형태의 농촌개발로 간주하는 것으로 보인다.

2) 예술정책

문화정책의 두 번째 지향점은 시각예술, 극장, 음악 같은 핵심 문화 부문을 지원하는 정책이다. 정책에서 이들 부문은 넓은 범위의 창의산업 정책과는 별개로 취급된다. 여기서 정책은 문화 자산과 경험을 제공하는 예술을 지원하는 것과 관련되며, 시장에만 맡겨두면 그것이 충분히 제공되지 않을 것이란 점이 그 근거다. 하지만 예술이 경제에 미치는 가치 측면에서 분석하는 경우가 늘고 있으며, 특히 혁신정책에서는 더욱 그렇다(Bell and Oakley, 2015).

3) 예술정책과 농촌개발

Arts Council England(ACE)는 미술, 박물관, 도서관을 위한 잉글랜드의 국가 개발기관이다. 1946년 예술 진흥을 위해 설립된 이 기관은 현재 박물관과 도서관도 관장하고 있으며, 또 다른 기관인 Historic England가 유적과 역사적 건물을 관리한다. 정책과 더불어 ACE는 예술단체 지원금과 개별 예술가들에 대한 지원금(복권기금 포함)을 통해 예술 부문에 상당한 투자도 한다.

최신 10개년 전략에서 ACE는 6대 목표를 통해 '모든 사람에게 위대한 예술과 문화'를 제공한다는 계획을 천명했다. 여기에는 탁월한 예술생산, 모든 사람의 접근성 확보, 숙련된 예술 노동자 등이 포함된다(ACE, 2013). 또한 예술단체가 주의 자금지원에 대한 의존도를 줄이고 지속 가능한 소득원을 개발할 방법을 찾아야 할 필요성도 점점 더 강조하고 있다.

ACE의 정책 역시 농촌 관점이 아니라 주류화되어 있다. 하지만 비판론자들은 런던과 잉글랜드 나머지 지역 간 예술 자금지원의 불평등에 관한 주장을 제기하면서 농촌지역 예술 투자 수준에 의문을 제기했다(Stark et al., 2013). 그에 따라 ACE는 잉글랜드 주들의 예술과 관련된 자신들의 투자를 재검토했지만, 농촌 특유의 예술 접근법을 실행하려 시도하는 대신 다양한 협력 파트너십을 이용하여 농촌지역에 예술과 문화를 제공하고자 했다(ACE, 2014).

창의산업 전체에서 예술 부문이 차지하는 비중이 제한적임을 고려하면, 생산과 고용 면에서 농촌지역에 대한 기여가 미미하다고 생각할 수 있다. 농촌지역 예술조직은 흔히 소규모이고, 많은 예술가들은 자영업자다. 하지만 이는 그들이 문화관광 같은 다른 부문에 대한 기여, 방문객 유치에서 그들이 하는 역할, 장소 만들기에서 그들이 가지는 가치, 지역 서비스 유지에서 그들이 수행하는 역할을 간과하는 것이다(Naylor, 2007).

농촌지역에 충분한 투자를 하지 못했다는 점 때문에 ACE가 많은 비판을 받기는 하지만, 농촌 예술조직, 행사, 축제 지원에서 ACE가 나름의 역할을 하고 있다는 점은 인정해야 한다. 예를 들어, 노섬벌랜드 지역 의회가 수행한 연구에 따르면, 지난 5년 동안 20% 가까이 성장한 관광 부문의 주요 기여자 중 하나가 축제, 행사, 먹을거리, 예술, 멋진 지역 경관인 것으로 밝혀졌다(Visit Norhumberland, 2015).

결론적으로, 농촌지역 창의산업은 도시 창의산업에 비해 규모가 너무 작아서 중요성이 간과되는 경우가 많다. 하지만 이는 자영업 상태에 있으면서 농촌창의경제에 기여하고 있을 수 있는 창의적인 사람의 숫자를 무시하는 것이다. 또한 창조기업들이 지리적으로 밀집되어 있는 대신 넓은 지역에 산재해 있으면서 협력과 네트워크 구축을 위한 다른 방법을 찾고 있을 수 있다. 마지막으로, 예술기업 같은 창조기업은 성장을 회피하는 '라이프스타일 기업(lifestyle businesses)'으로 명명할 수 있으며, 따라서 경제적으로는 관심이 많지 않다. 하지만 이는 장소 만들기에서 수행하는 역할과 문화관광 및 지역서비스 자생력 차원에서 그들이 하는 기여를 간과하는 것이다.

6. 정책 집행

1) 유럽 농업정책과 농촌창의경제

잉글랜드 농촌지역에 관한 많은 정책과 투자가 유럽 농업정책에서 나온다. EAFRD(European Agricultural Fund for Rural Development)는 농산물 가격지지 지원금의 일정 비율을 환경 및 농촌개발 이니셔티브에 할당하도록 하고 있다. 정책 집행의 세부사항은 각 회원국에 위임되어 있으며, 회원국의 행동은 전체 정책에 부합해야 한다. 현재 잉글랜드 농촌개발 프로그램(England Rural Development Programme)의 총 예산은 40억 파운드이며, 그중 5억 파운드를 향후 5년 동안 농촌개발에 사용할 수 있다. 여기에는 LEADER로 알려진 '상향식' 농촌개발 이니셔티브가 포함된다.

2) LEADER 이니셔티브

LEADER는 지역 행위자들이 내생적 개발 잠재력을 이용해서 지역을 개발할 수 있도록 허용하는 지역개발 방법이다. LEADER 접근법은 지난 20년 동안 EU 농촌개발정책의 중요한 구성요소였으며(European Network for Rural Development, 2016), 일본과 한국을 비롯한 EU 밖 여러 나라도 이 방법을 채택했다. LEADER는 문화상품과 서비스를 개발하는 많은 프로젝트(예: 로컬푸드, 공예품, 새로운 문화관광 프로그램 등)를 지원해왔으며, 지금도 농촌창의경제에서 투자와 지원의 중요한 원천 역할을 하고 있다.

LEADER에서는 지역활동가들이 지역의 수요와 역량에 관한 자신들의 평가를 기초로 지역개발전략을 수립한다. 이 전략은 지역활동가들이 개발에 관한 아이디어를 내고 프로젝트를 시작하도록 장려하는 역할을 한다. 그리고 자금지원을 통해 이를 지원한다. 의사결정은 LAGS(Local Action Groups)에 위임되며, 그 밖의 지역 행위자들은 LAGS의 의사결정이 더 넓은 범위의 농촌개발 목표에 전략적으로 부합하게 하고 프로그램 예산을 관리하는 책임을 맡는다. LAGS는 농민, 소상공인 등 다양한 분야의 활동가들로 구성된다.

LEADER를 OECD가 보급하는 농촌개발 아이디어에 부합하는 '신내생' 농촌개발이나 네트워크를 이용한 농촌개발의 사례로 간주할 수도 있지만, LEADER의 성공 여부는 상호 관련된 몇 가지 요소에 달려 있다. 첫 번째는 농촌지역의 프로젝트 창조 능력과 지역 이해관계자들의 실행능력이다. 이를 위해서는 지역공동체 내에 높은 수준의 능력과 신뢰가 존재해야 하며, LAGS가 적절한 자원을 바탕으로 완전하게 기능하여 다른 이해관계자들의 신뢰를 얻어야 한다. 하지만 농촌지역별로 능력수준과 경험수준이 다양하므로 주정부의 지원이 사라지면 장소들 간의 불평등이 심화될 수 있다(Bock, 2016).

지역 역량이 미약한 곳에서는 중앙당국이 상황을 통제하는 것과 지역활동가들이 스스로 행동할 있도록 지원해야 할 필요 사이에 긴장이 발생할 수 있다. 지역 역량 개발에는 시간과 헌신이 필요하지만, 지역 지휘부가 바뀌거나 프로그램이 종료되면 이런 헌신이 훼손되는 경우가 많다. LEADER가 잘 확립된 지역들의 활동 역량이 가장 크며 그 결과도 더 오래가는 경향이 있는 것은 우연이 아닐 것이다.

또 다른 도전은 LAGS와 그 외 지역활동가들 간의 '문화적 충돌(culture clash)'이다. 근본적으로 이는 활동·실험할 자유('LEADER 방법'의 기본원칙 중 하나)와 프로그램 모니터링·평가 요건에 수반되는 요구들 간의 갈등이다.

잉글랜드 노스웨스트 주 컴브리아(Cumbria)에서 수행된 연구를 통해 드러난 바와 같이, EU 농촌개발 프로그램 내에 LEADER를 보편화시키는 과정에서 이런 갈등이 더욱 부각되었다. 이곳의 이해관계자들은 (당시 LEADER 프로그램을 관리하고 있던) 노스웨스트개발국(North West Development Agency)이 권한이양에 소극적이었으며, 상향식 개발 과정 및 문화에 맞지 않는 지나치게 복잡한 관료주의가 이를 더욱 악화시켰다고 보고했다(Convery et al., 2010). EU 각지의 LEADER 파트너십에서 비슷한 갈등이 보고되었다. 그럼에도 불구하고 LEADER는 대체로 성공적인 것으로 간주되었으며, 농촌 지역의 잠재력을 활성화시키고 농촌 지역공동체의 역량을 강화하는 유용한 방법으로 여겨져왔다. 이 때문에 LEADER는 지금도 유럽 농촌개발정책의 주요 구성요소로 남아 있다(ENRD, 2016).

3) 사례: 앨런헤즈(Allenheads)의 현대미술

Allenheads Contemporary Arts(ACA)는 예술가 상주(residency) 프로그램을 운영하여 세계 각지의 예술가들을 노섬벌랜드 노스페나인(North Pennies)에 있는 외딴 마을로 유인한다.

약 5년 전, ACA는 노스페나인 LEADER 프로그램의 자금지원으로 새로운 관광시설을 설립했다. 다른 국제 예술조직과의 파트너십과 소셜미디어 캠페인을 통해 ACA는 현재 성장하고 있는 시장—창의적인 사람들에게 레지던스를 제공하는 시장—에 접근할 수 있었다. 예술가 방문객은 한 번에 몇 주 동안 이곳에 머물며 새로운 작품을 만들거나 자신의 작업 방향을 새롭게 한다. 이들은 ACA 갤러리(예전의 마을상점을 바꾼 것)나 마을 퍼브(pub)에서 지역 주민과 교류한다. ACA 소유주인 예술가 앨런 스미스

〈그림 12-8〉 ACA 본부인 Old School House에서 바라본 풍경. 노스페나인 경관이 내려다보인다.

(Alan Smith)와 헬렌 래트클리프(Helen Ratcliffe)는 마을을 통과하는 영국 횡단(Coast to Coast) 장거리 자전거 루트의 인기도 활용한다. 창의적인 사람들을 대상으로 한 레지던시 프로그램과 더불어 자전거 여행객들을 대상으로 한 B&B도 운영하고 있다. 이러한 추가적인 소득원 덕분에 그들이 운영하는 장기 현대미술 프로그램은 주정부의 재원이 줄어드는 상황에서도 재정적 안정성을 확보할 수 있었다.

외견상 ACA가 지역경제에 기여하는 부분은 미약하다. 하지만 그들은 연중 방문객을 끌어들이며, 이들 방문객은 지역상점과 카페에서 돈을 쓴다. 미술은 앨런헤즈의 인지도를 높이는 데 기여했으며, 방문객은 ACA의 프로그램과 전시를 찾는다. 하지만 도시 갤러리에서 볼 수 있을 정도로 관람객 숫자가 많지는 않다. 그리고 ACA는 지역 주민에게 외딴 농촌지역에서 찾아보기 힘든 문화 서비스도 제공한다.

또한 그들은 North Pennies Area of Outstanding Natural Beauty와의 파트너십을 통해 밤하늘을 볼 수 있는 천문대도 개발하고 있다. 이를 통해 최근 이 일대가 'Dark Skies Park'[2]로 지정된 것을 활용할 수 있을 것이다. 이 때문에 '천문관광(astro tourism)' 성장이 촉진되고 있다. 농촌 특유의 문화경험을 제공한다는 점에서 이것이 농촌지역에 도시지역과의 경쟁에서 차별화할 수 있는 이점을 제공한다고 주장할 수 있을 것이다.

4) 농촌 성장 프로그램: 농촌기업 허브 개발

Center for Rural Economy 연구(2000, 2010)에 따르면, 제한된 내부자원이 소규모 기업 소유주들의 네트워킹 참여 기회와 외부지원 접근기회에 영향을 미칠 수 있는 것으로 밝혀졌다. 이 둘은 지식과 혁신의 원천에 연결될 수 있어서 중요하다. 하지만 농촌기업들에게 더 큰 문제가 되는 장애물 중 하나가 신규 사업 획득과 신규 시장 접근을 위한 협력을 가로막는 장애물이다(Cowie et al., 2013).

DEFRA는 이런 장애물을 극복하고 학습을 확산시키기 위해 농촌성장정책(Rural Growth Policy)의 일부로 8개 파일럿 프로젝트를 도입했다. 그 목적은 농촌기업의 성장을 장려하는 것이다(DEFRA, 2015). 그중 하나가 노섬벌랜드가 속해 있는 잉글랜드 노스이스트 주에 있다.

이 정책의 목표는 소기업들의 네트워크를 지원하여 기업 허브가 발전되게 함으로써 소기업인의 네트워크 능력과 성장 능력을 촉진시키는 것이다. 이 허브들은 농촌기업들에게 유연한 사업장 공간과 다양한 서비스를 제공하는 물리적 장소다. 민간기업가나 Development Trusts 같은 지역공동체 기업이 이를 소유하는 경우가 보통이며, 심지어 전국적인 자선기

2 조명공해가 없는 외딴 농촌지역에 특별히 부여되는 국제적인 명칭.

관인 National Trust가 소유하는 경우도 있다. 모든 허브에는 초고속인터넷이 연결되어 있다.

허브들은 예약 가능한 회의실 등의 공유시설과 더불어 사업조언, 정보, 훈련도 제공한다. 소기업 소유주들은 어떤 지원이 존재하는지, 그것에 접근할 수 있는 방법이 무엇인지를 발견하는 일이 문제라고 흔히 말하기 때문이다(ibid.). 또한 이곳은 기업 허브들 간 네트워킹에 대한 지원도 강조한다. 많은 허브가 비슷한 도전에 직면하므로 허브 소유주들이 교훈과 모범사례를 공유하는 것이 모두에게 유익하기 때문이다.

네트워킹 향상을 위한 도구 중 하나가 농촌 연계 웹사이트 개발이다. 다른 것으로는 허브를 지원하고 사업 발전방법에 관해 개별 기업인에게 조언을 제공할 수 있는 기업 자문팀이다. 파일럿 프로젝트가 끝나기는 했지만, Local Enterprise Partnership과 중앙정부는 농촌기업 성장을 계속 지원하기 위해 2020년까지 600만 파운드를 추가로 투자할 계획이며, 여기에는 새로운 기업 허브 신설이 포함되어 있다. RGN을 관리하는 민관 파트너십인 ARCH에 따르면, 이 프로그램을 통해 200개 기업이 신설되었으며, 1천 개 농촌사업체가 투자나 사업조언을 통해 지원받고 있다(ARCH 2016). 이 프로그램에 대한 평가는 현재 진행 중이다.

5) 사례: 앨런데일포지 스튜디오(Allendale Forge Studios)
(www.allendaleforgestudios.co.uk)

앨런데일포지(Allendale Forge)는 노스페나인(North Pennines)에 있는 앨런데일(Allendale) 가운데 있다. 돌로 지은 마을, 경사지 농업, 탁 트인 하늘이 이곳의 특징적인 경관이다. 이 매력적인 마을은 아직 활력을 유지하고 있다.

자동차로 1시간 거리에 있는 뉴캐슬로 통근하는 사람이 많지만, 그렇지 않은 사람들도 있다.

또한 이곳은 지역 문화전통이 풍부하며, 이 마을과 주변지역은 예술가와 다른 창조적인 사람들에게 매력적이다. 앨런데일포지는 지역 예술가들과 공예인들의 전시장이자 문화관광지다(Allendale Forge, 2016). 이곳은 또한 비즈니스 허브로, 처음 사업을 시작하는 젊은이들을 비롯한 여러 창조적인 사람들에게 스튜디오를 제공한다. 이곳에서 가장 큰 성공을 거둔 사업 중 하나가 젊은 기업가들에게 무료로 작업공간과 멘토링을 제공하는 장학금 프로그램이다.

앨런데일포지는 사회적 기업으로 운영되며, 따라서 여기서 발생하는 수익은 모두 앨런데일과 주변지역에 재투자된다. 아만다 갤브레이스(Amanda Galbraith)가 이곳을 설립해 이끌어왔으며, 자원봉사자들로 구성된 이사회가 그녀를 돕고 있다. 아만다는 이곳에 전입한 기업가로, 주내 다른 곳에서 일하다가 은퇴 전 살 곳을 찾아 앨런데일로 이주했다.

〈그림 12-9〉 앨런데일포지에 있는 한 미술가의 스튜디오

〈그림 12-10〉 헥섬, Red Box에서 전시 중인 한국 디자인

앨런데일포지를 설립하기 전에 그녀는 마을에서 예술카페를 운영했지만, 늘 사업을 확장하고 싶어 했다. 버려진 지역건물을 이용할 수 있게 되자 이곳을 아트센터로 개발한다는 계획이 결실을 맺게 되었고, 그렇게 해서 2009년에 앨런데일포지가 문을 열게 되었다.

초고속인터넷은 잉글랜드 농촌지역에 확산되고 있으며, 현재 앨런데일에는 케이블을 이용한 초고속인터넷이 제공되고 있다. 포지는 마을에서 처음으로 와이파이를 제공한 단체 중 하나였으며, 지금도 집에 초고속인터넷이 없는 사람들이 와이파이를 이용하러 카페에 온다. 따라서 포지는 사람들이 비공식적으로 만나는 장소 역할도 하며, 이는 지역공동체 사회적 자본 창출에 도움이 된다. 유럽농촌개발기금이 포지 건설비 충당을 지원했으며, 그 덕분에 건물 개보수를 완료하는 데 필요한 나머지 자본을 부동산담보대출로 조달할 수 있었다.

포지는 헥섬(Hexam: 인근 시장타운), 뉴캐슬, 노스이스트 주 다른 지역으로부터 방문객을 끌어들이며, 발전을 꾀하는 예술가들에게 이용 가능한 작업공간이 있음을 알린다. 포지 팀은 자신들이 하는 일을 홍보하는 창의적인 방법을 계속 생각해내고 있다. 좋은 사례 중 하나가 헥섬에 있는 옛날 공중전화박스를 인수한 것이다. 그들은 이곳을 영국에서 가장 작은 예술 갤러리 중 하나로 변모시켰다. 이 특이한 아이디어는 이 지역에서 포지와 포지가 하는 일에 관한 인지도를 높이는 데 매우 효과적이었다. 최근 이들의 마케팅은 세계 반대편까지 도달하여 World Architecture Challenge에 참여한 한국 학생들이 헥섬에 있는 Red Box에 관한 이야기를 듣고 자신들의 기술을 이용해서 이 작은 공간에 한국에 관한 전시물을 설치했다.

개발기구, 대학 같은 외부 지원기관이 포지의 성공에 중요한 역할을 했으며, 역량과 학습을 향상시키고 전략적 리더십을 발휘하는 데도 도움을 주었다. 예전의 지역발전진흥원(Regional Development Agency)은 현재 포지가 자리 잡고 있는 땅을 매입했으며, 초창기에 아만다에게 많은 지원과 조언을 제공했다. 뉴캐슬대학교 비즈니스스쿨에서 예술과 기업가정신을 공부하는 석사과정 학생들이 포지와 함께 작업하여 시장조사를 해주었다. 이는 포지의 미래 계획 수립에 기여했으며, 학생들은 학교에서 배운 것을 실제로 적용해볼 기회를 갖게 되었다.

아만다는 주·지역 기관들로부터 받은 지원이 중요했다고 말한다. 자금을 조달하는 데 도움이 되었을 뿐만 아니라, 지속적인 관심을 얻는 데도 중요했다는 것이다. 실제로 그녀는 노섬벌랜드 지역 의회에 정기적으로 연락하여 포지의 상황을 보고한다. 이는 그녀가 새로운 기회를 발견하는 데 도움이 될 뿐만 아니라, 지역 의회가 농촌 창조 부문에 관해 알 수 있게 하는 역할도 한다. 포지가 농촌발전네트워크 프로그램 출범 전에 운영을 시작하기는 했지만, 아만다는 이 프로그램의 마케팅 지원을 활용할 수 있었으며, 현재 이 프로그램 관련자 모임에도 참여하고 있다.

하지만 미래가 모두 '순풍에 돛 단' 상황은 아니다. 포지는 자생력 유지를 위해 방문객을 끌어들이고, 작업공간을 예술가들로 채워야 한다. 이는 혁신적인 해법을 창출하는 데 도움이 되었지만, 많은 예술사업과 마찬가지로 사업의 일상적인 운영에는 위기가 찾아올 수 있다.

6) 노벌랜드 국립공원-The Sill 프로젝트

마지막 사례는 현재 개발 중인 프로젝트다. Sill Landscape Discovery Centre[3]는 현재 노섬벌랜드 국립공원에 의해 개발되고 있다. 이 센터는 방문객이 이곳의 경관을 경험하고 이해하는 새로운 방식을 제공하여 노섬벌랜드의 주요 관광지가 되고자 한다. 이 센터는 경관에 관한 재해석, 혁신적인 디자인, 방문객 숙소, 학생들을 위한 교실 등을 결합하여 지역 기업들을 위한 기업 허브 역할을 하는 동시에 지역·주 먹을거리 전시장 역할을 통해 지역 농가에 판로도 제공할 예정이다.

〈그림 12-11〉 노섬벌랜드에 있는 하드리아누스 성벽은
'윈실(Whin Sill)'이라 불리는 지질학적 노두[4] 위에 건설되어 있다.

---

3 하드리아누스 성벽이 건설된 지역 특유의 윈실(Whin Sill)에서 이름을 딴 것이다.

Sill의 특별한 점은 다양한 행위자의 이해관계를 조율하여 규모와 인지도 한계를 극복하고자 한다는 점이다. 무엇보다 국립공원은 Sill을 경관에 대한 이해를 높이고 국립공원이 가진 특별한 자질을 피상적인 수준 이상으로 알리는 중요한 문화자원으로 간주한다. 또한 국립공원은 예술 후원자 역할도 하게 되었다. 센터 오픈 2년 전부터 인지도 향상을 위해 작가와 화가들을 섭외하여 노섬벌랜드 경관을 해석하게 한 것이다. 국립공원에 대한 투자는 공공 부문의 전체적인 역량이 제한적이고 개발 노력을 조율할 다른 활동가들이 거의 없을 때 자원 접근성 확보와 과제 완수에서 지역기관들이 가지는 중요성을 잘 보여준다.

연간 10만 명의 방문객을 달성하겠다는 야심 찬 목표가 달성 가능한 것인지는 시간이 말해줄 것이다. 성공한다면, Sill 덕분에 지역 방문객 수입이 연간 500만 파운드 늘어날 것이다(NNP, 2014).

7. 결언

디지털 통신의 급속한 발전으로 농촌창의경제에 새로운 기회가 열리고 있다. 도시 거주자들은 독특한 향토음식에서부터 박물관, 축제, 예술에 이르기까지 시골에서의 체험을 계속 찾고 있다. '농촌문화'라 이름 붙일 수 있는 것에 관한 욕구가 아직 강함을 잘 보여주는 사례가 있다. 크라우드펀딩에 의해 제작된 잉글랜드 북부 경사지 농민가족에 관한 2015년 영화와 잉글랜드 베스트셀러에 오른 목양업자의 자서전이 대표적인 예다.

---

4 옮긴이: outcrop-광맥, 암석 등의 노출부.

사람들은 자신의 것과 다른 농촌생활 및 경험에 늘 목말라하는 것처럼 보인다. 이는 강력한 문화적 갈망으로서, 여기에 농촌창의경제의 기회가 있다.

농업에서의 기술변화 수용과 필요한 노동자 숫자 감소로 인해 잉글랜드 농촌지역은 계속 다각화될 것이다. 기술변화와 사회변화로 인해 더 많은 사람들이 농촌지역의 독특한 자질에 이끌려 도시에서 농촌으로 이주할 가능성이 크다. 그리고 그중 일부는 사업을 시작할 것이다. 창조적인 회사에서 일하는 다른 사람들은 농촌 마을에 거주하면서 파트타임으로 일하는 쪽을 선택할 것이다.

어메니티 가치가 높은 농촌지역은 유산, 자연, 문화에서 국내 관광객과 해외 관광객을 위한 새로운 기회를 계속 발견할 것이다. 독특한 '농촌' 체험을 활용하여 독특한 틈새시장을 겨냥할 것이다.

작은 하위 부문이기는 하지만 예술은 농촌지역에 중요하다. 농촌 지역공동체에 문화적 다양성을 제공해줄 뿐만 아니라, 농촌 관광, 장소 만들기에 기여하기 때문이다.

정책은 창의성과 경제성장의 장소로 도시에 초점을 맞추는 경향을 보여왔으며, 여기에는 타당한 경제적 이유가 있다고 말할 사람도 있을 것이다. 농촌지역을 의도적으로 배제한 것이 아니라, 농촌이 기여하는 부분에 대한 이해가 기본적으로 아직 매우 미흡하며, 농촌지역을 지원하는 정책 역시 현실과 맞지 않는 부분이 많다. 연구에 따르면, 창의산업은 잉글랜드 농촌지역에 존재하며 앞으로도 번성할 수 있다. 하지만 창의산업이 살아남아서 성장하게 하려면 농촌을 목표로 한 전략을 채택해야 한다. 남아 있는 중요한 질문의 예는 다음과 같다. 농촌 창의산업이 국가시장과 국제시장에 어느 정도로 기여하는가? 지역 성장 촉진을 위해 이와 같은 연결성을 활용할 수 있는 방법은 무엇인가? 농촌지역의 창조적인 사람들을 네트워크로 연결시켜 이들이 서로에게, 그리고 다른 지역 사업체들에 서비스를 제공하게 할 방법은 무엇인가? 초고속인터넷의 지속적인 확산으로 농촌지역의 창조적 기업과 도시지역의 창조적 기업 사이의 근접성 격차가 좁혀질 것인가? 그 둘 사이의 연결고리는 무엇인가?(Naylor, 2007) 등 많은 질문이 아직 답변되지 않은 채 남아 있다.

유럽 농촌개발정책은 농촌창의경제의 중요한 투자자 역할을 계속할 것이다. 현재 프로그램이 농촌관광에 초점을 맞추는 경향이 있지만, 농촌지역에서 창의산업의 중요성을 인식하고 그것을 지원해야 할 타당한 이유가 있으며, 이는 특히 초고속인터넷이 잉글랜드 농촌 대부분으로 확장되는 상황을 고려하면 더욱 그렇다. 6년 전 자문그룹인 Rural Cultural Forum은 농촌창의경제가 국가 창의경제에 연간 5억 파운드의 기여를 한다는 점을 부각시키면서 미래의 농촌개발정책, 농업정책, 문화정책을 연결시킬 방안을 마련하라고 촉구했다(RCF, 2010).

따라서 잉글랜드 농촌창의경제는 경제적 가치를 가질 뿐만 아니라 장소 만들기 측면에서 사회적 가치도 가진다고 결론 내릴 수 있을 것이다. 농촌에서 얻은 경험을 바탕으로 기업 허브를 통해 네트워킹을 장려하는 정책 실행에서 교훈을 얻고, 농촌 창조기업들이 다양한 부문에서 활동하는 방식을 조사하며, 관련 연구의 큰 공백들도 해소해야 한다. 농촌개발을 위한 유럽 농업정책이 창의산업을 어느 정도 지원했는지 평가하는 일 역시 시급히 수행해야 할 과제다(RCF, 2010).

| 참고문헌 |

ACE (2013), Great art and culture for everyone, Manchester: Arts Council England. Available at:www.artscouncil.org.uk/media/.../Great_art_and_culture_for_everyone.pdf

ACE (2014), Rural Policy Position Statement, Manchester: Arts Council England Available at: http://www.artscouncil.org.uk/what-we-do/research-and-data/rural-positioning/

Arch (2016), North East Rural Growth Network, http://www.archnorthumberland.co.uk/arch-business/rural-growth-network#8/55.137/-1.965

Atterton, J. (2008), Rural proofing in England: A formal commitment in need of review, Newcastle: Centre for Rural Economy. Available at: http://www.ncl.ac.uk/cre/publish/discussionpapers/

Bell, D. and Jayne, M. (2010), "The creative countryside: Policy and practice in the UK rural cultural economy", Journal of Rural Studies, 26, pp. 209-218.

Bell, D. and Oakley, K. (2015), Cultural Policy, London: Routledge

Bock, B. (2016), "Rural marginalisation and the role of social innovation: A turn towards nexogenous development and rural reconnection", Sociologia Ruralis (forthcoming).

Bosworth G. and Atterton, J. (2012), "Entrepreneurial In-migration and Neoendogenous Rural Development", Rural Sociology, 77(2), 2012, pp. 254 - 279.

Cowie, P., Thompson, N. and Rowe, F. (2013), Honeypots and Hives: Maximising the potential of rural enterprise hubs, Newcastle: CRE. Available at: http://www.ncl.ac.uk/cre/publish/researchreports/

Convery, I., Soane, I., Dutson, T. and Shaw, H. (2010), "Mainstreaming LEADER delivery of the RDR in Cumbria: An interpretive phenomenological analysis", Sociologia Ruralis, 50(4), pp. 370–391.

CRE (2000), Rural business in the North East of England: Final survey results. Newcastle: Centre for Rural Economy, Available at: http://www.ncl.ac.uk/cre/publish/researchreports/RRClassics.htm

CRE (2010), Rural business in the North East of England: Final survey results. Newcastle: Centre for Rural Economy, Available at: http://www.ncl.ac.uk/cre/publish/researchreports/

Creative Industries Council (2014), Creative Industries strategy. London: Creative Industries Council, Available at: www.thecreativeindustries.co.uk/resources/create-uk-strategy

DEFRA (2011), Rural-urban classification, London: DEFRA. Available at: https://www.gov.uk/government/statistics/2011-rural-urban-classification

DEFRA (2013), Statistical Digest of Rural England, London: DEFRA. Available at: https://www.gov.uk/government/collections/statistical-digest-of-rural-england

DEFRA (2015a), A 10 point plan for boosting productivity in rural areas, London: DEFRA. Available at:https://www.gov.uk/government/publications/towards-a-one-nation-economy-a-10-point-plan-for-boosting-rural-productivity

DEFRA (2015b), Independent rural proofing: implementation review, London: DEFRA. Available at: https://www.gov.uk/government/publications/rural-proofing-independent-implementation-review-lord-cameron-review

DEFRA (2015c), The Government response to the Independent Rural Proofing Implementation Review by Lord Cameron of Dillington, London: DEFRA.Available at: www.gov.uk/defra

DCMS (2016), Creative Industries Estimates, London: DCMS. Available at: https://www.gov.uk/government/statistics/creative-industries-economic-estimates-january-2016

European Network for Rural Development (2016), Leader Gateway, https://enrd.

ec.europa.eu/en/leader
Florida, R. (2002), The Rise of the Creative Class: And How It's Transforming Work, Leisure, Community and Everyday Life. New York: Basic Books.
Harvey, D., Hawkins, H. and Thomas, N. (2012), "Thinking creative clusters beyond the city: People, places and networks", Geoforum, 43, pp. 529–539.
McGranahan, D., Wojan, T. and Lambert, D. (2011), "The rural growth trifecta: Outdoor amenities, creative class and entrepreneurial context", Journal of Economic Geography, 11, pp. 529–557
National Audit Office (2005), Foot and mouth disease: Applying the lessons, London: National Audit Office. Available at: https://www.nao.org.uk/.../foot-and-mouth-disease-applying-the-lessons/
Naylor, R. (2007), "Creative industries and rural innovation", In Mahroun, S (ed), Rural Innovation. London: NESTA
Northumberland County Council, Cultural Strategy
Northumberland National Park (2014), The Sill National Landscape Discovery Centre economic impact assessment update, Available at:http://www.thesill.org.uk/about
OECD (2006), New Rural Paradigm, Paris: OECD Publishing
OECD (2011), Rural Policy Reviews: England, Paris: OECD Publishing
Phillipson, J. Lowe, P. and Carroll, T. (2002), Confronting the rural shutdown:Foot and mouth disease and the North East rural economy, Newcastle: Centre for Rural Economy. Available at:http://www.ncl.ac.uk/cre/publish/researchreports/
Rantisi, N. (2006), "Placing the creative economy: scale, politics and the material", Environment and Planning A, 38, pp. 1789–1797.
Ray, C. (2000), Culture Economies, Newcastle upon Tyne, Centre for Rural Economy.
Rural Cultural Forum (2013), Creative rural communities: Proposals for a rural cultural strategy, Available at: www.ruralculture.org.uk/wp-content/uploads/2010/07/RCS_web.pdf

Stark, P., Gordon, G. and Powell, D. (2013), Relabalancing our cultural capital, Available at: www.theroccreport.co.uk

Visit Northumberland (2015), Northumberland destination management plan 2015-2020. Available at: http://www.northumberlandtourism.org.uk/resources/plans-and-research/northumberland-destination-management-plan-2015-2020.

Woods, M. (2005), Rural Geography, London: Sage.

Woods, M. (2011), Rural, Abingdon, Oxon: Routledge.

제13장

창의적 농촌지역 진흥을 위한 가치기반 접근법

1. 서론

자신이 어느 농촌지역 진흥방법을 정치인에게 조언해야 하는 공무원이라고 상상해보라. 어떤 방안을 설계할 수 있을까? 관광객을 끌어들이는 방안? 하지만 무엇이 관광객을 끌어들일까? 예를 들어, 평창이 동계올림픽으로 득을 보려면 어떻게 해야 할까? 그리고 그런 방안은 얼마나 지속가능한가? 이는 정말로 막막한 과제다. 도시센터들은 모든 곳으로부터 경제적 · 창의적 에너지를 빨아들이는 자석처럼 보인다. 현대경제에서 농업의 경제적 중요성이 점점 더 줄어드는 요즈음, 농촌지역은 경제적인 측면에서 사라진 것처럼 보인다.

문화경제학자이자 과학자로서의 규범은 현실에서 한 발짝 떨어져 현실에 관한 객관적 견해를 제공하는 것이다. 따라서 나는 전 세계 다양한 농촌지역을 분석하여 공무원들이 정책을 설계할 때 적용할 수 있는 패턴을 식별해야 한다. 여기서 보통 제기되는 질문은 과학적인 연구의 일반결과가 구체적인 상황에 얼마나 잘 적용될 수 있는지다.

나는 네덜란드 한 소도시의 (파트타임) 부시장이다.[1] 부시장 자격으로 그 질문에 답한다면, 과학적인 연구의 적용 가능성은 거의 혹은 전혀 없다는 것이다. 정책을 결정할 때 우리는 과학적인 연구의 결과물을 활용하지 않는다. 우리 공무원들은 결코 과학적인 연구 결과물을 토대로 나에게 자문하지 않는다. 그 대신 그들은 다양한 가치를 정식화한 다음 나에게 무엇

1 옮긴이: 저자는 2014년부터 힐베르숨(Hilversum)의 사회문제 참여 담당 부시장(alderman of Social Affairs and Participation)으로 일하고 있다(https://nl.wikipedia.org/wiki/Arjo_Klamer).

이 중요하고 무엇이 중요하지 않은지 이야기한다. 그러고는 내가 포용하거나 방어해야 할 실천전략을 제시한다.

따라서 여기서 나는 적절성 확보를 위해 가치기반 접근법(value based approach)을 사용한다. 이 접근법은 조언자들에게 정책의 목표나 추구해야 할 이상을 가장 먼저 정해야 한다고 말한다. 이런 목표는 정책의 출현 맥락과 그것과 관련된 미래관을 분명하게 밝히는 잘 기술된 세계관에 부합해야 한다. 그런 다음에야 정책설계와 전략수립을 할 수 있다. 물론 정책은 목표의 실현을 추구해야 하며, 세계관의 맥락에서 타당해야 한다. 정책의 실제집행이 일반적으로 설계에서 벗어나기 때문에 좋은 평가시스템도 마련해야 한다. 정책목표를 얼마나 잘 실현했는지 평가해야 한다. 이렇게 하면 정책의 책임성이 높아진다.

가치기반 접근법은 가치와 질에 초점을 맞춘다. 이런 점에서 그것은 양에 초점을 맞추는 경향이 있는 표준적인 경제적 접근법과는 다르다. 경제적 접근법은 보통 창출되는 일자리 숫자, 늘어나는 경제생산, 관광객 숫자 증가 같은 계량화할 수 있는 결과에 초점을 맞춘다. 가치기반 접근법에서는 이런 숫자들이 정책성과 지표로서 별 의미가 없거나 최소한 불완전한 것으로 밝혀진다. 그 대신 질이 중요해진다. 도시나 지역의 사회적·문화적 질이 대표적이다.

2. 농촌정책의 목표

극복해야 할 큰 도전은 정책목표를 정식화하는 것이다. 농촌지역을 고려할 때 경제성장이나 고용증가 같은 경제적 목표를 기술하고 싶은 유혹이 크다. 하지만 이런 목표는 그 자체로는 아무 의미가 없다. 경제성장이 왜 좋은가? 고용 증가가 왜 좋은가? 결국 이 둘은 더 중요한 다른 목표에 봉사하는 도구적 목표에 불과하다. 튼튼하고 생기 넘치는 사회, 주민의 의미 있는 생활처럼 이러한 가치에 기여하는 수단이다. 튼튼한 지역은 주민, 온갖 종류의 조직, 방문객에게 다양한 기회를 제공한다.

재정 성과 측정치에만 초점을 맞추는 경향은 해롭다. 잘 사라지지 않는 가정 중 하나가 재정 성과가 질적 향상을 보여준다는 믿음이다. 하지만 반드시 그런 것은 아니다. 모든 경제활동이 지역사회나 농촌사회에 득이 되는 것은 아니다. 추가적인 산업활동으로 일시적으로 고용이 늘 수도 있지만, 공해가 증가하고 경제여건 변화에 따라 그런 고용이 사라질 수도 있다. 창출된 일자리가 저숙련 임시직이어서 지역민의 삶 개선에 거의 기여하지 못할 수도 있다. 동계올림픽 개최 역시 이에 해당할 가능성이 있다. 지역경제 활성화는 일시적이고, 새로운 일자리는 사라지며, 새로 건설된 구조물들은 올림픽 후 방안이 없으면 무용지물이 될 것이다.

재정 성과에만 초점을 맞추는 경향에서 벗어나기 위해 가치기반 접근법은 경제프로젝트의 사회적·문화적 맥락에 관심을 기울이며, 정책이 사회적·문화적 요인에 미치는 영향도 고려한다. 그것이 지속 가능한 발전과 사회 질 및 개인의 삶의 질을 장기적으로 향상시키는 데 중요하기 때문이다. 따라서 가치기반 접근법은 사회적·문화적 목표를 명확하게 기술할 것을 요구한다. 농촌지역의 질(quality) 중 계속 유지해야 할 것은 무엇이고, 개선이 필요한 것은 무엇인가? 사회적 삶의 질은 어떤가? 문화적 질을 향상시키는 것이 필요한가? 그렇다면 어떤 질을 향상시켜야 할까?

3. 네덜란드 사례 두 가지

네덜란드 사례 두 가지를 통해 가치기반 접근법이 어떤 것인지와 효과적인 전략을 찾을 수 있는 방향을 잘 보여준다. 첫 번째는 힐베르쉼(Hilversum)이고, 두 번째는 지방도시 에인트호번(Eindhoven)이다.

1900년경 힐베르쉼은 야생화 들판과 숲으로 둘러싸인 농촌 도시였다. 토양은 양을 기르고 몇 가지 생산성 낮은 농업만 수행할 수 있을 정도였다. 1928년 몇 사람이 라디오로 실험하면서 작은 공장을 세우기에 적합한 장소를 물색했다. 네덜란드 최대의 도시이자 당시 창의적이고 기업가 정신이 높은 사람들이 모여들고 있던 암스테르담이 단연 최고의 장소였다. 하지만 그들은 암스테르담에서 25㎞ 떨어진 작은 마을인 힐베르쉼을 선택했다. 대부분 평지로 이뤄진 네덜란드에서 상대적으로 고도가 높고, 땅이 모래로 이뤄져 있었기 때문이다. 그들은 고지여서 전파송출이 용이하며, 모래토양은 조명 흡수에 적합하다고 생각했다. 그 결과 최초의 라디오 공장이 농촌마을에 설립되었다.

공장 때문에 라디오 방송국을 시작하고 싶어 하던 사람들이 몰려들었다. 곧 다른 사람들도 그 뒤를 이었으며, 그 결과 힐베르쉼은 네덜란드 최대의 라디오 도시로 발전했다. '힐베르쉼'이라는 이름은 트랜지스터라디오 다이얼에 새겨져 라디오의 대명사가 되었다. 제2차 세계대전 이후 라디오 회사들은 텔레비전 방송을 시작했으며, 현재 힐베르쉼의 방송국 단지에는 주요 공영 스튜디오들과 상업 스튜디오들이 있다. 다양한 창의적 조직들이 힐베르쉼에서 설립되었다. 마을이 인구 9만 명의 도시로 성장했으며, 대도시인 암스테르담, 위트레흐트와 가까움에도 네덜란드 미디어 도시로서 위상을 자랑하게 되었다.

하지만 힐베르쉼은 큰 도전에 직면해 있다. 암스테르담과 위트레흐트가 창의적인 사람과 활동을 계속 끌어들이고 있기 때문이다. 힐베르쉼의 창의적인 기업들은 두 도시 중 하나로의 이전을 고려하고 있거나 이미 이전했다. 몇몇 TV 프로그램이 현재 암스테르담에서 제작되고 있으며, 주요 방송국 중 일부는 암스테르담을 선호하는 것처럼 보인다. 어쨌든 창의적인 사람의 절대다수는 암스테르담에 거주한다. 힐베르쉼 외곽의 울타리 쳐진 구역에 위치한 미디어 부문은 도시 나머지 부분과 점점 더 고립될 위험에 처해 있으며, 도시에 영향을 미치는 주된 이유는 교통체증이다. 미디어 종사자들은 힐베르쉼 시가지에 들르지 않고 인근 대도시에서 미디어 단지로 출퇴근만 한다. 그 결과 힐베르쉼 일부 주민은 도시 내 미디어 산업의 중요성에 의문을 제기하고 있다. 도시 내에 창의적 기업들을 보유하는 것이 얼마나 중요한가? 도시의 사회적·문화적 질에 그것들이 어떤 기여를 하는가? 고용에는 어떤 기여를 하는가? 힐베르쉼에 거주하는 많은 고숙련 인력들은 불과 25㎞밖에 떨어져 있지 않은 암스테르담이나 위트레흐트로 손쉽게 출퇴근할 수 있다.

또 다른 사례는 네덜란드 남부 도시 에인트호번이다. 에인트호번은 힐베르쉼에 비해 네덜란드 주요 도시들로부터 훨씬 멀리 떨어져 있다. 에인트호번은 대형 전자회사 필립스의 본사가 있는 곳으로 유명했다. 필립스는 에인트호번에 자사의 유명한 연구소와 더불어 몇 개의 공장도 운영했다. 필립스는 직원들에게 주택을 제공하고, 스포츠시설과 문화시설을 지원했으며, 문화행사와 프로 스포츠팀들의 주 후원자 역할도 했다.

1997년 필립스는 본사를 암스테르담으로 옮기기로 결정했다. 그전에 이미 공장들도 연속으로 폐쇄했다. 몇 개 부서가 에인트호번에 남았으며, 그중 하나로부터 컴퓨터 칩 개발업체인 ASML이 설립되었다. 도시의 주된 경제엔진인 필립스가 떠나면 에인트호번이 경제적·사회적·문화적으로 쇠락할 것이라는 예상이 지배적이었다. 에인트호번 사람들은 최악의 경우를 대비했다.

모든 예상과 달리 에인트호번은 주요 창의적 도시 중 하나로 부상했다. 2011년 에인트호번 시와 인근지역은 세계에서 가장 스마트한 지역이라는 이름을 얻었다. 에인트호번에서는 현재 많은 활동이 진행되고 있으며, 도시 외관도 크게 변했고, 꼭 가봐야 할 곳 중 하나가 되었다. 공대 하나와 디자인학교 하나가 이곳에 있다. ASML은 세계적인 칩 제조업체가 되었다. 영향력 있는 다른 몇 개 기업들도 에인트호번에서 사업을 시작했다. 그 결과 에인트호번의 연구개발비는 암스테르담의 두 배다. 이런 일이 어떻게 가능했을까?

이 두 사례는 문화경제학자에게 매우 흥미롭다. 힐베르섬과 에인트호번 사례에서 무엇을 배울 수 있을까? 다른 여건의 마을과 도시들이 자신들의 전략에 적용할 수 있는 교훈을 얻을 수 있다.

4. 경제에 대한 생각을 바꿔야 할 필요성

농촌지역을 부흥시킬 새로운 전략을 개발해야 하고 힐베르섬과 에인트호번 같은 사례를 이해해야 하는 공무원들에게 하고 싶은 중요한 조언 중 하나는 경제에 대한 그림을 바꾸라는 것이다.

대부분 경제정책의 바탕이 되는 표준적인 그림은 경제를 시장으로 이뤄진 시스템과 동일시하는 것이다. 우리는 구매자와 공급자, 상품과 가격이 있는 시장을 보도록 길들여졌다. 이런 관점은 구매자와 공급자 간의 거래에 초점을 맞춘다. 그리고 이런 거래의 가격을 기록하여 경제성과를 나타내는 GDP를 산출한다. 그 결과 표준적인 그림에 따른 경제정책은 거래의 숫자를 늘리는 데 초점을 맞추며, 공급조건과 구매의사를 향상시키고자 한다.

이 그림은 산업경제에 잘 들어맞으며, 서비스 기반 경제에도 꽤 유용할 수 있다. 하지만 창의경제에는 그렇지 않다.

창의경제(creative economy)는 정보경제, 지식경제 같은 인기 있는 개념들을 대체하는 새로운 개념이다. 컴퓨터 기술의 도입으로 정보가 성장의 열쇠로 간주되었으며, 정보 접근성은 모두가 원하는 상품이 되었다. 하지만 지식 없이는 정보가 큰 의미를 갖지 못한다는 인식이 확산되면서 정보경제의 뒤를 이어 지식경제가 부상했다. 정보경제가 정보기술에 대한 투자와 정보수집 서비스 개발을 촉발시킨 반면, 지식경제는 연구개발, 교육, 소위 지식노동자에 초점을 맞춘다. 지식경제에서 지식은 희소한 상품이다. 그리고 그다음 단계로 창의경제가 부상할 것으로 전망되고 있다.

창의경제는 아이디어와 이미지에 관한 것이다. 그것은 의미에 관한 것이기도 하다. 음악이 그 예 중 하나다. 음악은 소리이며, 따라서 파악하기 어려운 무형의 것이다. 사람들에게 음악을 듣게 하려면 의미가 담겨 있어야 한다. 일단 사람들이 그것을 듣게 되면, 점점 더 많은 관심을 끌게 될 수도 있다. 음악은 모든 종류의 거래를 포함하지만, 그것보다 훨씬 더 많은 것에 관한 것이다. 디자인, 건축, 패션, 게임, 미술, 인터넷, 지식, 공동체, 종교 등도 마찬가지다. 이 모든 상품은 경제거래를 뛰어넘는 가치를 획득한다. GDP는 그런 가치를 반영하지 못한다.

하지만 창조성의 가치를 재정수입으로 변환할 수도 있다. 음악, 패션, 영화, 아이폰, 신발 같은 상품은 주로 창의적 가치를 창출한다. 재료, 기계장치, 노동 등에 들어가는 비용인 직접 생산비는 가격의 일부에 불과하다. 사람들이 지불하는 돈의 대부분은 그것이 대변하는 이미지, 라벨, 거기에 담긴 의미에 대한 것이다. 부가가치는 대부분 가상적이다. 다시 말해 사람들의 마음속에 존재한다.

또한, 창의경제 용어로 이야기하면 창의적 작업을 촉진하는 조건들에 초점을 맞추는 쪽으로 논의가 진행될 수밖에 없다. 어쨌든 창의경제는 창의적 작업을 나타낸다. 창의적 작업은 창의적 노동자를 필요로 한다. 창조성이 그 추진력이다. 그렇다면 창조성은 어떻게 출현할까? 표준적인 관점에서는 창조성을 창의적인 상품과 서비스 창출을 위해 자본, 노동 등의 투입물과 함께 필요한 생산요소 중 하나로 간주하기도 있다. 일반적인 가정은 개인이 창의적이므로 창의적인 노동자들이 작업하는 방식을 통해 창조성이 출현한다는 것이다. 하지만 새로운 통찰에 따르면 이런 관점은 구시대적이고 잘못된 것이다.

많은 연구를 통해 밝혀진 바와 같이, 창조성은 창의적 환경에서 출현한다. 개인이 얼마나 창의적이든 간에 자신의 아이디어에 관한 올바른 반응을 발견하지 못하면 그들의 노력의 거의 아무것도 아니게 된다. 바로 이런 이유 때문에 문화경제학자들은 창의적 공유지(creative commons) 개념을 받아들였다. 공유지는 사람들과 조직들이 그 공유지를 구성하는 실천들에 참여할 때 접근할 수 있는 공유공간을 말한다. 마을 사람들이 양 방목 등을 위해 접근할 수 있는 마을 주위의 공유지 같은 것을 생각해보면 된다. 창의적 공유지는 창의적 실천들로 구성된다.

창의적 공유지는 사람들과 조직들이 참여하고 기여하고 혜택을 보기 때문에 존재한다. 따라서 공유지에는 그것을 구성하는 실천이 있어야 한다. 기여가 없으면 공유지가 고갈될 것이므로 기여는 매우 중요하다. 기여는 실천의 구성요소다. 창의적 공유지에서는 그것이 창의적 기여에 해당하는 경우가 많다. 하지만 그것만큼이나 중요한 것이 그 공유지가 다른 사람들에게 얼마나 혜택을 주는지다. 공유지는 다른 사람들이 생존하는 데 득이 되는 상품을 창출해야 한다. 다른 사람들이 그 상품에 대해 기꺼이 대가를 지불할 정도의 편익이 존재하여 공유지를 지탱하는 데 필요한 수단이 확보되어야 한다.

창의적 공유지의 실천은 공유된 실천이다. 그 맥락 속에서 사람들이 온갖 방식으로 상호작용하고, 함께 작업하며, 금전거래나 정부 절차 없이 기여를 공유한다는 뜻이다. 이 상호작용은 사회적 성격을 가진다. 창의적 과정을 광범위하게 연구한 칙센트미하이(Czicksentmihalyi)는 창조성이 개인의 결과물이라기보다는 창의적 환경이 반영된 것이라고 결론 내렸다. 개인은 어느 때건 창의적일 수 있지만, 그들의 창의적 기여가 인정받고 수용되지 않으면 그것들은 낭비되고 만다.

표준경제학은 창의적 공유지의 실현을 예견하지도 못하고, 그것을 이해할 실마리도 제공하지 못한다. 정부가 프로그램과 예산을 마련하는 것으로는 충분치 않다. 민간업체들 역시 무언가를 진행하고 있지만, 보통 창의적 공유지를 만들어내지는 못한다. 그 회사가 떠나면, 일반적으로 그로 인해 창조된 공유지도 사라진다는 뜻이다. 따라서 창의적 공유지를 식별하려면 경제에 관한 다른 그림이 필요하다. 시장과 정부만 보여주는 표준적인 경제 그림이 아니라 그 이상의 것을 보여주는 그림이 필요한 것이다.

가치기반 접근법이 제공하는 그림은 다음과 같다.

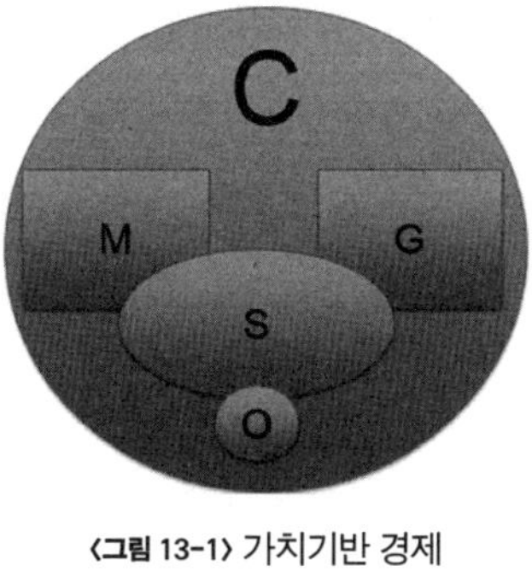

〈그림 13-1〉 가치기반 경제

M은 시장영역을 나타낸다. 이곳은 교환이 이뤄지는 곳으로, 상품과 그 가격, 수요와 공급이 존재한다. 표준경제학은 대부분의 초점을 여기에 맞춘다. 이곳은 사적 재산과 지급용의액(WTP)이 있는 영역이다. G는 거버넌스 영역을 나타낸다. 조직, 규칙 · 규정, 법, 지침, 세금, 보조금의 영역이다. 표준적인 경제적 그림에서 G는 M의 불완전성을 시정하는 데 필요한 영역이다. 이곳은 또한 조직의 영역으로, 기업의 형태로 상업활동을 수행하는 조직들도 여기에 포함된다. 그리고 이곳은 공유재산과 공공재의 영역이다.

이 그림에서 새로운 부분은 O, S, C다. O는 가정을 나타낸다. 이곳은 사람들이 가정생활을 실현하는 영역이다. 이곳에서 부모가 자녀를 기르고, 자녀가 나이든 부모를 돌본다. M과 G는 O에서 보통 멀리 떨어져 있다. O에는 상품의 공유가 포함되고 공동체가 필요하다는 점에서 O의 논리 역시 M과 G와는 다르다. 이 글에서 O는 배후에서 기능하는 것으로 간주된다.

중요한 영역이 C와 S다. C는 문화영역으로, 예술적 · 종교적 · 상징적 가치가 출현하는 곳이다. 누군가가 음악을 만들 때, 그 음악은 사람들의 반향을 불러일으켜야 하며, 이런 점에서 그 음악에 의미를 부여할 문화적 활동과 창의적 공유지가 필요하다. 외딴 곳에 사는 인디언 부족에게 바흐의 음악을 연주하면 공감을 얻기 어렵기 때문에 별 반향을 얻지 못할 가능성이 크다. 한국 전통음악이 계속 살아남으려면 지속적인 활동이 이뤄져야 한다. 문화영역 C가 없으면, 예술적 · 종교적 · 상징적 가치가 살아남을 수 없다. 그것들이 아무 의미를 가지지 못하기 때문이다.

사회영역 S는 사람들이 상호작용과 사회화를 수행하고, 관계 · 공동체 · 클럽 · 협회 등을 즐기는 영역이다. 음악을 즐기는 일은 보통 문화적인 것만큼이나 사회적인 행위다. 사람들은 특정 음악을 공유하고, 함께 콘서트와 음악축제에 간다. 패션 역시 사람들이 공유한다는 점에서 사회적이다. 창의적 공유지는 사람들의 협력과 창의적 표현·활동의 공유를 포함한다는 점에서 사회적이다.

농촌지역에 창의적 경제를 창조하는 일에 관심을 가진 사람들에게 이 5개 영역이 왜 중요할까? 이 그림이 명확하게 보여주는 것처럼 창의경제는 제품 생산과 그것을 좋은 가격에 시장에서 판매하는 일(M 영역)에 관한 것이 아니며, 창의경제에는 창의적 공유지의 실현이나 참여가 필요하다. 따라서 상품이 의미를 가지게 하려면 문화영역 C에서의 활동이 필요하다. 상품이 의미 있고 흥미로운 것으로 판단되고 이야기되려면, 적절한 대화가 진행되어야 한다. 생산자들은 사람들이 그 공유지에 참여하거나 기여하도록 유도해야 한다. 이런 참여는 사회적인 것이며, 따라서 사회영역에서 진행된다. 창의적 상품에는 사람들이 그것의 가치를 알아보고, 그것을 공유하며, 다른 사람들에게 그것을 칭찬할 사회적 환경이 있어야 한다. 표준적인 그림이 제시하는 것과는 달리, 창의적 상품이 시장영역에서 기회를 잡기 전에 번성할 수 있는 사회적 환경이 있어야 한다.

5. 그렇다면 창의경제를 위해 무엇이 필요한가?

창의경제의 출현과 기능에 사회영역과 문화영역이 너무나 중요하기 때문에 창의적인 사람들과 조직들은 물리적으로 한 데 모이는 경향을 보인다. 한 도시나 지역에 그들이 있으면 다른 사람과 조직들이 그곳으로 몰려드는 경향이 있다. 리처드 플로리다(Richard Florida)가 보여준 바와 같이, 창의적인 사람들은 창조성의 성장을 위해 서로를 필요로 한다. 칙센

트미하이 역시 비슷한 관찰을 했다.

특정 지역에 창의적인 사람들을 끌어들이는 요인이 또 무엇이 있는지는 불분명하다. 도시 매력도가 그 후보일 수 있지만, 강력한 창의적 부문이 없는 매력적인 도시가 많다는 점에서 이는 충분한 요인이 될 수 없다.

힐베르쉼과 에인트호번 사례가 약간의 실마리를 제공해준다. 에인트호번에는 있지만 힐베르쉼에는 없는 것이 고등교육기관이다. 에인트호번의 공대와 디자인학교는 창의적 실천을 촉발시키는 사회적 환경에 기여해왔다. 힐베르쉼에는 그런 고등교육기관이 없으며, 따라서 에인트호번처럼 창의적인 젊은이들을 끌어들이지도 못하고 잘 훈련된 창의적 인력이 매년 유입되지도 않는다.

에인트호번에서는 연구시설의 존재 때문에 혁신적·창의적인 환경이 조성되었다. 필립스의 유명한 연구소로 시작해서 ASML 같은 기업들의 연구환경으로 그 맥이 이어지고 있다. 에인트호번의 공대 역시 그런 환경에 크게 기여한다. 우리가 실리콘밸리에서 배운 바와 같이, 연구자들은 일터에서 그냥 일만 하는 것이 아니라 온갖 종류의 장소와 환경에서 서로 사귀며, 이를 통해 혁신적인 환경을 구성하는 촘촘한 네트워크들이 발전한다. 에인트호번의 문화시설은 비공식적인 상호작용을 촉진한다. 만남의 장소이자 뜻밖의 발견이 이뤄지는 장소 역할을 한다. 창의적 공유지 개념을 다시 떠올려보라. 창의적 공유지는 창의적인 사람들의 공동체가 만들어낸다. 힐베르쉼에는 그런 강력한 혁신환경이 없으며, 암스테르담, 위트레흐트와 너무 가까워서 밀도 높은 문화생활을 창출하지도 못하고, 창의적인 사람들이 서로 어울리며 번성할 수 있는 풍부한 창의적 공유지도 만들어내지 못한다. 창의적인 사람들은 서로 어울리는 일은 암스테르담에서 하고 일은 힐베르쉼에 있는 미디어단지에서 하는 쪽을 선호한다.

또한 힐베르쉼에 비해 에인트호번은 오래되고 버려진 산업부지들을 창의적인 기업들이 집결해서 창의적 활동이 진행될 수 있는 창의적 공간들로 변모시키는 일을 더 잘할 수 있었다. 이 대목에서 우리는 또 다른 중요한 요소를 발견할 수 있는데, 그것은 바로 정부의 적절한 대응이다. 힐베르쉼 시정부 지도자들이 미디어산업 지원에 열의를 보이고는 있지만, 오래된 산업부지들을 탈바꿈시키는 것과 관련하여 민간기업들과 협력할 수단과 끈기는 없다. 에인트호번에서는 시정부가 그런 산업부지들의 탈바꿈을 자극·촉진·지원하는 데 적극적이었다. 다른 사례들 역시 혁신적인 환경 조성을 위해 정부와 민간 부문이 협력하는 것이 중요함을 잘 보여준다.

이들 요인이 모든 것을 결정한다는 이야기는 아니다. 고등교육기관이 없음에도 힐베르쉼은 계속해서 창의적인 도시로 남아 있을 것이다. 힐베르쉼의 창조 부문은 흔히 그렇듯이 우연히 출현했다. 미디어산업의 존재로 인해 계속해서 창의적인 활동이 이뤄지지만, 그로부터 힐베르쉼 시가 얼마나 혜택을 보는지는 불분명하다. 미디어산업은 노동자들에게 일자리를 제공한다. 가족이 있는 창의적인 사람들 중 일부는 암스테르담보다 힐베르쉼을 선호하지만, 대부분은 암스테르담에서 출퇴근하는 쪽을 선호한다. 주변의 암스테르담과 위트레흐트가 풍부한 문화 인프라를 제공하기 때문에 힐베르쉼의 문화 인프라는 계속 낮은 수준을 유지할 것이며, 관광산업은 없는 것과 같다. 에인트호번은 도시 내 창조 부문으로부터 훨씬 더 많은 혜택을 보고 있다. 에인트호번 중심가는 현대적으로 바뀌었으며, 문화 인프라도 풍부하고, 변신한 산업부지들 덕분에 도시의 문화적 자본도 크게 늘었다. 창의적인 사람들 역시 에인트호번이나 근교지역에 사는 경향을 보여서 생기 넘치는 환경 조성에 기여한다. 암스테르담은 적어도 네덜란드 기준에서는 에인트호번에서 상당히 멀다.

이상하게 들릴 수도 있지만, 정부의 집중적인 노력 덕분에 창조 부문이 부상하는 경우는 거의 없다. 에인트호번이 그렇지 않았고, 힐베르쉼 역시 분명히 그렇지 않았다. 기업가 정신이 투철한 에인트호번 정부조차 스스로 통제하거나 영향을 미칠 수 없는 우발적인 민간 이니셔티브들과 상황들이 없었다면 큰 성과를 이루지 못했을 것이다. 협력이 열쇠다.

정부는 사회적 · 문화적 자원을 포함한 지역 자원들을 더 잘 고려해야 하며, 완전히 새로운 활동을 조직하고 강요하는 대신 이미 활동하고 있는 세력들과 협력해야 한다. 완전히 새로운 활동을 시작하고 지역에 아무런 뿌리도 없는 부문을 설립하는 정부 개입은 실패할 수밖에 없다. 예를 들어 지역에 공예품 전통이 있으면 활용할 수 있다. 하지만 정부가 무슨 일을 하든 기꺼이 위험을 감수하려 하고 사람들을 동원할 능력이 있으며 지역의 장점에 대한 냉철한 시각을 바탕으로 그런 일을 수행할 문화기업가가 없으면 성공 가능성은 거의 없다. 에인트호번 정부가 그랬듯이, 정부들은 이런 기업가를 식별해서 긴밀한 협력을 통해 그들을 최대한 지원해야 한다.

6. 권고사항

창의적 활동으로 농촌경제를 쇠락에서 구할 수 있는 방법이 무엇인지가 문제다. 가치기반 접근법은 앞의 논의를 기반으로 몇 가지 권고사항을 제공한다.

① 정책 목표를 분명히 하라. 일자리 증가, 소득 증가 같은 단순한 재정적 · 경제적 목표에서 벗어나 사회적 · 문화적 목표도 제시하라. 농

촌지역의 사회적 · 문화적 질을 향상시키기 위해 노력하라. 그리고 기업가정신을 증진하는 더 창의적인 환경 같은 목표도 제시하라.

② 지역 특장점을 드러내고 대다수 지역민과 기타 이해관계자들이 향상시키고 싶어 할 질적인 수준을 개선할 수 있는 지역공동체 프로젝트를 정책목표에 포함시켜라.

③ 정부 혼자서는 이런 목표를 실현할 수 없음을 받아들여라. 정부는 지역민과 협력해야 하며, 창의적이고 기업가 정신이 투철한 외부인의 참여를 촉진할 수 있지만 늘 지역 환경 강화를 염두에 둬야 한다. 정부의 주된 기능은 이니셔티브들을 촉진 및 지원하는 것이다.

④ 정부는 유망 이니셔티브와 기업가들의 관심이 집중되도록 함으로써 그들을 지원할 수 있다. 성공에 꼭 필요한 이런 관심은 부족한 경우가 많다. 일반적으로 정부는 지역 미디어와 소셜미디어에서 관심을 집중시킬 수 있는 능력을 가지고 있다. 따라서 기업가적인 역량과 사회적 능력을 가진 공무원들을 선발하면 도움이 될 것이다.

⑤ 정부는 사회 · 문화 인프라에 기여할 수 있다. 예를 들어 정부는 지역 고등교육기관과 문화조직에 투자할 수 있다. 이런 기관이 있으면 창의적 · 혁신적 환경 조성에 도움이 된다.

⑥ 정부는 전통, 공예품, 특별한 기술 같은 지역 내 창의성의 원천들에 초점을 맞춰야 하며, 이런 원천들을 강화하거나 심지어 되살리는 전략도 개발해야 한다.

⑦ 창조성에는 출현할 공간이 필요하다. 계획은 창조성을 죽일 수 있다. 정부는 계획을 수립하고 상황을 통제하고 싶어 하는 성향이 있다. 하지만 위계구조와 통제체계는 창의적인 환경 발전에 걸림돌이 된다.

⑧ 창의경제 진흥에 초점을 맞춘 창의적 정책들을 잘 평가하는 일은

정책을 집행하는 사람들과 그로부터 지원을 받는 사람들 모두에게 매우 중요하다. 모든 사람이 올바른 일을 하고 있는지 알려면, 바라는 질적 수준에 미치는 영향을 잘 평가하는 것이 매우 중요하다.

⑨ 협력이 열쇠다. 협력을 위해서는 정부를 포함한 주요 이해관계자들 간의 지속적인 대화가 필요하다. 이런 대화는 창의적 공유지를 지원하고, 창의경제에 매우 중요한 공유된 경험들을 부각시킨다.

마지막으로, 이 모든 내용이 행동을 위한 원칙과 지침이라는 점을 지적하고 싶다. 성공공식은 없다. 이런 점에서 인내심과 창의성이 필요하며, 약간의 운도 따라야 한다.

| 참고문헌 |

Blaug, M. & Shaw, G. K. (1991), Economics, culture and education: Essays in honour of Mark Blaug. Aldershot etc.: Edward Elgar.

Jacobs, J. (1961), The death and life of great American cities (Vintage books, 241). New York: Random House.

Klamer, A. (1983), Conversations with economists: New classical economists and their opponents speak out on the current controversy in macroeconomics. Savage: Rowman & Allanheld Publishers.

Klamer, A. (1996), The value of culture: On the relationship between economics and arts. Amsterdam: Amsterdam University Press.

Klamer, A. (2016), Doing the Right Thing: A Value Based Economy. SEC: Hilversum.